Otto Ribbeck

Geschichte der Römischen Dichtung

Zweites Buch

Otto Ribbeck

Geschichte der Römischen Dichtung
Zweites Buch

ISBN/EAN: 9783741130601

Hergestellt in Europa, USA, Kanada, Australien, Japan

Cover: Foto ©Andreas Hilbeck / pixelio.de

Manufactured and distributed by brebook publishing software (www.brebook.com)

Otto Ribbeck

Geschichte der Römischen Dichtung

Geschichte

der

Römischen Dichtung

von

Otto Ribbeck.

II.
Augusteisches Zeitalter.

Stuttgart 1889.
Verlag der J. G. Cotta'schen Buchhandlung
Nachfolger.

Inhaltsübersicht zum zweiten Buch.

Augusteisches Zeitalter.
Einleitung. Allgemeines. Politische Opposition S. 3 f. Litterarisches Leben 4 f. Rhetorik 5 ff. Gönner: Augustus 7 ff. (Krinagoras 9 f.). Mäcenas 10 f. Messalla 11. Asinius Pollio 11 f.

Erstes Kapitel. Vergilius 13—105.
Kleinigkeiten 14 f. Bukolische Gedichte 16—34. Vom Landbau 34—53. Aeneis 53—103. Varius 105 f.

Zweites Kapitel. Horatius 107—176.
Epoden 113—117. Lieder 117—147. Satiren 147—160. Briefe 160—175 (Dramatische Leistungen dieser Zeit 171—173).

Drittes Kapitel. Die Elegie des Tibullus und Propertius 177—224.
Die Liebeselegie im Allgemeinen 177—183. Gallus 183—185. Tibullus 185—204. (Sulpicia 193—196. Panegyricus auf Messalla 198 ff. Lygdamus 200 ff.) Propertius 204—224.

Viertes Kapitel. Ovidius 225—340.
Liebeselegien 229—239. Heroinenbriefe 239—261 (Tragödie Medea 247 f.). Lehrgedicht von Schönheitsmitteln 261. Liebeskunst 262—271. Heilmittel gegen die Liebe 271—274. Fasten 274—287. Metamorphosen 287—312. Tristien 316—328. Ibis 325—328. Briefe vom Pontus 328—335. Ueberarbeitung der Fasten 335—337.

Fünftes Kapitel. Die Kleinen und die Namenlosen 341—370.
Epiker 341—345. (Cornelius Severus 342 f. Albinovanus Pedo 343 f. Rabirius 344 f.). Epyllia 346—355 (Culex 346—350. Ciris 350—355). Moretum 356—357. Lehrgedicht 358—359 (Macer 358 f. Grattius 359). Elegie 360—364 (Valgius 360 f. Copa 361 f. Nußbaum 362—364). Marsus 364 f. Priapus 366 ff.

Einleitung.

Allgemeines. Gönner der Dichtung.

Mit ben Proskriptionen des zweiten Triumvirates und der Schlacht bei Philippi war der Todeskampf der Republik gebrochen: die endgültige Entscheidung über die Herrscherfrage zog sich noch über ein Jahrzehnt hin. Nur wenige Schriftsteller der republikanischen Zeit haben Cäsars Tod lange überlebt, kein Dichter derselben hat Spuren erheblicher Wirksamkeit nach dieser Zeit hinterlassen. Dem aufgehenden Stern des jungen Octavianus wandte sich die junge Generation mit Hoffnung und Vertrauen zu. In ihm erblickte man die Bürgschaften des bürgerlichen Friedens, gesetzlicher Ordnung, gesitteter Kultur. Sicherheit des Besitzes, Bestand der Familie, behaglichen Genuß, Pflege und Erhaltung der höchsten Güter des geistigen Lebens versprach sich der von den Schrecken der Bürgerkriege entsetzte, nach republikanischer Schwärmerei ernüchterte Bürger von dem Erben und Rächer Cäsars.

Natürlich konnte es auch an gegnerischen Stimmen nicht fehlen, aber sie verstummten mehr und mehr, nachdem der Sieg entschieden war, und machten sich am wenigsten in der Dichtung geltend. So lange der Kampf noch wogte, ergoß M. Antonius in offenen Briefen an Octavian eine Flut gemeiner Schmähungen über Herkunft, Lebenswandel und Charakter desselben; ihm sekundierte sein Bruder Lucius; auch Brutus und Sex. Pompeius thaten in öffentlicher Rede das ihre. Auch nach der Entscheidung durften bei Lebzeiten des Augustus Geschichtschreiber ungescheut ihren Ueberzeugungen und Gefühlen Ausdruck geben. Cremutius Corbus rühmte Brutus und nannte

C. Cassius den letzten der Römer. Unversöhnlich in seinem Haß war der Pompejaner Labienus: freilich behielt er die grimmigsten Stellen seines Werkes für die Veröffentlichung nach seinem Tode zurück. Augustus ließ es geschehen, daß im Senat Schmähschriften gegen ihn selbst ausgestreut wurden, und war nur bemüht, sie zu widerlegen. Dagegen schritt er gegen Cassius Severus ein, der auch andere hochgestellte Männer und Frauen herunterriß. Anonyme Spottverse und Epigramme gegen seine Person gingen zur Zeit der Proskriptionen, während des sicilischen Krieges und später von Mund zu Mund. Wenn Anser, der Leibdichter des Antonius, das Lob seines Gönners sang, so muß er es auf Kosten des Gegners gethan haben. Auf derselben Seite stand Cassius Parmensis, der letzte, welcher seine Teilnahme am Morde Cäsars durch den Tod nach der Schlacht bei Actium gebüßt hat. Wie sein giftiger Prosabrief an Octavian ganz im Stil des Antonius gehalten war, so denkt man sich seine Verse am besten als Epigramme im Tone Catullischer Distichen oder Jamben. Und wie der Funke des Mißvergnügens unter der Asche der eben beigelegten Bürgerkriege noch fortglomm, zeigen die wiederholten Verschwörungen gegen das neue Oberhaupt des Staates.

Im allgemeinen war doch nach den erschütternden Krisen des Gemeinwesens naturgemäß eine gewisse Ermattung und Resignation der Geister gegenüber der einmal hergestellten Ordnung eingetreten. Man erholte sich auf dem friedlicheren Gebiete der Litteratur, welche ja immer noch in gewissen Grenzen Gelegenheit genug bot, politischen Stimmungen in Zuneigung oder Groll Luft zu machen. Das Interesse der gebildeten Gesellschaft für die Erzeugnisse schriftstellerischer Talente wurde allgemeiner und wärmer, durch geschlossene Kreise befreundeter Genossen gepflegt, von oben gefördert. Asinius Pollio ist der erste gewesen, welcher vor eingeladenen Zuhörern seine Schriften vortrug, und Augustus lieh diesen Recitationen, welche nun Mode wurden, ein williges Ohr. Nicht nur Gedichte, sondern auch Geschichtswerke, Reden, Gespräche wurden vorgelesen, und da Privaträume nicht ausreichten, in öffentlichen Lokalen, in Hallen Bädern Tempeln, auch im Theater. Es war die schnellste und wirksamste Art, ein Geistesprodukt allgemein bekannt zu machen, und wenn Eitelkeit und Ehrgeiz großen Anteil an diesen Schaustellungen hatten, so war doch auch der einsichtigen Kritik Gelegenheit geboten, sich geltend zu machen. Aus älteren Werken wurden bei Tische zur Unterhaltung der Gäste

Stellen vorgelesen; das Gespräch warf sich mit Vorliebe auf litte=
rarische Fragen wenn auch bisweilen kleinlicher, pedantischer, naiver
oder neckischer Art. Gelesen wurde in Rom und bereits im ganzen
Reich mit Eifer. Hatte man doch Muße die Hülle und Fülle, vollends
in ländlicher Zurückgezogenheit auf der Villa. In öffentlichen Buch=
läden lagen oder hingen Neuigkeiten aus, die von litterarischen Spür=
hunden und Kritikern begierig durchstöbert wurden. Große Hand=
schriftenfabriken und Verlagsgeschäfte vertrieben sie nach den Provinzen,
der Buchhandel erblühte in und außerhalb Roms. Die Aussicht, daß
auf solchem Wege die Erzeugnisse ihres Geistes bis an die Grenzen
des Reiches, d. h. des gesitteten Erdkreises, getragen würden, hob
das Selbstbewußtsein der Dichter zu dem stolzen Gedanken der Un=
sterblichkeit ihres Namens und ihrer Werke, und erfüllte sie mit dem
Ideal des Ruhmes. Er mußte ihnen Reichtümer und Ehrenstellen
ersetzen, denn ihr handgreiflicher Gewinn war ein bescheidener und
bedingter, ihre Hoffnung auf Anerkennung und Lohn daher bisweilen
mehr als geziemlich auf Gunst und Freigebigkeit der Großen gerichtet.
Die Schwächen und Unarten litterarischer Streber machten sich geltend,
taktlose Aufdringlichkeit, Eitelkeit und Empfindlichkeit für sich und die
verbundenen Freunde, Neid und Parteisucht, überspannte Ansprüche
auf Anerkennung und Belohnung. Die Kritiker wollten umworben,
die Dichter umschmeichelt sein, von Dilettanten und blöden Nach=
ahmern wimmelte es. Am bedenklichsten war der alexandrinisch=
höfische Stil persönlicher Huldigungen, welche man sich gewöhnte dem
Fürsten darzubringen. Aber wenigstens sind es doch nicht die Dichter
gewesen, welche die Lüge der Vergötterung aufgebracht haben, sondern
der Senat ist mit seinen schmeichlerischen Beschlüssen auf abschüssiger
Bahn vorangegangen. Er hat die Ueberhebung orientalischer Despoten
und hellenistischer Dynasten auf den Beherrscher des römischen Reiches
gesetzlich übertragen. Die Dichter haben den offiziellen Mythus nur
angenommen, wie sie mußten, wenn sie hoffähig sein wollten, und
wie ihre Meister unter dem Scepter der Ptolemäer es ihnen gezeigt
hatten. Zu dem hochgestimmten Ton der römischen Muse, wenn sie
des Reiches Macht und Herrlichkeit berührte, stimmten freilich die
übermenschlichen Maße, welche sie der Person des Oberhauptes verlieh.

Schon seit der zweiten Hälfte des siebenten Jahrhunderts hatte
die schulmäßige Uebung der Rhetorik breiten Boden in Rom ge=
faßt. Waren es bisher Griechen gewesen, welchen nach dem vor=

bereitenden grammatischen Unterricht oblag, Sinn und Fähigkeit für
rednerische Darstellung und stilistische Kunst durch allgemeine Pflege
des litterarischen Geschmackes und höhere humane Bildung zu förbern,
so eröffneten damals auch Techniker lateinischer Zunge, zuerst der
Freigelassene L. Plotius aus dem diesseitigen Gallien, Schulen, in
welchen die jungen Leute vom Morgen bis Abend die Regeln der
Rhetorik handwerksmäßig erlernten. Häusliche Redeübungen, um den
Gegnern auf dem Forum gewachsen zu sein und zu bleiben, hielten
in Ciceronischer Zeit Staatsmänner ersten Ranges wie noch unmittelbar
vor dem Bürgerkriege Pompeius, wie M. Antonius und der junge
Octavian im mutinensischen Kriege. Cicero trieb noch als Consular
mit Würdenträgern wie Hirtius und Pansa, mit Dolabella dergleichen
Uebungen, teils selber Mustervorträge haltend, teils die anderen
hörend und beurteilend. Auch Zuhörer wurden zu dergleichen „Declamationen" zugelassen.

Die rhetorischen Schulübungen, von denen die Erinnerungen
des älteren Seneca ein so anschauliches Bild geben, waren keineswegs
auf Formen und Figuren beschränkt. Vielmehr kam es darauf an,
jedem Thema die ganze Fülle der Gesichtspunkte, unter denen es betrachtet werden konnte, durch Vertiefung in den gegebenen Fall und
lebendigste Anschauung seiner Voraussetzungen abzugewinnen. In
gemeinsamer Arbeit ergänzten und überboten diese scholastici, wie
sie sich nannten, einander in geistreicher Erfindung überzeugender
Gründe des Für und Wider, bewegender Gedanken, überraschender
Wendungen, blendender Lichter und Spitzen, schneidender Antithesen,
hinreißender Steigerungen. Schon in der Einteilung der Frage
nach ihren Hauptpunkten und deren Anordnung wurde die Gabe der
Erfindung auf die Probe gestellt. Die Kunst fein berechneter Erzählung, glänzender und ergreifender Schilderung von allem, was
auf Sinne Phantasie Geist Gemüt Eindruck machen kann, die
Herrschaft über den Schatz historischer und mythischer Beispiele, die
interessante Erörterung oder nur Berührung von Gemeinplätzen über
alle Seiten des Lebens, von philosophischen und religiösen Problemen,
welche durch menschliches Schicksal immer aufs neue wieder angeregt
werden, der ganze Abgrund psychologischer Erfahrung und Einsicht,
kurz das unermeßliche Rüstzeug, dessen der rednerische oder schriftstellerische Künstler, gleichviel in welcher Gattung oder zu welchem
Zweck, bedarf, kam hier zur Geltung und Verwendung, und eben

deshalb boten diese Declamationen die gemeinsame Palästra des
Geistes für die gebildete Gesellschaft. Die hervorragendsten Staatsmänner, Asinius Pollio, Messalla, Agrippa, Mäcenas, Augustus
selbst verschmähten nicht ihnen beizuwohnen. Es wurde eingehende
scharfe Kritik geübt. Jede dieser Suasorien oder Controversien war
wie ein Marmorblock, welcher durch vereinigte Arbeit vieler Meister-
hände zum Kunstwerk gestaltet wurde. Jeder neue Zug wurde geprüft, jeder originelle Beitrag mit strengem Urteil abgewogen. Manches
gelungene Wort oder Bild, mancher feine Gedanke flog über die
Schulräume hinaus, ging von Mund zu Mund, fand mit leiser Um-
prägung in der Litteratur, bei Dichtern eine Stätte. Fehler, Ge-
schmacklosigkeiten, Albernheiten, falsche Manieren wurden scharf gerichtet, mit beißendem Spott abgethan: noch lebte ein gesunder Realismus, welcher ausgeklügelte Thorheiten und Kunststücke verlachte.
Freilich eine unermeßliche Kluft zwischen diesen zunftmäßigen Unterhaltungen und dem Ernst der öffentlichen Reden. Kein Wunder,
wenn auch der berühmteste dieser Declamatoren, welche an geschlossene
Räume und ihr Auditorium gewöhnt waren, vor einer unbekannten
Menge auf dem Forum in Verwirrung geriet. Und da mit der
monarchischen Verfassung der Pulsschlag des öffentlichen Lebens tief
herabsank, so wurde die großartige Kampfweise der alten Beredsamkeit
mit der Zeit zu einem virtuosen, gaukelnden Fechterspiel. Den reinsten
und dauernsten Ertrag hat die künstlerische Prosa und die Poesie
davongetragen. Jene feste, sichere Technik der Gestaltung und Darstellung, jene Plastik des Wortes, welche auch mittelmäßigen Arbeiten
das Gepräge des Klassischen gibt, stammt aus dieser Schule, welche
jeder Dichter durchmachte; freilich auch die überreizte Manier, welche
mehr mit dem Verstand als mit Geist und Herz arbeitet, die mit
der Zeit überwuchernde Neigung für die stärksten Würzen und bisweilen ein Umschlag aus dem Erhabenen ins Lächerliche.

Der Neuordner des zerfahrenen und verwüsteten Gemeinwesens
erkannte, daß auch der Litteratur, insbesondere der Dichtung ein
schwerwiegender Anteil an der Wiedergeburt des öffentlichen Geistes
zuzumessen sei. Gerade die beliebtesten Poeten der vergangenen Periode
hatten, das ist nicht zu leugnen, ihren höchsten Beruf, erhebend und
läuternd auf die Nation zu wirken, in vollem Maße weder erfüllt
noch erkannt. Seit Lucilius hatte keiner mehr breitere Schichten der
Gesellschaft im Innersten gepackt: nicht einmal die humorvollen Sitten-

gemälde des wackeren, patriotischen Varro scheinen auf die zerrissenen oder frivolen Gemüter der Zeitgenossen einen tieferen Eindruck gemacht zu haben. Der Versuch des Lucretius, die Menschheit vom Wahn zu befreien, scheiterte und konnte den Kern des Volkes nimmermehr ergreifen. Subjektive Herzensergießungen, Neckereien und flatternde Lieder wie die des Catull und seiner Genossen entbehrten trotz aller Wärme und Frische des ernsteren ethischen Gehaltes, und vollends die gelehrte Kunstdichtung blieb auf die Kreise der Zunftgenossen und Liebhaber beschränkt. Der große Dictator hatte der Muse seiner Zeit keinen neuen Geist eingehaucht. Erst der Begründer einer verfassungsmäßigen Monarchie erkannte diesen Beruf. Friede sollte in Rom und Italien wieder einkehren, seiner Segnungen sollten sich die Parteien bewußt, Versöhnung der Bürger untereinander und mit den vernachlässigten Göttern sollte gestiftet, Glück und Ehre der Familie wieder befestigt, Achtung vor dem Gesetz aufs neue begründet und gute Sitte hergestellt werden. Die abgerissenen Fäden, welche das Volk an seine Vergangenheit knüpften, waren zu erneuen, der Sinn für die Majestät des Reiches zu erwecken. Nicht nur die beschwichtigende Macht der litterarischen Interessen im allgemeinen wollte der neue Herrscher als seine Bundesgenossin zur Geltung bringen, sondern er suchte und fand die hervorragenden Talente, welchen er die Befähigung zutraute, durch die sanfte Ueberredung des Gesanges für Ideale zu begeistern. Daß er hiervon zugleich Befestigung der bestehenden Zustände und seiner Dynastie erwartete, war ebenso menschlich als selbstverständlich. Wenn er aber die Förderung der guten Litteratur sich angelegen sein ließ, die Fähigen in seine Nähe zog und ihre Arbeiten mit ermunternder Teilnahme verfolgte, so hat er gemeine Schmeichler nicht an sich herankommen und seinen Namen nicht durch unberufene Lobredner herabziehen lassen: nur den besten war die Auszeichnung vergönnt ihm in Gedichten zu huldigen. Selbst gründlich gebildet, wenn er auch griechisch weder sprach noch schrieb, hatte er bei einem gesunden Sinn für das Einfache und Natürliche als Welt- und Geschäftsmann, der keine Zeit mit Künsteleien und Räthseln zu verlieren hat, eine Vorliebe für praktisch beherzigenswerte Gedanken, die dem Leben des Einzelnen oder der Gesamtheit zu gute kommen. Sein Verkehr mit den Personen seiner Wahl, brieflich wie mündlich, war zwanglos, bis zu neckischer Vertraulichkeit, er verstand zu loben und belohnte fürstlich, wenn er auch nicht alle Ansprüche befriedigen konnte, und ertrug es mit feiner Zurückhaltung, wenn Aufgaben, die er anregte, abgelehnt oder umgestaltet wurden. Seine eigenen dilettantischen Versuche, überwiegend Jugendarbeiten, hat er nicht überschätzt. Seinen „Ajax", eine Tragödie, die er mit großem Feuer begonnen hatte, aber nicht vollends zustande brachte, ließ er „in den Schwamm stürzen". Epigramme, leider zum Teil nach dem Geschmack wüster Gesellen, richtige Bordellverse, wie ein noch erhaltenes verrät, pflegte er sich im Bade auszudenken. Sueton hat ein mäßiges Buch derselben gelesen, ebenso ein hexametrisches Gedicht, „Sicilien" betitelt, in einem Buche, vermutlich die Frucht des sicilischen Krieges gegen Sex. Pompeius (715—718).

Auch die Familienglieder des Herrscherhauses nahmen an litterarischen Genüssen Teil, und geistreiche Hausfreunde brachten ihnen die Schätze griechischer Poesie entgegen. So kam der Epigrammendichter Krinagoras im J. 725/29 mit anderen angesehenen Landsleuten als Gesandter seiner Vaterstadt Mitylene nach Rom, um einen Freundschaftsvertrag derselben mit dem Senat abzuschließen. Die Gesandtschaft fand, während die Erledigung ihres Geschäftes sich etwas hinzog, Gelegenheit, in der höheren und höchsten Gesellschaft Roms heimisch zu werden. Die Fremden hatten die freundliche Aufnahme bei der Kaiserin Livia und bei der kaiserlichen Schwester Octavia zu rühmen und machten Bekanntschaft mit den Kindern, mit dem jugendlichen Sohn der Octavia, dem hoffnungsvollen C. Marcellus, dem Verlobten der Kaiserstochter Julia, wie mit den Stiefsöhnen des Kaisers, Tiberius und Drusus. Krinagoras durfte dem Marcellus ein Exemplar der Hekabe des Kallimachos verehren und dasselbe mit einem Epigramm begleiten (41), welches dem damals etwa vierzehnjährigen Knaben gleiche Kraft und gleichen Thatenruhm wünschte, wie dem jugendlichen Helden jenes Epyllions, dem Theseus zu Teil geworden sei. Eine zweite Sendung, um dem Kaiser einen Dank- und Ehrenbeschluß seiner Vaterstadt zu überbringen, führte ihn in das Heerlager des Augustus nach Spanien (728) und wieder zu jahrelangem Aufenthalt nach Rom, wo er die erste Bartabnahme des aus dem cantabrischen Kriege heimgekehrten Marcellus in verbindlichen Versen feierte (11), und der lieblichen Tochter des Antonius und der Octavia, der kleinen Antonia (geb. 718), der späteren Gemahlin des Drusus, huldigte. Dem aufblühenden Mädchen schenkte er zum Geburtstag eine Sammlung griechischer Lyriker (29), der zarten Braut wenige Tage vor der Hochzeit im Winter eben aufgebrochene Rosen (12), der jungen Mutter wünschte er glückliche Entbindung (8), weit später (767) feiert er die Thaten ihres Sohnes Germanicus gegen die Kelten (31). Denn noch ein drittes Mal, nach 15jähriger Pause, kehrte er von Lesbos nach Rom in den Kreis seiner alten Freunde zurück (43).

Nächster Vertrauensmann des Fürsten in der Verwaltung des Innern war der Ritter C. Cilnius Mäcenas. Aus hochedlem etruskischem Geschlecht stammend, aber ohne aristokratische Vorurteile; überzeugter Anhänger der Monarchie, aber freimütig genug, um dem gereizten Löwen zu rechter Zeit ein surge, carnifex zuzurufen; gewiegter Staatsmann und doch den Glanz äußerer Ehren verschmähend; desto einflußreicher, je weniger er für sich erstrebte; liberal, wohlwollend und hilfreich; liebenswürdiger und geistreicher Gesellschafter für seinen Herrn, wenn dieser sich von Krankheit oder Verdruß erholen wollte, wie für seine litterarischen Freunde; fein gebildet, beider Sprachen mächtig; ein Mann des Friedens und, wenn er Zeit dazu hatte, des lässigsten Behagens war er der geeignetste Vermittler zwischen dem Monarchen und der Republik des Geistes. Seine delikate und schmiegsame Natur kam im zwanglosen Verkehr mit dem reizbaren Völkchen der Poeten zur vorteilhaftesten Geltung. Obwohl kränklich, von Schlaflosigkeit geplagt, erfreute er sich einer zähen Lust am Leben, über welche sich freilich der stoische Sittenprediger Seneca entrüstet zeigt:

> meinetwegen doch lähme mir Hand und Fuß und die Hüfte,
> bau mir buckligen Höcker an, wackeln mögen die Zähne,
> bleibt mir Leben nur übrig, gut! selbst an spitzigem Kreuze
> will ich hängen, wenn du nur bleibst.

Was er selbst in Versen verbrochen hat, schloß sich ganz den Formen der Catullischen Schule an: launige Priapeen, Galliamben, welche die Cybele feiern, gemütliche Elfsilbler an Horaz, persönliche Erlebnisse und Stimmungen in Hexametern, Schilderungen in iambischen Trimetern. Seine Manier in Poesie wie in Prosa war kokett, geziert und geschnörkelt. Wie in der ganzen Lebensführung, in der äußeren Haltung, dem Gang und Anzug des verzärtelten Weltkindes, so kam in seinem Stil etwas von der Weichlichkeit und weibischen

Sinnlichkeit des feisten Etruskers zum Vorschein. Aber dieser persön=
liche Ungeschmack, den auch Augustus gelegentlich hübsch parodierte,
machte ihn nicht stumpf gegen das Echte und Große: er wußte es
anzuregen und zu würdigen. So hat er über Vergil und Horaz,
Varius und Tucca, Quintilius Varus und Aristius Fuscus, über
Domitius Marsus und Melissus, später auch über Properz seine Hand
gehalten und seinen erhebenden Einfluß geübt.

Für einen jüngeren Kreis, aus dem Tibull und Ovid hervor=
ragen, war M. Valerius Messalla Corvinus der Mittelpunkt.
Als Studiengenosse des Horaz in Athen (709/45) hat er wie dieser
nach Cäsars Ermordung bis zur Entscheidung bei Philippi zunächst
im Lager des Brutus und Cassius gestanden. Nur kurze Zeit hielt
er zu Antonius, um sich dann mit Octavian zu versöhnen, der ihn
mit offenen Armen empfing. Ohne seine Vergangenheit und seine
liberalen Neigungen zu verleugnen, wie er denn das Amt eines
Gouverneurs der Stadt Rom (praefectus urbis) nach sechs Tagen
niederlegte, weil es seinen Begriffen von bürgerlicher Freiheit wider=
strebte, ist er doch einer der thätigsten und wärmsten Freunde des
neuen Herrschers gewesen und hat dessen Verdiensten die höchste
Huldigung durch den Antrag im Senat gezollt, ihn „Vater des Vater=
landes" zu nennen (2 v. Chr.). Ein Schüler Cicero's als Redner
ist er im Alter für den jungen Tiberius Vorbild geworden. An den
Griechen hat er seinen Geschmack gebildet durch Uebersetzen attischer
Reden, namentlich des Hyperides. In seiner athenischen Studenten=
zeit wird es gewesen sein, daß er bukolische Gedichte in griechischer
Sprache verfaßte.

Weit bedeutender noch war die litterarische Begabung des
Asinius Pollio, den wir als anmutigen, feinen Jüngling im
Freundeskreise Catulls trafen (geb. 678/76). Er ist seinem Feld=
herrn Julius Cäsar bis zu dessen Tode treu geblieben, hat dieselbe
Gesinnung dann, in der Absicht für den Frieden zu wirken, auf
Antonius übertragen und als dessen Vertreter den brundisinischen
Vertrag vermittelt (712/43). Nach seinem dalmatischen Triumph (714)
ist er vom politischen Schauplatz abgetreten. Im letzten Entscheidungs=
kampf zwischen Octavian und Antonius erklärte er sich neutral. Gegen
den ehemaligen Freund mochte er nicht kämpfen, und den Scharen
des Orientes gegen Rom beizutreten verbot ihm seine Vaterlands=
liebe: so beschied er sich, „dem Sieger als Beute" anheimzufallen,

aber die Unabhängigkeit seiner politischen Gesinnung wußte er sich zu wahren. Er war gewohnt seine Ueberzeugung freimütig, ja heftig auszusprechen. Schon geraume Zeit früher hat er, den Gedanken Julius Cäsars ausführend, aus der parthinischen Kriegsbeute die erste öffentliche Bibliothek in Rom gegründet. Im Atrium der Libertas auf dem Aventin, wo seit Alters die Poeten hausten, waren nun die Bücherschätze von Hellas und Rom für jedermanns Gebrauch aufgestellt, und der hochbetagte Varro, den einst Cäsar zum Hüter derselben bestimmt hatte, war der einzige Lebende, dessen Bild dieses Heiligtum schmückte. Pollio war wohl der unabhängigste und kundigste Beurteiler der heimischen Litteratur. Wie Varro liebte er die alten Dichter der Republik und führte sie gern an, ohne sich der neuen Richtung zu verschließen. Als strenger Wächter der sorgfältigen und doch ungezierten, echt urbanen Schreibart prüfte er in besonderen kritischen Schriften die Sprache des Sallust, deren gesuchte Altertümlichkeit er tadelte, wie des Cicero, der ihm keineswegs für fehlerfrei galt, wies er im Stil des Livius die Spuren seines heimatlichen Idioms, der Patavinität, nach, die er an Ort und Stelle hatte studieren können. Auch die Ausdrucksweise seines veronesischen Freundes erwog er. Sein nahes Verhältnis zu dem verstorbenen Dictator hinderte ihn nicht, in seinem Geschichtswerk von den Bürgerkriegen seit 694/60 mit unbestochener Wahrheitsliebe die thatsächlichen Unrichtigkeiten in den Memoiren Cäsars hervorzuheben, die er als Augenzeuge am glaubwürdigsten aufdecken konnte; und so wenig ihm auch Cicero's Natur sympathisch war, so ist er doch in einem zusammenfassenden Rückblick der Bedeutung des hochbegabten und verdienten Mannes gerecht geworden. Als Historiker, Redner und tragischer Dichter (auch ein halber Galliambus ist erhalten) nahm er unter den schaffenden Freunden der Litteratur einen hervorragenden Rang ein, den er gelegentlich auch mit Selbstbewußtsein behauptete. Der hohlen Phrase abhold forderte er, daß aus der sorgfältig erwogenen und vorbereiteten Sache sich die Worte von selbst ergeben müßten.

Diese vornehme, auf sich beruhende Persönlichkeit ist es gewesen, welche dem größten Dichter dieser Periode in den Jahren seines jugendlichen Aufstrebens die stärkste Stütze und heilsamste Anregung geboten hat.

Erstes Kapitel.

Vergilius.

Sein Schützling P. Vergilius Maro ist am 15. Oktober des J. 684/70 im Landbezirk Andes bei Mantua geboren, ein Sohn einfacher Landleute. Der Vater Vergilius soll Arbeiter im Dienst eines Amtsboten Magius gewesen sein, dessen ehrsame Tochter Magia Polla er als Gattin heimführen durfte. Durch Fleiß und Geschick gelang es ihm ein kleines Anwesen auf der heimischen Flur zu erwerben und allmälig zu vergrößern, so daß er die Mittel besaß, seinen zwölfjährigen Knaben nach Cremona in die vornehme Stadtschule zu geben, wo derselbe bis zur Anlegung der Männertoga (699) den ersten Unterricht genoß. Von da kam er zu seiner weiteren Ausbildung nach Mediolanum und bereits im J. 701 nach Rom, um hier nach Erledigung des grammatischen Cursus der höheren Stufe liberaler Studien, der Rhetorik sich zu befleißigen. Er besuchte die Schule des angesehenen Rhetors Epidius, bei dem auch M. Antonius (geb. 671/83) und Octavian (geb. 691/63) in die Lehre gegangen sind. Da letzterer bereits als zwölfjähriger Knabe eine öffentliche Grabrede gehalten hat, so scheint es nicht unmöglich, daß er wenigstens noch kurze Zeit hindurch Mitschüler des jungen Maro gewesen ist. Dem etwas blöden Bauernsohn floß die mündliche Rede langsam und schwerfällig, ja seine Ausdrucksweise im prosaischen Stil hat nach dem Zeugnis eines glaubwürdigen Zeitgenossen (Melissus) zeitlebens etwas Unbeholfenes bewahrt. Nur einmal hat er zur Probe vor Gericht eine Rede gehalten, und nicht wieder. Viel lieber machte er Verse, und es gab sich von selbst, daß er unter dem Einfluß der herrschenden Richtung, d. h. Catulls und seiner Freunde stand. War doch unter den noch lebenden Vertretern derselben Cinna ein Landsmann. Er versuchte sich in jenen scherzhaften Kleinigkeiten und den hierfür beliebten Formen der iambischen Trimeter, Choliamben und elegischen Distichen. Freilich befinden sich in der gemischten Sammlung solcher kleiner Stücke, welche unter einem von Aratos entlehnten Namen (κατὰ λεπτόν, etwa „Schnitzel") zusammengefaßt waren, nur wenige unzweifelhaft Vergilianische und sicher dieser Lebensperiode angehörige. Desto wertvoller sind die frischen Hinkiamben, in welchen der Rhetorschüler seiner Klasse Valet sagt, weil er im Begriff ist, zur Philosophie aufzusteigen (VII). Er verhehlt nicht, wie froh er ist, jene Stufe überwunden zu haben: von den leeren Salbentöpfen der Rhetoren, ihren von orientalischem Schwulst aufgeblähten Phrasen nimmt er Abschied, desgleichen von der langweiligen Grammatikerzunft, aber auch von der Schar geliebter Mitschüler, unter denen ein Sextus Sabinus mit zärtlicher Anrede als Herzensfreund hervorgehoben wird, endlich von den süßen Musen:

   zieht hin, Camenen, ja von dannen zieht gleichfalls,
   Camenen, süße (denn gestanden sei's ehrlich,
   süß war't ihr), o besucht nur freundlich auch ferner
   die losen Blätter, aber sittsam und selten!

Daß der junge Dichter kein Freund des archaisierenden, affektiert herben Stiles der sogenannten Attiker strengster Observanz war, zeigen die später (etwa im J. 711) entstandenen Choliamben auf T. Annius Cimber (II), den Anhänger des Antonius, auf dessen Brudermord die letzte Zeile anspielt: verrosteten Kram ausgegrabener Wörter, und das Galgenzeichen Tau statt Sigma habe dieser zweite Thucydides, der Tyrann des attischen Fiebers, dem Bruder eingegeben, und so möge derselbe auch ihm selbst schlecht bekommen. Man bemerkt die Bekanntschaft mit den Spitzen hellenistischer Epigramme. Aus derselben Zeit stammt eine heitere Parodie (VIII) der Catullischen Jamben zu Ehren jener schlanken Jacht (Catull 4). Man weiß von einem Ventidius Bassus, der bei dem Triumph des Pompeius Strabo über die Picenter (665) als kleines Kind auf dem Arm seiner Mutter nach Rom gebracht, später (696) in Gallien als Postmeister Julius

Cäsar gute Dienste geleistet hat und im J. 711 nach Einsetzung des Triumvirates zum Stellvertreter Octavians im Consulat (consul suffectus) ernannt ist. Dieser selbst oder ein Mann von ganz ähnlicher Laufbahn ist der ehemals Quinctio, nun Sabinus genannte Emporkömmling, dessen Bild jene spöttischen Verse Vergils ober eines Zeitgenossen und Landsmannes erläutern. Der schnellste Maultierkutscher auf der Straße nach Mantua Brixia Cremona ist er gewesen, ein braver Stallknecht, der unverdrossen seine Tiere gestriegelt hat. Jetzt hat er sich zur Ruhe gesetzt wie jenes Boot: er sitzt auf elfenbeinernem Amtssessel im Castortempel, wo der Senat tagt.

Ein flotter und begabter Kamerad des jungen Vergil, vielleicht noch aus der Rhetorschule, war der Ritter Octavius Musa aus Mantua. Seine Bildung und Redegabe rühmt überschwänglich in einem anmutigen Spiel mit dem Beinamen Musa, das warm empfundene, gleichfalls catullisch angehauchte Abschiedsgedicht (XIII) in elegischen Distichen. Auch Horaz nennt in einer seiner Satiren (I 10,82) den „besten" Octavius unter seinen nächsten und geschmackvollsten Freunden. Der gutmütige Lebemann gehörte zu der Commission, welche im diesseitigen Gallien mit der gehässigen Aeckeranweisung betraut gewesen ist, und kam dadurch von neuem mit dem ehemaligen Genossen in Berührung, die freilich peinlicher Natur war. Ein früher Tod raffte den allzuburstigen Zecher dahin. Vergil beklagt in einem Epigramm (XIV), welches selbst in der Trauer einen Zug leisen Humors verrät, das vorzeitige Ende und den Verlust für die römische Litteratur. Denn der Verstorbene hatte historische Schriften hinterlassen, welche die Freunde bewunderten, und noch Größeres erwarteten sie von ihm.

Aus dem Unterricht des auch mit Cicero befreundeten Epicureers Siron trug der nachdenkliche Jüngling eine Begeisterung für philosophisches Studium davon, welche ihn durchs Leben begleitete. Die Geheimnisse der Natur zu ergründen und von ihren Wundern zu erzählen schwebte ihm als höchstes Ideal vor, und er hoffte es in späteren Jahren zu verwirklichen. So soll er denn auch Mathematik und Medizin getrieben haben, und die Spuren seiner allseitigen wissenschaftlichen Studien sind von Späteren mit andächtigem Eifer in seinen Werken aufgesucht worden.

Verhältnismäßig spät tritt der Dichter mit ansehnlicheren Schöpfungen hervor, die seines Namens würdig sind. Um die Leere auszufüllen, haben über ein Jahrhundert später unkritische Litteraturfreunde allerhand herrenloses Gut, zum Teil Ausschußware offenbar jüngeren Ursprungs als seine Jugendwerke zusammengestellt. Gewiß nicht in Rom, sondern in der ländlichen Stille seiner Heimat wird er die Stimmung für bukolische Dichtung gefunden haben. Wir sahen (Band I 310 f.), daß zu derselben Zeit Valerius Cato in seinen „Verwünschungen" einen verwandten Ton angeschlagen hat. Unter ähnlichen Eindrücken und Erfahrungen ist die sicilische Muse des Theokrit dem Vergil erschienen.

Es ist bezeichnend für den stetigen Fleiß und die ruhige Sicherheit des treuen Arbeiters, daß er jeder Aufgabe, die er sich einmal gestellt, sich ganz und ausschließlich hingegeben hat, zu keiner neuen übergegangen ist, ehe die Lösung der alten völlig abgeschlossen war.

Dem glaubwürdigsten unter allen Zeugen über sein Leben, dem gewissenhaften Historiker Asconius Pedianus, welcher noch Zeitgenossen des Verstorbenen befragt hat, verdanken wir die bestimmte Nachricht, daß Vergil begonnen habe ländliche Gedichte zu veröffentlichen im Alter von 28 Jahren, d. h. zwischen Mitte Oktober 712 bis 713, und die Sammlung zur abschließenden Herausgabe vollendet habe in einem Zeitraum von drei Jahren, also bis zum Herbst 715. Natürlich ist die Möglichkeit immerhin nicht ausgeschlossen, daß jene Angabe nicht völlig genau, daß ein oder das andere Stück später hinzugekommen oder ein und der andere nicht in die Sammlung aufgenommene Versuch (z. B. IX 45 ff.) schon früher entstanden ist. Aber von einer wiederholten oder vermehrten Ausgabe wissen wir nichts, und innere Gründe berechtigen zu einer solchen Annahme nicht.

Dem Bauernsohn aus der triftenreichen Mincioebene war kein Lied näher liegend, als das der Hirten: auch auf italischen Weideplätzen erklangen die Töne der Rohrpfeife; der breite, von weißen Schwänen bevölkerte Fluß, welcher langsam zwischen schilfbewachsenen Ufern sich hinschlängelte, sah fette Herden auf der saftigen Fläche grasen. Asinius Pollio, welcher seit 711 als Legat im diesseitigen Gallien stand, war es, welcher dem reingestimmten Naturkinde die Anregung gab, das ländliche Idyll zu pflegen (ecl. VIII 11 f. III 84).

Vergil begann mit der Uebersetzung einzelner Theokriteischer Gedichte, welche in engerem Kreise gefallen haben muß, weil er sich später darauf beruft und „wohl bekannte" Proben daraus anführt (IX 23 ff. = Theokr. III Anf. IX 39 ff. = Theokr. XI 45 ff.).

Unter den herausgegebenen sind die zweite und dritte Ekloge die ältesten. Sie halten sich streng an die Stoffe und Motive der sicilischen Vorbilder, welche in freier Contamination verwendet werden. Die erstere ist die unglückliche Liebeswerbung des reichen Herdenbesitzers Corydon um den schönen Alexis, den Liebling seines Herrn. Hoffnungslos wie er ist, begnügt er sich in der Einsamkeit den Bergen und Wäldern sein sehnsüchtiges Lied zu singen: „ungefüge" nennt es der Dichter, mehr um den naiven Liebhaber zu charakterisieren, als um sich selbst als Anfänger zu bezeichnen. Bald den Komasten des Theokrit (3) nachahmend, bald den um Galatea werbenden Polyphem (6. 11), bald den Schnitter Battos (10), bald den Bukoliasten Menalkas (8), versucht er gleichsam alle Tonarten, um den Spröden zu rühren und zu gewinnen: zärtliche Vorwürfe und Drohungen, prahlerisches Selbstlob des Reichtums, der Sangeskunst, der Schönheit, lockende Schilderung idyllischen Zusammenlebens, Verheißungen und Geschenke, um sich endlich verzweifelnd einzugestehen, daß alles umsonst, und dennoch zu beteuern, daß der Zug seines Herzens unwiderstehlich sei. Unterdessen ist die Sonne, die am Anfang hoch und glühend am Himmel stand, gesunken. Die Schatten des Abends erinnern den Säumigen an die Arbeit, und auch diesmal (wie schon Theokrit seinem Nikias rühmte) hat der Gesang seine erleichternde Wirkung geübt, denn er tröstet sich wie Polyphem mit dem Gedanken: du wirst schon einen anderen Alexis finden, wenn dich auch dieser verschmäht.

In das Gebiet des litterarischen Klatsches gehört das Gerede, welchem freilich Sueton Martial Apuleius Glauben geschenkt haben, daß Corydon Vergil, und Alexis ein von ihm geliebter Knabe sei. Sueton und Servius geben an, Pollio habe einen hübschen Burschen in seinem Dienst, Namens Alexander, dem Dichter geschenkt, weil er diesem so gefallen habe; nach Martial war Alexis ein Geschenk des Mäcenas. Was immer an der harmlosen Geschichte wahr sein mag oder nicht, so sind doch alle Voraussetzungen der zweiten Ekloge so verschiedener Art, daß sie den Gedanken an so persönliche Beziehung nicht einmal scherzhafterweise zulassen.

In der dritten Ekloge begegnen sich zwei Hirtenknaben mit ihren Herden. Sie binden (wie die Burschen im vierten und fünften Idyll des Theokrit) nach bukolischem Brauch, dem ja auch die altitalische Satura huldigt, mit Stichelreden und derben Neckereien gegeneinander an, welche auf eine Herausforderung zum Wettgesang hinauslaufen. Nachdem sie nicht ohne Schwierigkeit um den Preis einig geworden sind und sich eines Kampfrichters versichert haben, folgt ein improvisiertes Duett in alternierenden Doppelzeilen mit wechselnden Motiven, dessen Ausgang nach dem Schiedspruch für beide Gegner gleich ehrenvoll ist. Die Kunst besteht auf der einen Seite darin, immer neue, zierlich abgerundete Sätze zu erfinden, auf der anderen, das angegebene Thema zu überbieten oder ihm eine eigentümliche Wendung zu geben. Das Persönliche überwiegt auch hier. Der Vorsänger rühmt sich göttlicher Huld, seines Glückes in der Liebe, eines hohen Gönners; der Respondent übertrumpft ihn mit Selbstgefühl oder Spott. Zuletzt gibt nach uralter Sitte der Dichterwettkämpfe jeder dem anderen ein Rätsel auf, dessen Lösung indessen der Kampfrichter nicht abwartet.

Nach der zweiten und dritten Ekloge ist die fünfte gedichtet, welche am Schluß (V. 86 f.) mit Wohlgefallen auf jene früheren zurückweist. Der Verfasser (unter der durchsichtigen Maske des Hirten Menalkas wie in der neunten erkennbar) ist bereits zu Ruf und An= sehen gelangt; er hat einen jüngeren Gefährten, Mopsus, dem er hohes Lob spendet: nur einer wage sich mit demselben zu messen, der hochfahrende Amyntas, der ihm aber weit nachstehe, wie denn auch Mopsus verächtlich auf ihn herabsieht. Ein alter Erklärer gibt an, daß mit Mopsus der Veronese Aemilius Macer, Vergils Freund, gemeint sei, von dessen bukolischen Gedichten freilich nichts bekannt ist; der Nebenbuhler sei Cornificius (vgl. I 313). Doch sind alle Deutungen dieser Art unsicher beglaubigt und unzuverlässig. Die beiden befreundeten Sänger unterhalten einander mit dem Vortrag zweier Lieder, von denen das eine zum anderen in Beziehung steht. Es sind keine Improvisationen: jeder hat das seine kürzlich ausge= arbeitet, und von dem zweiten, dem des Menalkas, ist schon längst unter den Hirten lobend die Rede gewesen. Der gemeinsame Held ist Daphnis, der Heros des bukolischen Liedes, dessen Kunst, Leiden und Tod Stesichoros und die sicilischen Dichter um die Wette be= sungen haben. Der Trauer um das Hinscheiden des Lieblings der Nymphen, welcher Mopsus Worte gibt, stellt Menalkas seine Apo= theose und die Beschreibung der jährlichen Gedenkfeier gegenüber, welche ihm gewidmet sein soll. Beide haben den Verstorbenen gekannt: Mopsus war sein Schüler, auch Menalkas rühmt sich seiner Liebe.

So ist also die Scenerie in mythische Zeit zurückverlegt, obwohl die Gegewart im Eingang wie am Schluß neckisch hereinblickt. Jene überklugen Erklärer des Altertums, welche so gern versteckte allegorische Beziehungen wittern, haben unter der Person des Daphnis bald einen Bruder des Dichters, Flaccus, bald den Patron der Transpadaner, Julius Cäsar gesucht. Im einzelnen durchzuführen ist diese Allegorie unmöglich. Aber eine solche Forderung haben die Alten an ihre poetischen Allegorien freilich auch nicht gestellt, und mit Recht. Sie begnügten sich mit dem Grundton und einzelnen Anklängen, welche hier und da den verhüllten Doppelsinn geheimnisvoll durchschimmern ließen, während die sichtbaren Umrisse klar und fest sein mußten. So mag von den mannigfachen Zeichen und Wundern, welche Cäsars Ermordung begleiteten, auch eins und das andere (z. B. V. 24 ff.: Sueton Caes. 81) hier eingewoben sein, welche die Gedanken des Kundigen auf ihn lenken konnten und sollten. Indessen zeigt die in die neunte Ekloge aufgenommene Probe einer wirklichen Apotheose Cäsars (V. 46—50), daß eine solche hier nicht beabsichtigt war. Diese Strophe feiert mit klaren Worten nach Art alexandrinischer Katasterismen das Gestirn des Venussprossen Cäsar, dessen Aufgang an den Leichenspielen des Dictators beobachtet war. In ihm erblickt der Verfasser das verheißungsvolle Vorzeichen einer friedlichen, glücklichen Zeit. Aber die Hoffnung sollte sich nicht erfüllen, und so unterblieb die Aufnahme des Gedichtes in die spätere Sammlung. Eine bittere Beziehung darauf (IX 50) findet sich in der ersten Ekloge (V. 73).

Zu den unmittelbaren Theokritstudien gehört auch die siebente Ekloge, welche sich am nächsten der dritten anreiht. Doch beginnt sie nicht dramatisch wie diese, sondern erzählend. Meliböus berichtet. Im Schatten einer Steineiche sah er Daphnis (den Sangesheros) sitzen, und bei ihm zwei geübte Wettsänger Thyrsis und Corydon, Bukoliasten wie die des Theokrit im achten Idyll, bereit, sich in ihrer Kunst miteinander zu messen. Er hat der Einladung des Daphnis nicht widerstehen können, und wiederholt aus dem Gedächtnis den Wechselgesang, der wie in dem angeführten theokriteischen Muster in vierzeiligen Strophen verläuft und mit dem Siege des Corydon endigt: ex illo Corydon Corydon est tempore nobis. Da derselbe im vorletzten Strophenpaar (V. 53 ff.) seine schwärmerische Liebe zu Alexis bekennt, so ist eine Beziehung auf die zweite Ekloge kaum abzuweisen, ohne daß sich hieraus die Berechtigung ergäbe, ihn selbst für Vergil zu halten und dem von Theokrit entlehnten Schlußsatz oder anderen Stellen des Gedichtes eine Bedeutung für die Geschichte des Dichters oder seiner Erfolge beizulegen. Auch die Versuche, die Niederlage des Thyrsis durch abfällige Kritik seiner Leistung zu rechtfertigen, scheinen verfehlt. Der Dichter ist gewiß nicht darauf ausgegangen, der überlegenen Kunst des Corydon eine Folie zu geben: durch einen Stümper hätte er sein eigenes Werk verdorben, da es doch nicht komisch wirken sollte. Genug, daß dem zweiten nicht gelungen ist, den ersten zu übertreffen.

Im J. 713/41 traf die Grundbesitzer in der Gegend von Cremona und Mantua jener grausame Schlag, der auch den Wohlstand Vergils zu zertrümmern drohte. Die Veteranen von 34 Legionen des verbündeten Cäsarianischen Heeres, welches unter den Triumvirn siegreich gegen die Republikaner gefochten hatte, verlangten nach dem Entscheidungskampf bei Philippi die ihnen zugesagte Versorgung in der Gestalt von Bauerngütern im Gebiete der besiegten Partei, und zur Abrundung der occupierten Ländereien mußten auch die benachbarten Aecker der neutral gebliebenen Gemeinden herhalten. So geschah es, daß eine Flut von 60 ausgedienten Soldaten sich über die friedlichen Fluren der Poebene ergoß und in dem Gebiet von Mantua („Mantua, wehe dir, allzu nahe der armen Cremona!") auch das väterliche Gut des Dichters mit Beschlag belegte. Scharen Beraubter und Obdachloser, jung und alt, Männer mit Weibern und Kindern, strömten nach Rom, um auf dem Forum, auf den Stufen der Tempel über ihr unverdientes Schicksal Klage zu führen, Götter und Menschen um Mitleid anzuflehen. Dem Leidensgenossen von Andes fiel gewissermaßen die Rolle des Wortführers zu. Durch Vermittelung einflußreicher Gönner, des Asinius Pollio, der von Antonius als Präfekt von Gallien diesseits der Alpen eingesetzt war, und des Cornelius Gallus, der im Auftrage der Triumvirn in den Städten jenseits des Po Contributionen einzutreiben hatte, erlangte der Vertriebene Zutritt zu Octavian und das Versprechen der Zurückgabe seines Besitzes. Durch die Commission, welche die Verteilung der Veteranenlose zu ordnen hatte, wurde dem Heimgekehrten sein volles Eigentum zurückerstattet und den übrigen Mantuanern, für die er ein Wort eingelegt hatte, wenigstens ein Teil.

Seinem Dank für diese Gunst und seinem Mitgefühl für die

Geschädigten gab er Ausdruck in der ersten Ekloge, welche, ohne die eigene Person irgend hervortreten zu lassen, doch deutlich genug das Gepräge des Selbsterlebten trägt. Natürlich darf man sie weder in dem was sie aussagt, noch in dem was sie verschweigt, buchstäblich nehmen. An die Stelle des Dichters tritt ein schon ergrauender Hirte, der sich soeben in Rom von seinen Ersparnissen freigekauft und die Erlaubnis erlangt hat, seine Herde auch ferner auf den gewohnten Plätzen weiden zu lassen. Der andere teilt das Los der Vertriebenen und ist im Begriff mit seinen Ziegen in die Fremde zu ziehen. Was hier angenommen wird, konnte sich unter den gegebenen Verhältnissen ganz so und in wiederholten Fällen zutragen. Aber unmittelbar vom Dichter empfunden ist die Bewunderung der glänzenden Weltstadt (V. 19 ff.), die sich gegen Mantua und andre Landstädte verhalte wie die Cypresse unter niedrigen Sträuchern, die Begeisterung und unauslöschliche Dankbarkeit für den großherzigen Beschützer — deus nobis haec otia fecit — dem zu Ehren wie den hausbehütenden Laren allmonatlich der Altar raucht (V. 43). Kein Besonnener wird indessen hieraus den Schluß ziehen, daß der Gefeierte bereits damals offiziell und allgemein göttliche Ehren genossen haben müsse. Ein kurzes bitteres Wort des Verjagten, „da sieh, wohin Zwietracht die armen Bürger gebracht hat" (71), wirft auf den Ursprung alles Unheils der Gegenwart ein trübes Licht.

Auch Vergil sollte sich des wieder erlangten Besitzes nicht lange freuen. Pollio verließ im Spätsommer des Jahres 713 die Provinz, an seine Stelle kam als Legat Alfenus Varus mit dem Auftrage, bei der vorzunehmenden endgültigen Aeckerverteilung den beeinträchtigten Grundbesitzern von Mantua soweit als möglich zu ihrem Recht zu verhelfen. In der Hoffnung auf kräftigen Beistand begann Vergil damals ein Gedicht, in dessen Eingang er dem ehemaligen Studiengenossen ein glänzendes Loblied versprach (IX 27—29), wenn er Mantua retten werde. Aber der Commissar täuschte die Erwartungen, denn die schwer heimgesuchte Stadt verlor ihre blühenden Fluren (Ge. II 198 f.) und behielt nichts als einen schmalen Sumpfstreifen zunächst der Mauer (vgl. IX 7 ff.). Vergil selbst wurde abermals von seinen raubgierigen neuen Nachbarn belästigt. Unter der Anführung eines Primipilaren Milienus Toro drang eine Horde von Veteranen bei ihm ein. Während des Wortwechsels über die Grenze wäre der Dichter beinahe durch die Hand eines gemeinen Soldaten

Clodius, der kurzen Prozeß machen wollte und ihn mit bloßem
Schwert verfolgte, umgekommen, wenn er sich nicht durch die Flucht
gerettet hätte (vgl. IX 14 ff.). Er fand mit den Seinigen Zuflucht
auf einer kleinen Villa, welche früher seinem Lehrer Siron gehört
hatte (catal. X): vielleicht hat er sie ihm abgekauft. Hier vermutlich
hat er das Gegenstück zur ersten Ekloge, die neunte, gedichtet,
welche der abermaligen Beraubung und der Gewaltthat gedenkt,
welcher Menalkas, der beliebte Sänger, fast erlegen wäre. So be=
richtet dessen Knecht einem anderen auf dem Wege zur Stadt, und
beide erinnern sich mit Wohlgefallen der schönen Gedichte, von denen
sie aus dem Gedächtnis einige Stellen vortragen, darunter außer
freien Uebertragungen aus Theokrit die Anfänge jener Enkomien
auf Varus (V. 27 ff.) und auf den Stern des Julius Cäsar (V. 46 ff.).
In der Erwähnung dieser beiden Stücke, deren Stimmung in so
grellem Gegensatz zu der gegenwärtigen steht, liegt eine bittere Ironie.
Es würde gar keinen Sinn haben, wenn die hier citierten Proben
nicht wirklich aus bekannten Gedichten Vergils genommen wären.
Freilich werden sie ausdrücklich „noch nicht vollendet" (V. 26) ge=
nannt, weil sie eben nicht in die Sammlung aufgenommen sind.
Wenn übrigens unter Menalkas Vergil zu verstehen ist, wie der Zu=
sammenhang fordert und Quintilian ausdrücklich bestätigt, so kann
in der bescheidenen Aeußerung des Lycidas, daß er, obwohl ebenfalls
Poet, sich mit Varius und Cinna nicht messen könne (V. 35), kein
Geständnis des Dichters gegen sich selbst liegen. Eher könnte immer
noch eine neckende Anspielung an den Leibdichter des Antonius,
Anser, mit dem Vergleich zwischen Schwänen und Gans (anser) be=
absichtigt sein.

Es ist kein eitles Selbstlob, wenn Vergil hier einen schwächeren
Genossen seine Freude an den Versen des Menalkas ausdrücken läßt.
Es kam darauf an, dem Octavian und allen einsichtigen Landsleuten
die geheiligte Person des friedlichen Sängers, Wert und Würde be=
scheidener Muse zwischen den wilden Waffen des Mars zu Gemüte
zu führen. Das Gedicht kam seiner Bestimmung gemäß zur Kenntnis
Octavians, und dem Verfasser wurde Genugthuung zu Teil. Doch
war ihm die Rückkehr in die Heimat verleidet. Auf den Rat seiner
Freunde ließ er sich in Rom nieder und trat nun in nähere Be=
ziehungen zu Mäcenas. Die veränderten Lebensverhältnisse, die
Anregung durch geistvolle Genossen und die große Stadt gaben

auch seiner Poesie einen neuen Aufschwung. Zwar hielt er sich noch in den Grenzen derselben Gattung, aber seine Erfindung wurde freier, sein Gedankenkreis weiter, seine Technik reifer und kunstvoller. Einen glänzenden Beleg bietet die vierte Ekloge, welche im beginnenden Consulatsjahr des Pollio (714/40) verfaßt ist. In höherem Tone, der sofort ausdrücklich angekündigt wird, begrüßt sie die in diesem Jahre bevorstehende Wiederkehr des goldenen Zeitalters, welches eingeführt und vertreten sein wird durch die Geburt eines Knaben, dem die Herrschaft über den befriedeten Erdkreis beschieden ist. Von göttlicher Herkunft wird er ein Götterleben führen in Gemeinschaft mit Göttern und Heroen. Die ganze Natur wird dem Kinde dienen und ihm ihre besten Gaben von selbst darbringen; alles wird prächtig gedeihen, wilde Tiere werden zahm, giftige Schlangen und Kräuter unschädlich werden. Aber erst allmälig, während der Knabe heranreift, werden die letzten Spuren der bisherigen bösen Zeit verschwinden. Noch wird es einstweilen Gefahren, Mühen und Kriege geben, noch einmal wird Achill vor Troja ziehen. Erst mit dem kräftigen Mannesalter des Göttersprößlings wird das Dasein leicht werden, alles sich von selbst zum schönsten gestalten. Es sind die uralten sehnsüchtigen Vorstellungen, welche seit Hesiods wehmütiger Erzählung vom Wandel der Zeitalter die Phantasie von Dichtern und Philosophen erfüllt haben, besonders auch von den Alexandrinern ausgeführt sind und nun zum erstenmal in lateinischen Versen erklingen. Der Dichter wünscht diese frohe Zukunft zu erleben, um sie dann desto voller zu besingen. Einstweilen wünscht er dem Kinde, dessen Geburt unmittelbar bevorstehe, glücklichen Eintritt ins Leben.

Wenn die Ankündigung eines Knaben nicht Gefahr laufen sollte durch die Wirklichkeit widerlegt zu werden, so kann die Weissagung auf diesem Punkte natürlich nur eine nachträgliche gewesen sein. Uebrigens genügen die beglaubigten Thatsachen, welche die Ueberlieferung des Altertums zur Erklärung des wunderbaren Gedichtes bietet, nicht völlig. C. Asinius Gallus, Sohn des Asinius Pollio, hat dem Asconius mitgeteilt, diese Ekloge sei ihm zu Ehren verfaßt, und Sueton, welcher ihn unter den bedeutenden Rednern der Kaiserzeit verzeichnet hat, ist dieser Ansicht beigetreten. Daß Gallus im J. 714 geboren sein kann, beweist sein Consulat vom J. 746; gerade damals hätte er das gesetzmäßige Alter gehabt. Und wie hätte er überhaupt jenes Gedicht für sich in Anspruch nehmen können, wenn er nicht eben 714 geboren wäre? Indessen er war ein Gerngroß, der auf die erste Stelle im Staat zwar begierig, aber ihr nicht gewachsen war. Daß er sich solcher Deutung rühmte, beweist noch nicht, daß sie zutreffend war. Nirgends in jenem Gedicht wird gerade dem Pollio die Vaterschaft an jenem Sprößling zugeschrieben. Immerhin mag es Leute gegeben haben, welche in Scherz, Höflichkeit oder Aberglauben das neugeborene Kind als das von Vergil verheißene nachträglich begrüßten. Die Sehnsucht nach einer neuen Wendung der irdischen Dinge, nach einem Friedensbringer für die sturmbewegte Welt, das Gefühl, daß die alte Zeit zur Rüste gehe und ein neuer Tag anbreche, lag damals in der Luft. Den Kometen, welcher bei den Leichenspielen Julius Cäsars sichtbar geworden, deutete ein etruskischer Aruspex auf das Anbrechen des zehnten Säkulums. Eben diese letzte, glücklichste Weltperiode hatte auch die Cumäische Sibylle vorhergesagt, und im Anschluß an sie setzt der Dichter ihren Eintritt in das laufende Jahr 714. Gab doch der brundisinische Friede alle Hoffnung, daß nun wirklich wieder bürgerliche Eintracht und Sicherheit ins Leben zurückkehren werde. An der Vermittelung des froh begrüßten Freundschaftsbundes war Pollio in erster Linie beteiligt gewesen. In dem Wust prophetischer Sprüche, welche um diese Zeit zu Tage kamen, mag auch einer gewesen sein, welcher die Geburt eines gottbegnadeten Knaben, eines Abkömmlings von Romulus für dieses Jahr voraussagte, und mit ihr den Beginn der neuen Aera. So gab Vergil dem edlen Freunde gern die Ehre, die selige Zukunft zu inaugurieren. Daß aber trotz der Wendung zum Besseren die Keime der Zwietracht noch nicht ganz erstickt waren, konnte der aufmerksame Beobachter sich wohl sagen. Stand doch Sex. Pompeius noch in Waffen: eine letzte entscheidende Auseinandersetzung der Rivalen war mit der Zeit nicht zu vermeiden. Erst wenn die Machtfrage endgültig entschieden war, konnte die Welt auf dauerhaften Frieden hoffen. Wenn die heranwachsende Generation zum Manne gereift sein wird, wird sie den vollen Segen genießen, der ihr in die Wiege gelegt ist.

Das Vorwiegen der männlichen Cäsur des dritten Fußes, oft verbunden mit der des siebenten Halbtaktes, bei gänzlichem Fehlen der bukolischen Cäsur, gibt dem Gedicht einen heroischen Charakter. Der Stil ist kräftig, enthusiastisch. Aber die erhabene Vision, welche den beseligten Erdkreis umfaßt, zu den Göttern emporsteigt, eine Weltperiode kommen und die Welt in Vorahnung derselben erzittern sieht, verschmäht auch die kleinen Züge des Naturlebens nicht, welche dem ländlichen Dichter nahe liegen: die Blumen, die Aehren, und allen Segen, welchen die Erde freiwillig spendet, die strotzenden Euter der Ziegen, die woligen Schafe, die honigtriefenden Eichen; endlich das liebliche Bild des Kindes, welches die Mutter anlacht.

Noch einmal greift der Dichter im folgenden Sommer (715) mit der **achten Ekloge** zu den alten Theokritstudien zurück, und zwar abermals zu Ehren des Pollio, der an dieser Gattung der Poesie Wohlgefallen fand. Sie begrüßt den lorbeerbekränzten Feldherrn, welcher nach der Besiegung der Parthiner in Jllyrien auf der Heimkehr begriffen ist, um bald (am 25. Oktober) in Rom seinen Triumph zu feiern. Zwei erotische Lieder, bittere Klage eines verlassenen Liebhabers und der nächtliche Liebeszauber der Pharmakeutria, werden in einem Wettgesang zweier Hirten als Gegenstücke gegenübergestellt. Beide haben eine dunkle Färbung; es sind Nachtstücke: aber während das erste hoffnungslos und tragisch mit der Drohung eines Sprunges ins Wasser schließt, gelingt es der Zauberin, den spröden Geliebten heranzuziehen, so daß die düstere Stimmung in freudige Erwartung übergeht.

Dieses zweite Lied ist großenteils nur Uebersetzung des Originals (Theokr. II), aber die magische Handlung allein ist (nicht ohne Auslassungen und Zusätze) nachgebildet. Es fehlt im Eingang die wundervolle Scenerie der Mondnacht, und später das Beste, die ergreifende Erzählung der Liebesnovelle: damit ist dem Gedicht das Herz ausgestoßen. Dafür ist der Schluß eigentümlich gewendet: die Anzeichen glücklichen Erfolges treten unerwartet endlich hervor, so daß die Scene dramatische Bewegung gewinnt. Freier erfunden ist die Klage des ersten Liedes: sie entlehnt Motive einzelner Strophen aus verschiedenen Idyllen Theokrits, mischt aber einen Zug römischer Hochzeitssitte ein (das Nußstreuen).

In weiter Zukunftsferne schwebt dem Dichter die Besingung des Pollio selbst und seiner Thaten vor: vielleicht war ihm die Aufgabe von dem Helden selbst nahe gelegt. Mit verbindlichem Hinweis auf die tragischen Dichtungen des Gönners erklärt er jene Verdienste, deren Kenntnis er über den Erdkreis verbreiten möchte, sophokleischen Kothurnes würdig. Auch das Epos zu Ehren des Varus hat er aufgegeben. Im Eingang zur sechsten Ekloge, welche ihm gewidmet ist, erklärt er, daß er nach vergeblichem Versuche, „Könige und Schlachten" zu besingen, auf Apollo's Geheiß zur ländlichen Muse zurückkehre, die seinem Stande wie seiner Begabung gezieme. An Lobsängern werde es dem Varus auch so nicht fehlen, und auch dieses bescheidenere Lied, welches seinen Namen an der Spitze trägt, wird ihm Ehre machen. Von persönlicher Beziehung freilich ist nur so viel ersichtlich und ausdrücklich bezeugt, daß ein kleiner Teil des Folgenden den Jugendfreund an gemeinsame Studien bei dem ehemaligen Lehrer Siron erinnern soll.

Der weinselige Silenus, der tiefsinnige Humorist des Altertums, dessen Seherblick die Geheimnisse der Schöpfung und des Menschenlebens durchschaut, hat nach uralter Sage einmal im Rausch dem König Midas, dem Typus gedankenlosen Wohlbehagens, Rede stehen müssen. Damals hat er das erschütternde Wort gesprochen, welches in der antiken Lebensanschauung so vielfach nachklingt: am besten nicht geboren zu sein, demnächst möglichst bald zu sterben. Diesen Hellseher und Erzkundigen hatte der Geschichtschreiber Theopomp im ersten Buch seiner Philippischen Geschichten, welches mit wunderbaren Berichten aller Art angefüllt war, zum Gewährsmann eines allegorischethischen Märchens gemacht, welches von einem glückseligen Lande jenseits der vom Oleanos umflossenen Welt erzählte. Auch diese Offenbarung sollte Silen dem Midas enthüllt haben. Vergil verlegte den Schauplatz von Phrygien in das Zauberland Thessalien, die Wiege und Heimat der hellenischen Poesie, an den Fuß des Götterberges Olympos.

Dort haben, so erzählt der Dichter in heiterem Tone, zwei Hirtenknaben den Alten überrascht, wie er in einer Grotte den Rausch von gestern ausschlief. Sie fesseln ihn mit den Kränzen, die unordentlich am Boden liegen, wie sie seinem Haupt entglitten sind, und eine schalkhafte Najade bemalt ihm höhnend das Gesicht. Der Erwachte, der die Knaben oft um die Hoffnung auf ein Lied betrogen hat, erkennt lachend den listigen Zwang, wie ihn widerwillige Propheten bedürfen, und löst sich aus mit einem Gesange wunderbaren Inhaltes, zu dem Faunen und Tiere des Waldes tanzen und die Eichen ihre Gipfel regen. Er singt mit Worten, die an Lucrez erinnern, epikureische Weisheit, wie sie Siron lehrte, mit alten Mythen verbindend, von der Entstehung des Weltalls, der Wälder, Tiere und Menschen, die aus den Steinen der Pyrrha erwuchsen, von den glücklichen Zeiten unter Saturn und der strengen Herrschaft des Juppiter, unter der Prometheus, der Menschenfreund und Entwender des Feuers litt. Mit ihm sind die Perioden der Kosmogonie und Theogonie abgeschlossen: die ganze Vorgeschichte bis zu dem Punkte, wo die Cultur des Menschengeschlechtes anhebt, ist in großen Zügen entworfen. Mit den ersten Unternehmungen der Heroen beginnen ihre Schicksale. Beim Argonautenzuge, der zuerst die Helden Griechenlands vereinigt in die Ferne führt, wird Hylas von den Quellnymphen geraubt. Auf Kreta verfällt die Minostochter Pasiphae unnatürlicher Liebe zu einem Stier. Beide Mythen, wie der vergleichend eingeflochtene von den in Kühe verwandelten Prötustöchtern, gehören zum Sagenschatz der bukolischen Poesie. Wie hinter Hylas auch ungenannt die Figur des Herkules im Geiste des Lesers auftaucht, so hinter Pasiphae der Minotaurus und dessen Bezwinger Theseus: vielleicht eine leise Hindeutung auf die beiden gewaltigsten Befreier der Menschheit von Plagen und Unholden. Auch die arkadische Jägerin Atalanta, von deren verhängnisvollem Wettlauf dann die Rede, ist den ländlichen Dichtern wohlbekannt, desgleichen, wie schon die Natur der Sage ergibt, die Verwandlung der Phaethonsschwestern in Erlen. Ist ein innerer Zusammenhang der letzten beiden Stoffe untereinander und mit den vorhergehenden nicht zu erkennen, so macht nun Silenus einen plötzlichen Sprung in die Gegenwart. Er singt wie Vergils Freund, der Dichter Cornelius Gallus, der bisher am Fluß Permessus, am Fuß des Helikon, umhergeirrt ist, d. h. sich erst in den leichteren Formen der Dichtung ergangen hat, von einer der Musen zum Gipfel des Berges emporgeführt, wie Phöbus und sein ganzer Chor vor ihm aufgestanden sei, und wie Linus, der zu früh gestorbene Meister des Gesanges, nach Hesiod der vielgeliebte Sohn der Urania, ihn im Namen der Musen mit den Rohrpfeifen eben jenes alten askräischen Sängers, des Urvaters der böotischen Dichterschule wie der bukolischen Dichtung, belehnt, damit er die Entstehung des Gryneischen Haines besinge, jenes Paradieses, in welchem Apollo ein uraltes Orakel und einen herrlichen Tempel besaß. Hier hatte einst jener Wettstreit der beiden Seher Mopsos und Kalchas stattgefunden, von dem Hesiod in einer seiner Dichtungen erzählt hat. Von Troja heimziehend war der Weissager des Griechenheeres dort mit dem Sohn der Manto, der

Tochter des Teiresias, zusammengetroffen, war im Rätselkampf unterlegen und aus Kummer gestorben. Eben diesen Agon hat auch, den Spuren Hesiods folgend, Euphorion besungen und dessen Gedicht hat Gallus übertragen. Die Dichterweihe des Gallus erinnert an die des Hesiod, welche von ihm selbst im Eingang der Theogonie erzählt wird. So liegt in ihr der Schlüssel für das Verständnis der Vergilischen Ekloge. Da nämlich nachgewiesen werden kann, daß die im Vorhergehenden berührten Mythen von Deukalion und Pyrrha, von Prometheus, dem Sohne Deukalions, von Hylas und den Argonauten, von Theseus und Minos, von Atalanta und den Heliaden sämtlich bei Hesiod (zu großem Teil nachweislich im „Katalogos" der Frauen) vorgekommen sind, da ferner Euphorion u. a. ein Gedicht Namens Hesiodos verfaßt hat, so ist die Vermutung berechtigt, daß in dieser Verherrlichung des alten Meisters eben jener Stoffe Erwähnung gethan, und daß auch dieses Gedicht von Gallus in die römische Poesie eingeführt war oder nächstens werden sollte. So wurde der kundige Leser auf die Huldigung für den befreundeten Dichter durch Erinnerung an bekannte Gestalten hingeführt. Gleichsam anhangsweise gedenkt Silenus noch in zwei vierzeiligen Parallelstrophen zweier Verwandlungssagen, von der Nisustochter Scylla und der unglücklichen Philomela. Von dem Schicksal der letzteren wenigstens und ihrer Schwester ist wiederum bezeugt, daß es bei Hesiod vorkam. Will man aber die Einheit und den Zusammenhang festhalten, so wird man kaum umhin können, anzunehmen, daß Gallus auch diese Mythen behandelt hat, nur nicht in demselben Gedicht oder Dichtungskranz, welchem die vorerwähnten angehört haben mögen. Ihm wird denn auch die Verquickung zweier verschiedener Versionen über Scylla zuzuschreiben sein, der homerischen, welcher auch Hesiod in den großen Eöen gefolgt sein muß, von dem bellenden Seeungeheuer, und der von Parthenios in den Metamorphosen erzählten Schuld der Königstochter, wie sie aus der Ciris bekannt ist.

Hier bricht das Gedicht ab, um dem Leser noch zum Schluß ein Rätsel aufzugeben. All das, was Silen bis zum Aufgang des Abendsternes und dem Heimtreiben der Schafe sang, habe einst der Eurotas vernommen, während es Apollo ersann, und die Lorbeerbüsche an seinem Ufer habe er es auswendig lernen lassen. Hat Hesiod oder Euphorion dem Gedicht, in welchem jene Sagen vereinigt waren, diese Einkleidung gegeben? Nach Lakonien verlegte man die Anfänge des Hirtengesanges, vom Eurotas, seiner Herkunft vom arkadischen Mänalon und seiner Verbindung mit dem elischen Alpheios dichtete Kallimachos (wie auch vom Permessus: V. 64). Wollte er den Zusammenhang der Stätten bukolischer Sagen damit erklären, gleichsam den Strom dorisch=böotischer Mythendichtung in seinem Lauf von der Quelle ab verfolgen? und wollte Vergil mit jenem Schluß die Gedichte des Gallus aus diesem Strom herleiten?

Für Varus aber, welchem im Eingange verheißen wird, daß von ihm der ganze Wald singen, daß also auch sein Ruhm erklingen werde, wenn man diese Ekloge mit Liebe lese, dessen Name bei Phöbus in besonderer Gunst stehen soll, für ihn kann das Ganze nur Wert gehabt haben, wenn er am Dichterruhm des Gallus den innigsten Anteil nahm und ein freundschaftliches Verhältnis zu ihm hatte. Und wenn Vergil bedeutungsvoll vorausschickt: „was ich singe, ist mir aufgetragen", so liegt nichts näher als diesen Auftrag, d. h. die Aufgabe des Stoffs, unmittelbar auf Varus zurückzuführen. In der That waren ja beide als Collegen in der Commission für Ackeranweisung in nahe Berührung gekommen, und die Annahme, daß beide Männer in den Jahren 713 bis 715 befreundet waren, wird auch dadurch nicht widerlegt, wenn derselbe Cornelius Gallus mehrere Jahre später (vor 723) demselben Alfenus Varus in einer Anklagerede dessen Ungerechtigkeit gegen die Mantuaner vorgeworfen hat. Es wäre nur ein Beispiel der so häufigen Erscheinung, daß politische Parteikämpfe Freundschaft in ihr Gegenteil verkehren.

Zuletzt von allen (im Spätherbst oder Winter 715) ist nach des Dichters eigenem Zeugnis die zehnte Ekloge abgefaßt. Sie ist für den Freund Cornelius Gallus, auf dessen Wunsch geschrieben, eine Art Trostgedicht für unglückliche Liebe, halb neckisch, halb innig. Dem Armen ist, während er selbst in Waffen gegen den Feind steht, seine Geliebte Lycoris durchgegangen: sie ist irgend einem Offizier (im Heer des Agrippa, der nach Aquitanien, oder des Octavianus, der nach Gallien zog) über die Alpen in nordische Gegenden gefolgt und hat den alten Verehrer in zerrissener Stimmung zurückgelassen. Wie der schmachtende Daphnis im ersten Idyll Theokrits erregt auch Gallus die Teilnahme der gesamten Natur: Bäume und Felsen weinen, Herden und Hirten versammeln sich um ihn, Apollo Silvanus Pan besuchen ihn und reden ihm an. Er antwortet halb wehmütig, halb leidenschaftlich. Er möchte selbst Hirt oder Winzer

sein und sich der gesicherten Gemeinschaft mit seiner Lycoris erfreuen,
statt fern von ihr dem Mars zu dienen und sie im eisigen Norden
zu wissen. Um seine Schmerzen zu heilen will er sich dem Hirten=
gesang ergeben, in Wäldern umherstreifen, seine Liebesseufzer in
Baumrinden schneiden, jagen; aber sofort erkennt er, das alles werde
doch vergeblich sein. Nur eins bleibt übrig: sich der Macht Amors
gedulbig zu fügen. Gedanken und Worte sind, wie Servius be=
zeugt, großenteils aus des Gallus eigenen Gedichten, jedenfalls den
Elegien, geschöpft. So wird er auf die eigene Kunst als die beste
Trösterin verwiesen, und der Dichter hat Grund zu der Hoffnung,
die er am Schluß ausspricht, die Musen werden seine kleine Gabe
für den Freund, den er von Tag zu Tag mehr liebe, recht groß
machen.

Es sind die sicilischen Musen, deren Lied Vergil in diesen länd=
lichen Gedichten singt. Die Hirten und Hirtinnen, welche auftreten
oder erwähnt werden, tragen griechische Namen; hervorragende Sänger
wie Corydon und Thyrsis (VII) stammen aus Arkadien, dem Mutter=
lande der Hirtenpoesie; griechisch sind größtenteils auch die Götter
und Heroen, von denen die Rede ist. Aber die Lokaltöne sind ohne
Bedenken verwischt. Vielfach spielt die reale Gegenwart und die
italische Heimat hinein. Am Ufer des Mincius singen jene Arkadier,
auf dem Wege nach Mantua begegnen sich Lycidas und Möris (IX),
in derselben Gegend spielt die erste Ekloge, und Tityrus ist in Rom
gewesen. Aber zu jener lombardischen Ebene stimmt weder der
Winzer, welcher „unter hohem Felsen" in die Lüfte singt (I 56)
noch die am Abhang des Felsens kletternden Ziegen (I 76) noch die
hohen Berge, welche abendliche Schatten werfen. In der Nähe des
Meeres wohnt der unglückliche Liebhaber Corydon (II), aber (wegen
V. 21) gewiß nicht in Sicilien: selbst in der neunten Ekloge weist
Lycidas ganz im Widerspruch mit der Scenerie auf die stille Meeres=
fläche hin (V. 57). Ganz Arkadien drückt dem Gallus seine Teil=
nahme aus (X 13 ff.), und zwar Schafe, Hirten und Götter durch
persönlichen Besuch, während er selbst wer weiß wo im Kriegslager
steht. Wenn Mittags bei glühender Sommerhitze das Korn geschnitten
wird (II 10) und Abends die Rinder mit dem Pfluge heimziehen
(66), so mag man Neubestellung des Ackers gleich nach der Ernte
annehmen.

Auch die persönliche Charakteristik der Hirten ist hier und da etwas verschwommen. Tityrus (I) wird Greis genannt, hat einen grauen Bart, singt aber noch Liebeslieder auf Amaryllis (V. 5), mit welcher er ein festes Verhältnis hat (V. 30. 36 ff.). Einmal (IX) läßt sich der Dichter Menalkas nennen, ohne indessen diese Maske in den übrigen Stücken beizubehalten. Im Baumschatten, auf dem Grase gelagert oder in felsiger Grotte üben diese Hirten ihre Kunst. Die ländliche Rohrpfeife ist ihr Instrument, wenn es hoch kommt, die Syrinx. Gewöhnlich ist der flötende auch der Sänger, aber gelegentlich werden beide unterschieden (V 2). Der letztere heißt poeta (V 45, vgl. VII 25), d. h. Dichter und Componist: er wird auch gelesen. Seine Verse schreibt er auf Baumrinde, sie gehen von Mund zu Mund, von Hand zu Hand. Es besteht eine öffentliche Meinung über die Leistungen der Einzelnen, man lobt und tadelt, befehdet einander, unterscheidet Stümper und anerkannte Meister, beruft sich auf Gönner, — ein Künstler- und Litteratentreiben unter Hirten, ganz wie bei Theokrit. Gerade hier treten greifbare Persönlich= keiten ein: Pollio (III 84 ff.) als Freund der ländlichen Muse eines Damoetas und Verfasser eigener Gedichte neuer Art; das ver= höhnte Brüderpaar Bavius und Mävius (III 90); der neidische, schmähsüchtige Codrus (V 11. VII 22. 26), die hochverehrten Meister Varius und Cinna (IX 35), der auserwählte Musenfreund Gallus (VI 64 ff.). Auch an Gelehrsamkeit fehlt es diesen Burschen nicht: Menalkas (III 40) kennt den alexandrinischen Mathematiker Konon und weiß auch von den Verdiensten des Eudoxos, obwohl ihm dessen Name entfallen ist. Daß hier mancherlei Anzügliches eingestreut sein mag, was nur den Eingeweihten des engeren Kreises verständlich war, läßt schon das Beispiel der theokriteischen Thalysia vermuten, zeigt ferner das neckische Rätsel vom Zwerg Cälius (III 105), der unbestimmbare Codrus, über den sich unsre alten Erklärer den Kopf zerbrechen, während er doch auch in Elegien des Valgius vorkam, zeigen vor allem die dem Stoffe nach mehr originalen Stücke, welche persönliche Erlebnisse des Dichters (I. IX), die Poesien des Gallus (VI. X), den Anbruch des neuen Zeitalters (IV) behandeln. Die allgemeine Annahme, daß manches zwischen den Zeilen zu lesen sei, hat daher schon früh zu abenteuerlichen Versuchen allegorischer Er= klärung verführt.

Schon oben ist mehrfach auf die Abhängigkeit besonders der

älteren Stücke von griechischen Vorbildern hingewiesen worden. So ist der größte Teil der alternierenden Strophen sowie der Einleitungen in der dritten und siebenten Ekloge, so sind die Vorstellungen des Corydon (II) aus fünf bis sechs theokriteischen Gedichten zusammengetragen und mosaikartig zusammengesetzt. Aber auch die freier erfundenen sind in einzelnen Partien keineswegs selbständig. So ist die ganze Beileidsbezeigung für Gallus (X) dem Liede von Daphnis in Theokrits erstem Idyll entnommen. Voltaire und Macaulay haben die Strophe bewundert, in welcher der unglückliche Liebhaber sich erinnert, wie er zuerst die grausame Nysa gesehen und sich in sie verliebt habe. „Wie du mit der Mutter in unsrem Gehege duftige Aepfel sammeltest, sah ich dich, — ich war ja euer Führer, zwölf Jahr war ich alt und konnte schon die Aeste vom Boden aus erreichen: ich sah dich und war verloren, die Leidenschaft riß mich hin" (VIII 37 ff.). Und doch variiert dieses reizende Idyll in meist wörtlichem Anschluß eine Strophe des Theokrit; nur sucht das Mädchen dort Blumen auf dem Berge und es fehlt die hübsche Altersangabe, aber zarter ist das Bekenntnis: „seitdem kann ich mich nicht satt an dir sehen, du aber kümmerst dich gar nicht darum." Das Verdienst der Erfindung in den meisten dieser ländlichen Gedichte Vergils ist hiernach gering, sowohl im ganzen wie im einzelnen. Scenerie und Personal, Stimmung und Colorit, Gedanken und Bilder, Stil und Vers, alles ist geliehen oder wenigstens nachgebildet, aber mit feinem Verständnis und künstlerischer Hand. Sein offenes Auge für die Landschaft, sein Sinn für die einfache Sprache der Natur zeigt sich, wenn er mit wenigen sicheren Strichen den hereinbrechenden Abend, die wechselnden Schatten der Berge, die rauchenden Giebel der Villen, die heimziehenden Rinder mit der Pflugschar schildert, oder die brütende Mittagsglut, wo selbst das Vieh den Schatten aufsucht, und die Eidechsen sich in der Dornenhecke bergen.

Den bukolischen Stil, wie er bereits früher (Band I 310 f.) an den Dirä und der Lydia des Valerius Cato nachgewiesen ist, hat Vergil zu weiterer Vollendung geführt, so daß die Versuche eines Cornificius oder Codrus daneben völlig vergessen wurden. Der Ton der ländlichen Muse ist ein gedämpfter (deductum carmen) wie der sanfte Klang der Schalmei (tenuis arundo). Der Dichter lebt und webt im Frieden der Natur, beschaulich und genügsam. Die ewigen Gesetze, welche den Lauf der Gestirne und Quellen, Blüten und

Fruchtsegen bestimmen, regeln auch das Leben des Landmannes, ziehen seinen Vorstellungen und Betrachtungen einen festen Kreis. Aus den nächstliegenden Beobachtungen und Erfahrungen sind die Bilder entlehnt. Für diese Gedichte war gesangsmäßiger Vortrag mit Instrumentalbegleitung gedacht; Text und Musik werden geradezu unterschieden (IX 45), und in der That sind sie gleich den sicilischen Vorbildern von kunstgeübten Sängern auf der Bühne häufig und mit großem Beifall vorgeführt worden. Noch in Trajans Zeit erinnerte man sich, wie die begeisterte Menge dem Dichter, der sich gerade unter den Zuschauern befand, durch Aufstehen, wie sonst dem Augustus, gehuldigt habe. Es war nicht zum wenigsten der Wohllaut der Sprache und des Verses, welchem diese Concertstücke einen solchen Erfolg verdankten. Auf den Vortrag war auch die Composition berechnet, deren Grundlinien sich selbst dem aufmerksameren Leser aufdrängen, wenn gleich manche feinere Ausführungen dahingestellt bleiben müssen. Unzweifelhaft ist der Parallelismus des Wettgesanges, wo sich entweder alternierende Strophen von je 2 oder 4 Zeilen (III. VII), oder umfangreichere Lieder von gleicher Verszahl (V) entsprechen. Die beiden Gegenstücke der ersten Elloge sind jedes durch den Refrain in ungleiche Strophen (wie z. B. auch der Parcengesang bei Catull) geteilt, aber beide haben mit einer leisen Abweichung im letzten Teil dieselbe Gliederung. Genauere Beobachtung führt zu dem Ergebnis, welches durch die sicilischen Vorbilder bestätigt und durch den Parallelismus des Stils erläutert wird, daß die Neigung zu strophischer Composition auch den Einzelgesang, den Dialog und die Erzählung beherrscht, nur daß sie nicht zum starren Gesetz geworden ist, sondern in freiem Spiel mannigfach verschlungener Formen und geschmeidiger Unterordnung nur soweit hervortritt als dem ruhig harmonischen Gang des Textes angemessen ist, dagegen aufgegeben wird, wo Disharmonien zu scharfem Ausdruck kommen oder eine einleitende Rede des Dichters sich vom eigentlichen Liede abhebt. Was dem Gefühl des Lesers nicht immer sogleich erkennbar ist, konnte durch Wiederkehr eines musikalischen Motivs dem gebildeten Hörer wohl bemerklich gemacht werden. Selbst im Text wird oft genug die Responsion erkannt durch Wiederholung eines Wortes oder einer Redefigur an bezeichnender Stelle, durch Gleichheit des Satzbaues, Einklang oder Gegensatz der Gedanken, starke Interpunktion in gleichen Zwischenräumen.

Der friedfertige, harmlose Charakter dieser Dichtgattung war es, welcher sie den Staatsmännern empfahl, die Beruhigung der politischen Leidenschaft und Begründung einer neuen Ordnung der Dinge anstrebten. An Widersachern und Spöttern aus dem Kreise der Zunftgenossen hat es den ländlichen Gedichten Vergils nicht gefehlt. Wenn Horaz das weich einschmeichelnde, geschmackvoll anmutende (molle atque facetum) derselben lobte, so machten sich hämische Kritiker wie Cornificius, Anhänger der republikanischen Schule, über manche Form und manchen Ausdruck, der ihnen mit Unrecht unlateinisch schien, lustig und gönnten sich das schale Vergnügen, die edlen Verse durch witzelnde Verdrehungen lächerlich zu machen. Gleich nach dem Erscheinen der Bucolica wurden in Antibucolica eines gewissen Numitorius (?) die erste und dritte Ekloge parobiert, derselbe oder ein anderer verhunzte die zweite.

Ernsthafte Nachfolger in dieser Gattung finden sich zunächst keine. Ovid deutet in einem heillos verborbenen Verse (ex P. IV 16, 33) auf einen bukolischen Dichter unter seinen Zeitgenossen.

Eine der wichtigsten Aufgaben des neuen Regimentes war die durch Aufruhr und Kriege verwilderte Nation zu den fruchtbaren Arbeiten des Friedens zurückzuführen, dem verwüsteten Lande neues Gedeihen zu sichern, durch Begünstigung des kleinen Grundbesitzes statt der aussaugenden Domänenwirtschaft den Boden zu verjüngen und eine im traulichen Heim zufriedene, fleißige Landbevölkerung allmälig wieder heranzuziehen. Es kam darauf an, den erstorbenen Sinn für den bescheidenen Beruf des Ackerbauers, Winzers und Viehzüchters wieder zu erwecken, den Veteranen, welche an ein ungebundenes Kriegerleben, an rasche Beute und abenteuerlichen Wechsel gewöhnt nun das Schwert mit dem Pfluge vertauschen sollten, die Liebe zu ihrer schönen Heimat, den Geschmack an stiller Häuslichkeit, an den unschuldigen Genüssen der Natur einzuflößen. Während Octavian im Orient mit der Bewältigung der dortigen Provinzen beschäftigt war, lag seinem Vertreter in Rom, Mäcenas, die innere Verwaltung des Landes ob. In dem sinnigen Idyllendichter von Mantua erkannte dieser das berufene Organ einer nach jener Richtung läuternden und begeisternden Einwirkung auf den Volksgeist. Sein inniges Verhältnis zur Natur, seine praktische Erfahrung und ideale Vaterlandsliebe befähigten ihn vor allen, die Lehre vom Landbau wirksam und gehaltvoll, in gewinnender, künstlerischer Form der Nation ans Herz zu legen.

An eingehenden sachlichen Lehrbüchern fehlte es freilich nicht, seitdem Cato aus seiner eigensten Erfahrung heraus teils in den früher erwähnten Lebensregeln für den Sohn, teils in ausführlicher Anweisung für einen Freund Manlius den Anfang gemacht hatte. Schon er fand sich bewogen der Empfehlung des Landbaues wenigstens einige einleitende Worte zu widmen. Er vergleicht ihn mit den Geschäften des Kaufmanns und Bankiers. Diese seien zwar unter Umständen einträglicher, aber teils gefahrvoll, teils unehrenhaft. Wenn unsere Vorfahren, sagt er, einen als guten Mann rühmen wollten, so rühmten sie, daß er ein guter Landwirt sei. Dieser Beruf liefere die tapfersten Männer und tüchtigsten Krieger, dieser Erwerb sei der sittlichste, dauerhafteste und harmloseste. Mancher gediegene Spruch von vollerem Klange ist in die größtenteils trocknen Anweisungen über das Verhalten des Hausherrn und des Verwalters, über Nachbarn Gesinde Hausvieh Geräte, über Anlage des Landhauses, der Vorratskammern, der Ställe, über Fütterung und Düngung, über Obst- Wein- Oelzucht, über Backen und allerlei Hausmittel, Zaubersprüche, Gebete und Contracte eingestreut. Eine reiche Fachlitteratur von Griechen und Römern, auch das umfassende Werk des Puniers Mago, welches nach der Einnahme Karthago's auf Verfügung des römischen Senates ins Lateinische übersetzt war, hat Varro seinen drei Büchern vom Landwesen zu Grunde gelegt, welche er in seinem 80sten Jahr verfaßte (717/37). Sie bezeugen ebenso seine Liebe zur italischen Heimat und der Sitte der Väter wie seinen Sinn für gemütliche Gestaltung auch des spröbesten Stoffes. In behaglich heiterem Tone unterhält sich eine Gesellschaft angesehener Landwirte, indem jeder von ihnen über die Seite seines Berufs das Wort ergreift, die er besonders versteht. Jedes der Bücher hat seinen novellistisch erzählenden Rahmen, persönliche Beziehungen, Scherze, Neckereien und Complimente sind eingestreut; gelehrte Mitteilungen, erlesene Citate, Sprichwörter würzen die wie gewöhnlich streng disponierte Auseinandersetzung. Die anmutige Form des wissenschaftlichen Dialoges, welche die Griechen so liebten, ist mit Geschick und guter Laune auf ein derb realistisches Gebiet übertragen. Auch hier wird die Landwirtschaft als die natürlichste und gesündeste Grundlage der nationalen Cultur warm empfohlen. Die Landleute allein sind noch echte Nachkommen des würdigen Königs Saturnus. Aber ernste strenge Arbeit wird auch vom Gutsbesitzer gefordert, denn leider drängt sich der übermäßige Luxus der Villen nur zu sehr in den Vordergrund, die Familienväter ziehen es vor in der Stadt zu wohnen, im Theater und im Circus beifallklatschend mit den Händen zu arbeiten statt die Felder zu bestellen; man begnügt sich Getreide und Wein vom Auslande einzuführen, während der italische Boden die herrlichsten Producte liefern könnte. Statt fruchttragender Aecker sieht man ungeheure Weideflächen, ein Rückschritt in die allerfrüheste Periode jeder Culturentwickelung.

In demselben Geiste und ungefähr gleichzeitig mit Varro begann nun Vergil seine Georgica, welche er in langsam bedächtiger Arbeit, wie es seine Art war, nach dem durchaus glaubwürdigen Zeugnis des Asconius während eines Zeitraumes von 7 Jahren vollendete. Täglich, so wird berichtet, pflegte er Morgens eine größere Menge von Versen zu diktieren, welche er dann bis zum Abend sorgfältig durcharbeitete und auf das knappste Maß zurückführte. Eine und die andere Partie wird, wie sie gerade fertig geworden war, zur Kenntnis vertrauter Freunde, z. B. des Horaz, gebracht sein. Im Sommer des J. 725, kurz vor den Triumphen des Sextilis, als Octavian aus Asien zurückkehrte und auf dem Wege nach Rom wegen eines Halsübels in dem campanischen Städtchen Atella verweilte, hat er sich das ganze Gedicht, die vier Bücher desselben, an vier aufeinander folgenden Tagen vorlesen lassen. Der Dichter war mit Mäcenas im Quartier des Imperators zusammengetroffen und beide lösten einander im Geschäft des Vorlesens ab.

Vergil hat sein Werk, wie er selbst am Schluß berichtet, in der Jungfraustadt (Parthenope), im lieblichen Neapel gedichtet. Aber manche Stelle verrät, daß er sich in den üppigen Landschaften Unteritaliens weiter umgesehen, daß er z. B. Tarent, Pästum besucht und so seine Anschauungen, die er aus der Heimat mitbrachte, erweitert hat.

Den materiellen Stoff fand er aus den Schriften der Vorgänger zusammengetragen in den Büchern des gelehrten Bibliothekars der Palatina, des C. Julius Hyginus, über Landwirtschaft und Bienen. Aus dieser Quelle hauptsächlich wird er die praktischen Anweisungen, soweit sie ihm nicht durch Erfahrung von Hause aus geläufig waren, genommen haben. Aber seine Absicht ging nicht auf ein erschöpfendes Lehrbuch (II 42), sein Hauptzweck war die sittliche Gesamtwirkung und die poetisch künstlerische Gestaltung zu einem seelenvollen Bilde natürlichen Werdens und Schaffens, in dessen Vordergrund der Mensch als Herr der Schöpfung steht. Dazu hat er aus griechischen und römischen Dichtern Saft und Würze gesogen, ohne seine Selbständigkeit zu opfern.

Längst war die Arbeit des schlichten Landmannes für dichterische Darstellung geadelt durch des alten Hesiodos „Werke und Tage", wo die Lehre, daß die Götter den Schweiß vor die Tugend gesetzt haben, mit ernstem Nachdruck geprebigt wird. Dieselbe Weisheit des askräischen Sängers ist es, welche Vergil seinen verwöhnten Landsleuten verkündigen will. Auch er betont gleich zu Anfang (I 121 ff.), Juppiter selbst habe gewollt, daß der Ackerbau mühselig sei: der Mensch sollte erzogen, seine Tüchtigkeit und Erfindsamkeit sollte durch das Bedürfnis entwickelt werden. Nur der Drang harter Not und unverdrossene Arbeit hat zum Ziel geführt. Und so muß man noch beständig vor Schaden und Gefahr auf der Hut sein wie Einer, der angestrengt stromauf rudert: läßt er die Arme nur einmal sinken, so reißt ihn jählings die Strömung hinab (I 198 ff.). Dafür genießt er aber auch im Winter das Erworbene in fröhlicher Geselligkeit, und ist der Sorgen ledig, wie der Schiffer, wenn er von hoher See in den Hafen einläuft und den Spiegel des Schiffes jauchzend bekränzt (I 300). Auch Vergil ist altgläubig trotz seiner Neigung zur Naturforschung und Philosophie, und Frömmigkeit setzt er beim Landwirt als selbstverständlich voraus: ist derselbe doch auf die Huld aller Naturgewalten angewiesen, die durch Opfer und Gebet zu gewinnen sind. Die kindliche Vorstellung der Alten, welche Berg und Thal, Wald und Flur, ja die Tiefen des Meeres mit lebendigen Gestalten höherer, aber dem Menschen geneigter Wesen bevölkerte, sie kam dem ländlichen Lehrgedicht zugute, welches sich an naive Gemüter wendet. So werden gleich im einleitenden Gebet Liber und Ceres, Faunen und Dryaden, Neptun, der das erste Pferd geschaffen hat, Aristäus, der Urahn der Hirten, Minerva, die Schöpferin des Oelbaums, und Triptolemus, der Erfinder des Pflugs, Pan und Silvanus, endlich insgesamt alle übrigen Schutzgottheiten der Fluren, Früchte und Saaten zu freundlicher Teilnahme angerufen, da ihre Segnungen dargestellt werden sollen. Die längst auch in Latium heimisch gewordenen Sagen der Griechen, welche die Natur und ihre Geschöpfe umwoben, sind dem Dichter vertraut. Die Schwalbe ist für ihn Prokne, mit blutigen Händen an der Brust gezeichnet (IV 15); den Pferden hat einst Venus ihren wilden Mut eingegeben, als sie den unglücklichen Glaucus von Potniae zerrissen (III 260); die Bremse, welche das Vieh plagt, hat einst auf Geheiß der eifersüchtigen Juno die arme Jo verfolgt (III 145); die Flammen des Aetna steigen aus der Esse der Cyclopen auf (I 471); der fünfte Monatstag ist der Geburtstag der Titanen, welche den Himmel stürmen wollten (I 277).

Uebrigens ist zwischen dem altertümlichen Bauernkatechismus des böotischen Sängers und dem gesättigten Naturgemälde des Mantuaners ein gewaltiger Unterschied. Selbst im ersten Buch, welches allein in seinen technischen Partien hier und da Vergleichungspunkte bietet, ist schon Auswahl und Anordnung des Stoffes eine ganz andere. Auf Nachahmung geht Vergil hier überhaupt nicht aus. Es freut ihn, gewisse sprichwörtlich gewordene Regeln der Alten in gleich knapper Fassung wiederzugeben, z. B. nudus ara, sere nudus (I 298 = Hesiod W. u. T. 391), in der Ausführung dieses oder jenes Gemeinplatzes mit ihm zu wetteifern und einzelne Verse wie Perlen in die sonst ganz selbständige Fassung herüberzunehmen (z. B. 341 = Hesiod 585). Stark gekürzt und verändert (nach den Bestimmungen des Demokrit, wie Plinius angibt) ist die Tafel der Glücks- und Unglückstage im Monat (I 277 ff. = Hesiod 765 ff.).

Im Anschluß an das hexametrische Gedicht Hermes des Eratosthenes ist der kurze Abschnitt über die fünf Himmelszonen (I 231 ff.) verfaßt, welcher dem sehr knappen Bauernkalender (204 ff.) angehängt ist. An die Erigona desselben Dichters erinnert, was über die Entstehung des altattischen ländlichen Bacchusfestes bemerkt wird (II 380 ff.).

Reichlich ausgenützt sind die Diosemeia des Aratos in dem Abschnitt des ersten Buches über die Wetterzeichen (351—460), aber auch hier ohne auf Vollständigkeit auszugehen, mit künstlerischer Beschränkung und belebender Gestaltung des Ausgewählten. Es genügt dem Verfasser z. B. nicht, das Verkohlen der Lampendochte unter den Zeichen für drohenden Regen anzuführen, sondern er versammelt spinnende Mädchen in der Abendstunde um die Lampe und läßt sie die Beobachtung machen (I 390 ff.). Statt einfach schlechtes Wetter zu nennen, verwahrt er sich vor der Zumutung, in solcher Nacht das Tau des Schiffes vom Lande zu lösen und in See zu gehen (456 f.). Unter den Vögeln, deren Gebaren Sturm verkündet, erscheinen in wildem Fluge Nisus und Scylla, diese verfolgt von dem kreischenden Vater (I 404). Die Kleinmalerei wird durch eine leidenschaftliche Scene unterbrochen, vielleicht gedachte der römische Leser auch eines Gedichtes von Cornelius Gallus (vgl. Bucol. VI 74). Uebrigens ist selbstverständlich, daß dem Bauernkinde manche. Regel durch lebendige Unterweisung und Beobachtung von früh auf bekannt geworden sein wird.

Daß unter den Quellen und Vorbildern der Georgica auch die Gedichte des kolophonischen Arztes Nikander eine Stelle, und zwar eine hervorragende eingenommen haben, wird bezeugt, doch bietet sich zur Vergleichung nur die Stelle im dritten Buch (414 ff.) über giftige Schlangen, deren in dem Gedicht über den Biß giftiger Tiere (Theriaka) gedacht wird. Vielleicht hat Vergil auch das Buch über Honigbereitung (Μελιττουργικά, vermutlich ein Teil der Georgica) benutzt, ohne daß wir sichere Spuren nachweisen können. Ueberhaupt werden ihm Quellen dieser Art mehr zur Anregung als zur Grundlage gedient haben. Aber durch das ganze Werk ziehen sich Erinnerungen an Homer hindurch. Abgesehen vom vierten Buch, wo die Klage des Aristäus der des Achill im ersten Gesang der Ilias, die Mutter Cyrene der Thetis nachgebildet, der Gang des Orpheus in die Unterwelt zum Teil und die Proteusepisode nach der Odyssee gearbeitet ist, wird besonders aus dem Bilderschatz des alten Epos manches Kleinod entlehnt, welches bisweilen in anderer Verwendung einen parodischen Eindruck macht. Manchen Zierrat haben auch hellenistische Dichter hergeliehen, wäre es auch nur ein einzelner Vers, der kostbaren Form wegen nachgebildet wie der des Parthenios mit seinem Gepränge schönklingender Eigennamen und den metrischprosodischen Finessen: Glauco et Panopeae et Inoo Melicertae (I 437).

Unter den vaterländischen Dichtern haben Ennius, der Atacinerr Varro (namentlich dessen Ephemeris in der Partie von den Wetterzeichen), auch der Reatiner, ferner Varius einigen Schmuck geliefert. Vor allen ist es Lucretius, dessen liebevolles Studium überall hervortritt: in der Verwendung seines Sprachschatzes, in der Wiederholung oder Umbiegung zahlreicher Verse oder Versglieder, in ge-

wissen einführenden oder überleitenden Formeln, in dem warmen
Hauch der Begeisterung, deren Ausdruck sich einmal (III 288 ff.)
eng wie eine Variation an den Grundtext anschmiegt, wo der Dichter
der Schwierigkeit gedenkt, seinem bescheidenen Stoff Würde zu leihen,
und doch den Reiz des unbetretenen Pfades rühmt. Er teilt mit
dem kühnen Freigeist das glühende Verlangen, die Gesetze des Welt=
alls zu erforschen und zu erklären (II 475 ff.): glücklich preist er
(mit hinreichend deutlichem Hinblick auf Epicur und seinen römischen
Verkündiger) den, welcher die Ursachen der Dinge zu erkennen ver=
mochte, der alle Schreckbilder und das unerbittliche Fatum unter die
Füße getreten hat und das Getöse des habsüchtigen Acheron (II
490 ff.). Er selbst bescheidet sich mit dem Reiz und Frieden der
frischen Natur in weiten Fluren, Thälern, Wäldern und Bergen.
Aber für die Kunst des Lehrgedichtes, für Composition und Stil hat
er viel von Lucretius gelernt. Wie dieser schickt er den einzelnen
Büchern, wenigstens den drei ersten, schwungvolle Einleitungen vor=
aus und läßt jedes in glänzendem Finale ausklingen. Aber seine
Töne sind mannigfaltiger: Hoffnung und Vertrauen auf die neue
Zeit, stolze Freude über den Glanz und die Macht des Reiches, auch
schmerzliche Betrachtung der Verwüstungen aus jüngster Vergangen=
heit. Nationale Empfindung und treuer Bürgersinn findet innigen
Ausdruck, freilich ist es nicht mehr die Stimme des aufrechten Re=
publikaners, sondern des dankbar bewundernden Unterthans.

Die Beziehungen auf die Zeitgeschichte, welche mehrfach eingefügt
sind, lassen wegen der nur andeutenden Fassung nicht immer eine
sichere Deutung zu. Es ist bisweilen schwer zu sagen, ob der Dichter
sich auf wirklich vollzogene Thatsachen bezieht, oder vorweg nimmt,
was erst in Vorbereitung oder Erwartung begriffen, gerüchtweise be=
sprochen, dann vielleicht nicht einmal zur Ausführung gekommen ist;
ob er sich an das Maß des Gegebenen hält oder es poetisch ver=
größert, über die Grenzen seiner Bedeutung hinaushebt. Dazu sind
auch unsere historischen Quellen lange nicht genau genug und so bis
ins Einzelnste erschöpfend, um einen überall zuverlässigen Wegweiser
zu bieten. So ist der Leser hier wie in vielen anderen Fällen
nur zu oft auf ein unbestimmtes Gefühl angewiesen, und auch die
schärfste Interpretation sieht sich vergeblich nach sicheren Beweis=
mitteln um.

Im Eingang zum ersten Buch wird in einem Ton, der hier

wohl zum erstenmal in der römischen Poesie erklingt, Octavianus als Heros gefeiert. Es wird auf seinen Sieg über Sex. Pompeius angespielt, den er im Spätsommer 718 durch Agrippa bei Naulochus davongetragen hat. Als er im November dieses Jahres heimkehrte, überhäuften ihn Rat und Volk mit überschwenglichen Ehren; er selbst erklärte in öffentlicher Rede die Bürgerkriege für beendet, verkündete Frieden und Wohlfahrt, und wählte von den ihm angetragenen Auszeichnungen was besonders geeignet war, sein Verdienst als Friedensstifter der Menge vor Augen zu führen. Mit dem Myrtenkranz geschmückt hielt er in feierlicher Ovation seinen Einzug, alljährlich sollten die Tage seines Sieges durch Opfer gefeiert, auf dem Markt sein Standbild auf goldener, mit Schiffsschnäbeln geschmückter Säule errichtet werden in Tracht und Haltung des siegreich heimkehrenden Feldherrn, und die Inschrift meldete, daß er den lange gestörten Frieden zu Land und zu Wasser wieder hergestellt habe. Diesen Huldigungen gibt der Dichter begeisterten Ausdruck, allerdings in jenem vergötternden Stil, wie ihn die alexandrinischen Hofpoeten aufgebracht haben. Nach Anrufung aller göttlichen Mächte, die dem Landwirt heilig sind, wendet er sich an Cäsar, dem bereinst (wie seinem Adoptivvater) die Aufnahme in die Gemeinschaft der Götter bevorstehe. Noch weiß man nicht, welchem Kreise göttlicher Weltregierung er beitreten werde, denn allen ist er gewachsen: ob ihm der Schutz der Städte und Länder, ihrer Sicherheit und ihres Wohlstandes zufallen oder Meer und Schiffahrt bis zur äußersten Thule, nach Britannien, oder ob er sich den Sternen beigesellen möge: schon sieht der Dichter, wie der Skorpion, der Stern des Mars, dem künftigen Nachbarn der jungfräulichen Erigone ehrfurchtsvoll Platz macht. Nur dem Tartarus gönnt er den hehren Beschützer nicht, hofft vielmehr, daß ihn die Begierde dort zu herrschen nicht locken werde, so sehr auch die Griechen für die elysischen Gefilde schwärmen, und so sehr es der Proserpina dort unten gefällt. Daß es dem Verfasser dieser Apotheose Ernst ist mit seiner Bewunderung, beweist am Schluß des Buches das inbrünstige Gebet zu den heimischen Göttern, denen Roms Heil am Herzen liegt, daß sie nach so viel vergossenem Bürgerblut dem schwer heimgesuchten wenigstens diesen Wohlthäter nicht mißgönnen, ihn so lange wie möglich auf Erden lassen mögen, bis ihn der Himmelspalast aufnehme (498 ff.). Er sprach damit den Wunsch aller Anhänger gesetzlicher Ordnung aus, und göttliche

Ehren erwiesen seit jenem Jahre die Städte Italiens schon dem lebenden.

In ernstem Gegensatz zu jenem rauschenden Eingang steht die tief empfundene Schlußpartie des ersten Buches (463 ff.). Die Sonne ist der untrüglichste Prophet nicht des Wetters allein, sondern auch der Wendungen in den Geschicken der Völker. Hat sie nicht nach Cäsars Ermordung sich verhüllt und damit die Tage von Philippi und Pharsalus verkündigt, in deren Vorgefühl der Aetna spie und die Alpen erzitterten? Einst wird auf jenen blutgedüngten Schlachtfeldern des Landmanns Pflug und Spaten auf verrostete Helme und Spieße, auf verwitterte Menschengebeine stoßen. Und so endet dieses Buch mit einer bitteren Klage, daß Recht und Unrecht vertauscht, der Erdkreis von Kriegen und Greueln aller Art erfüllt ist, daß die Felder veröden stehen und die Sicheln in Schwerter umgeschmiedet werden: überall wütet der ruchlose Mars, wie wenn aus den Schranken der Rennbahn die Viergespanne hervorstürzen in immer wachsender Hast, und vergeblich spannt der Wagenlenker die Zügel: er wird willenlos von den Rossen dahingetragen.

Diese fast verzweifelnde Klage, insbesondere der Hinweis auf die Angriffe, welche vom Euphrat wie von Germanien drohen, gehört schwerlich derselben Zeit an, als der Eingang. Es ist die Weltlage gemeint, welcher erst durch den actischen Krieg (723) eine erlösende Wendung gegeben wurde. Nach dem Siege, als Octavian in Asien weilte und die Verhältnisse des Orients ordnete, im Winter 724/5 sind die Verse des zweiten Buches (170 ff.) geschrieben, welche ihn nächst den Scipiaden unter den großen Söhnen Italiens nennen. Dem Frühling 725, während er noch im fernen Osten weilte und seine Heimkehr bevorstand, gehören die Schlußzeilen des Ganzen (IV 559 ff.).

Wenn nun auch die kriegerischen Erfolge, deren der prachtvolle Eingang zum dritten Buch (22 ff.) gedenkt, den Jahren 724 und 725 zuzuweisen sind, so ergibt sich, daß der Dichter die meisten dieser politischen Glanzlichter seinem Werk aufgesetzt haben wird, nachdem er den Stoff bereits ziemlich zum Abschluß gebracht hatte. Keine derselben geht über den Zeitpunkt der Rückkehr Octavians (Sommer des Jahres 725) hinaus, keine nötigt uns den Beginn des Werkes weiter zurückzuverlegen, als durch die Angabe der Alten geraten ist.

In der Einleitung zum dritten Buch schöpft der Dichter, nachdem er die halbe Bahn durchmessen hat, zur Fortsetzung noch einmal gründlich Atem, aber mit gehobenem Selbstgefühl und kühnem Ausblick in seine Zukunft, über die gegenwärtige Aufgabe hinaus. Er besinnt sich auf seine Ziele und gedenkt des Ruhmes, welchen er durch Größeres dereinst für seine Geburtsstadt als erster mantuanischer Dichter zu gewinnen hofft. Mit verächtlichem Seitenblick weist er abgegriffene Figuren der griechischen Heroensage zurück, die ihn nicht mehr begeistern können. Wie einst Ennius sucht er neue Bahnen und hat die Zuversicht, wenn ihm nur weiteres Leben vergönnt ist, das Ziel zu erreichen. Vor seinem begeisterten Blick erhebt sich ein Marmortempel, den er einst, als Sieger heimkehrend, an den Ufern des Mincius auf grüner Flur seiner Heimat errichten, zu dessen Einweihung er als Festgeber glänzende Kampf- und Bühnenspiele veranstalten will, alles aber zu Ehren Cäsars, seines großen Beschützers. An den Thüren dieses Tempels sollen in Gold und Elfenbein dargestellt sein die Siege des neuen Quirinus über Orient und Occident. In Marmor sollen dort die Bilder der troischen Ahnen und Apollo's, des Gründers, prangen. Aber dieses Werk, die Verherrlichung Cäsars, seiner Kämpfe und seines Ursprungs, in epischem Gesang, ist der Zukunft vorbehalten: einstweilen schickt sich der Dichter an, seiner nächsten Aufgabe, die ihm Mäcenas gestellt hat, zu genügen, und schon glaubt er ermunternden Ruf aus dem Waldgebirge zu vernehmen. Damit wendet er sich zur Sache. Aber noch einmal, in der Mitte desselben Buchs (289 ff.), wo er von Rossen und Rindern zur Wollherde übergeht, ermutigt er sich durch kurzen Zwischenruf. Schafe und Ziegen sind ein bescheidener Stoff für den hochstrebenden Sänger: ihm Würde und Glanz zu geben bedarf es besonderer Weihe. Gerade die öden Klippen des Parnaß, wo kein bequemer Pfad von Vorgängern geebnet ist, locken den kühnen, und in rechtem Gegensatz zu dem blöden Vieh, von dessen Zucht und Pflege er zu handeln hat, erbittet er sich, nicht ohne Humor, von Pales Beistand zu hochtönendem Liede (nunc, veneranda Pales, magno nunc ore sonandum).

Wenn das erste Buch mit einer schrillen Dissonanz endigte, so tönt dagegen das zweite in vollem freudigen Accord aus: das Glück der Landleute wird in entzückenden Versen gepriesen (458 ff.). Wenn sie es nur kennten, die sichere Ruhe und die Unschuld des einfachen und doch so genußreichen Lebens zu würdigen wüßten! In reizendem

Idyll wird geschildert, wie der Gutsbesitzer, unbehelligt von Ehrgeiz und Politik, am Segen seiner Felder und Herden Genüge, an der redlichen Arbeit Freude, im trauten Kreise der Familie Behagen findet und harmlose Feste feiert. So trieben es die Vorfahren, so ist Rom erwachsen, so lebte noch früher der goldene Saturn, als man den Schlachtruf der Trompete noch nicht kannte und auf dem Amboß noch keine Schwerter geschmiedet wurden. Wiederum in schroffem Gegensatz zu diesem lieblichen Gemälde steht am Schluß des dritten Buches (478 ff.) die ergreifende Schilderung von der Seuche, welche einst (wir wissen nicht, wann) in den norischen Alpen alles Vieh ergriffen habe. Man sieht den entmutigten Landmann, dem der Stier gestürzt ist: niedergeschlagen spannt er den trauernden Genossen aus und läßt den Pflug mitten in der Arbeit stehen. Nicht der Schatten des Waldes, nicht üppige Wiesen erfreuen das arme Tier, nicht der kryftallklare Bach, der über Felsen in die Ebene rollt: ohnmächtig stürzt es zu Boden. Was hilft alle Mühe? Unverschuldet und heillos ergreift die Seuche selbst das Wild, Fische und Schlangen, die Vögel in der Luft: Tisiphone ist vom Styx heraufgestiegen, sie wütet und erhebt täglich das gierige Haupt höher.

Umfang und Einteilung des gesamten Stoffes geben gleich die ersten vier Zeilen des Gedichtes an. Ueber Bestellung der Saaten, Baum- und besonders Rebenzucht, über Viehzucht und endlich Bienen- pflege soll gehandelt werden. Man lernt im ersten Buch, zu welcher Zeit des Jahres die Bestellung des Ackers zu beginnen habe, wie Natur und Lage des Feldes für den besonderen Zweck zu prüfen, wie der Boden zu verbessern, wie schädlichen Einflüssen zu begegnen sei. Unter den Werkzeugen wird besonders der Pflug beschrieben. Die Zurichtung der Tenne führt auf die Vorzeichen eines frucht- baren oder unfruchtbaren Jahres und künstliche Zubereitung des Samens. Ein Bauernkalender regelt die Zeiten der verschiedenen ländlichen Arbeiten. Was an Regen-, an Festtagen verrichtet werden könne, Glücks- und Unglückstage, Arbeiten für Nacht und Mittag, für Winter Herbst Frühling werden bestimmt. Da aber Unwetter den Ertrag des Fleißes bedrohen, so belehren bestimmte Zeichen über das Herannahen schlechter und guter Witterung; besonders Mond und Sonne sind zuverlässige Propheten. Im zweiten Buch, welches von Baum- und Obstzucht handelt, spielt die beste Gabe des Liber natürlich die Hauptrolle, wenn auch der mühseligen und unsicheren Arbeit des Winzers gegenüber die anspruchslose Olive und der nutzenbringende Wald empfohlen wird. Die erste Hälfte des dritten Buches nimmt überwiegend die Zucht des Pferdes in Anspruch, die zweite ist vorzugsweise Schafen und Ziegen gewidmet. Im vierten Buch, welches „des duftigen Honigs himmlische Gabe" besingt, hebt sich der Ton zu einer Majestät, deren Erhabenheit indessen durch anmutig schalkhaften Humor gedämpft ist: in tenui labor, at tenuis non gloria. In wenigen, aber vielsagenden Zeilen wird statt weiterer Einleitung verheißen ein Bericht von großherzigen Führern und von Völkern, ihren Sitten, Strebungen und Schlachten. Mit deutlichem Seitenblick auf die politischen Wirren der Zeit wird die musterhafte Ordnung des Bienenstaates, der monarchische Sinn (210 ff.), der treue tapfre ehrenfeste Charakter dieses fleißig erwerbsamen Völk=leins geschildert, in einem Stil, der selbst in hymettischen Honig ge=taucht scheint. Fern von Unruhe, Lärm und Geruch des ländlichen Betriebes führt uns der Dichter zu windstillen Plätzen an frischem Bach, der durch Wiesen läuft, schattige Bäume und duftende Blumen locken zum Ausflug und zum behaglichem Verweilen. Wenn die goldige Sonne den Winter vertrieben und den Himmel erschlossen hat, sieht man die lustige Schar Wald und Flur durchschwärmen, Blüten und süße Gewässer kosten.

Ausführlicher von Gartenpflege zu handeln versagt sich der Dichter (IV 116): es kam ihm ja gerade darauf an, den nutzbringen=den Landbau statt der Luxusgärten zu empfehlen. Doch flicht er gleichsam zur Ermunterung derer, welchen es mit der Feldwirtschaft nicht glücken mag, einen Bericht über den Alten aus Corycus (in Cilicien) ein, der wenige Hufen eines herrenlosen, weil weder für Weide noch für Getreide oder Weinbau geeigneten Bodens bei Tarent zum üppigen, blumen= und fruchtreichen Garten umgestaltet hat. Vergil hat ihn selbst besucht und erzählt, wie der geschickte Gärtner sich gleich einem König dünkte und am späten Abend heimkehrend seinen Tisch mit eigenem Gewächs an Gemüse und Obst füllte, wie er zuerst im Frühling Rosen pflückte, zuerst Honig erntete, und wie alles unter seinen Händen gedieh.

Immer mehr im Verlauf des Werkes treten an Stelle schlichter Anweisungen dichterische Episoden in bunter Abwechslung, bald mehr bald weniger ausgeführte Schilderungen, welche das Leben und Weben der Natur und ihrer Geschöpfe liebevoll begleiten und den Leser wie auf aussichtsreichem Pfade nicht ermüden lassen.

So wird im zweiten Buch das Lob des gesegneten Italiens (136 ff.) gesungen, daß jedem Landsmann das Herz vor Jubel schlagen mußte, so Macht und Reiz des Frühlings (323 ff.), für dessen hinreißende Schilderung Lucretius einige Züge geliefert hat, jener Zeit, wo die Erde brünstig schwillt, und der allmächtige Vater Aether in fruchtbaren Regengüssen zum Schoß der frohen Gattin hinabsteigt, wo das Gebüsch von sangreichen Vögeln ertönt, das Vieh von der Macht der Venus ergriffen wird, wo die Fluren den lauen Lüften ihren Busen öffnen und die frischen Keime sicher den jungen Sonnenstrahlen sich zu vertrauen wagen. Ja, Frühling muß es gewesen sein, als die Welt entstand, als die ersten Tiere das Licht erblickten und das irdische Geschlecht der Männer sein Haupt aus den harten Schollen erhob, als die Wälder sich mit ihren wilden Bewohnern füllten und der Himmel mit Sternen. Dagegen gibt das freie Nomadenleben der libyschen Hirten und das ungebundene Treiben ihrer obdachlosen Herden unter dem Himmel Afrika's Anlaß die Schauer des skythischen und thrakischen Winters zu schildern, der das Vieh in die Ställe bannt, wo Gras und Laub schwindet, der Schnee sieben Ellen hoch die erstarrte Erde bedeckt, die bleichen Nebel nie von der Sonne zerstreut werden, wo die Eisdecke der Flüsse Lastwagen trägt, eherne Gefäße zerspringen, die Kleider am Leibe erstarren, der Wein in den Fässern mit dem Beil zerschlagen wird und der Eiszapfen in den ungekämmten Bärten hängt. Die Hirsche, die in der Schneemasse bis zu den Hörnern begraben sind, können sich nicht rühren und werden ohne Mühe erlegt. Die Leute aber hausen in unterirdischen Höhlen bei ungeheuren Feuern, und verbringen, in Tierfelle gehüllt, die Nacht mit Spiel bei Bier oder saurem Obstwein. Wie lieb mußte dem italischen Bauer seine Heimat werden, wenn er von dem elenden Dasein dieser Hyperboreer las! Mancher heimgekehrte Veteran kann dem Dichter davon erzählt haben, welcher die grellsten Züge mit etwas humoristisch gefärbter Rhetorik zusammengestellt hat. Ueberhaupt trägt er den Blick gern über Italien hinaus, soweit die geographische Kunde der Zeit reicht, um Natur und Erzeugnisse fremder Länder, Gebräuche oder Erfindungen anderer Völker vergleichend denen der Heimat gegenüber zu stellen, seine Lehren und Darstellungen durch Beispiele zu erläutern, ihnen einen weiten Horizont zu geben (I 56. 207 II 87. 115. 437 III 89. 205. 339. 405). Bereichert und veredelt doch der Landwirt Feld Garten Stall und Weide durch manches ausländische Gewächs, manche fremde Rasse.

Ein gewaltiges Naturgemälde bietet das erste Buch, wo von der verheerenden Gewalt des Unwetters, welches über das reife Aehrenfeld hereinbricht, die Rede ist (316 ff.). Schon hat der Schnitter seine Arbeit begonnen, da kommen alle Winde mit einander in Kampf, sie wühlen die schwangere Saat auf dem weiten Felde aus den tiefsten Wurzeln heraus und schleudern sie empor, Halme und Spreu fliegen im schwarzen Wirbel umher; oder aufgetürmte Wolken entladen ungeheure Wassermassen, der Aether stürzt ein und verschlammt mit Platzregen die prangenden Saaten und alle Mühe der Stiere: die Gräben füllen sich, die Flüsse wachsen unter Getöse, das Meer siedet und braust; der Himmelsvater sitzt mitten in der Wolkennacht und schleudert mit gezückter Hand die Blitze, die Erde erzittert, die Tiere fliehen, und die Herzen aller Sterblichen wirft demütige Furcht zu Boden. Die Vorzeichen des nahen Sturmes sowie des Regens werden in Versen beschrieben (I 353 ff.), die zum Teil wörtlich der Ephemeris des Ataciners Varro entlehnt sind: das allmälige Schwellen der Meereswogen, fern in den Bergen ein dumpfes Krachen und an den Ufern das Getöse der Brandung, die Unruhe der Vögel, die unter Krächzen der Küste zufliegen; wie die Kuh den Kopf zum Himmel streckend mit offenen Nüstern Luft saugt, wie die zwitschernde Schwalbe die Teiche umfliegt und die Frösche im Schlamm ihr altes Klagelied singen, wie die Ameise ihre Eier aus der Höhle einen schmalen Pfad ziehend herausträgt u. s. w. Die Warnung, Oelbäume nicht auf wilde Stämme zu pfropfen, führt auf die Beschreibung eines Waldbrandes (II 302). Unvorsichtige Hirten lassen Feuer fallen, welches heimlich fortglimmend die Stämme ergreift, dann prasselnd die Krone erklimmt, nun in Zweigen und Gipfeln als Sieger schaltet, den ganzen Wald in Flammen hüllt, und satt von Pechqualm eine schwarze Wolke zum Himmel wälzt. Der Dichter hat seine Freude an prächtigen Bäumen. Er bewundert die mächtige Steineiche. Soweit sie mit dem Gipfel in die Lüfte ragt, so tief strebt sie mit der Wurzel zum Tartarus hinab. Kein Unwetter, nicht Sturm noch Regen erschüttert sie; unbeweglich bleibt sie und überdauert viele Enkelscharen und viele Generationen: weithin die starken Arme erstreckend gibt sie nach allen Seiten tiefen Schatten (II 291). Mit Wehmut sieht er, wie der Ackersmann den hochbejahrten Wald ausrodet und die altgewohnten Wohnungen der Vögel aus der Tiefe umwühlt: da verlassen sie ihr Nest und fliegen in die Luft, das frisch gewonnene Feld aber erglänzt unter der Pflugschar (II 207 ff.).

Gern gedenkt der gemütliche Dichter froher Feste oder häuslicher Behaglichkeit. Er erzählt, wie der Bauer an Winterabenden bis spät in die Nacht beim Feuer sitzt und Kienfackeln zurechtschneidet, während die Gattin am Webstuhl singt oder den jungen Most im brodelnden Kessel kocht und abschäumt (I 291 ff.). Gleich nach jener Schilderung des Unwetters folgt die Mahnung (I 338 ff.) Ceres in jährlichen Festen zu ehren, einmal wenn der Winter zu Ende geht und der helle Frühling anbricht: da sind die Lämmer fett und die Weine am mildesten, da schläft sich's süß im dichten Schatten auf den Bergen. In feierlichem Umzuge werden die jungen Früchte geweiht, und der Chor, der das Opfertier begleitet, ruft die segenbringende Göttin an. Und noch einmal, ehe der Schnitter an die reifen Halme die Sichel legt, soll er sie mit Eichenlaub bekränzt feiern unter Tanz und Lied. Die Sünden des genäschigen Bockes, welcher mit scharfem Zahn die Weinrebe schädigt, führen zu den Festen des Bacchus, dem das schuldige Tier als Opfer fällt (II 378 ff.). Da wird von den alten Bühnenspielen erzählt, welche die Theseussöhne ringsum in Flecken und Vierteln stifteten, und wie die lustigen Landleute während des Bechers auf üppigen Wiesen auf ölgetränkten Schläuchen umhersprangen; wie auch die italischen, von Troja eingewanderten Ansiedler sich an improvisierten Neckversen ergetzen, die Gesichter mit Masken aus Baumrinde verhüllt, wie sie in frohen Liedern Bacchus anrufen und ihm zur Sühne die altherkömmlichen Puppen an hoher Pinie aufhängen.

Um den edlen Wetteifer des Pferdes zu veranschaulichen, wird der Leser an die Wagenrennen erinnert, wie man sie von den Circusspielen kennt (III 103 ff.). Die schönsten Züge sind aus der homerischen Schilderung (im vorletzten Gesang der Ilias) entlehnt: wie die Wagen jählings aus der Schranke stürzen, den erwartungsvollen Zuschauern das Herz hoch klopft. Die Lenker treiben mit geschwungener Geißel, lassen vornübergebeugt die Zügel schießen, die glühende Achse fliegt. Bald erscheinen sie niedergedrückt, bald hoch erhoben, als

würden sie durch die Luft getragen und stiegen himmelan; keine
Ruhe nach Rast; eine Staubwolke erhebt sich, Schaum und Atem
der nachfolgenden Rosse trifft die vorderen. Etwas später (III 193 ff.)
wird das schnellfüßige Pferd, welches mit den Lüften wetteifert und
über offene Flächen gleichsam zügellos dahinfliegend kaum den Boden
berührt, mit dem Nordwind verglichen, wenn er von den Hyper=
boreern her einbricht und die trocknen Wolken Scythiens ausstreut:
die hohen Saaten erschauern unter seinem Wehen, die Wipfel des
Waldes rauschen, lang gestreckte Fluten drängen zur Küste, der Wind
fliegt dahin und fegt Fluren und Meer.

So wird die Phantasie beschäftigt, und die scheinbar so nüch=
ternen Arbeiten und Verrichtungen des Landmannes gewinnen künst=
lerischen Reiz und Bedeutung. Gleich die erste Vorschrift, bei Zeiten
das Feld zu bestellen, gestaltet sich zu farbigem Bilde. „Im jungen
Lenz, wenn das Eis auf den beschneiten Bergen schmilzt und die
fette Scholle sich dem Zephyrus erschließt, soll mir der Stier sofort
beginnen am niedergedrückten Pfluge zu keuchen und die an der
Furche geriebene Pflugschar zu erglänzen" (I 45 ff.). Man sieht,
wie die Berieselung vor sich geht. „Wenn der ausgebrannte Acker
in der Sonnenglut schmachtet und das Kraut dahinstirbt, siehe da
lockt der Landmann von der Stirn des Bergpfades die erquickende
Quelle: im Fall über glatte Felsen murmelt sie und kühlt mit
ihrem Strudel die verdorrenden Fluren" (I 107 ff.). Man atmet
fast die frische Kühle des Gebirgswassers ein.

Die Tierseele ist dem Dichter nicht minder wie dem Landmann
vertraut, er findet menschliche Empfindungen und Leidenschaften in
ihr. Wie der Kampf von Heroen wird das Duell zwischen zwei
eifersüchtigen Stieren beschrieben (III 219 ff.), und mit rührendem
Pathos bei nur leise ironischem Anflug der Schmerz des besiegten ge=
schildert: er zieht ab und lebt als verbannter in unbekannten Gegen=
den, seine Schmach und die Schläge des übermütigen Siegers und
den ungerächten Verlust seiner Liebe beklagend. In der Einsamkeit
übt er seine Kräfte, liegt auf hartem, dornigem Lager, prüft sich,
wütet mit den Hörnern gegen einen Baumstumpf, ficht in die Lüfte,
wühlt den Staub auf. Endlich, wenn er erstarkt ist, bricht er auf
und stürzt kopfüber auf den ahnungslosen Feind wie eine Meeres=
welle, die schäumend herankommt und tosend an die Klippen der
Küsten anprallt. Das Gleichnis ist aus der Ilias entlehnt, wo der

Angriff der griechischen Schlachtreihen mit der Brandung verglichen wird (Δ 422 ff.). Noch höher schwingt sich der Ton, wo der Bienen= krieg zwischen den beiden feindlichen Königen ausgefochten wird (IV 67 ff.): der Dichter glaubt sogar während der Rüstungen den ehernen Schlachtruf der Tuba zu hören. Zur gegebenen Zeit brechen sie aus den Thoren: man stößt aufeinander, in hoher Luft gibt es ein Ge= töse, sie ballen sich zu einem großen Kreise; wie Hagel oder wie Eicheln, vom Baum geschüttelt, stürzen die Leichen in die Tiefe; die Könige halten Stand, bis die einen oder die andern in die Flucht geschlagen sind. Der rührige Eifer, mit dem die Bienen ihre Arbeit verrichten, und die feste Ordnung, nach der jedem sein Dienst zuge= teilt ist, erinnert den Dichter (si parva licet componere magnis) an die Werkstatt der Cyclopen. Die classischen Verse, welche ein Bild des geschäftigen Treibens in der Schmiede des Aetna geben und die wuchtigen Hammerschläge der riesigen Gesellen so unüber= trefflich zu Gehör bringen:

    wuchtig Schlag auf Schlag in ebenmäßigem Takte
    heben den Arm sie und wenden mit hammernder Zange das Eisen (174 f.)

können ihre heitere Wirkung auf den Leser, der an den Bienenstock denken soll, nicht verfehlen.

    Der Dichter scheut großartige Vergleiche auch im Kleinen nicht. Für das dumpfe Summen im Innern des Bienenstockes bei einge= tretener Erkrankung hat er in drei einzelnen Versen (IV 261 ff.) ebensoviele Vergleiche im Wesentlichen von Homer entlehnt, welche dieser für den Schlachtruf der gegeneinander anstürmenden Griechen und Trojaner (Jl. Ξ 394 ff.) braucht: den kalten Nordost, der in den Wäldern braust, die Brandung des Meeres, das Feuer, welches im Ofen leuchtet. Dicht wie Regengüsse im Sommer oder wie die Pfeile der Parther bei Beginn der Schlacht fliegt die junge Brut der künstlich erzeugten Bienen aus (IV 312 ff.). So werden im zweiten Buch (279 ff.) die wohlgeordneten Reihen der Weinstöcke am Abhang des Hügels mit der langgestreckten Front der Cohorte auf dem Schlachtfelde verglichen: weithin flutet der Erdboden von glänzendem Erz, noch ist das grimme Gefecht nicht eröffnet, sondern inmitten der Waffen irrt Mars noch unentschlossen über den Ausgang. In homerischer Weise werden die Gleichnisse für sich, über den Rahmen der Vergleichung hinaus, episch ausgeführt.

Schluß.

Den Beschluß des Werkes hatte ursprünglich ein Epilog zu Ehren des Freundes Cornelius Gallus gemacht, der seit dem Herbst des J. 724 die neu gewonnene Provinz Aegypten als kaiserlicher Statthalter verwaltete. Auf dessen Mitteilung mochte sich der Dichter berufen, wo er auf die wunderbare Methode künstlicher Bienenzucht aus verwesten Ochsenleichen zu sprechen kam, welche in Aegypten erfunden sei und geübt werde (IV 281 ff.). Von da war der Uebergang leicht zu einer Lobrede auf das gesegnete Nildelta, die korn- und fruchtreiche „schwarze Erde", deren fleißiger, durch Kanäle geregelter Anbau damals einen neuen Aufschwung nahm, und auf die Verdienste des Mannes, der in der Staatskunst nicht weniger als in der Dichtkunst Meister sei. Aber nachdem der eitle Mann durch thörichte Ueberhebung zum Hochverräter geworden war und sich selbst das Leben genommen hatte (728), konnte ein Gedicht, welches vom Staatsoberhaupt wenigstens mittelbar angeregt, seiner persönlichen Teilnahme empfohlen und dargeboten war, nicht mit dem Lobe des ungetreuen Präfekten schließen. Auch wenn Augustus es nicht ausdrücklich angeordnet hätte, mußte sich Vergil durch seine warme Verehrung für den Herrscher, seine Loyalität und sein Gefühl für Schicklichkeit bewogen fühlen, jene letzte Partie seines Werkes einer Umgestaltung zu unterziehen. Daß dagegen von den Eklogen die sechste und zehnte erhalten sind, beweist allein, wenn wir es auch sonst nicht wüßten, daß die Bucolica nach ihrer ersten Veröffentlichung nicht von neuem herausgegeben sind.

Der zweite Schluß der Georgica steht, das läßt sich nicht leugnen, mit dem Uebrigen in keinem innerlichen Zusammenhange. Nach alexandrinischer Weise wird der Anlaß oder Ursprung einer Erfindung durch ein mythisches Epyllion erklärt, welches vom Grundthema des Ganzen ablenkt und demgemäß auch der Stimmung wie der Teilnahme des Lesers eine ganz andere Richtung gibt. Es wird erzählt (IV 315 ff.), wie der arkadische Hirt Aristäus, jener uralte Patron und Heros der Landleute und Jäger, zugleich auch der älteste Bienenvater, seine Bienen durch Krankheit verloren und an der Quelle des Peneios stehend, seiner Mutter, der Nymphe Cyrene, die in der Tiefe des Stromes hauste, sein Leid geklagt habe. Da unten in ihrer Wohnung sitzt sie gerade im Kreise ihrer reizenden Gefährtinnen, wie Thetis unter ihren Genossinnen in der Ilias, nur daß andere Namen aufgezählt werden. Während diese Purpurwolle rupfen, erzählt

sie ihnen von der Eifersucht Vulcans auf Mars und zahlreiche Liebesgeschichten der Götter vom Chaos an (man gedenkt des alten Epos
der Eöen, in welchen die lange Reihe zusammengestellt war). Cyrene
hört die Klagetöne, alle sind betroffen, Arethusa aber meldet, daß
es der eigene Sohn sei, welcher weinend oben stehe. Alsbald gibt
sie Befehl ihn vorzuführen, der Strom macht ihm Platz, auf beiden
Seiten, wie schon Homer sagte, zum Berge gekrümmt; er geht in
die feuchte unterirdische Wohnung ein, die märchenhaft beschrieben
wird: da sah er alle Flüsse der Welt, jeden an seiner Stelle, von
wo er emporströmt. Er wird gastlich aufgenommen. Nachdem er
(wie es im Epos üblich) mit Speise und Trank erquickt ist, rät ihm
die Mutter, sich von Proteus Rats zu erholen. Wie Eidothea den
Menelaos in der Odyssee (δ 364 ff.) weist sie ihn an, wie er den
widerspenstigen vielgestaltigen Meergreis bewältigen und zum Sprechen
zwingen könne. Proteus aber führt nun aus (453—527), daß der
Tod der Eurydice, welchen Aristäus verschuldet, ihm den Zorn des
Orpheus und infolge davon seinen Bienenverlust zugezogen habe.
In echt hellenistischer Weise wird darauf der rührende Mythus von
dem Gang des Orpheus in die Unterwelt, dem abermaligen Verlust
der Gattin bei der Rückkehr, der Trauer des Verwaisten und seinem
tragischen Ende unter den Händen der rasenden Mänaden von demselben Proteus erzählt, kunstvoll an sich und tief empfunden, aber
bis ins feinste ausgeführt, wie es in der gegebenen Lage und Stimmung nicht zu rechtfertigen scheint. Die wunderschöne Episode der-
stößt gegen die Harmonie des Ganzen. Ob der Dichter nach einem
bestimmten griechischen Vorbilde gearbeitet hat, läßt sich nicht sagen.
Daß der Mythus von Orpheus und Eurydice schon vor Hermesianax
Stoff zu einer erotischen Elegie geliefert hatte, steht fest. Zuerst
hatte einer der orphischen Theologen in dem Gedichte „Hadesfahrt"
(εἰς Ἅιδου κατάβασις) den Abstieg des Orpheus erzählt. Wenn bei
Vergil in der ersten Hälfte, vom Besuch des Aristäus bei der
Mutter bis zur Bewältigung des Proteus, vieles an Homer anklingt,
so sind in der zweiten außerdem die Züge hellenistischer Dichtungs-
weise unverkennbar: die Concentration auf die Person des Orpheus
und sein Geschick als den Mittelpunkt der Erzählung (recht ersichtlich, wenn man die ganz verschiedene Behandlung bei Ovid vergleicht),
die Kleinmalerei im Einzelnen, die Weichheit des Stils, wie sie z. B.
die Klagen um Daphnis oder Adonis auszeichnet, u. A. in der mehrfachen

Epanaphora (465 ff. 525 ff.) hervortretend, oder das ausgeführte Bild der klagenden Nachtigall, der ein harter Bauer die Jungen aus dem Nest geraubt hat (511 ff.).

Spuren einer nicht zu vollem Abschluß gebrachten Ueberarbeitung zeigen sich dem schärfer blickenden auch an anderen Stellen des überlieferten Textes in doppelten Fassungen des nämlichen Inhaltes, in nicht gehörig eingereihten Zusätzen, in einzelnen Varianten, ja es fehlt nicht an ausdrücklichen Zeugnissen über dergleichen nachträgliche Aenderungen des Dichters, der zu einer wirklichen Ausgabe des Werkes von letzter Hand nicht mehr gekommen ist. Aus einem Guß, von unübertroffenem Zauber sind Sprache und Vers. Letzterer ist von edlem Wohllaut, voll und männlich, von mannigfaltiger, ausdrucksvoller Schattierung; in wohlgemessenem Wechsel von Daktylen und Sponbeen bei fein berechnetem Gegenspiel der Cäsuren und Wortgruppen strömt er kraftvoll und erfrischend wie ein Gebirgsquell dahin. Nicht weniger fein abgestuft ist die Sprache: nur wenig altertümlich angehaucht, markig und klar, reich und anschaulich, von heiterer Majestät übergossen, atmet sie römischen Geist, der mit griechischer Anmut glücklich vermählt ist.

Das liebenswürdige, gemüt- und geistvolle Werk ist eins der edelsten Kleinode der römischen Dichtung und zeigt den Genius des Verfassers wie seiner Nation von der besten Seite.

Mit Gedanken an ein episches Gedicht höheren Stiles ist Vergil schon früh umgegangen. In ein Werk dieser Art beabsichtigte er das Lob seines Beschützers Varus einzuflechten (Ekl. IX 27 VI 3 ff.): „Könige und Schlachten" wollte er besingen oder hatte vielleicht schon damit begonnen, und Servius will wissen, daß er die Thaten der Könige von Alba habe erzählen wollen. Als er dann mit den Georgica beschäftigt war, nach dem aktischen Krieg, verhieß er den Kriegsruhm des Cäsar Octavianus demnächst zu preisen (Ge. III 46 ff.). Aber dieser selbst leitete seine unsicheren Pläne in die richtige Bahn, indem er ihm die Ansiedelung des Aeneas in Latium als Aufgabe vorschlug, womit eine Verherrlichung des Herrscherhauses von selbst gegeben war.

Stesichoros, welcher den Sagenschatz des altgriechischen Epos in lyrische Cantaten umgegossen und durch Vertiefung der ethischen

Motive für die Tragödie vorbereitet hat, ist der erste gewesen, welcher in seinem Gedicht von der Zerstörung Ilions Aeneas mit Vater, Sohn und Gattin und den Heiligtümern der zerstörten Stadt auswandern ließ, um unter dem Schutz seiner Stammesmutter Aphrodite eine neue Heimat in Hesperien zu gründen. Die zahlreichen Orte an den Küsten des mittelländischen Meeres, welche Aeneas nach der Sage auf dem Wege von Asien nach Italien berührt haben sollte, sind ebensoviel Stätten der Verehrung jener Göttin, welche durch Schiffer und Handelsleute verbreitet und befördert wurde. Namentlich die Gegend um Egesta am Fuß des Eryx in Sicilien war ihr geheiligt; die Tyrierin Dido, die Gründerin und Burggöttin von Karthago, war nichts anderes als die phönizische Astarte. Die Sage von der Blutsverwandtschaft zwischen Römern und Iliern wird in einem Senatsschreiben an den König Seleucus bald nach dem ersten Punierkriege offiziell anerkannt, und ein Zeitgenosse des Pyrrhus, der Geschichtschreiber Timäus, hat bereits von der Niederlassung des Aeneas in Latium erzählt. Auch in Lavinium, der geistlichen Hauptstadt des latinischen Staatenbundes, wurde seit alter Zeit Venus Frutis verehrt, und der Dienst der Venus Erucina hat in Rom seit dem Jahr 537/217 b. St. Aufnahme gefunden. Nun verschmolz Timäus die Legende von der Sau und den breißig Ferkeln, welche die Gründung Laviniums mit seinen breißig Bundesstädten sinnbildlich ausdrückt, mit der Ankunft des Venusenkels Aeneas auf latinischem Boden. Von den Kämpfen, welche derselbe hier zu bestehen hatte, gab besonders Cato in seinen Origines einen aus verschiedenen Quellen vereinbarten Bericht. Er erzählte von dem Lager, welches die Ankömmlinge zuerst auf der laurentischen Flur am Tiber aufgeschlagen, von König Latinus, welcher ihnen freundlich Land angewiesen und dem Aeneas seine Tochter Lavinia versprochen, von dem Rutulerkönig Turnus, der hierüber erzürnt den Krieg entzündet habe. Nachdem Latinus schon in der ersten Schlacht umgekommen sei, habe sich Turnus mit dem Etrusker Mezentius verbündet; jener sei gefallen, Aeneas verschwunden, erst Ascanius habe den Mezentius getötet, dann Lavinium der Lavinia überlassen und dreißig Jahre nach der Landung des Vaters Alba gegründet. Schon in der Königszeit kannte man die Prophezeiung der Sibylle, daß die Macht, welche der vereinten Heldenkraft Griechenlands so lange ruhmreich widerstanden, neu verjüngt in Latium erstehen solle. Unab-

hängig von Cato haben daher sowohl Nävius als Ennius ihre epi=
schen Gedichte an die Auswanderung und Niederlassung des Aeneas
angeknüpft. In der weiteren Entwickelung Roms als Weltmacht,
seit der sullanischen Zeit, wurde die Ableitung römischer Adels=
geschlechter von trojanischen Familien als politisches Dogma gepflegt,
um den unterworfenen Griechen zu imponieren: so nannte sich Fla=
minius, der sogenannte Befreier Griechenlands, auf einem Schilde,
den er als Weihgeschenk in Delphi niederlegte, Aeneade. Der Alter=
tumsforscher Varro bot daher seine Kenntnis abgelegener Sagen,
eitler Familientraditionen und seinen phantasischen Witz auf, um
in seinem Werk de familiis Troianis die Ehre troischen Ursprungs
für fünfzig vornehme Familien der Gegenwart in Anspruch zu nehmen.
Vor allen war es das julische Geschlecht, welches seinen Stamm=
baum unmittelbar auf Julus—Ascanius, den Sohn des Aeneas,
zurückführte.

Indem also Vergil darzustellen unternahm, wie der Stamm=
halter des troischen Königshauses die Heiligtümer desselben nach
Latium gerettet und durch siegreiche Vereinigung mit den Einge=
borenen ein neues politisches und religiöses Leben begründet habe,
wurde zugleich auf seinen großen Nachkommen hingewiesen, dem es
beschieden war, die zerrüttete Ordnung wieder aufzurichten, die
zürnenden Gottheiten zu versöhnen und die in den Blättern des
Schicksals verheißene Weltherrschaft zu verwirklichen. Es war keine
höfische Schmeichelei, zu der er sich herbeiließ, sondern er war in
aufrichtigem Glauben durchdrungen von der göttlichen Sendung Roms
und seines Beherrschers. Die Sage wird nach Recht und Brauch
des Altertums als Geschichte behandelt: wie die aufgehende Sonne
schießt sie auf die noch im Dämmerungsnebel schlafenden Gefilde der
Zukunft ihre blitzenden Strahlen. In den Hauptzügen schloß er
sich an die Darstellung Cato's an: um der Tiberstadt als der vom
Schicksal ersehenen den Ruhm zu geben, läßt auch er den Aeneas
an der Mündung des Tiberstroms landen und dort die Sau mit
den Jungen finden; er stellt seinen Helden unter den Schutz des
Flußgottes. In den Verhandlungen und Kämpfen, welche derselbe mit
den älteren Bewohnern des Landes zu bestehen hat, spiegelt sich die
allmälige Befestigung und Entwickelung des Reiches wieder.

Nach seiner gründlichen Art hat Vergil den gewaltigen Stoff
erst in prosaischen Entwürfen niedergelegt, dann in zwölf Bücher ver=

teilt und hierauf stückweise, wie ihn gerade diese oder jene Partie
anzog, in Versen ausgeführt, denen er mit langsamer, beharrlicher
Feile allmälig vollendete Form gab, wie die Bärin, um sein eigenes
Gleichnis zu brauchen, welche die anfangs unförmlichen Körper ihrer
Jungen leckt. Um nicht aus dem Fluß zu kommen, ließ er hier und
da auch Unfertiges stehen, vorläufige Lückenbüßer, die er „Stütz=
balken" (tibicines) nannte, wie sie bei entstehenden oder schadhaften
Bauten verwendet werden. Elf Jahre lang bis zu seinem Tode hat
er an dem Werk gearbeitet, dessen allmälige Entstehung wir zum
Teil in seinen einzelnen Stufen noch verfolgen können. Im Jahr
725 hatte er begonnen, bald nach 728 verkündigte bereits Properz
(II 34, 65):

> weicht ihr, römische Dichter, bescheiden weichet, ihr Griechen:
> irgend ein Wunder entsteht, größer als Jlions Lied.

Damals, als Augustus gegen die Cantabrer zu Felde gezogen war,
schrieb er aus dem Lager an den Dichter dringende Bitten, ihm doch
wenigstens den ersten Entwurf seines Werkes oder irgend ein Stück
davon (quodlibet colon) zu schicken. Aber derselbe entschuldigte sich:
noch sei nichts fertig, was der Ohren des Kaisers würdig sei. Die
Aufgabe sei so groß, daß er sich fast thöricht vorkomme, ein solches
Werk unternommen zu haben, zumal da er, wie Augustus ja wisse,
noch andere, viel tiefere Studien darauf verwende. Er meint die
Forschungen zur italischen Vorgeschichte, über die er also bereits
früher mit seinem hohen Gönner verhandelt hatte. Später (zwischen
Ende 731 und 732) hat er demselben in Gegenwart weniger Zu=
hörer einige Bücher vorgelesen, und zwar sicher zunächst das vierte,
welches eine in sich abgerundete Erzählung bot. Ihm schloß er
wegen der Begegnung des Aeneas mit dem Schatten der Dido, be=
sonders aber wegen der glänzenden Musterung der Ahnenreihe, den
Gang in die Unterwelt, das sechste Buch an. Als er aber die herr=
liche Stelle von dem kürzlich in der Jugendblüte verstorbenen Mar=
cellus mit seiner seelenvollen Stimme vorlas, wurde die tief er=
schütterte Mutter, Octavia, von Schluchzen überwältigt und ohnmächtig,
so daß der Vortrag abgebrochen werden mußte.

Im ersten Buch (293 ff.) wird die im Sextilis des J. 725
erfolgte Schließung des Janustempels erwähnt, der im Sommer 727
wieder geöffnet ist. Es ist nicht unwahrscheinlich, daß auch dieses sowie

das zweite Buch dem Herrscher vorgetragen ist. Im dritten wird die erste Feier der aktischen Spiele vom J. 726 vorausgesetzt (B. 280). Noch in seiner letzten Lebenszeit muß der Dichter mit dem siebenten Buch beschäftigt gewesen sein, denn die im J. 734 erfolgte Rückgabe der parthischen Tropäen wird erwähnt (B. 604). Und überhaupt mag die zweite Hälfte des Werkes erst nach jener Vorlesung gefördert sein, wie auch das dritte und fünfte wegen gewisser Widersprüche nach dem ersten und sechsten entstanden zu sein scheint.

Ein Buch der Bücher wollte Vergil seiner Nation schenken, ein Werk, welches in neuem Guß den Römern böte, was Homer den Griechen, und mehr als das: einen Spiegel, aus welchem, was den Römern heilig, ehrwürdig und lieb aus der Vorzeit wäre, in einem Gesamtbild ihnen entgegenstrahlen möchte. Schon in der Anlage tritt dieser Wetteifer hervor, denn die erste Hälfte erinnert an die Odyssee, die zweite an die Ilias. An Homers Tafel zu sitzen, von den Brocken seines Reichtums zu zehren, hat kein Dichter des Altertums verschmäht. So ist die Aeneis geradezu vollgesogen von homerischem Saft. Wie Odysseus bei den Phäaken, so erzählt Aeneas bei der Dido von seinen Fahrten und Abenteuern; wie jener steigt er in die Unterwelt nieder, um Weisungen für die Zukunft zu holen. Die Leichenspiele zu Ehren des Anchises sind denen für Patroklos nachgebildet, die Heeresmusterung dem Schiffskatalog; Vulcan schmiedet Waffen für Aeneas wie für Achill, hier bittet Thetis, dort Venus darum, und beidemal werden die kunstreichen Bildwerke des Schildes ausführlich beschrieben. Der nächtliche Gang des Nisus und Euryalus gemahnt an die Doloneia. Um Lavinia wird gestritten wie um Helena. In der Ilias wie in der Aeneis wallfahrten die Matronen zum Tempel der Minerva, tritt Waffenruhe ein und werden die Anstalten zur Totenbestattung beschrieben, wird Entscheidung durch Zweikampf der beiden Haupthelden vorgeschlagen, ein feierlich beschworener Vertrag zwischen beiden Königen durch frevenlichen Eingriff gebrochen, so daß der Kampf von neuem um so erbitterter entbrennt. Zur Klage um den jungen Pallas hat die um Patroklos als Vorbild gedient. Durch eine Verwundung wird Aeneas auf kurze Zeit dem Kampf entzogen wie Menelaos. Vergebens sucht Turnus der rächenden Hand des Aeneas, wie Hektor der des Achill, zu entgehen. Aeneas jagt wie Achill den Feind in stürmischem Kreislauf umher. Sein Ende hat dieselbe tragische Färbung.

Die ganze Anlage, den künstlerischen Apparat, die Methode des Heldengedichtes und eine Fülle von Einzelmotiven, Wendungen des Kampfes, Erfindung von menschlichen Beziehungen Reden Schilderungen Gleichnisse Namen verdankt Vergil den homerischen Vorbildern, namentlich der Ilias; und doch ist sein Werk kein Erzeugnis lahmer Nachahmung. Trotz aller Abhängigkeit atmet es seinen eigenen Geist: die Brust hebt sich höher, der Blick ist weiter, der Gesichtskreis großartiger. Der Dichter erzählt nicht nur mit unbeteiligter Ruhe, was sich vor Zeiten zugetragen; er hat nicht nur die persönlichen Schicksale oder Leidenschaften eines einzelnen Helden zum Vorwurf, nicht den sich vorbereitenden Untergang eines mächtigen Reiches vor Augen, sondern er ist mit seinen heiligsten Gefühlen versenkt in den Aufbau einer neuen großen Zukunft, die sich aus den Ruinen erheben soll, es weht ein aufstrebender Geist froher Zuversicht durch sein Gedicht. Von hoher Zinne einer großen, glücklichen Gegenwart blickt er auf den Weg zurück, welchen die Sprossen des Dardanus überwunden haben, um das gewiesene Ziel zu erreichen. Einem Dichter solcher Zeit und solcher Absicht thut man Unrecht, wenn man die Schlichtheit und Unschuld des homerischen Stiles an ihm vermißt.

Auch anderen Dichtungen, griechischen wie römischen, verdankt die Aeneis nicht weniges. Der Meister hat sich sogar zur Aufgabe gemacht, sein Nationalwerk mit goldenem Zierat aus dem Nachlaß der Vorgänger zu schmücken, das beste Erbe der Vorfahren in dem Gesamtschatz niederzulegen. So hat er im ersten Buch das Motiv der Unterredung zwischen Venus und Juppiter und der Trostrede des Aeneas an seine Gefährten aus dem Eingang vom „Punischen Kriege" des Nävius entnommen. Die Klagen der Besiegten im eroberten Troja (II 486) erinnerten alle Erklärer an die Erzählung der Einnahme von Alba Longa in den Annalen des Ennius; manches, wie das Riesenpaar, Götterberatungen und einzelne Gleichnisse haben beide aus Homer geschöpft. Auch geringere Dichter, ein Furius und Hostius, ferner Varro vom Atax, Catull und Lucrez, auch Varius haben manche Glanzstellen oder doch glücklich geprägte Wörter und Wendungen geliefert. So groß erschien die Menge der Entlehnungen und Anklänge, daß Q. Octavius Avitus acht Rollen mit einem Verzeichnis derselben (homoeon elenchoi) gefüllt hat; ähnlichen Inhaltes war die Schrift des Perellius Faustus, welche den bösartigen Titel „Diebstähle" (furta) trug. Auf hämische Nachweisungen solcher Art

erwiderte Vergil gleichmütig, man möge es ihm nur nachmachen und
werde dann sehen, daß es nicht so leicht sei, Juppiter den Blitz oder
Hercules die Keule aus der Hand zu winden.

Es war nicht mehr die gradlinige Erzählung des annalistischen
Epos, keine jener langatmigen schablonenhaften Kriegs- oder Heroen-
geschichten, sondern eine aus einem großen Grundgedanken heraus-
gewachsene, reichgegliederte, kunstvoll gefügte Handlung, welche sich
um den Stammvater der Nation herumgruppierte und die ewigen
Geschicke Roms wie in leuchtendem Morgenrot vorausahnen ließ.
Das Gedicht zerfällt in zwei symmetrische Hälften, darstellend in den
sechs ersten Büchern die Abenteuer, welche Aeneas seit Troja's Sturz
bis zur Ankunft in Latium zu bestehen hatte, in den sechs letzten
die Kämpfe desselben auf latinischem Boden, welche die feste Ansiedelung des Ankömmlings zur Folge hatten. Nach den Gesetzen
dichterischer Gestaltung, welche im Kleinen das Epyllion hellenistischen
Stiles geübt hatte, führt auch dieses gewaltige Werk den Leser mitten
in den Gang der Begebenheiten hinein. Wenige Verse umfassen zu
Anfang in gedrungenster Form den gesamten Inhalt. Hier ist jedes
Wort schwerwiegend: Hintergrund und Ausblick in die große Zukunft
bis zur Gegenwart bezeichnen die weitreichende Bedeutung der zu
schildernden Begebenheiten. Mit Blitz und Sturm beginnt die Erzählung. Alle Winde sind auf Begehr der unversöhnten Juno von
Aeolus entfesselt, um die Schiffe des Aeneas gleich nach ihrer Abfahrt von Sicilien zu zerstreuen und von ihrem Ziele, der latinischen
Küste, weit weg zu treiben. Neptun kommt nur eben noch zu rechter
Zeit, um sie vor dem Untergange zu retten und im Hafen des eben
erstehenden Karthago zu bergen. Aeneas landet und wird samt
seinen wiedergefundenen Genossen von der jugendlichen Königin Dido
gastlich aufgenommen. Bei dem Mahl im Königspalast singt Jopas
auf Befehl der Königin zur Kithara von den Bahnen des Mondes
und der Sonne, vom Ursprung der lebenden Geschöpfe, von den
Ursachen der Naturerscheinungen, d. h. nach des Dichters Würdigung
vom Höchsten, was den Geist des Menschen beschäftigen und den
Genius des erleuchteten Sängers begeistern kann. In so hoch er-
hobener Stimmung fordert Dido, die bereits in tiefen Zügen Liebe
zu Aeneas einatmet, den berühmten Helden auf, von Troja's Fall
und seinen Fahrten im Zusammenhang zu berichten; und damit endet
dieses einleitende Buch. So ergreift denn Aeneas das Wort, um

zu erzählen, und zwar im zweiten Buch von Troja's tragischem Fall und seinem Abzug aus der rauchenden Stadt; im dritten von den Fahrten und Abenteuern, welche ihn vom Ida an Afrika's Küste getragen haben.

In den nachhomerischen Epen der Iliuperfis und der kleinen Ilias war die Katastrophe von Priamus' Veste ausführlich erzählt, und die Hauptepisoden derselben waren in zahlreichen Tragödien ausgeführt worden; aus späthellenistischen Gedichten des Quintus von Smyrna, des Tryphiodor und byzantinischen Quellen lassen sich wichtige Züge des alten Epos wieder herstellen. Vergil hat sich demselben angeschlossen, ohne seine Selbständigkeit aufzugeben. Er geht in der Erzählung der einzelnen Vorgänge nicht immer aus auf genau zusammenhängende, erschöpfende Darstellung, es kommt ihm mehr auf die Ausprägung gemütlich ergreifender Momente an, deren Pathos er durch kunstvollen Rhythmus der Anordnung und Ausführung, auch durch Ausbrüche eigener Empfindung erhöht. So kommt es ihm bei dem Bericht von der Ueberrumpelung der Stadt (II 234), der an sich nichts weniger als durchsichtig ist, besonders darauf an, auf die tragische Verblendung der Troer hinzuweisen, welche trotz wiederholter Warnungen ihr eigenes Verderben zu sich hereinziehen, — ein Beispiel menschlicher Thorheit, die sich selbst ihr Unheil bereitet.

Die Darstellung nimmt einen dramatischen Gang. Wie in einer euripideischen Tragödie folgt in aufregendem Wechsel Scene auf Scene. Der Feind scheint endlich abgezogen zu sein. Vom Bann der langjährigen Belagerung befreit öffnen sich die Thore der Stadt, sorglos und schaubegierig strömt die Menge heraus, staunt das wunderliche Pferd von Holz an mit gemischten Gefühlen. Dem Leichtsinn gegenüber fehlen nicht warnende Stimmen, vor allen des heftig erregten Laokoon. Da wird von Hirten Sinon gebunden vorgeführt, der sich in seinem Versteck hat finden lassen. Sein erlogener Bericht von der Tücke des Ulires gegen ihn, die Bewegung der leichtgläubigen Trojaner mit ihrem gutmütigen König, der heuchlerische Rat des Griechen bringt das treibende Moment in die Handlung. Die blinde Erregung der Menge wird noch gesteigert durch das scheinbare Strafgericht, welches Neptunus selbst durch das Schlangenpaar an dem vorwitzigen Priester und seinen Knaben vollzieht: Mitleid und Schrecken wird hervorgerufen durch das grausige Wunderzeichen, welches mit malerischer Anschaulichkeit vor Augen tritt. In solcher Stimmung

der verhängnisvolle Entschluß, das hölzerne Bild in die Stadt auf=
zunehmen, und die sofortige Ausführung: zögernd schreitet das un=
geheure Schicksal über die Schwelle, vergeblich erklirren die verbor=
genen Waffen, vergeblich öffnet Cassandra ihren Sehermund. Mit
künstlerischem Verstande ist Vergil hier von der alten Dichtung ab=
gewichen, welche die Laokoonepisode in die Stadt verlegte, nachdem
bereits das Pferd eingezogen war. Hier gibt das Schicksal des un=
gläubigen Neptunuspriesters den entscheidenden Ausschlag für den
verhängnisvollen Entschluß. Auch ist es natürlicher, daß die Schlangen
ihre Opfer in der Nähe des Ufers erreichen und erst nach vollzogenem
Zeichen zur Burg hinaufschlüpfen. Eben so ist es zu loben, daß
dem Pferd nicht gleich vom Erbauer Rollen gegeben sind, welche das
Mißtrauen erhöhen mußten. Das bethörte Volk gibt sich festlichem
Jubel hin, nicht ahnend, daß es sein letzter Tag sei. Die tragische
Ironie zeigt unmittelbar vor der Katastrophe ihr grinsendes Antlitz.
Es wird Nacht, in tiefem Schlummer liegen die berauschten
Troer: da flammt vom Königsschiff der Griechen das Zeichen auf,
bei stillem Mondlicht rückt von Tenedos her auf bereit gehaltenen
Schiffen die feindliche Heeresmacht, Sinon öffnet den Bauch des
Rosses, die griechischen Helden entsteigen ihm vorsichtig und vereinigen
sich mit ihren Kriegern. Indessen steigt vor dem schlafenden Aeneas
der blutige Schatten Hektors auf: der einstige Hort Troja's kündet
dem Träger der Zukunft, was draußen eben vorgeht, und fordert ihn
auf, die Penaten in ihre künftige Heimat zu retten. Aber erst muß
Aeneas selbst die Schrecken dieser Nacht, die in großartigen Bildern
vorgeführt werden, erleben und Gelegenheit erhalten, seine Persön=
lichkeit, die zu so Großem ersehen ist, wenigstens in ihren wesentlichen
Umrissen zu zeigen. Näher und näher bringt das Waffengetümmel
von draußen auch in die stillen Räume des Anchisespalastes und
weckt den Schläfer. Ein Blick von der Zinne des Hauses offenbart
ihm alles: ein Flammenmeer überflutet die Stadt, „schon brennt
Ucalegon", die breite sigeische Bucht leuchtet im Feuer, Männerruf
und Tubageschmetter tönt ihm entgegen. Ohne Besinnen greift er
zu den Waffen, um wo möglich die Burg zu retten oder wenig=
stens kämpfend zu sterben. Weiteren Bericht gibt ihm der Phöbus=
priester von der Burg, der ihm fliehend entgegenkommt, die schreck=
liche Versicherung, daß alles verloren ist. Aber todesmutig stürzt sich
der Held mit anderen Tapferen unter die Feinde: una salus victis

nullam sperare salutem. Das Glück scheint ihnen günstig: mit
Waffen und Rüstung erschlagener Griechen täuschend angethan schicken
sie viele Danaer zum Orcus und verbreiten Schrecken. Aber bald
wird der Trug entdeckt, die Genossen unterliegen der Uebermacht, so
hingebend auch Aeneas sie zu retten sucht. Mehr und mehr verein-
samt, von der Woge des Kampfes bald hier, bald dahin getragen,
lebt er die bunten Schreckensscenen einer eroberten Stadt durch, wie
sie ergreifender und anschaulicher niemals geschildert worden sind.
Er sieht, wie Cassandra an den Haaren aus dem Heiligtum der
Minerva gezerrt, wie die Burg belagert und verteidigt wird (er
selbst beteiligt sich, einen gewaltigen Turm von der Höhe auf die
wimmelnde Schar herabstürzend), wie das Beil des grimmen Pyrrhus
eine mächtige Bresche in die Mauer reißt, daß die weiten Säle des
Priamus und die inneren Gemächer alter Könige zu Tage liegen,
wie endlich dem Sturmbock die Thürpfosten weichen und die wilde
Kriegerschar hineinflutet, wie Hecuba mit ihren Töchtern gleich Tauben
am weiten Altar gelagert auch den Gemahl, der noch einmal wie
ein Jüngling Waffen angelegt hat, heranruft, wie aber der unerbittliche Sohn des Achilles dem ohnmächtigen Greis das Schwert in
die Seite stößt und dem einstigen Herrscher von Asien das ehrwürdige Haupt vom Rumpfe trennt. So hat sich das Geschick der Per-
gamumveste vollzogen. Erst beim Anblick der königlichen Leiche
ergreift den Unerschrockenen ein Grausen: er denkt an seinen gleich-
alterigen Vater, an Gattin und Kind. Einen Augenblick in der
Einsamkeit des allgemeinen Todes kommt ihm das grimmige Gelüst,
an der Unheilstifterin Helena Rache zu nehmen, aber Venus öffnet
ihm die Augen, daß er erkennt, nicht Helena und Paris, sondern
der Götter Zorn habe Troja gestürzt: da wühlt Neptun mit seinem
Dreizack die Mauern um, am skäischen Thore ruft Juno, schwert-
umgürtet, die Genossen zum Kampf, auf der Burg sitzt Pallas mit
der Gorgo angethan, Vater Juppiter selbst ermuntert und stärkt die
Feinde. Alle Hoffnung ist dahin; unter ungeheurem Krach bricht
Ilium in sich zusammen: zwischen Flammen und Waffen eilt der
Auserkorene zum väterlichen Haus, und es folgt der letzte Akt des
Abschiedes von der Heimat. Der Widerstand des Anchises, der sich
nicht von ihr trennen will, ist zu überwinden. Ein göttliches Zeichen
muß eintreten, damit es gelinge und der Greis Zutrauen in die
Zukunft fasse. Und so bricht die Familie, zusammengebrängt auf

die kleinste Zahl ihrer Glieder, zur Wanderung in die Fremde auf, jene unvergeßliche Gruppe: Aeneas, auf seinen Schultern Anchises, der die Penaten hält, an der Hand den kleinen Julus, ihren Spuren folgend Creusa. Auf dunklen Wegen schreiten sie dahin, und den besonnenen Helden, den eben das tobende Schlachtgewühl unerschüttert ließ, macht jetzt, da er sein Teuerstes zu retten hat, jeder Luftzug, jedes Geräusch erzittern. Auch die geliebte Gattin soll er noch durch blinden Schrecken verlieren: vergeblich, nachdem er die übrigen in Sicherheit gebracht, durchirrt er noch einmal suchend die Stadt und empfängt die letzten Eindrücke von der Verheerung des eigenen Hauses und der begonnenen Plünderung. Erst das Schattenbild der Creusa thut seinen weiteren Versuchen Einhalt: aus ihrem tröstenden Munde empfängt er die erste bestimmte Weissagung seines Geschickes und seiner Bestimmung. Er kehrt zu den Verlassenen zurück, zu denen sich eine Schar von Flüchtlingen gesellt hat, und mit den ersten Strahlen der Sonne, die einen neuen Tag und den Beginn eines neuen Lebens beleuchten, steigt er in die Berge.

Diesem in sich geschlossenen Kunstwerk steht freilich das dritte Buch an poetischem Werte sehr nach. Es fehlt ihm die straffe Einheit der Handlung. Eine lockere Folge einzelner Abenteuer wie im Apolog der Odyssee oder im Argonautenepos des Apollonios spannt die Erwartung auf das Ziel, welches nach verschiedenen Irrungen immer klarer hervortritt, und sammelt mancherlei legendarische Erinnerungen an versprengte Glieder des Priamidenhauses. Anchises stirbt, tief betrauert vom treuen Sohn. Wie dann die Flotte von der italischen Küste an die afrikanische zurückverschlagen ist, hat bereits der Eingang des ersten Buches erzählt.

Je mehr das dritte Buch von Bewegungen nach außen, von beständigem Ortswechsel und mannigfachen Begegnissen berichtet, desto mehr zieht sich das vierte auf die Darstellung innerer Seelenvorgänge und einen festen Schauplatz zurück. Die Liebestragödie der Dido ist ein in sich geschlossenes Epyllion, aber in großem Stil, ohne jene künstliche Manier der Alexandriner. Nicht Kallimachos oder einer seiner Anhänger hat das Muster geliefert. Einiges, namentlich in der Charakterzeichnung, erinnert an Medea in dem Gedicht des Apollonios von Rhodos. Aber auch hinter diesem steht der eigentliche Kenner weiblicher Leidenschaft, Euripides. Die Geschichte selbst gehört der altphönizischen Sage an, deren Ueberlieferung, wesentlich nach Timäus, wir bei Justin (XVIII 4) lesen.

Nach ihr ist die tyrische Elissa, nachdem ihr Gemahl Sicharbas von ihrem Bruder Pygmalion aus Habsucht getötet war, mit den Schätzen des Gemordeten entflohen und hat an der libyschen Küste eine Stadt (Karthago) gegründet. Als aber der benachbarte König Jarbas unter Androhung des Krieges ihre Hand forderte, hat sie unter dem Vorgeben, zuvor die Manen ihres verstorbenen Gatten sühnen zu wollen, einen Scheiterhaufen errichten lassen, hat nach Darbringung eines Opfers denselben bestiegen und ihrem Leben mit dem Schwert ein Ende gemacht. Aeneas und Dido hat, wie wir sahen, schon Nävius zusammengebracht, um den Haß der Punier gegen Rom zu motivieren, wie denn auch Ennius die Abstammung der Punier von Dido betont hat. Nävius gehört auch die Erfindung, daß der hilfsbedürftige Fremdling von der Königin freundlich auf= genommen und aufgefordert wird, von Troja und seinen Fahrten zu erzählen. Hieraus folgt, daß Nävius auch ein Liebesverhältnis zwischen beiden und daß Dido von Aeneas verlassen worden sei, an= genommen hat; und wenn Varro behauptet hat, nicht Dido, sondern ihre Schwester Anna habe den Troer geliebt und sich auf dem Scheiterhaufen den Tod gegeben, so muß schon vor ihm, also bei Nävius die von Vergil angenommene Fassung der Sage gegolten haben, wonach vielmehr Dido die verlassene war.

Mit feinen Zügen sind die ersten heimlichen Regungen ihrer Liebe geschildert. Die Schwester Anna spielt die Rolle der vertrauten Ammen des Euripides, der verführerischen Stimme der Begierde: sie schürt die Flamme, indem sie sophistisch den Widerstand als Un= natur und Unvernunft, Unterwerfung unter die Macht der Venus und Verbindung mit dem Fremden als Pflicht gegen den jungen Staat, seine Ankunft als eine Schickung der Götter darstellt. Weiteres bewirkt der fortgesetzte Verkehr: die Königin zeigt dem Gast Stadt und Schätze, das Geständnis schwebt ihr auf den Lippen; sie beginnt zu reden und bricht mitten im Wort ab. Abends wiederholen sich die geselligen Stunden, abermals verlangt sie von den Leiden Ilions zu hören, hängt abermals am Munde des beredten Erzählers und verbringt dann ruhelose Nächte, den Abwesenden sehend und hörend. Zum Ersatz kost sie mit dem kleinen Ascanius, des Vaters Abbild, vernachlässigt Bau und Befestigung der Stadt wie andere Regierungs=

pflichten. Ein Unwetter auf der Jagd treibt das Paar in eine Grotte, wo der verhängnisvolle Bund geschlossen wird. Schon ist er in Gefahr, der entnervenden Macht der Liebe und orientalischer Ueppigkeit zu verfallen. Bald jedoch erwacht sein Pflichtgefühl, er gibt Befehl, heimlich die Abfahrt zu rüsten. Aber wie soll er der Freundin seinen Entschluß beibringen und sie mit der Trennung versöhnen? Sie selbst merkt seine Absicht: quis fallere possit amantem? Wie eine Bacchantin rast sie und stellt den treulosen zur Rede, dessen schonende Vorstellungen ihre Leidenschaft nur steigern: ohnmächtig sinkt sie den Dienerinnen in die Arme. Auch ein letzter Versuch, durch Vermittelung der treuen Anna wenigstens einen Aufschub zu erreichen, scheitert. Da wird die Unglückliche des Lebens satt, Zeichen und nächtliche Gesichte zerrütten ihren Sinn, immer träumt sie von ihrer Verlassenheit, wie sie einsam einen langen Weg gehe und die Tyrier in ödem Lande suche. Sie leidet wie von Furien verfolgt und beschließt zu sterben. Unter dem Vorwande eines magischen Opfers befiehlt sie der Anna, einen Scheiterhaufen zu schichten, auf dem sie alles verbrennen wolle, was an den Ungetreuen erinnere. Sie schmückt ihn wie ein Grab mit Kränzen und Laub, legt oben auf Schwert und Bild des Geliebten, umgibt ihn mit Altären und vollzieht als Priesterin mit aufgelösten Haaren finstere Gebräuche. In einsamer schlafloser Nacht aber bedenkt sie noch einmal die Hoffnungslosigkeit ihrer Lage und findet im Tode den einzigen Ausweg: so büßt sie ihre Untreue an der Asche des Sychäus. Unterdessen wird Aeneas, schon auf dem Schiffe schlafend, von Mercurius zur Eile ermahnt. Er gibt Befehl zum Aufbruch, und Dido sieht beim ersten Schein der Aurora die Flotte mit geschwellten Segeln auf hoher See. Nun erst erreicht Schmerz und Wut den höchsten Grad. Sie ruft Juno, Hecate und die Furien an, sie zu rächen, wünscht dem Aeneas, wenn ihm wirklich sein Ziel zu erreichen beschieden sei, harte Kriegsnot, Verlust der Seinigen und vorzeitiges klägliches Ende; ruft die Tyrier zu dauernder Feindschaft gegen den verhaßten Stamm auf: unter ihnen soll bereinst ein Rächer aus ihren Gebeinen entstehen. Nachdem sie die Amme fortgeschickt hat, um angeblich die Schwester zum Opfer herbeizuholen, besteigt sie den Scheiterhaufen, wirft sich oben auf das eheliche Lager, die Stätte ihres kurzen Glückes, bedenkt noch einmal, daß ihr Lebensberuf erfüllt sei, — da mitten in der Rede sieht man sie zusammen=

gesunken, das Schwert schäumend von Blut und ihre Hände bespritzt. Jammernd stürzt die Schwester die Stufen des Scheiterhaufens hinan, um das fliehende Leben womöglich noch zurückzuhalten; die sterbende sucht noch einmal die schweren Augen zu öffnen, dreimal erhebt sie, auf ihren Arm gestützt, das Antlitz vom Polster, dreimal sinkt sie zurück, die irrenden Augen suchen am Himmel das Licht, endlich löst sich die ringende Seele von den Gliedern.

In der schönen Entwickelung dieser tragischen Geschichte, welche mit absichtlicher Zögerung keine Stufe des allmälig vorschreitenden, mit Notwendigkeit sich vollziehenden Geschickes überspringt, wird man nur das Eingreifen des Jarbas vielleicht entbehrlich und störend finden. Bedurfte es wirklich der Beschwerde des fürstlichen Ammonsohnes, um Juppiter auf die Säumnis seines Erkorenen aufmerksam zu machen? Verschwindet doch dieser verschmähte Freier nach seinem prahlerischen Gottesdienst und seinem trotzigen Gebet spurlos von der Bühne. Dennoch war wohl die Absicht des Dichters, in jener Person, welche ihm durch die Sage gegeben war, einen Ausblick für die Zukunft zu eröffnen. Man mußte wenigstens ahnen, wem die hinterlassene Stadt der Dido anheimfiel, so daß sie vor dem Untergang gesichert war.

Das fünfte Buch führt Aeneas abermals auf die Reise. Durch neues Unwetter genötigt an Siciliens Küste anzulegen feiert er das Andenken des Vaters, der vor Jahresfrist hier gestorben ist, durch Grabesehren und Leichenspiele, und gründet Egesta, wo er die Schwachen und Verzagten zurückläßt. Von der Sibylle in Cumä beraten steigt er im sechsten zur Unterwelt nieder, um fernere Weisungen vom Schatten des Anchises zu empfangen. Endlich im Beginn des siebenten gelangt er zur Tibermündung. Hier schöpft der Dichter Atem und hebt einen höheren Ton an (maior rerum mihi nascitur ordo, maius opus moveo): von gewaltigen Kämpfen ist nun zu berichten, welche mächtige Könige und ganz Hesperien in Waffen gebracht haben. Die lateinische Ilias beginnt. Von dem greisen König Latinus wird erzählt, dem Sohn des Faunus und Urenkel des Saturnus, von seiner vielumworbenen Tochter und dem königlichen Freier Turnus, den die Mutter begünstigt. Aeneas erkennt, daß er das verheißene Ziel erreicht hat, und sendet eine stattliche Gesandtschaft mit Geschenken zum Landesherrscher, um friedliche Aufnahme zu erbitten: einstweilen wird ein festes Lager erbaut. Die

Gesandten finden den besten Empfang: Latinus begrüßt sie als längst erwartete, gedenkt der alten Verwandtschaft von Dardanus her, bietet sogar freiwillig dem Aeneas seine Tochter zur Ehe an. Aber die Königin Amata ist unzufrieden mit dieser Wahl, sie traut dem Fremden nicht, und auch Turnus' Eifersucht wird erregt. Als nun vollends Julus den Lieblingshirsch des Oberhirten erlegt, entbrennt auch unter den Landleuten der Zorn. Schon fließt Blut, Aufruhr und wildes Volksgetümmel erhebt sich vor dem Palast des Latinus. Vergeblich sucht er zu beschwichtigen: er dankt ab, und nun öffnen sich die Pforten des Krieges. Die Städte Latiums rüsten, und der Dichter hält Musterung über die italischen Helden, deren Wesen, Herkunft, Bewaffnung und Macht mit prächtigen Farben, weit reicher als in dem trockenen Schiffskatalog des griechischen Sängers, geschildert werden.

Vor dem vollen Ausbruch des Krieges tritt im achten Buch noch ein verzögerndes Moment ein: von beiden Seiten werden Bundesgenossen geworben. Während Turnus zur Stadt des Diomedes nach Arpi um Hilfe gegen die verhaßten Teucrer schickt, wendet sich Aeneas auf Grund alter Stammesverwandtschaft an den greisen Arkader Euander, der auf dem palatinischen Hügel am Tiber haust. Zwar wird er höchst gemütlich aufgenommen, aber zum Bundesgenossen fühlt sich der gute Alte zu schwach: er verweist ihn an die Etrusker von Cäre, die sich vor kurzem gegen ihren grausamen Fürsten Mezentius empört haben und die Auslieferung des flüchtigen von Turnus verlangen. Nur seinen Sohn Pallas und eine kleine erlesene Reiterschar schickt er ins Feld. Diese vorbereitenden Verhandlungen bieten den Rahmen für episodische Schilderungen von fesselndem Reiz. Mit der Betrachtung der Waffen, die in Vulcans Werkstatt für Aeneas geschmiedet werden, sind die Vorbereitungen beendet für den Kampf, welcher im neunten Buch ausbricht.

Turnus führt mit Messapus und den Tyrrhussöhnen die vereinigten Scharen ins Feld: die Trojaner ziehen sich, dem hinterlassenen Befehl des Aeneas gehorsam, in ihr befestigtes Lager zurück. Gegen Abend umzingelt es der Feind, und die stille Nacht sinkt herab. Da erklärt Nisus und sein unzertrennlicher Gefährte, der jugendlich schöne Euryalus im Kriegsrat den heldenmütigen Entschluß, durch die Reihen der schlafenden Belagerer hindurch auf Kundschaft nach dem schwer vermißten Führer auszuziehen. Feurigen Dank und das

Versprechen glänzender Belohnungen nehmen sie auf den Weg. Es ist dem Dichter gelungen, in dieser schön bewegten Episode jenem alten Motiv von dem nächtlichen Ueberfall eine ganz neue Seite abzugewinnen und das romantische Abenteuer zu einem unvergänglich rührenden Denkmal treuer Freundschaft bis in den Tod umzugestalten. Euryalus ist der einzige, dem eine Mutter bis in die neue Heimat gefolgt ist. Desto ergreifender ist ihr Schmerz, als sie am Morgen von der Mauer herab die Köpfe der beiden edlen Opfer den anrückenden Scharen des Feindes vorangetragen sehen muß. Nun wallt die kriegerische Wut hoch auf: der Geist der Ilias weht in der höchst lebendigen Erzählung, wie Turnus den Sturm auf die Mauer eröffnet und die Belagerten von oben sich wehren, wie er in den festen Turm Feuer wirft und dieser unter der Wucht der Menschen mit ihnen zusammenbricht. Aus der Fülle einzelner Thaten ragt der erste glückliche Pfeilschuß des Ascanius hervor. Das Gegenstück zu jenem gemütvollen Freundespaar bilden die beiden riesigen Recken Pandarus und Bitias, Abbilder der beiden Lapithensöhne der Ilias und der beiden Histrier in den Annalen des Ennius (vgl. Bd. I 41). Sie öffnen die Thore zum Ausfall und laden, zur rechten und linken vor den Türmen Wache haltend, die Feinde übermütig ein, näher zu kommen, um einen nach dem anderen niederzuhauen. Aber Turnus erlegt den Bitias mit einem wuchtigen Brandgeschoß. Zu spät schließt Pandarus das Thor, er bemerkt nicht, daß Turnus schon mitten im Lager ist, und stürzt unter dessen mächtigem Schwerthieb zusammen. Zum Glück vergißt der wilde Rutuler die Seinigen hineinzulassen: er wütet allein, bis er sich der Menge nicht mehr erwehren kann und von oben herab in den Fluß springt, um die Genossen wieder zu erreichen.

Das zehnte Buch führt endlich den ersehnten Aeneas zu den Seinigen zurück. Es ist ihm gelungen Tarchon, den Etrusker, zum Bündnis zu bewegen. In stiller Nacht kehrt er auf den Schiffen mit den neuen Genossen heim, und bei Tagesanbruch schon aus der Ferne sehen die schwerbedrängten Troer die Hilfe nahen: am funkelnden Schilde erkennen sie ihren Feldherrn. Sofort nach vollzogener Landung, wobei das Schiff des Tarchon scheitert, entwickelt sich die Schlacht, in welcher Aeneas von Anfang bis zu Ende die erste Heldenrolle spielt. In drei Hauptakten gliedert sich die Handlung. Zwei jugendliche Ritter, denen beiden nicht beschieden lebend heimzukehren, treten zunächst gegeneinander auf: Pallas, Sohn des Euander, der seine fliehenden Arkader anfeuert, und Lausus, der Sohn des Mezentius; aber beide sollten durch einen größeren fallen. Pallas wird von der Lanze des Turnus erlegt: ihm zur Sühne wütet Aeneas unter den Feinden, so daß die Belagerten unter Ascanius auszubrechen wagen; ja Turnus selbst ist hart bedroht und entkommt nur durch eine List der Juno, die ihn durch ein Phantom des Gegners auf ein Schiff lockt und gegen seinen Willen nach Ardea entführt, eine Umbiegung des homerischen Motivs, wonach Apollo Aeneas selbst aus den Händen des Diomedes rettet, indem er ihm dessen Schattenbild zurückläßt (E 449 ff.). An Turnus' Stelle tritt Mezentius, gegen den die Etrusker ingrimmig anstürmen. Mars ist unentschieden, auf beiden Seiten fallen die Tapferen, da trifft Aeneas auf den trotzigen „Verächter der Götter". Schon zückt diesem das Schwert über dem Haupte, da wirft sich der treue Lausus mit seiner Schar dazwischen, schafft dem bereits durch einen Lanzenstich verwundeten Vater Luft, daß er sich zurückziehen kann, und beschäftigt den Gegner. Aber endlich fällt er: seine Leiche wird zu Mezentius gebracht, der sich eben am Flusse erholt. Da besteigt er sein Roß, kehrt zum letzten entscheidenden Kampf in die Schlacht zurück und erliegt ebenfalls der siegreichen Hand des Aeneas.

Es folgt zunächst im elften Buch eine Ruhepause. Zum Zeichen des Sieges errichtet Aeneas aus der Rüstung des Mezentius ein Tropäum. Die Leiche des Pallas wird zum Vater zurückgebracht und den geschlagenen Latinern Bestattung der Toten bewilligt. Auf beiden Seiten sowie bei Euander Begräbnis und Trauer. Durch die Botschaft von Diomedes, der Hilfe verweigert und von jedem ferneren Widerstand gegen die Trojaner abmahnt, wird der Mut der Latiner gebeugt. Latinus, der wieder das Scepter ergriffen hat, stellt Friedensanträge, ein Widersacher des Turnus geht noch weiter, fordert sogar die Gewährung der Königstochter für Aeneas. Während der heftig erregten Verhandlung im Kriegsrat kommt die Nachricht, daß der Feind heranrückt, man trifft alle Anstalten den Kampf wieder aufzunehmen. Es ist der Ehren= und Todestag der kühnen Amazone Camilla. Während Turnus im Gebirge dem Aeneas auflauert, welcher von da die Stadt überfallen will, wogt in der Ebene ein wildes Reitertreffen, in dem Camilla Wunder der Tapferkeit verrichtet, bis der Speer des Arruns sie tödlich trifft, der wiederum dem rächenden Pfeil einer Dienerin der Diana erliegt. In jäher Hast fliehen die Rutuler, verfolgt von den Tyrrhenern, zu den Thoren, wo sie ein grauses Gemetzel anrichten. Unterdessen empfängt Turnus die Nachricht vom Tode der Heldenjungfrau. Indem er die Berge verläßt und sich zur Stadt wendet, folgt ihm auf der Ferse Aeneas, der mit seinen Truppen eben aus dem Walde heraustritt. Sie erkennen einander, aber die einbrechende Nacht legt sich zwischen die Gegner: einstweilen lagern sie hinter Verschanzungen vor der Stadt.

Das zwölfte Buch bringt endlich die Entscheidung mit dem Todeskampf des Turnus, aber kunstvoll wird die Katastrophe hingehalten. Zwar erklärt der Rutulerheld gleich zu Anfang seinen festen Entschluß, weiterem Blutvergießen durch eine Herausforderung an Aeneas ein Ende zu machen, dieselbe wird auch angenommen und ein feierlicher Vertrag über den Ausgang geschlossen. Aber die Rutuler bereuen ihn, einer der Ihrigen bricht den Waffenstillstand, und Aeneas selbst, während er, unbewehrt wie er ist, Ordnung zu schaffen sucht, wird von einem Pfeil aus unbekannter Hand verwundet. So entbrennt die Schlacht von neuem. Turnus erhält noch einmal Gelegenheit seine Kraft zu erproben, aber auch Aeneas, nachdem er vom Pfeil erlöst ist, kehrt zu den Feinden zurück. Noch sind sie nicht auf einander getroffen, jeder von beiden ist auf seiner Seite siegreich. Aber nun verbreitet Aeneas Schrecken, indem er Anstalten macht die Stadt zu stürmen. Die Königin, wähnend Turnus sei gefallen, klagt sich als die Urheberin alles Unheils an und erhängt sich. Als die Unglücksbotschaft Turnus hinterbracht wird und er die Flammen aus der Stadt hinter sich aufsteigen sieht, begibt er sich zu Fuß mitten unter die Seinigen, befiehlt den Kampf einzustellen und erklärt von neuem seinen Entschluß, ihn allein mit Aeneas auszufechten. Frohlockend kommt dieser, nachdem er davon vernommen, aus der Stadt; beiderseits legt man die Waffen nieder und sieht in ungeheurer Spannung dem nun beginnenden Zweikampf entgegen; auch Latinus ist anwesend. Mit dem Tode des Turnus endet das Gedicht.

Daß Vergil seine Aeneis nur bis zu dieser Katastrophe führen wollte, ist nicht geradezu bezeugt, indessen hat niemand weder im Altertum noch in der Neuzeit bezweifelt, daß das Werk hiermit seinen Abschluß gefunden habe. Denn was man zunächst vermissen könnte, den förmlichen Friedensschluß mit Latinus, Versöhnung der Einheimischen mit den Fremden, Heimführung der Lavinia und festere Begründung des neuen Wohnsitzes, das war als sichere Folge bereits durch den Vertrag vorweggenommen und nach Beseitigung der Hindernisse und Gegner außer Zweifel gesetzt. Der ausführliche Bericht über den weiteren glatten Verlauf der Begebenheiten würde nur gelangweilt haben. Obendrein bürgt das symmetrische Verhältnis der beiden Hälften des Gedichtes dafür, daß es über die Zwölfzahl der Bücher nicht hinausgehen sollte. Weniger scharf getrennt als diese sind innerhalb jeder derselben die Triaden: dennoch umschließt auch diese ein gewisser Rahmen. In den drei ersten Büchern ist zusammengefaßt, was Aeneas von dem Fall Troja's bis zur Aufnahme bei Dido erlebt hat; in den drei folgenden seine Abenteuer in Sicilien und auf der Fahrt nach Latium. Die dritte Gruppe geht von der Ankunft daselbst bis zur Wiederkehr des Aeneas in das Lager und schildert das Vorspiel zu dem großen Entscheidungskampf der gesamten Streitkräfte, welchen die letzte darstellt.

Wie bei Homer, Ennius und allen Epikern des Altertums spielt sich die Handlung gleichzeitig auf zwei Bühnen ab, welche ineinander übergreifen, einer irdischen und einer himmlischen. Die persönliche Einwirkung der ewigen Mächte war durch die Sage von dem Venussohn und seinen zur Herrschaft über den Erdkreis berufenen Nachkommen gegeben. Sie entsprach dem Gefühl des frommen Dichters wie den Zwecken der Regierung, welche den Glauben an eine göttliche Vorsehung neu zu beleben wünschte. Das Selbstbewußtsein des Römers verleiht den Göttern, welche seine Geschicke beraten, ein höheres Pathos, als sie bei Homer zeigen. Wie dort stehen sich auch hier zwei Parteien im Olymp gegenüber. Der Juno wie der Venus sind von Ewigkeit her gewisse Verheißungen gegeben. Aber dieselben stören und kreuzen einander: ungeduldig und eifersüchtig besteht jede der beiden auf rücksichtsloser Erfüllung ihres Loses, sucht auch durch eigenmächtige Anschläge listig oder gewaltsam einzugreifen. Vor allen tritt die eifersüchtige Himmelskönigin, die Schutzherrin von Karthago, von dessen zukünftigem Fall durch die Römer sie weiß, mit aller Schärfe unversöhnlichen Zornes gegen den flüchtigen Stammvater des gefährlichen Volkes auf. Bis zur Katastrophe spielt sie die Rolle der Intrigantin. Eigenmächtig, hinter dem Rücken Neptuns, bietet sie alle Winde des Aeolus auf, um die Schiffe von

Latiums Küste zurückzuschleudern; sie macht dann den eitlen Versuch, mit Venus' Hilfe Aeneas bei der Tyrierin festzuhalten, um Roms Gründung zu hintertreiben (IV 90). Als nun gar die Verhandlungen mit Latinus einen günstigen Verlauf nehmen und die gefürchtete Niederlassung zu glücken scheint, gerät sie außer sich. Sie ist empört über die zähe Lebenskraft der verhaßten Teucrer und empfindet es als persönliche Beleidigung, daß trotz aller ihrer Ränke Aeneas dennoch zum Ziele kommen soll. „Kann ich beugen die Oberen nicht, so rühr' ich die Hölle" spricht sie zu sich (VII 312), und nachdem die verderbliche Glut der von ihr entfachten Zwietracht um sich gegriffen hat, reißt sie (ohne Wissen des Juppiter) die ehernen Pforten des Krieges auf (VII 601). Auch benachrichtigt sie durch Iris den Rutulerfürsten, daß Aeneas auf der Reise zu Euander und den Etruskern begriffen und erwünschte Gelegenheit ist, die verlassenen Genossen anzugreifen (IX 1).

Mit sanfteren Mitteln verfolgt Venus ihre Zwecke. Sie steht dem geliebten Sohn ratend und stärkend zur Seite (I 314 II 589), erbittet für ihn sichere Fahrt von Neptun (V 779), Waffen von Vulcan (VIII 370), richtet als verfolgte bescheidene und rührende Worte an den väterlichen Beherrscher des Götterstaates, der ihr auch gleich zu Anfang den ganzen tröstlichen Zukunftsplan eröffnet. Juppiter ist der unparteilische Kenner und Vollstrecker des unabwendbaren Schicksals. Vor ihn werden Klagen und Bitten der Unzufriedenen gebracht. Er ist gütig und gleichmütig, Vorbild und Gleichnis des irdischen Machthabers. Wie er selbst erst nach Bewältigung der Titanen seines Thrones sicher ist und die Welt als harmonisch gefügtes Ganzes regiert, so ist Augustus und die julische Dynastie nach schweren Umwälzungen zur friedlichen Leitung des Erdkreises berufen. Mit homerischen Zügen ist die Majestät des Olympiers gezeichnet. Wenn er spricht, schweigt der Himmelsraum, die Erde bebt, die Winde legen und das Meer glättet sich (X 101). Mit der Miene, womit er Himmel und Wetter aufheitert, lächelt er der Tochter Venus zu und küßt sie, ehe er auf ihre Klagen Bescheid gibt (I 254). Auch mit der Gattin verständigt er sich zuletzt in guter Laune (XII 829). Den unabwendbaren Willen der Fortuna, den unumstößlichen Spruch der Parcen vermag er freilich nicht zu vereiteln, vielmehr hat er über der Erfüllung zu wachen, also auch darauf zu achten, daß Aeneas, der erkorene, nicht auf Abwege gerate

und seiner Sendung ungetreu werde. Daher sendet er ihm, durch
Jarbas' Beschwerde aufmerksam gemacht, ernste Mahnung durch Merkur
(IV 222 ff.). So hat er viel zu beschwichtigen, zu zügeln, zu ver-
trösten, die Augen offen zu halten, daß nicht hinter seinem Rücken
versucht werde, die künstlich verschlungenen Fäden des Schicksals zu
verwirren. Aber eine Frist darf er gewähren. So gestattet er schonend
der Juno das Ende ihres stammverwandten Turnus hinzuhalten
(X 606). Sie beruft, als es zum letzten entscheidenden Gange
kommen soll, seine unsterbliche Schwester, die Nymphe Juturna, zu
thätigem, doch nicht bewaffnetem Beistand (XII 813). Erst in der
Gestalt des reichen und angesehenen Rutulers Camers wiegelt dieselbe die Gemüter der Stammgenossen gegen die eben geschlossene
Uebereinkunft auf und vereitelt zunächst den Zweikampf. Wie aber
derselbe dennoch unvermeidlich wird, steigt sie als Wagenlenker statt
des Metiscus an die Seite des Turnus und entführt das Geschirr
in weiten Kreisen dem Verfolger: noch einmal mäht der tapfere um
die Wette mit dem Gegner die feindlichen Reihen. Aber die Sorge
um die bedrohte Stadt ruft ihn trotz des Einspruchs der Schwester,
die er ahnungsvoll erkennt: und nun ist der verhängnisvolle Kampf
nicht mehr aufzuhalten. Noch einmal springt Juturna dem Bruder
bei und drückt ihm in Gestalt des Metiscus statt des zerbrochenen
Schwertes ein frisches in die Hand: dafür reißt Venus dem Aeneas
seine Lanze aus dem Baumstumpf, in dem sie Faunus dem Turnus
zu liebe festhielt. Nun endlich verbietet Juppiter, welcher (wie bei
Homer) die Lose der beiden Helden gewogen hat, weitere Eingriffe
in das unabwendbare Schicksal, und schickt eine beflügelte Dira, jenes
Schreckgespenst des Volksglaubens: wie ein Pfeil fliegt sie zischend
hinab, flattert als Kauz mit kreischender Stimme vor dem Gesicht
des Verlorenen und jagt ihm Schrecken ein. Juturna erkennt den
Todesboten und entschließt sich trauernd den Bruder zu verlassen.

Auch andere Götter sind nicht unbeteiligt, doch nur in einzelnen
Fällen macht sich Sorge des einen oder des anderen für einzelne
Sterbliche geltend. Apollo freut sich an dem ersten Meisterschuß
des jungen Ascanius, aber um ihn vor Gefahren zu hüten, tritt er
in der Gestalt des greisen und vertrauten Butes zu ihm und ermahnt
ihn, sich übrigens vom Kriege fern zu halten (IX 638). Es ist die
Sorge der Ratgeber und Führer um den unersetzlichen Stammhalter,
welche durch das Eingreifen des Phöbus die Weihe erhält. Mit

Kummer sieht Diana die ihr geweihte Camilla dem Tode entgegengehen, den sie nicht verhindern kann. Sie muß sich begnügen, der Nymphe Opis einen ihrer unfehlbaren Pfeile mit dem Auftrage einzuhändigen, daß sie damit die geliebte Jungfrau an dem Ueberwinder räche, die Leiche derselben vor Plünderung zu schützen und in die Heimat zur Bestattung zu entrücken (XI 532. 836). Auch dem Hercules geht es nahe, wie der junge Pallas, der Sohn seines alten Gastfreundes, ihn anruft, seinem Arm Sieg über Turnus zu verleihen, ohne zu ahnen, daß seine eigene Stunde gekommen ist. Mit milden Worten tröstet Juppiter den weinenden Sohn: hat er doch selbst einst seinen geliebten Sarpedon fallen sehen. Der Cybele aber liegen ihre heiligen Fichten vom Ida, aus denen die Schiffe gezimmert sind, so am Herzen, daß sie deren Verwandlung in Meernymphen vom Göttervater erbittet, als das Feuer ihnen den Untergang droht (IX 82 X 215). Die Beglaubigung des hohen Wunders übernehmen die Musen selbst, welche nur bei bedeutendem Anlaß zu Zeugen angerufen werden (IX 77).

Wo die Götter selbst sich zu den Sterblichen herablassen oder persönlich in die Dinge eingreifen, wird ihre Erscheinung und ihr Wesen mit leuchtenden Farben geschildert. Majestätisch rauscht die zürnende Rede des Neptun an die Winde (I 124); ein prächtiges Bild, wie er dann mit dem Dreizack die aufgeregte Meeresfläche sänftigt und mit leichten Rädern über die Wellen dahingleitet (I 145). Als reizende tyrische Jungfrau (an Nausikaa erinnernd) tritt Venus dem Aeneas vor Karthago mit ermutigendem Zuspruch entgegen, gleich einer Spartanerin oder Amazone den Köcher über der Schulter, mit lockerem Haar, kurz geschürzt (I 314). Auch hält sie dieser nach Antlitz und Stimme für eine Göttin, für Diana oder eine Nymphe. Ueberhaupt spüren die Sterblichen die Nähe der Himmlischen. Es wird beschrieben (IV 238), wie Merkur die goldenen Flügelschuhe anlegt, die ihn mit reißendem Zuge hoch über Meer und Land tragen, wie er die Zauberrute ergreift und vom beschneiten Atlas, auf dem er gerastet, gleich einer Möwe herniederschießt zu den Hütten Libyens. Auf Crocusfittigen schwebt Iris als Botin vom Himmel herab und zieht der Sonne gegenüber den tausendfarbigen Bogen. Im Dienste der Juno schneidet die beschwingte Mittlerin der sterbenden Dido die Locke ab (IV 694), benachrichtigt den Turnus von der erwünschten Gelegenheit, die verlassenen Genossen des Aeneas anzugreifen (IX 1), ober tritt in der Maske der alten Beroe am Strande auf, um die Weiber zur Vernichtung der Schiffe aufzuwiegeln (V 606). Während Venus sich mit ihrem reizenden Bundesgenossen Amor begnügt, der in der Gestalt des kleinen Ascanius das Herz der Dido für Aeneas zu entzünden hat, ruft Juno, um den Krieg gegen die verhaßten Teucrer zu entflammen, die scheußliche Erinnys Allecto aus dem Tartarus empor (VII 323): das grelle Gebilde der Volksphantasie scheint Vergil zuerst in die Dichtung eingeführt zu haben. Ihre Lust ist Zwietracht zu säen, Haß und Wut in den Herzen der Menschen zu erregen. Unter jeder Gestalt weiß sie eine der giftigen Schlangen, die in ihrem Haare wimmeln, in die Brust ihrer Opfer zu senken: so wird Amata, die Königin, von rasender Leidenschaft ergriffen; dem erst widerstrebenden Turnus zwingt sie im Traum ihre furchtbare Macht auf; selbst die Hunde des Julus verführt sie, den geweihten Hirsch zu jagen. Nach gethaner Arbeit wird sie in die Tiefe zurückgeschickt, denn frei auf der Erde umherzuschweifen gestattet ihr Juppiter nicht: eine grausige, mephitische Dünste aushauchende Höhle im Hirpinerlande hat ihr der Dichter als Unterschlupf ersehen (562).

Aus Zügen der Ossa bei Homer, der Eris bei Hesiod, und des Typhon, wie er bei Apollodor beschrieben wird, hat die Phantasie des Dichters die berühmte Schilderung der Fama (IV 173) gebildet, einer Schwester der Giganten, von Mutter Erde im Groll auf die Götter zuletzt geboren, beflügelt, mit Federn und ebensoviel Augen unter denselben am ganzen Körper besät, mit ebensoviel Zungen, Mündern und Ohren versehen. Im Voranschreiten wächst und erstarkt das Ungeheuer, daß es vom Boden in die Wolken hineinragt. Zischend fliegt die schlaflose Nachts einher, am Tage sitzt sie trauernd auf Zinnen oder Türmen. Lügen wie Wahres verbreitet sie, Völker entzündend, ein Schrecken der Großstädte. Sie erregt die Eifersucht des Jarbas, hinterbringt der Dido die Nachricht von der bevorstehenden Abfahrt des Aeneas, trägt die Kunde von ihrem Tod durch die Stadt (IV 666), meldet der Mutter des Euryalus wie dem Euander die Trauerbotschaften (IX 474. XI 139), fliegt den Ankömmlingen in Latium voraus (VII 104).

Auf die Weissagungen, welche Aeneas' göttliche Sendung verbürgen, wird großes Gewicht gelegt. Wie aber die Auserwählten erst spät, nach Not und Kämpfen, zu ihrem Ziel gelangen, so wird

auch der Vorhang, welcher dasselbe verhüllt, nur langsam, Zug um
Zug, vor ihren sterblichen Augen entrollt. Zuerst legt dem Aeneas
Hektors Schattenbild im Traum ans Herz, für Troja's Penaten jenseits des Meeres eine neue Stätte zu suchen (II 289). In derselben
Schreckensnacht erscheint über dem Scheitel des jungen Julus die
bedeutsame Flamme und das leuchtende Himmelszeichen, welchem auch
Anchises sich vertrauend unterwirft (II 682). Das Ziel der langen
Irrfahrt, Hesperien und die Fluren des Thybris, auch die Aussicht
auf ein Reich und eine königliche Gemahlin eröffnet dem Gatten
zum Abschied Kreusa's Bild (II 776). Aber noch ahnen sie nicht,
wo dieses Ziel zu suchen sei. Ein dunkles Orakel des delischen Apollo
(III 94) heißt sie die alte Stammheimat aufsuchen. Irrig führt sie
Anchises nach Kreta: nochmals weisen die Penaten den Aeneas im
Traum (III 163) nach Hesperien, und nennen es bestimmter Italien,
von da stamme Dardanus; und nun entsinnt sich Anchises, schon
Kassandra habe oft geweissagt, daß Hesperien und italisches Reich
seinem Geschlecht beschieden sei (III 182). Auch die Harpyie Celäno
(III 253) bestätigt es, aber der Hunger werde sie zwingen, die eigenen
Tische zu verzehren, ehe die feste Ansiedelung gelinge. Vom Seher
Helenus aber erfahren sie (III 374), daß sie noch weit von ihrem
Ziele entfernt seien: eine weiße Sau mit 30 Ferkeln wird den Platz
bezeichnen, wo sie Ruhe finden sollen. Auf Sicilien vernimmt Aeneas
im Traum (V 724) aus dem Munde des abgeschiedenen Vaters, daß
er in Latium harte Kämpfe zu bestehen haben werde, zuvor aber zu
den Unteren im Geleit der Sibylle herabsteigen solle, um von ihnen
weiteres über Zukunft und Nachkommen zu vernehmen. Die Sibylle
bestätigt (VI 83), daß die Dardanussöhne nach Lavinium (dem später
so genannten) kommen, aber den Boden mit Strömen Blutes
erkaufen werden. In Latium wird Aeneas einen zweiten Achill
finden, wiederum wird ein Ehebund mit einer Auswärtigen den
Teucrern Unheil bringen, aber von einer griechischen Stadt aus wird
ihm zuerst ein Weg des Heils eröffnet werden. In Latium tritt
dann Schritt um Schritt die Bestätigung jener Voraussagungen ein:
das Verzehren der Tische, von Julus bemerkt (VII 116), das Zeichen
der Sau am Ufer (VIII 81). Nur scheint Aeneas zu irren, wenn
er das Orakel von den Tischen von Anchises (statt von Celäno) gehört haben will (VII 121). Den Ankömmling im Traum zu begrüßen und zu unterweisen übernimmt Tiberinus: er soll sich zu den

Arkadern begeben und sich mit ihnen verbünden (VIII 36). Von nun an bedarf es keiner weiteren Führung: der Held geht den gewiesenen Weg und die Geschicke vollenden sich.

Auch an weissagenden Zeichen, wie sie der Römer erwartet, ist kein Mangel. Auf die Wiedervereinigung der verstreuten schiffbrüchigen Genossen deutet Venus dem Aeneas die Schwanenschar, welche vom Adler gescheucht sich wieder sammelt (I 390). Vier weiße Pferde auf der Weide sind dem Anchises Zeichen kriegerischer Zukunft, auf die aber Friede folgen werde (III 539). Der von Acestes in die Luft geschossene Pfeil beschreibt eine Flammenbahn in den Wolken und verschwindet dann, ein Zeichen bevorstehender Kämpfe, von Aeneas zunächst nur zu besonderer Ehre des Gastfreundes gedeutet (V 522). Erschreckende Erscheinungen bestärken Dido in ihrem Entschluß zu sterben (IV 450); andere Prodigien warnen König Latinus, die beabsichtigte Verbindung seiner Tochter mit Turnus zu vollziehen, und das Orakel der Albunea verkündet ihm einen auswärtigen Schwiegersohn (VII 58. 96). Von Schattenerscheinungen und Traumgesichten wird besonders Aeneas zum Zweck der Belehrung, Ermunterung, Ermahnung häufig heimgesucht. Es wird fleißig gebetet, aber meist in kürzeren Reden.

Zum Epos wie zur Geschichtschreibung großen Stiles gehören von Alters her Reden der handelnden Personen und Parteien: immer werden dieselben in direkter Form vorgetragen. Hier werden die Früchte jener oben beschriebenen rhetorischen Schulübungen für die Dichtung nutzbar gemacht. Nur der höchsten Gemütserregung geziemen Monologe. Dido, welche sich von Aeneas verlassen sieht, überdenkt in schlafloser Nacht (IV 534), was ihr zu thun übrig bleibe, wirft wie die euripideische Medea eine lange Reihe von Fragen auf, um alle zurückzuweisen und stehen zu bleiben bei dem Entschluß zu sterben als dem einzigen Ausweg. Wilder läßt sie angesichts der absegelnden Flotte Grimm und Verzweiflung aus (IV 590). Sie will die Flüchtlinge gewaltsam zurückhalten, kommt dann zur Besinnung, daß es zu spät ist, bereut, daß sie nicht früher den Kampf aufgenommen, die Verräter vernichtet habe, und ergießt einen Strom von Verwünschungen über die Zukunft des Treulosen. Zum drittenmal endlich (IV 651), unmittelbar vor dem Tode nimmt sie gefaßter vom Leben Abschied. Ein Meisterstück leidenschaftlicher Rhetorik ist der Zornausbruch der Juno, ehe sie die Furie zu Hilfe ruft (VII 293).

Wie dann Anna am Scheiterhaufen Klage erhebt (IV 675), so klagt die greise Mutter des Euryalus um ihren Toten (IX 481), so Euander an der Bahre des Pallas (XI 151), so Mezentius an der Leiche seines Lausus (X 846). Gehäufte kurze Fragesätze, besonders zu Anfang, abgerissene Satzglieder, Anreden und Ausrufungen sind hier natürlich. Am meisten Fassung und Ordnung der Gedanken bewahrt der Arkaderkönig. Allen ist ihr Leben wertlos geworden, fast alle machen dem teuren Verstorbenen zärtliche Vorwürfe. Die Schwester beklagt sich, daß sie getäuscht und als Begleiterin verschmäht sei; die Mutter, daß der einzige Trost ihres Alters sie einsam zurück=
gelassen habe, und bittet die Rutuler oder Juppiter um den Tod; Euander wirft dem kühnen Sohn vor, daß er nicht so vorsichtig ge= wesen sei, wie er beim Scheiden versprochen habe, und wünscht, daß er statt des Jünglings selbst in den Kampf gezogen und gefallen sei. Juturna verwünscht ihre Unsterblichkeit und möchte gern den Bruder zu den Schatten begleiten (XII 872). Mezentius klagt sich an, daß er sein eigenes Leben zu lieb gehabt und den Sohn geopfert habe. Allgemeine Ansprachen hält Aeneas an die Genossen: er richtet ihren Mut nach überstandener Meeresnot auf (I 198), ordnet in feierlichem Ton die jährliche Gedächtnisfeier für Anchises und die Spiele an (V 45), widmet dem jungen Helden Pallas einen ehren= den Scheidegruß, wobei er in gemütvollen Worten des unglücklichen Vaters gedenkt (XI 42); erläßt nach glücklichem Ausgang der Schlacht eine Art Armeebefehl (XI 14). In der Schlacht feuert Pallas seine fliehenden Arkader (X 369), Tarchon seine feigen Etrusker an, ihre schlaffe Sinnlichkeit und Neigung zu schnödem Muckertum geißelnd (XI 732). Selbst bei der Regatta hält Mnestheus, mitten auf dem Schiff einherschreitend, eine spornende Rede an seine Ruderer (V 189). Mit donnernden Worten weist Neptun die Winde in ihre Schranken (I 132). Bitte um Aufnahme und Empfang, Verhandlungen mit Gesandtschaften und Verträge führen Reden von beiden Seiten mit sich. So hält Ilioneus als Ankömmling im Namen der Genossen eine längere Ansprache an Dido (I 522), welche kürzer, wie es der Königin geziemt, von dieser erwidert wird (I 562). Als nun Aeneas aus der umhüllenden Wolke unerwartet heraustritt, dankt er mit gewählten, überfließenden Worten (I 595) der großmütigen Fürstin, welche ihre Sympathie ausdrucksvoll durch Hervorhebung der Aehn= lichkeit ihres Schicksals bezeugt (I 615). Ebenso werden zwischen

Latinus und Ilioneus Reden gewechselt (VII 195. 212. 249). Feierliche Gelöbnisse tauschen Aeneas und Latinus miteinander aus vor dem entscheidenden Zweikampf (XII 176. 197).

Eine kleine Suasoria hält Anna ihrer Schwester Dido, um ihre Bedenken gegen die Verbindung mit Aeneas zu zerstreuen (IV 31). Dreifach gegliedert ist die verhängnisvolle Unterredung zwischen Dido und Aeneas: Anklage, Abwehr, Erwiderung (IV 305. 333. 365). Eine förmliche Debatte wird vor Beginn des großen Kampfes im Götterrat vor Juppiter zwischen Venus und Juno geführt (X 6. 18. 63. 104). Da schütten beide Widersacherinnen nacheinander die volle Schale ihrer Beschwerden aus und führen mit der Kunst des Anwaltes die Sache ihrer Schützlinge, Venus mehr Mitleid und Rührung erstrebend, Juno in leidenschaftlichem Zorn, mit höhnischen Vorwürfen erwidernd; und ihre flammende Rede gewinnt den Beifall der Himmelsbewohner, so daß ihrem Beherrscher nichts übrig bleibt als einstweilen noch beide Parteien gewähren zu lassen. Noch reicher gegliedert ist die Verhandlung im Kriegsrat der Latiner: Venulus berichtet (XI 243) über den Erfolg der Gesandtschaft an Diomedes, indem er dessen Rede der seinigen wörtlich einfügt (252); Latinus setzt in einem Vortrag vor der Versammlung (302) die Lage der Dinge auseinander und macht einen Friedensvorschlag; Drances (343) unterstützt ihn und stellt den ergänzenden Antrag, daß Turnus auf Lavinia verzichte und sie an Aeneas abtrete; Turnus widerlegt ihn in schneidiger Rede: beide Gegner führen die Waffen der Beredsamkeit wie in einer Senatssitzung.

Die Reden werden mit größerer Leichtigkeit in die Erzählung eingeflochten als bei Homer. Während dieser sie immer mit vollem Verse beginnen läßt und demgemäß die einleitende Formel ausdehnt, geht schon Ennius mitten im Verse von der Erzählung zu direkter Rede über, und Vergil hat diese engere Einfügung sehr häufig vorgezogen, wie er denn auch den Schluß der Rede nicht vom Verse abhängig macht. Um Eintönigkeit zu vermeiden, gibt er auch von dem Hymnus auf Hercules, der bei Euander gesungen wird, von dem einen Teil nur den Inhalt, vom anderen auch den Wortlaut an (VIII 287).

Die Alten haben Vergils Beredtsamkeit der ciceronischen an die Seite gestellt. Lehrer der Rhetorik haben für die Wendungen und mannigfachen Färbungen des Pathos eine Fülle von Beispielen

seiner Darstellung, namentlich seinen Reden entnommen, und dieselben
geradezu ihrem Unterricht zu Grunde gelegt, indem sie Handbücher
für Controversen aus seinem Gedicht zusammenstellten.

Die Reden sind eines der wesentlichsten Mittel zur Charakteristik
der Personen. Für Aeneas als das erkorene Werkzeug des gött=
lichen Willens mußte die gläubige Treue, womit er sich seiner Sen=
dung unterzog, der wesentliche Zug sein. Er rettet die Heiligtümer
der alten Heimat in die neue und sichert dieser dadurch die göttliche
Huld. Auf die Bewahrung uralter ehrwürdiger Ueberlieferung, des
Bandes, welches Vorzeit und Gegenwart miteinander verknüpft, legten
Augustus, der Staatsretter, und sein bevorzugter Dichter das schwerste
Gewicht. Der pius Aeneas, als pater Indiges verehrt, soll ein
Vorbild für die junge Generation sein. Er ist sozusagen ein
Musterrömer, entbehrt aber dadurch des individuellen Gepräges. Die
Treue des Sohnes und Gatten, die väterliche Fürsorge für den ein=
zigen Sprößling und die ihm ergebene Schar des Gefolges, die ge=
wissenhafte Erfüllung aller Pflichten gegen Götter und Menschen ist
stark hervorgehoben. Mit heldenhaftem Sinn und Wesen vereint er
Ruhe und Umsicht, Ausdauer und Milde. Als er aus dem ver=
hüllenden Nebel heraus, in klarem Lichte vor Dido tritt, gleicht er
einem Gott, so kleidet ihn Haar und die jugendliche Farbe, so strahlen
die Augen (I 588). An Hektor erinnert der schöne junge Rutuler=
fürst Turnus. Er vertritt die mannhafte Kühnheit und das feurige
Blut des eingeborenen Adels. Sein argloses Gemüt wird erst durch
die Schlangen der Allecto in Wallung gebracht: einmal entzündet
erlöscht die Flamme seines trotzigen Mutes erst mit dem Tode (vgl.
IX 128). Als er auszieht, um allein mit Aeneas den Streit aus=
zufechten (XII 82), wird er noch einmal in vollem Glanz vorgeführt.
Die schneeweißen Rosse, welche Orithyia selbst einst dem Ahnen Pi=
lumnus geschenkt hat, werden angeschirrt unter Liebkosungen der Diener.
Die strahlende Rüstung, die er anlegt, wird beschrieben, die unfehl=
bare Lanze, die drinnen an die Säule gelehnt war, ein Beutestück,
nimmt er zur Hand und redet zu ihr; die Augen funkeln. Einen
verbissenen Gegner und Neider hat er an dem älteren Drances
(XI 122. 236), der reich und vornehmer Abkunft von mütterlicher,
unsicherer von väterlicher Seite, mehr mit der Zunge als mit dem
Schwert vermag, und als schneidiger Redner und einflußreicher
Wühler die Friedenspartei bei Latinus vertritt, darin dem Thersites

vergleichbar. Gutmütig, vertrauensvoll entgegenkommend, friedliebend und versöhnlich ist die Art des greisen Königs Latinus, des Priamus der Aeneis, über den nach kurzem Widerstande die Wogen der Volksbewegung hinwegbrausen. Auch als er die Zügel wieder ergriffen hat, gelingt es ihm nicht, seine Vorschläge zum Guten durchzusetzen. Schlicht und treuherzig, ein Bild bescheidener Einfachheit aus alter Zeit ist der biedere Arkader Euander. Den ländlichen Grundherrn begleiten, wenn er ausgeht, zwei tüchtige Hofhunde (VIII 461). Wie Nestor gedenkt er gern früherer Zeiten und ruhmreicher Thaten seiner Jugend (VIII 560). Beide ehrwürdige Greise überragt an Weisheit und Tiefe Anchises: er hat etwas priesterlich Seherhaftes und übt das Ansehen eines Führers und Lehrers noch nach dem Tode. Wenige aus dem Gefolge des Aeneas treten in etwas schärferen Umrissen hervor. Fast stets als treuer Begleiter ihm zur Seite ist Achates: beim Durchspähen der Gegend (I 312), auf dem Gang zur Sibylle, auf der Reise zu Euander (VIII 466) und in der Schlacht (X 332 XII 384), seine Sorgen und Empfindungen teilend (I 459), praktisch (I 174), hilfreich, geweckt und schnell (I 644. 656). Er ist es, der, zuerst die Küste erkennend, „Italien" ruft (III 523). Als beredter Wortführer bewährt sich Ilioneus vor Dido wie vor Latinus. Der Knabe Ascanius strahlt wie ein in Gold gefaßter Edelstein oder wie Elfenbein, kunstvoll in Buchsbaum eingelegt: über dem milchweißen Nacken wallt ihm das Haar, in goldenem Reif zusammengehalten (X 133). Aehnlich Lavinia: ihre Wangen erröten, wie wenn einer Elfenbein mit Purpur bemalt oder wenn unter weiße Lilien rote Rosen gemischt sind (XII 66). Mit zarten Farben sind auch Nisus und der jugendlich blühende Euryalus gemalt, beide im Leben wie im Tode vereint, ein unsterbliches Beispiel edler Männerfreundschaft (V 294 IX 224). Dem eben erwachsenen Jüngling ziemt auch das innige Verhältnis zur Mutter, die ihm gefolgt ist: scheidend empfiehlt er sie dem Ascanius (IX 284), der gleichfalls noch zärtlich der Creusa gedenkt (297).

Unter den italischen Helden steht in erster Reihe der Tyrrhenerfürst Mezentius, das Gegenteil des Aeneas, „Verächter der Götter", ein Tyrann von barbarischer Grausamkeit und wildem Mut (VIII 481. 569): menschlich ist nur die Liebe, welche ihn mit dem tapferen und schönen Sohn Lausus verbindet (VII 649), und sein Schmerz über dessen frühen Tod (X 841). Diesem entspricht auf trojischer

Seite der arkadische Königssohn Pallas, die einzige Freude seines greisen Vaters. Er wird dem Morgenstern verglichen, wenn er aus der Woge des Oceanus sein lichtes Antlitz erhebt und die Finsternis löst (VIII 589). Man erkennt einen Tropfen griechischen Blutes in dieser ritterlichen, geschmeidigen Ephebengestalt. Auch ihn rafft nach heldenmütigen Thaten ein früher Tod hinweg (X 435), unter der Hand des Turnus. Die anziehendste Erscheinung ist die volskische Amazone Camilla, „Italiens Zierde" (VII 803 XI 498), vom Dichter selbst mit Penthesilea verglichen (XI 655).

In den Kämpfen mit den Eingeborenen spiegelt sich der geschichtliche Gang allmäliger Verschmelzung Italiens mit dem jungen römischen Staat wieder, und im Hintergrunde der Bühne taucht das Bild der alten Fehden zwischen den Urbewohnern auf. Aus Erinnerungen des vaterländischen Altertums, aus dem Schatz volkstümlicher Sagen, weltlicher und heiliger Gebräuche, welche sinnig in die Darstellung verwoben sind, wird so der Nation ein bedeutungsvolles Denkmal ihrer Vorzeit errichtet. Mit dem Fleiß eines Gelehrten hat der Dichter historische und antiquarische Quellen durchforscht und ausgebeutet, mit dem Geschick eines echten Künstlers das gewonnene Material so verwendet und verteilt, daß es sich nirgends als studierte Beigabe störend aufdrängt, sondern bedeutungsvoll die Erzählung färbt, die Bilder vertieft und die Betrachtung erweitert. Gewiß hat er außer den Origines des Cato vorzugsweise die Altertümer Varro's, die weltlichen wie die geistlichen, und andere Schriften desselben über Abstammung, über Leben des römischen Volkes, über trojanische Familien gelesen. Anderen gelehrten Zeitgenossen, wie Hyginus, Verrius Flaccus, Melissus, Ateius Philologus u. s. w. kann er ebensoviel durch mündliche Belehrung verdanken, als er aus ihren Büchern geschöpft haben mag. Besonders bewandert war er in der theologischen Litteratur. Den Ertrag solcher Studien hat er nach der feinen Weise der Alten in gelegentlichen kleinen Zügen, in anspielenden Beiwörtern, in der Wahl des treffendsten Ausdruckes niedergelegt. So ist sein Gedicht eine Fundgrube erlesener Kleinode für Altertums- und Sprachforschung geworden, die denn freilich auch von abergläubischen Schatzgräbern schon der nächsten Generationen thöricht genug ausgebeutet ist.

Ein umfassendes Völkergemälde Italiens wird in den Heeresmusterungen entrollt (VII 623 VIII 163 X 166). Nachdem in großartigem Eingang der uralte, noch zur Zeit des Dichters gültige Brauch, bei Beginn des Krieges die ehernen Pforten des Janustempels zu öffnen (VII 601), und der Eifer der Rüstung geschildert ist, ziehen die Feldherrn mit ihren Truppen der Reihe nach auf. Alle werden in ihrer Eigenart vorgestellt; in markigen Zügen wird bald kürzer, bald eingehender Geschichte, Heimat, Kleidung und Bewaffnung, Kampf-, Lebensweise und Sinnesart beschrieben. Ein Kranz blühender Städte, Landschaften und Stämme Italiens von nah und fern entfaltet sich. Da sind Urahnen großer, noch lebender Geschlechter, Söhne von Göttern, von griechischen Heroen und Fürsten. Unter anderen Messapus, ein Sproß Neptuns, gewaltiger Reiter, den weder mit Feuer noch mit Eisen zu fällen einem Sterblichen beschieden ist (VII 691); auch Virbius von Aricia, der Sohn des Hippolytus, dessen wunderbare Wandlungen nach dem Tode eingehend nach der Legende von Aricia berichtet werden (VII 762). Ein Sohn des Hercules kommt noch mit der Löwenhaut angethan, das Haupt mit der straubigen Mähne und den weißen Zähnen über den Kopf gezogen.

Zur Abwechslung kommen die tuskischen Bundesgenossen des Aeneas (X 166) auf dreißig Schiffen an, von Süden und Norden her, auch aus Mantua, deren stolze Vergangenheit als Herrscherin eines Städtebundes nicht vergessen wird. Hier finden auch die phantastischen Schiffsbilder ihre Stelle.

Der Ermüdung, welche lang ausgesponnene Beschreibungen von Schlachten mit zahlreichen Einzelkämpfen hervorrufen können, wird vorgebeugt durch größte Mannigfaltigkeit der Personen, der Stellungen Gruppierungen Waffen Verwundungen Todesarten. Auch hier ist manche Anleihe bei Homer gemacht, es fehlt aber auch an eigener Erfindung nicht. Aufzeichnungen wie mündliche Mitteilungen aus der Kriegsgeschichte selbst der Gegenwart lieferten manches Beispiel. Bald wird durch Häufung bloßer Namen der Eindruck massenhafter Metzelei hervorgerufen, bald treten einzelne aus der Fläche heraus, für welche durch Angabe von Lebensumständen und bezeichnende Züge regere Teilnahme erweckt wird. Hier ein Bastard, aus heimlichem Bunde eines Königs mit einer Magd entsprossen, dort ein Phöbusgeweihter, der aus dem Leibe der toten Mutter geschnitten ist (X 315); ein etruskischer Haruspex und Astrolog (X 175); ein Arkader, der aus idyllischer Lebenslage herausgerissen ist (XII 518);

ein Ligurer, ben feige und prahlerische List, ein Erbteil des Stammes, doch nicht rettet (X 185); ein wilder Jäger, der Waffen zu vergiften versteht (IX 771), und neben ihm ein Freund der Musen, der am liebsten Lieder dichtet und in die Saiten der Cither greift; ein Arzt, der von Phöbus auch Weissagung, Saitenspiel und Bogenschießen gelernt hat (XII 391); ein Priester der Kybele (XI 769); ein junger Gatte, der noch kaum das Glück der Ehe genossen hat (X 720); ein Knabenliebhaber (X 325); ein Renommist, dessen übermütigen Hohn dem Ascanius zu strafen beschieden ist (IX 590). Neun Brüder stehen zusammen: einer aus ihrer Mitte fällt (XII 270).

Bedeutende Abschnitte, wie die Aristie des Turnus (IX 525) oder sein Todeskampf (XII 500), werden durch besondere Einleitung, Anrufung der Musen oder dergleichen hervorgehoben.

Mannigfach ist die Stimmung der wechselnden Kampfbilder: der Witz und die Tragik des Zufalls spielen ihre Rolle, die Phantasie gefällt sich in wilder oder wehmütiger Plastik. Dem Prahler, während er unnütze Worte herausschreit, fährt die feindliche Lanze gerade in den geöffneten Mund (X 322). Dem jungen Lausus durchbohrt sie die feine goldene Tunica, welche ihm die Mutter gewoben hat, und mitleidsvoll gedenkt Aeneas, als er in das bleiche Antlitz des Sterbenden sieht, des elterlichen Schmerzes (X 810). Ein Trojaner reißt einen Feuerbrand vom Altar und schleudert ihn einem Gegner ins Gesicht, daß der gewaltige Bart lichterloh brennt; dann reißt er den erschrockenen am langen Haar zu Boden, kniet auf ihn und durchbohrt ihn mit dem Schwerte (XII 298). Bald läßt der Dichter die Flut der männermordenden Schlacht über viele dahinwogen, bald verweilt er wehmütig bei dem Tode des einzelnen. Als Arruns gegen Camilla die schwirrende Lanze schleudert, richten alle Volsker den Blick auf die Königin, die von dem Angriff nichts merkt, bis der Speer in ihrer Brust steckt und ihr jungfräuliches Blut trinkt. Die Gefährtinnen eilen zu ihr und stützen die sinkende. Sterbend sucht sie das Eisen herauszuziehen, aber es steckt tief in der Wunde. Die Augen erkalten, das Antlitz erbleicht, sie gibt der vertrauten Acca die letzte Botschaft an Turnus auf. Damit läßt sie die Zügel sinken, gleitet zu Boden; die Glieder lösen sich, sie neigt Hals und Haupt zum Tode, die Waffen entgleiten ihr, die Seele flieht mit Seufzen zu den Schatten (XI 799). In wilder Flucht stürmt die Reiterschar der Camilla, nachdem die Führerin gefallen, stürmen die Rutuler zu den Mauern, hart verfolgt von den Teucrern: schlaff hängen die Bogen auf ihren Schultern, und der Huf der Rosse stampft im Laufe das mürbe Blachfeld. Eine Staubwolke wälzt sich zur Stadt; auf den Zinnen erheben die Mütter ein Angstgeschrei und schlagen die Brüste. Noch an der Schwelle der Thore werden die armen vom Feinde ereilt, und durchbohrt hauchen sie ihr Leben aus. Man schließt die Thore und weigert den Flüchtlingen den Eintritt: so entbrennt unter den Genossen ein erbitterter Kampf, und von den Mauern schleudern die Mütter Geschosse auf die anstürmenden Feinde (XI 869).

Verzagte, die fliehen oder vergeblich um Gnade bitten, mischen weichere Accorde in das brausende Getöse (X 524. 597). Die stolze Pracht der Erscheinung wird in scharfen Gegensatz zu der Hinfälligkeit im Tode gestellt. Ueber fallende Helden stellt der Dichter hier und da kurze Betrachtungen an, wehmütig oder bitter auf das unentrinnbare Geschick hinweisend. Einen tröstlichen Nachruf widmet er den Freunden Nisus und Euryalus (IX 445): „glücklich ihr beide! wenn meine Verse etwas vermögen, so wird euer Gedächtnis leben, solange das Kapitol steht." Der Sieger spricht über den Gefallenen Worte der Anerkennung oder des Hohnes (XII 359) und stolzer Befriedigung. Ein Sterbender weissagt seinem Ueberwinder baldige Vergeltung (X 739). Als Turnus sich des erbeuteten Schwertgehänges von Pallas erfreut, weist der Dichter auf die Kurzsichtigkeit des Menschen hin, wie wenig er im Glück Maß zu halten wisse. Denn für Turnus wird eine Zeit kommen, wo er jene Beute und den Tag, an dem er sie gewonnen, hassen wird (X 501). Stimmungsvoll und tief empfunden ist die Schilderung der letzten Ehren, welche Aeneas dem Königssohn Pallas erweist (XI 29). Erst die Totenklage des Gefolges, die Trauerrede des Aeneas; dann setzt sich der Zug in Bewegung, der schöne Jüngling hoch auf der Bahre, geschmückt von Aeneas selbst mit einem der goldenen Purpurgewänder, die ihm einst Dido eigenhändig gestickt hatte, dann Beutestücke in langer Reihe, gefesselte Feinde, zum Totenopfer bestimmt, der greise Waffenträger in haltungslosem Schmerz, das Schlachtroß, große Thränen vergießend, Speer und Helm des Toten, endlich die ganze Kriegerschar der Teucrer, Tyrrhener und Arkader mit gesenkten Waffen.

So zieht Leben und Tod, die unendliche Mannigfaltigkeit menschlicher Verhältnisse und Schicksale an dem Betrachter dieser Schlachtgemälde vorüber. Mächtig angeregt wird die Phantasie und die Stimmung erhöht durch die Fülle anschaulicher Gleichnisse, welche die Schilderungen begleiten. Die Natur, ihre Geschöpfe und Erscheinungen müssen helfen, Auge und Gemüt des Lesers zu beschäftigen. Wie die Meereswogen gegen die Küste in Flut und Ebbe, so stürmen die Tusker gegen die Rutuler vor und werden wieder zurückgeworfen (XI 624). Das ganze Heer der Latiner ergießt sich ruhig über die Ebene wie der Ganges, wenn er langsam anschwillt, oder der Nil, wenn er allmälig in sein Bett zurückkehrt (IX 30). Vor Turnus fliehen die Scharen wie die Wolken, wenn der Boreas über dem ägäischen Meer einherbraust (XII 365). Aus dem improvisierten Handgemenge entwickelt sich ein regelrechter Kampf, wie der Seesturm allmälig aufsteigt (VII 528). Wie der Hirt im niedrigen Gestrüpp zerstreute Feuerbrände durch den Wind auf einen Punkt zusammenwehen läßt und dann auf das flammende Feld behaglich herabsieht, so vereinigt sich die Schar der Genossen, um dem Pallas zu helfen (X 405). Die dichten Kriegerhaufen gleichen einer Wolke krächzender Vögel (VII 704); sie wogen daher wie Kornfelder im Sommer (720); sie singen in geordnetem Zuge Lieder auf ihren König wie asische Schwäne, die vom Futter kommen (699). Lanzen durchfliegen die Luft wie Platzregen oder Hagelwetter (IX 668 X 803) oder wie Kraniche unter schwarzem Gewölk (X 264). Nun die einzelnen Kämpfer. Die beiden Riesen Pandarus und Bitias, Söhne des Waldes, sind den Tannen oder den Bergen ihrer Heimat gleich. Zur Rechten und Linken des Thores stehen sie statt der Türme, mit ihren hohen Federbüschen wie zwei Eichen anzusehen, die an den Ufern des Padus oder der Etsch ihre ungeschorenen Häupter zum Himmel erheben und mit dem Wipfel nicken (IX 672). Aeneas und Turnus stürmen durch die Schlacht wie zwei Feuer, die von verschiedenen Seiten in den dürren Wald geworfen werden, oder wie schäumende Gebirgsbäche, die in reißendem Lauf jeder auf seiner Bahn die Ebene verwüsten (XII 521). Sie stoßen aufeinander wie zwei feindselige Stiere: ringsumher steht die Herde in gespannter Erwartung, wer das Feld behaupten wird (715). Aeneas, dessen Helm und Schild wie ein blutiger Komet bei Nacht oder wie der Sirius funkelt (X 270), wütet, nachdem sein Schwert einmal von

Blut warm geworden ist, wie der Titane Aegäon, der hundert Arme und Hände hatte und aus fünfzig Mündern Feuer sprühte, als er gegen Juppiters Blitze focht (X 565). Als ihm endlich Turnus in den Wurf kommt, richtet er sich vor Freude auf wie der Athos oder der Eryx oder wie Vater Apenninus mit beschneitem Gipfel (XII 701). Glänzend gerüstet und hochgemut eilt Turnus (XI 487) in den Kampf wie jenes fröhlich schnaubende Pferd, mit dem in der Ilias Paris verglichen wird: mit hochgehobenem Nacken, die Mähnen spielen um Hals und Bug. Er sucht (wieder nach Homer) einen Eingang in das Lager der Troer, wie der Wolf in unheimlicher Nacht um den Schafstall schnüffelt (IX 60). Drinnen gleicht er dem Tiger unter wehrlosen Schafen (IX 730). Wie ein Löwe, der von der Höhe einen kampflustigen Stier im Felde gesehen hat, so stürzt er sich auf Pallas (X 453). Gleich dem verwundeten Löwen, der die Mähne schüttelnd erst recht gegen den Jäger losgeht, so wächst der Trotz des Turnus bei dem Kleinmut der Latiner (XII 5). Seine Augen sprühen Funken. Er tummelt seine schäumenden Rosse, wie der blutige Mars am Hebrus sein windschnelles Gespann über die Steppe jagt (331). Wie ein Fels, der sich vom Bergesgipfel gelöst hat und verheerend ins Thal rollt, so stürzt er mitten durch die Heereshaufen und das dichteste Kampfgewühl (XII 684). Den Lycus reißt er von der Mauer, wie der Adler einen Hasen oder einen Schwan mit seinen Klauen in die Luft entführt, oder wie der Wolf der blökenden Mutter ein Schaf aus dem Stall raubt (563). Ebenso erlegt Camilla den feigen Ligurer: wie der Habicht vom hohen Felsen aus die Taube im Fluge packt und zerreißt (XI 721). Tarchon sprengt gegen Venulus an, reißt ihn vom Pferde und wirft ihn vor sich auf sein eigenes. So fliegt er mit seiner Beute dahin: er bricht das Eisen von seiner Lanze und sucht die tödliche Stelle, um den Feind damit zu durchbohren. Der aber wehrt die Hand von der Kehle ab und windet sich wie eine Schlange, die vom Adler in die Luft entführt ist und sich um seine Klauen ringelt (XI 742). Gewaltig erscheint auch Mezentius. Er hält gegen die Massen der Feinde und ihre Geschosse Stand wie ein Fels in der Brandung des Meeres (X 693). Wie ein Eber vom Vesulus oder aus dem Laurentischen Sumpf von Hunden in die Netze gejagt ist, nun still steht mit straubigem Bug; niemand wagt, ihm nahezukommen; aus der Ferne bedrängen sie ihn mit Wurfspießen und Geschrei, er fletscht die Zähne und schüttelt die Speere vom Rücken ab: so hat keiner den Mut, mit Mezentius zu fechten, sondern sie necken ihn von weitem mit Geschossen und Zuruf (X 707, vgl. IX 551). Dann stürzt er in die dichtgedrängten Reihen wie ein hungriger Löwe, der eine flüchtige Ziege oder einen Hirsch gesehen hat und seine Beute zerfleischt (X 723). Er bewegt sich über das Schlachtfeld, wie wenn der Riese Orion über das Meer schreitet, das Haupt in den Wolken (763). Juturna aber jagt als Wagenlenker ihres Bruders Turnus bald hierhin, bald dahin, wie die Schwalbe in der Vorhalle eines Palastes unstät umherfliegt (XII 473). Er wird von Aeneas verfolgt wie der Hirsch vom Jäger: vom Flusse eingeschlossen, das hohe Ufer fürchtend, flieht das geängstete Wild tausend Wege hin und zurück, gehetzt vom umbrischen Hunde (XII 746). Umsonst sucht der Unglückliche, da seine Stunde gekommen ist, dem Verderben zu entrinnen, wie wir im Traum vergeblich zu laufen suchen und mitten in ohnmächtigem Bemühen niederstürzen (XII 908). Und endlich der fallende Held. Der jugendliche Euryalus sinkt in sich zusammen wie eine Blume, die der Pflug geknickt hat (nach Catull), oder wie eine Mohnblüte, die vom Regen niedergeschlagen ist (IX 435); auch die Leiche des jungen Pallas liegt wie eine gepflückte, welkende Blume auf der Bahre (XI 68). Aber als Bitias stürzt, von einem gewaltigen Schleuderbalken, der doppelte Panzer durchbricht, niedergeworfen, da kracht es, wie wenn an der Küste von Bajä (bei Bauten) ein Felsblock ins Meer gestürzt wird, daß die Wellen aufschäumen und Prochyta erzittert (IX 703).

Neben dieser fast überströmenden Fülle von Gleichnissen, welche dem Pathos der kriegerischen Partien des Gedichtes entsprechen, ist die Verwendung des Bilderschatzes in den übrigen eine weit sparsamere. Vorzugsweise in bedeutungsvollen Momenten, bei deren Betrachtung zu verweilen angemessen erscheint, greift der Dichter hinein. Dem Leben der Natur und der Tiere werden auch hier die meisten Vergleichungen entnommen. Die murmelnden Stimmen einer nachdenklichen Versammlung nach Anhörung eines aufregenden Berichtes werden verglichen mit dem gurgelnden Ton eines wilden Stromes, der in Felsen eingeschlossen ist (XI 297); das beifällige Gemurmel der Götterversammlung nach der Rede der Juno mit dem Waldesrauschen, welches den Schiffern Sturm verkündet (X 96). Verworrenes Geschrei der leidenschaftlichen Menge klingt wie Gekreisch von Vögelscharen im Walde oder von Schwänen an den Gewässern des Po (XI 455). Noch gegenwärtig ist dem Dichter der Georgica das Leben und Treiben der Bienen. Das Gewirr der belagerten Bürger, die unter sich uneinig sind, da die einen sie übergeben, die anderen sie ferner verteidigen wollen, vergleicht er mit der Unruhe der Bienen im durchräucherten Stock (XII 587). Auch die Bauleute des eben erstehenden Karthago gemahnen ihn daran (I 430), ja er wiederholt fast wörtlich Verse, welche in dem früheren Gedicht ihren Arbeitseifer beschrieben hatten (Ge. IV 162); und auch die ungezählten Scharen, die in der Unterwelt umherfliegen, ehe sie zum Leben berufen werden, erscheinen ihm wie summende Bienenschwärme auf der Wiese (VI 707). Die geschäftigen Teucrer, welche aus der Stadt abziehen, um an der Küste die Schiffe zur Abfahrt zu rüsten, gleichen einem langen Ameisenzuge, der geschäftig Vorrat heimträgt (IV 401, nach Apollonius). Aeneas, der in der Schreckensnacht von der Zinne seines Hauses auf die eroberte Stadt blickt, vergleicht sich dem Hirten, der vom hohen Felsen herab mit blödem Staunen das Feuer oder die Ueberschwemmung auf den Feldern wüten sieht (II 304). Aus frischer Anschauung des öffentlichen Lebens ist das schön ausgeführte Bild vom Volksaufstande gegriffen, der durch das Auftreten eines verdienten, würdigen Mannes beschwichtigt wird: so beschwichtigt Neptun den Meeressturm (I 148). In spöttischer Absicht wird an alltägliche Anschauungen erinnert. So wird die Königin Amata in ihrer nervösen Aufregung, die sie von Ort zu Ort treibt, mit dem Kreisel verglichen, den Knaben in der Halle treiben (VII 378); und kaum erhabener klingt es, wenn ebenso treffend das leidenschaftliche Aufbrausen des Turnus dem überkochenden Wasser im Kessel verglichen wird (VII 462). Aeneas dagegen bei Dido wird von den Schwankungen seines Gemütes nicht mehr erschüttert als die alte Eiche vom Boreas, der sie umtost und ihr die Blätter abschüttelt, aber sie nicht zu entwurzeln vermag (IV 441, nach Homer).

Rückwärts und vorwärts blickt das Epos großen Stils in weite Fernen. Das breite Gemälde eines gewaltigen Völkerschicksals stuft sich in doppelter Perspektive ab. Für Vergil wie für Homer ist das lebende Geschlecht ohnmächtig im Vergleich zu den Zeitgenossen seiner Helden. Turnus schleudert einen mächtigen Grenzstein mit leichter Hand, wie ihn zur Zeit des Dichters kaum zwölf Männer auf den

Schultern tragen könnten (XII 896). Aber auch jene haben Vorfahren und Erinnerungen hinter sich; geschichtliche Kunde ist auch zu ihnen gedrungen. Gelegentliche Genealogien steigen in die Vergangenheit ruhmreicher Geschlechter weit hinauf (X 703). Den Latinern sind die Kämpfe vor Troja, die griechischen Fürsten und die Vorgänge bei der Einnahme wohl bekannt, aber ihre heldenhafte Kraft stellen sie zuversichtlich über alles, was dort geleistet ist. Turnus verachtet die Phryger als Halbmänner (XII 98). „Hier hast du es nicht mit Diomedes oder Achill zu thun", ruft dem Aeneas der prahlerische Ligurer zu (X 581); „mag er sich immer als Achill gebärden und von Vulcan gefertigte Waffen tragen, ich trete ihm entgegen", vermißt sich Turnus (XI 439). Euander erinnert sich beim Anblick des Aeneas an Stimme und Antlitz des Anchises und an den Besuch des Priamus, der einst auf der Reise zur Schwester Hesione auf Salamis durch Arkadiens Gebiet gekommen sei (VIII 155). Auf der Fahrt tauchen den Flüchtlingen in Nähe oder Ferne Oertlichkeiten und Gestalten auf, welche vor Zeiten den Argonauten oder kürzlich noch dem Odysseus begegnet waren. Sie sammeln unterwegs gleichsam die Spuren ihrer versprengten Leidensgenossen. Neben solchen vereinzelten Trümmern versunkener Größe erhob sich die jugendliche Majestät des erkorenen Geschlechtes desto herrlicher. So wird an der thrakischen Küste den Manen des Polydorus, dessen Schicksal dem Römer aus der Iliona des Pacuvius bekannt war, die letzte schuldige Ehre erwiesen (III 62 ff.). An der Küste von Epirus, in Buthrotum, finden sie Andromacha, welche Pyrrhus seinem Knecht, dem Priamiden Helenus, überlassen hat. Diesem aber ist nach dem Tode des Achillessohnes ein Teil des Reiches anheimgefallen, und so hat das Ehepaar sich eine zweite Heimat geschaffen, treu das Gedächtnis der alten bewahrend (III 294 ff.). An der Küste der Cyklopen nehmen die Trojaner großmütig einen Gefährten des Ulixes auf, der in der Höhle des Polyphem vergessen war (III 588 ff.). Aus seinem Munde vernehmen sie die grausen Abenteuer, welche sich vor drei Monaten hier zugetragen haben; ja der geblendete Unhold naht selbst und beruft die wilde Schar seiner Brüder: mit Not entrinnen die erschrockenen seinem Grimm (III 655 ff.).

Auch zu den Puniern ist die Kunde von den Kämpfen vor Troja gedrungen. Aeneas überzeugt sich bei Betrachtung der

Wandgemälde im neu gegründeten Tempel (I 461), daß man auch
dort Heldenmut zu schätzen weiß und für Menschenschicksal warme
Teilnahme hegt. Tief bewegt sieht er in vier symmetrisch geordneten
Doppelbildern Sieg und Flucht hier der Griechen, dort der Troer
an seinen Augen vorüberziehen, sieht den nächtlichen Ueberfall durch
Diomedes im Lager des Rhesus dargestellt und den vergeblichen
Bittgang der troischen Matronen zum Tempel der Pallas, dann den
frühen Tod des Knaben Troilus durch Achilles' Hand und die
Auslösung der Leiche Hectors an Priamus, sieht endlich sich selbst
im Handgemenge mit achäischen Führern, die dunkelfarbigen
Scharen des Memnon und die kühne Penthesilea mit ihren Ama=
zonen. So wird der erkorene Stammhalter seiner Nation gleich
zu Anfang darauf hingewiesen, die Vergangenheit als abgeschlossen
zu betrachten und den Blick vorwärts zu richten. Weiter zurück in
andere Länder und Sagen führt die Reihe der Scenen, welche
Däbalus nach glücklich vollbrachter Flucht an den Thüren des zum
Dank errichteten Apollotempels in Cumä hat anbringen lassen
(VI 20). Es ist die Geschichte des kretischen Königshauses, welche
auch ihm verhängnisvoll geworden ist: der Tod des 'Androgeos,
die Sendung der attischen Todesopfer, Pasiphae und der Mino=
taurus, das Labyrinth und die Errettung des Theseus. Den frevel=
haften Mord der Danaussöhne zeigt der Schwertriemen des Pallas
(X 496).

Besonders anziehend und bedeutend mußte erscheinen, was die
Gegend der sieben Hügel von ihrer Geschichte vor der Gründung
Roms zu erzählen hatte. Dazu diente der Besuch des Aeneas bei
Euander (VIII 102): die primitive Einfachheit in der Ansiedelung
des Arkaderkönigs und seine bescheidene Macht bildeten einen scharfen
Gegensatz zu dem gegenwärtigen Glanz der Weltstadt. Aber noch
weiter zurück in die Zeit wilder Naturkinder wird der Blick gelenkt.
Da gerade zu Ehren des Ahnherrn Hercules ein Fest stattfindet, so
erklärt Euander seinem Gast den Anlaß zur Gründung desselben:
mit lebhaften Farben erzählt er ihm von dem feuerspeienden wilden
Vulcanussohne Cacus, der hier einst in einer Höhle am Aventin
gehaust habe, wie der schnöde Rinderdieb von Hercules gewürgt und
wie zum Andenken hieran dem gewaltigen Befreier die ara maxima
mit jährlichem Opfer gestiftet sei. Es ist ein Epyllion für sich, welches
die Hauptgeschichte wohlthätig unterbricht. Und weiter, nachdem ein

Chor der Salier die Thaten des Hercules im Hymnus gefeiert hat, führt Euander, „der Gründer der römischen Burg", den Gast zur Stadt und unterrichtet ihn unterwegs (313), wie ursprünglich hier Faunen und Nymphen und ein wildes Geschlecht gehaust habe, wie dann Saturnus vom Olymp herabgekommen sei, zuerst Gesetze gegeben und eine goldene, friedliche Zeit geschaffen habe, bis fremde Ankömmlinge und Kriege andere Zustände schufen. Während er von seiner eigenen Herkunft erzählt, kommen sie zum Thor der Nymphe Carmenta, die zuerst von den Aeneaden geweissagt hat, und so weiter wandernd berühren sie alle ältesten Erinnerungsstätten, den Hain des romulischen Asyls, Lupercal, Argiletum, tarpejischen Felsen und Kapitol, Janiculus, Forum und Carinen: eine Periegese im kleinen.

Diesen Rückblicken stehen Aussichten in die große Zukunft Roms gegenüber, welche bei verschiedenen Anlässen in mannigfacher Einkleidung vorgeführt werden. Es ziemte sich, daß vor allen die göttliche Stammmutter Venus in den großen Schicksalsplan eingeweiht wurde. Juppiter selbst eröffnet ihr denselben gleich zu Anfang (I 254): nach der Unterwerfung der Rutuler die Gründung von Alba durch Ascanius und die jahrhundertelange Dauer dieses Reiches, dann die Schöpfung des römischen Staates und Volkes durch Romulus: dieses wird selbst Juno's Gunst mit der Zeit gewinnen, wird Griechenland besiegen; aus ihm wird Julius Cäsar hervorgehen, der mit der Beute des Orients beladen zum Himmel zurückkehren wird; nach ihm aber wird die glückliche Zeit des Weltfriedens kommen.

Aeneas schaut die Zukunft zuerst in der Unterwelt, wo ihm durch Anchises eine glänzende Schaar großer Nachkommen nicht in geordnetem Zuge, aber in zusammengehörigen Gruppen vorgeführt wird. Zuerst die Vertreter der nächsten Generation, die Könige von Alba, denen sich Romulus anschließt. Von den Urahnen lenkt Anchises das Auge des Sohnes auf den jüngsten Zweig, das Geschlecht der Julier; lebhaft weist er auf Augustus, den oft verheißenen, hin, der das goldene Zeitalter wieder zurückführen und das Reich über den Erdkreis verbreiten wird. In der Nähe fällt sein Auge auf Julius Cäsar und Pompejus, und mit Schmerz sieht er den furchtbaren Bruderkampf zwischen ihnen voraus. Weit im Hintergrunde, ein Bild des Friedens, mit dem Oelzweige bekränzt erscheint

Numa, dann folgen die übrigen Könige und große Männer der Republik, welche den welthistorischen Beruf Roms bewährt haben, in bunter Reihe, bis zuletzt die Betrachtung bei den Marcellern stehen bleibt und bei jenem edlen Jüngling, mit dessen frühem Tode die schönsten Hoffnungen des Augustus, ja des ganzen Volkes kürzlich zu Grabe getragen sind. In tief empfundenen Versen wird des jungen Helden gedacht und hiermit die Umschau beendigt.

Nicht als Vision, sondern in plastischen Bildern, welche des göttlichen Künstlers vorausschauende Phantasie schafft, wird später beim Beginn des entscheidenden Kampfes (VIII 608) dem Aeneas ein Stück Zukunft als bleibende Augenweide sozusagen in die Hand gegeben. Der wunderbare Schild wird nicht, wie bei Homer, während seiner Herstellung beschrieben, sondern es wird berichtet, wie der Träger das fertige Kunstwerk, welches ihm die Mutter gebracht hat, staunend betrachtet. Dem Dichter kommt weniger darauf an, es so fest ausgestaltet und klar gegliedert dem Geiste vorzuführen, daß es einem Nachbildner gleichsam als Vorzeichnung hätte dienen können, sondern in gedrängter Darstellung will er bedeutende und volkstümliche Momente aus der Geschichte des auserlesenen Volkes aneinanderreihen: die säugende Wölfin, das Wahrzeichen Roms, Gründung der Stadt, Raub der Sabinerinnen, den daraus entbrannten Krieg mit Tatius, das erste Bündnis der Könige und den ersten, streng geahndeten Verrat des Albaners Mettus Fufetius; weiter den ersten Kampf des jungen Volkes um die Freiheit gegen Porsenna, die erste Verteidigung des Kapitols gegen fremde Horden, die Gallier; die ältesten heiligen Brüderschaften und Umzüge, — lauter Erinnerungen für den kundigen Leser aus dem volkstümlichen Epos des Ennius. Hier macht die Betrachtung des alten Rom Halt, um — weil davon — einen Blick in den Tartarus zu werfen, wo auf der einen Seite Catilina als letzter Führer der Umsturzpartei büßt, während der letzte Republikaner, Cato, unter den Seligen seines Ehrenamtes waltet. Aber in großartigem, gestaltenreichem Bilde wird endlich der letzte Entscheidungskampf um die Weltherrschaft beschrieben, welchen Rom und der Orient jüngst bei Actium ausgefochten haben, und der Triumphzug des siegreichen Imperators, mit welchem die neue Aera des römischen Reiches beginnt.

Schwerlich vermochte der Umkreis auch eines gewaltigen Schildes die Fülle des Stoffs und die Menge der Figuren, welche des Dichters

Einbildungskraft sinnig geordnet hat, übersichtlich zu fassen; wichtiger für den Dichter war, vor dem inneren Auge ein Bild der römischen Entwickelung in den großen Wendepunkten zu entrollen.

Auch symbolisch an- oder vorausdeutend läßt er die Eigenart gewisser Elemente und Gruppen des künftigen Staatskörpers oder gewisse Einrichtungen der Folgezeit durch die Erzählung hindurchschimmern. So in der Beschreibung der Spiele (V 104 ff.), die zugleich eine ausgiebige Anschauung von der Benutzung und Umgestaltung des homerischen Vorbildes liefert. In der Feier, deren jährliche Wiederholung Aeneas als heilige Pflicht bezeichnet, haben alte Erklärer eine Beziehung auf die göttlichen Ehren gefunden, welche Octavian dem großen Cäsar nach dessen Tode zu Teil werden ließ. Für die Spiele selbst, ihre Einrichtung und ihren Verlauf haben bekanntlich diejenigen das Muster abgegeben, welche Achill in der Ilias dem Patroklos zu Ehren anstellt. Unmittelbar von da entlehnt ist das Bogenschießen nach der am Schiffsmast angebundenen Taube, wo einer nur die Schnur löst, der andere die auffliegende in der Luft trifft. Beim Wettlauf gleitet hier wie dort einer der Läufer auf dem vom Opferblut schlüpferigen Boden aus und taucht zur Erheiterung der Zuschauer in den Mist der geschlachteten Rinder. Auch im Faustkampf erinnert der siegesgewisse Dares an den selbstbewußten Kämpen, der zuerst hervortritt und Schrecken erregt. Dem Wagenrennen bei Homer entspricht bei Vergil das weniger abgenutzte, vielleicht durch Agrippa's Seesiege nahegelegte Schauspiel der Regatta: beide Wettkämpfe stehen an der Spitze und werden am ausführlichsten beschrieben, ja der Eifer der Ruderer wird geradezu mit dem von Wagenlenkern verglichen. Wie dem Diomedes die Zügel entfallen, so stürzt Gyas im Verdruß seinen Steuermann über Bord; wie dem Eumelos das Geschirr zerbricht, so daß er aus dem Wagen geschleudert und geschleift wird, so zerschellen dem Sergestus die Ruder an der Klippe; wie jener ganz zuletzt, kläglich zu sehen, ankommt, den Wagen ziehend und die Pferde vor sich hertreibend, so bringt dieser sein arg geschädigtes Fahrzeug elend zur Stelle, nachdem alle anderen bereits ihren Preis erhalten haben; beide aber werden von dem großmütigen Festgeber schadlos gehalten. Dem decken Jugendstreich des Antilochos aber, welcher durch List seinen Nebenbuhler Menelaos auf die Seite bringt, hat der römische Dichter beim Wettlauf in Euryalus ein Gegenstück gegeben, welcher den Salius zu

Falle bringt. Beidemal erhebt sich Streit über die Verteilung der Preise, wird aber gütlich geschlichtet. So beutet der Nachdichter die im Stoff liegenden Motive aus, wie sie der alte Sänger nach dem Leben gestaltet hat: Bemühungen und Ausschreitungen, Hoffnungen und Enttäuschungen, Erfolge und Mißgeschicke glühenden Wetteifers, Zorn und gutmütige Verständigung, Prahlerei und Demütigung, leidenschaftliche Spannung, parteiische Teilnahme der Zuschauer, und auch das Salzkorn des Humors fehlt nicht. Köstlich ist der plumpe Steuermann Menoetes, der sich mühsam aus der Tiefe, wo er ein unfreiwilliges Bad genommen, wieder herausarbeitet, wie er unter dem Gelächter der Genossen in triefenden Gewändern den Felsen erklimmt und sich dort niederläßt, die geschluckte Salzflut von sich gebend.

Indessen sucht der jüngere Dichter den älteren durch dramatische Lebendigkeit und eigentümliche Erfindung noch zu überbieten: denn auch er schöpft seine Schilderungen aus eigener Anschauung. Zwar ist er im Nachteil, wenn er an Stelle der zutraulichen, anfeuernden Ansprachen der Wagenlenker an ihre Rosse eine Art Volksrede des Mnestheus an die Ruderer oder gar ein Stoßgebet des Cloanthus an die Meeresgötter setzt. Aber er gibt seiner Schilderung besonderen Reiz, indem er die Rollen der Wettruderer an Ahnherren hervorragender römischer Geschlechter verteilt: ausdrücklich bezeichnet er selbst Mnestheus als den Stammvater der Memmier, Sergestus als den Vorfahren der Sergier, von Cloanthus leitet er die Cluentier her, und vielleicht ist dem alten Erklärer zu glauben, daß auch dem vierten, Gyas, ein römisches Geschlecht entspricht, nämlich das Geganische. Denn nicht willkürlich spielende Erfindung können diese Genealogien sein, vielmehr wird sich der gewissenhafte Dichter auf jene gelehrten, wenn auch bodenlosen Forschungen über „Trojanische Familien" gestützt haben, deren oben gedacht ist. Auch läßt sich voraussetzen, daß Auswahl und Gruppierung jener bedeutenden Namen einer gewissen Symbolik nicht ermangelten. Und in der That hat eingehendere sinnige Betrachtung zu der Vermutung geführt, daß der Dichter in Mnestheus den Vertreter eines schneidigen Plebejergeschlechtes, in Cloanthus den Typus kerniger süditalischer Kraft darstellen wollte, während Sergestus an den wüsten Catilina, Gyas an das Junkertum uralter Patriziergeschlechter erinnern sollte, welche durch eigene Schuld im Rückgange begriffen sind. Dem an letzter Stelle von ihm genannten Cloanthus ist der Sieg beschieden, nächst ihm dem ersten, Mnestheus, mit seinem raschen „Hai". Allen eilt im Anfang Gyas mit seiner Chimära, einem gewaltigen Dreiruderer, voraus, aber sein schwerfälliger Steuermann, der auf die Weisungen des Herrn nicht hört, läßt sich von dem geschickteren Cloanthus überholen und muß seine Harthörigkeit durch Tauchen büßen, wodurch denn auch das Schiff noch weiter zurückgedrängt wird. Aber noch schlimmer geht es dem leidenschaftlichen, unvorsichtigen Sergestus: sein stolzer Centaurus bleibt an einem vorspringenden spitzen Riff hängen; mühsam wird er wieder flott gemacht; erst ganz zuletzt, nachdem die anderen längst ihren Preis erhalten haben, läuft er zwar mit vollen Segeln ein, aber mit zerbrochenen Rudern, schwach und langsam, wie eine getretene Schlange, die noch glühenden Auges den zischenden Hals erhebt, aber den verwundeten Leib in mühsamen Windungen nachschleppt.

Dem Bogenschießen gibt ein Wunderzeichen erhöhte Bedeutung. Nachdem die Taube erlegt ist, bleibt nun dem vierten der Schützen, Acestes, nichts mehr zu thun übrig. So sendet er seinen Pfeil in die leere Luft; aber der Schaft erglüht in den flüssigen Wolken, zeichnet eine Flammenbahn und verschwindet dann wie ein Meteor. Alle stehen betroffen und beten, Aeneas aber umarmt den würdigen Gastfreund, und den Willen des Olympiers, ihn außer der Reihe zu ehren, erkennend, beschenkt er ihn mit ausgesuchter Gabe, einem Familienkleinod, und ruft ihn an erster Stelle als Sieger aus. Aber daß man später in dem Zeichen noch eine wettertragende Vorbedeutung erkannt habe, wird ausdrücklich betont, und so darf man ohne übergroße Spitzfindigkeit einen Hinweis auf Siciliens Zukunft, auf seinen bereinstigen Anteil an Roms Größe erkennen.

Besonders ausgiebig ist demnächst der Faustkampf erzählt: war doch diese Gattung gymnastischer Spiele von jeher vor anderen in Italien beliebt. Hier kam zu der homerischen Vorlage noch das Beispiel des Apollonius von Rhodus, welcher im zweiten Buch seines Gedichtes zu Anfang Polydeukes gegen den Bebrykerfürsten Amykos, den berühmten Raufer, einen gewaltigen Gang bestehen läßt. An jene alten sicilischen Traditionen knüpft die Erinnerung an den Zweikampf zwischen dem Riesen Eryx und Hercules an, welchen etwa Pisander in seiner Heraklea erzählt haben mag, dazu das Auftreten des schon bejahrten Entellus, den Vergil zum Siculer macht: er muß den heimischen Ruhm wahren gegen Dares, dem keiner der übrigen Troer gewachsen ist. Zwar kommt er wie der homerische Euryalos und wie Amykos zu Falle, aber wieder aufgerichtet nimmt er eine so wuchtige Vergeltung, daß er schließlich als Sieger anerkannt wird, während der prahlerische Dares übel zugerichtet abzieht.

Das ganze Fest wird endlich gekrönt durch ein nationalrömisches Schauspiel, welches Julius Cäsar bei seinem großen Triumph und nach ihm mit besonderer Vorliebe wegen angeblicher Beziehung auf die Wiege des Herrschergeschlechtes Augustus veranstaltet hat, die sogenannte Troia, eine Reiterquadrille in drei Gruppen, von Knaben in eigentümlicher Ausstattung aufgeführt, an ihrer Spitze drei der vornehmsten, ein Enkel des Priamus, der Ahnherr der gens Atia, aus welcher die Mutter des Augustus stammte, und Julus. Ausdrücklich ist hinzugefügt, daß Ascanius dieses heimische Spiel nach Alba Longa verpflanzt habe, von wo es dann nach Rom übergegangen sei, als dauernde Uebung, welche die Jugend an ihre troischen Vorfahren erinnern sollte.

Der Reichtum des gehaltvollen Werkes ist aber mit alledem noch nicht erschöpft. Die ewig frischen Wunder der Natur begleiten, ohne sich vorzudrängen, den Gang der Erzählung; natürliche Vorgänge erscheinen in Gold der Poesie getaucht. Die schwarze Nacht umfängt mit ihren dunkeln Flügeln die Erde (VIII 369); von den Horen begleitet lenkt sie ihr Zwiegespann am Himmel (III 512, V 721). Der leichte Schlaf gleitet von den Gestirnen durch die finstere Luft zum Steuermann Palinurus hernieder, schüttelt den von lethäischem Naß befeuchteten Zweig über seinen Schläfen und löst dem zögernden die schwimmenden Augen (V 838). Die frühe Morgenzeit, zu der Vulcan an sein Werk für Aeneas geht, wird idyllisch beschrieben als die Stunde, wo die arme Hausfrau, welche am Spinnrocken ihren Unterhalt für Gatten und Kinder verdient, das Feuer auf dem Herde wieder anfacht und die Mägde bei Licht zur Arbeit anhält (VIII 406). Für die stimmungsvolle Beschreibung nächtlicher Stille (IV 522) sind Alkman und Apollonius vorangegangen; Aurora verläßt wie bei Homer das Lager des Tithonus (IV 585). Man erlebt Gewitter, Sturm und Sonnenschein, genießt Wald und Flur, wandelt über Gebirge und Ebene, befährt Meer und Ströme, sieht Hafen und Buchten, Haine und Grotten. Der greise Tiberinus, zwischen Pappellaub sich erhebend, von dünnem blaugrünem Gewande bedeckt, das Haupt mit Schilf bekränzt (VIII 31), mag so auf Gemälben zu schauen gewesen sein. Zu einer Zeit, wo die Tiberufer mit lachenden Villen bedeckt waren, mußte die Schilderung des schattigen Hains, wo vielstimmiger Vögelgesang die Luft erfüllte (VII 30), mit romantischem Hauch berühren. So auch das Orakel der Albunea (VII 81), die Grotte der Sibylle (VI 42), der Eingang zur Unterwelt (VI 236), die dicht beschattete, von wildem Bergstrom durchrauschte Schlucht, in die sich die Furie zurückzieht (VII 568). Noch ist die erhabene Natur beherrscht von den Schauern titanischer Vorzeit. Unter dem feuerspeienden Aetna denkt sich der Dichter den halbverbrannten Encelabus begraben, der von Zeit zu Zeit die müde Seite rührt, daß die ganze Insel erbebt und Rauch zum Himmel steigt (III 570). In den Höhlen des Berges ist die Werkstatt des Vulcan. Man hört die wuchtigen Hammerschläge der Cyclopen, sieht sie am zackigen Blitz, am Streitwagen des Mars, an Minerva's Aegis arbeiten. Erz und Gold fließt in Bächen, Eisen wird geschmolzen, die Blasebälge schnaufen, das Metall zischt und die Höhle erdröhnt vom Ambos:

> sie mit gewaltiger Kraft vereint erheben die Arme
> sicher im Takt und wenden mit packender Zange die Masse (VIII 416).

Eine so tief innerliche, ethisch-religiöse Natur wie Vergil wird das Schicksal der Seele nach dem Tode zu ernstem Nachdenken angeregt haben. Darum hat er der Beschreibung dessen, was Aeneas in der Unterwelt gesehen und gehört hat, einen breiten Raum gegönnt, und gibt ihm die schicksalskundige Sibylle als Begleiterin auf den Weg. Im Großen und Ganzen zwar hält er sich an das Urbild aller Hadesfahrten, an die Nekyia der Odyssee: wie Odysseus den Teiresias über seine Zukunft befragt, so erwartet und erhält Aeneas Offenbarungen von Anchises. Wie jener sieht er alte Bekannte wieder: der Schatten des unbegrabenen Palinurus erinnert an Elpenor, die Begegnung mit der noch grollenden Dido an Aiax, der noch im Tode dem Laertiaden zürnt. Gestalten des epischen und tragischen Mythus, die typischen Sünder und Büßer werden hier wie dort vorgeführt. Aber die Schilderung des Orcus, seiner Oertlichkeiten und Satzungen ist weit sorgfältiger ausgeführt, trägt hier einen doctrinär theologischen Charakter der Art, daß sie kaum allein aus seiner Einbildungskraft abgeleitet werden darf. Wir erinnern an das schon erwähnte Gedicht der orphischen Schule, „Niederfahrt in den Hades", welches anknüpfend an den Mythus des Orpheus das Schicksal der Seelen nach dem Tode und die gesamte Unterwelt eingehend darstellte. Daneben floß noch manche andere Quelle, namentlich hat auch Varro in seinem Werk „von den göttlichen Dingen" die der Unterwelt in abstrufer Gründlichkeit auseinandergesetzt. In dem Vortrage des Anchises über Seele und Körper, über den Zustand der Abgeschiedenen, die Reinigung der Seelen bis zur Wiederkehr ins Leben hat man Elemente der stoischen Philosophie erkannt, wie sie Zenon in seinem „Staat", einem Gegenstück des platonischen, vorgetragen hatte.

Unter den Büßern (VI 580) führt die Sibylle dem Aeneas nächst den bekannten Gestalten der Götterverächter (Titanen, Aloiden, Salmoneus), welche der Blitz des Juppiter hinabgeschleudert hat, die Frevler aus wilder unersättlicher Begier (Tityus, Tantalus?), und in Gruppen zusammengefaßt ohne Namen Einzelner alle die auf, welche sich gegen die heiligen Gesetze der Pietät in einer oder der anderen Art vergangen haben. Man sieht, wie es dem Dichter darauf ankam, gerade diejenigen Gebote warnend der Nation vorzuhalten, auf deren Einhaltung Wohl und Bestand des vom Schicksal verheißenen Staates beruhte, und der fromme Aeneas, als der Inbegriff gerade dieser staaterhaltenden Tugenden, war ausersehen, Zeuge der Bußen zu sein, welche die Uebertreter im Totenreich erwarteten.

Und dieser kostbare Inhalt war in das edelste Gefäß gegossen; wie Gold erklingen die Saiten des Sängers. Die Hexameter der Aeneis bringen die männliche Kraft, den heldenhaften Schritt und den erhabenen Wohllaut der römischen Sprache zur vollkommensten Geltung. Ein gemäßigtes Pathos, vornehme Pracht, ausdrucksvolle Mannigfaltigkeit und natürliche Anmut ist gedämpft durch einen Hauch altertümlicher Strenge, bisweilen auch gewürzt durch erlesenere Mittel griechischer Kunst. Ein breiter voller Strom des Rhythmus, bald brausend, bald sanft, nie eintönig, stets in harmonischen Grenzen gehalten. Eine maßvolle Tonmalerei wird an geeigneten Stellen erreicht durch fein berechnete Wahl und Zusammenstellung von Daktylen und Spondeen wie durch das nationale Spiel anklingender

Wortanfänge. Kunstvoll gegliederte Wortstellung in mannigfach wechselnden symmetrischen Gruppen gibt auch den Satzperioden jenes rhythmische Gefüge, welches sich dem Fluß der Verse eindrucksvoll anschmiegt. So ist die von Vergil nach Lucrez weiter gebildete Kunst des Hexameters für eine große Reihe späterer Dichter namentlich des heroischen Epos das klassische Vorbild geworden.

Vergil stand im 52sten Lebensjahr, als er die verhängnisvolle Reise nach Griechenland und Asien antrat (735), um auf klassischem Boden noch drei volle Jahre ungestört der Vollendung seines Werkes zu widmen: der Rest seines Lebens sollte dann ganz dem Ideal seiner Jugend, dem Studium der Philosophie gehören. Schon in Athen begegnete er dem Augustus, der aus dem Orient zurückkehrte. Er ließ sich bereden, seinen Plan aufzugeben und sich dem fürstlichen Freunde anzuschließen. Aber schon in Megara zog er sich bei Besichtigung des Ortes einen Sonnenstich zu: obwohl fieberkrank, unterbrach er die Reise nicht. Auf der Seefahrt verschlimmerte sich sein Zustand bedeutend: er landete in Brundusium und starb daselbst nach wenig Tagen, am 20. September 735/19. Seine Asche ward nach Neapel gebracht und auf der Straße von Puteoli, zwei Miglien vor der Stadt, beigesetzt. Das einfache, in seiner Kürze unübersetzbare Distichon, welches sein Grabmal schmückte, soll er selbst noch auf dem Sterbelager diktiert haben. Bei seiner Abreise aus Italien hatte er, so wird berichtet, dem Freunde Varius aufgetragen, die Aeneis zu verbrennen, wenn ihm vor Vollendung derselben etwas zustoßen sollte, aber Varius hatte dieses Ansinnen entschieden abgelehnt. Auf dem letzten Krankenbette verlangte der Dichter wiederholt nach der Handschrift, um sie selbst zu vernichten, aber vergeblich: so begnügte er sich in seinem Testamente dem Varius und Tucca seinen schriftlichen Nachlaß zu vermachen mit der Bedingung, daß sie nichts herausgeben dürften, was er nicht selbst bereits herausgegeben hätte. Er gestattete also die wiederholte Veröffentlichung der bukolischen Gedichte, des Gedichtes vom Landbau in letzter Bearbeitung, vielleicht auch allenfalls noch derjenigen Bücher der Aeneis, die er selbst vorgelesen hatte. Gegen solche Beschränkung schritt Augustus ein, indem er die Herausgabe der ganzen Aeneis befahl. Er übertrug sie dem Varius, verbot aber ausdrücklich, etwas hinzu=

zufügen. Der kunsterfahrene Mann, unterstützt von dem gemeinsamen Freunde Plotius Tucca, hat sich der delikaten Aufgabe mit solcher Treue unterzogen, daß er auch Versflicken unausgefüllt stehen ließ und sich begnügte, den Wortlaut der Erzählung lesbar zu machen, ohne in deren Gefüge irgend tiefer einzugreifen. Im zweiten Buch, wo Aeneas mit Helena zusammentrifft, wies seine Ausgabe sogar eine größere Lücke auf, welche erst später durch fremde Hand ergänzt ist. Dieser Flicken (567—588) fehlt daher in allen zuverlässigen Handschriften. Der Dichter war eben mit dieser Partie noch nicht fertig geworden. Wirklich fehlt es an kleinen Vergeßlichkeiten und Unebenheiten in dem so überlieferten Werke nicht. Mag man auch Einiges der Läßlichkeit einer weit ausgesponnenen und viel verschlungenen Darstellung zugute halten, so ist doch Anderes gewiß nur stehen geblieben, weil eben die letzte Hand fehlte. Manches wird vorausgesetzt oder gelegentlich nachgeholt, was an der geeigneten Stelle verschwiegen ist, manche Widersprüche begegnen (wenn auch nicht soviele wie bei Homer). So erfahren wir nur beiläufig, daß arkadische Reiter mit Etruskern zum Ersatz der Troer gekommen seien (X 238). Als Aeneas die neuen Waffen in der Luft schimmern sieht (VII 534), erkennt er darin ein Zeichen für den Beginn des Kampfes, welches ihm Venus verheißen habe, aber wir erfahren es erst jetzt. Schlimmer ist, daß den Aeneas sein Gedächtnis in der Hauptsache einmal verlassen hat. Creusa hat ihm (II 782) verheißen, er werde nach Hesperien kommen, wo der Thybris fließe, aber bald darauf, zu Beginn seiner Fahrten (III 7), weiß er nicht, wohin ihn das Schicksal führe, und fragt Apollo auf Delos, wohin er gehen, wo er seinen Sitz aufschlagen solle. Der Dido aber erzählt er (IV 345), der gryneische Apollo, von dem in den früheren Büchern nicht die Rede ist, habe ihn nach Italien gewiesen. Im fünften Buch (626) heißt es, man stehe im siebenten Sommer seit Troja's Zerstörung, während sich aus genauer Berechnung erst der vierte ergibt. Als Palinurus einschläft und über Bord fällt, ist Meeresstille (V 820. 844. 851. 862), sein Schatten dagegen versichert (VI 354) dem Aeneas, die hoch ansteigenden Wogen hätten ihn bei seinem Sturz besorgt gemacht nicht um sein Leben, sondern um das Schiff, welches des Steuermanns beraubt gewesen sei. Im neunten Buch (V. 176 ff.) werden Nisus und Euryalus eingeführt, als wären sie dem Leser ganz unbekannt, und doch haben sie sich bereits im fünften (294 ff.) am Wettlauf beteiligt. Der Rutuler Numa, nachdem er bereits getötet ist (IX 454), wird nochmals von Aeneas verfolgt (X 561). Zweimal (IX 774 XI 538) wird ein Cretheus von Turnus getötet: es braucht freilich nicht jedesmal derselbe zu sein. Als Camilla in den Kampf eintritt, der ihr frühes Ende herbeiführen soll, wird ihre romantische Kindheitsgeschichte nachgeholt, aber in eigentümlich störender Weise. Diana, voll Kummer über den bevorstehenden Verlust der lieben Gefährtin, ruft eine Nymphe, um ihr einen Pfeil einzuhändigen, mit welchem dieselbe das Blut der Jungfrau rächen soll. In die Mitte ihrer kurzen Rede, ja in die Mitte eines Verses (XI 537), hat der Dichter seine eigene, fast 50 Verse umfassende Erzählung wie eine Anmerkung eingeschoben, welche die Liebe der Göttin zu dem Mädchen erklären soll. Die Episode, jedenfalls einer älteren heimatlichen Quelle, vielleicht den Origines des Cato entnommen, scheint nachträglich vom Dichter eingefügt zu sein, denn nimmt man sie heraus, so fügen sich zwei Vershälften der unterbrochenen Rede, welche jene Erzählung umschließen, glatt, ohne alle Unterbrechung des Zusammenhanges aneinander. An der Ausfüllung unvollständiger Verse haben sich zu verschiedenen Zeiten viele versucht, aber ohne Glück: schon der Philosoph Seneca scheint ein in solcher Weise interpoliertes Exemplar benutzt zu haben, und auch von unseren ältesten Handschriften (aus dem vierten oder fünften Jahrh. n. Chr.) ist keine ganz frei von unechten Zusätzen.

Trotz aller Spuren der Unvollendung ist die Aeneis Vergils unter allen Gedichten der Römer das populärste geworden, das Muster aller späteren Epiker, das unentbehrliche und nie (auch in den Klosterschulen des Mittelalters nicht) vergessene, unermüdlich abgeschriebene, erklärte, von Grammatikern und Rhetoren ausgemünzte Schulbuch, ein Schatz geistiger Erhebung und Offenbarung, ja ein Abgrund für abergläubische und wirrsinnige Grübelei, eine Leuchte der großen Dichter, welche in Italien den Genius nationaler Poesie wieder erstehen ließen.

Schon bald nach dem Tode Vergils hat ein Hausfreund des Cornelius Gallus, des Atticus' Freigelassener, Q. Cäcilius Epirota, in kleinem Kreise junger Männer Vorlesungen über Vergil wie über andere neuere Dichter gehalten. Gelehrte ersten Ranges, zum Teil noch Zeitgenossen desselben, haben in ununterbrochener Reihe bis in die Zeiten anbrechender Barbarei hinab gewetteifert, zur Würdigung Erklärung Textreinigung des reichen Nachlasses ihren Beitrag zu liefern. So hat der öfter genannte Bibliothekar der Palatina, C. Julius Hyginus, dessen Wissen sich Vergil gern zu Nutzen gemacht hatte, in freier Auswahl zu interessanten Stellen, besonders auch zu unvollendeten Partien feine und gelehrte Bemerkungen niedergelegt. Vor allen aber hat der berühmte Philolog M. Valerius Probus aus Berytus unter Domitian seine reichen Kenntnisse, seinen Scharfsinn und seine Sorgfalt der Herausgabe der Vergilischen Werke gewidmet.

Auch die Widersacher sind unfreiwillige Zeugen von der Bedeutung des Mannes geworden. Anhänger der alten Schule und unfähige Nebenbuhler haben in Groll und Neid wie früher die ländlichen Gedichte, so auch die Aeneis zum Tummelplatz spitzfindiger und alberner Kritik gemacht. Ein gewisser Carvilius Pictor übernahm die Rolle eines Zoilus für den römischen Homer und schrieb eine „Aeneasgeißel" (Aeneomastix), um den Verfasser für sachliche logische sprachliche metrische Schnitzer, für Unbegreiflichkeiten aller Art zu züchtigen. Von denen, welche sich zur Aufgabe machten, ihm die fremden Federn, mit denen er sich geschmückt habe, auszurupfen, ist schon die Rede gewesen.

Ließ man doch auch Charakter und Lebenswandel des hochverehrten Mannes nicht ungeschoren: man suchte sein Andenken durch schmutzige Anekdoten zu beflecken. Solchen Bübereien traten gleich nach dem Tode des Dichters seine Freunde entgegen, vor allen Varius in einer Schrift über „Geistesanlage und Sitten Vergils"; aus solchen Quellen und auch aus mündlichen Aussagen von Zeitgenossen hat der Historiker Asconius Pedianus (geb. etwa 2 n. Chr., gestorben 87) geschöpft für sein Buch „gegen die Verkleinerer Vergils", welches die zuverlässigsten Angaben über Person Arbeitsweise Entwickelung des Dichters enthielt und auch im Einzelnen die Ausstellungen der Gegner einer ruhigen, unparteiischen und verständigen Erörterung unterzog.

Was wir von der Persönlichkeit des liebenswürdigen Mantuaners wissen, verdanken wir wesentlich den Aufzeichnungen seiner Freunde. Er war nicht schön, von großer Statur und dunkler Hautfarbe; in seinen Zügen lag etwas Bäurisches, sein Benehmen war linkisch, seine ganze Erscheinung wenig gepflegt. Langsam wie im Schreiben war er auch im Sprechen, kein gewandter Improvisator, aber er besaß eine wohlklingende Stimme und las mit seelenvollem Ausdruck, mit unnachahmlichem Reiz auch das Unbedeutende adelnd. Indessen hat er vor einer größeren Versammlung nur selten und in der Regel nur solche Partien vorgelesen, über deren Wirkung er noch unsicher war, um sein eigenes Urteil zu klären und zu befestigen. Von seltener Reinheit der Sitten und der Gesinnung, so daß er in Neapel, der „Jungfernstadt", der Jungfräuliche (Parthenius) genannt wurde, obwohl er in seiner Jugend gegen schöne Mädchen und Knaben gar nicht unempfänglich gewesen war (catal. II VII IX), ist er als warmer, zuverlässiger, einsichtiger Freund von Horaz wie in dem gemeinschaftlichen Kreise geliebt und verehrt worden, wenn er auch kein glänzender Gesellschafter war. Von der Gunst des Augustus legten dessen Briefe Zeugnis ab, welche man noch in der Zeit Trajans las. Im Ganzen lebte er zurückgezogen unter dem milden Himmel Campaniens und Siciliens, denn seiner Gesundheit, welche ihm auch die höchste Mäßigung in Speise und Trank auferlegte, war Ruhe und Gleichmäßigkeit des Lebens Bedürfnis. Aber wenn er sich einmal, was höchst selten geschah, in Rom auf der Straße sehen ließ, so entstand ein Zusammenlauf: man folgte seinen Spuren und zeigte auf ihn, so daß der bescheidene, weltfremde Mann sich bald in das nächste Haus flüchtete. Vergil war ein treuer Sohn und hatte ein warmes Herz für seine Familie. Erst in höheren Jahren hat er seine Eltern verloren (der Vater war erblindet); auch zwei leibliche Brüder, der eine als Kind, der andere schon erwachsen, sind ihm vorangegangen. Verheiratet hat er sich so wenig wie die meisten bedeutenden Dichter seines Volkes und seiner Zeit. Doch erfreute er sich Dank der Freigebigkeit eines Mäcenas und Augustus eines mäßigen Wohlstandes: er besaß beinahe 1 Million Sesterzien (etwa 220,000 Mark), ein Haus auf den Esquilien in Rom neben den Gärten des Mäcenas, und wenigstens ein Gut in der Nähe von Nola in Campanien. Unedle Mittel sich zu bereichern verschmähte er: so hat er die Güter eines Verbannten, die ihm Augustus anbot, ausgeschlagen. Zum Haupterben, d. h. für die Hälfte, hat er seinen Stiefbruder Valerius Proculus (aus zweiter Ehe der Mutter) eingesetzt, ein Viertel des Nachlasses seinem Gönner Augustus, von dem letzten Viertel ein Drittel dem Mäcenas, die beiden anderen Drittel den Herausgebern seiner Werke, Varius und Tucca, vermacht.

Der Ruf seiner Gelehrsamkeit und Kunst stieg in der Phantasie des Volkes, je dichter die Schatten wurden, welche die zunehmende Unwissenheit späterer Jahrhunderte über das Andenken des unübertroffenen Sängers verbreitete. Er wurde der Inbegriff seherhafter Weisheit und Kunst, der wunderbaren, ewig jungen Geistesmacht des klassischen Altertums. Da er ja auch Medizin und Philosophie studiert hatte, so verehrte ihn das Mittelalter als Zauberer und wunderthätigen Magier, und wie ein göttlich erleuchteter Wegführer schreitet er den Nationen voran über die Brücke von der alten hinüber in die neue Zeit.

Mit der Aeneis waren alle übrigen epischen Gedichte der Vorgänger und Zeitgenossen in tiefen Schatten gestellt. Auch des Dichters älterer Meister und Freund L. Varius Rufus war entthront, dem jener sich selbst in der neunten Ekloge (35) als Anfänger bescheiden untergeordnet hatte, von dem Horaz (Sat. I 10, 43) noch im Jahre 719, als die Georgica in den Anfängen steckten, unbedenklich rühmen durfte, daß keiner wie er verstehe den Faden des Heldengedichtes zu spinnen. Bisher war in der That Varius der bevorzugte Sänger in der Umgebung des Kaisers gewesen. Vor dem Sommer 715 hatte er in einer hexametrischen Dichtung de morte den Tod des Julius Cäsar besungen. Nach den geringen Resten zu urtheilen, war er bis in die Jugendzeit des Dictators zurückgegangen; manchen glücklich gefaßten Vers hat Vergil theils unverändert, theils in leiser Umbiegung gelegentlich, wie zur Erinnerung, verwendet. Als im Jahre 727 der Fürst den Ehrennamen Augustus vom Senat angenommen hatte, war es Varius, welcher die Majestät in einem hexametrischen Lobgedicht, dem panegyricus Augusti, feierte: die Gefühle gegenseitiger Liebe zwischen Volk und Herrscher scheinen hier einen herzlichen Ausdruck gefunden zu haben. Es war ein feines Lob, wenn er zu ihm sagte: „ob das Volk inniger dein Wohl wünscht, oder du des Volkes Wohl, das möge Juppiter, welcher für dich wie für die Stadt sorgt, unentschieden lassen." Auf die Kunst des Varius als des berufenen, von homerischem Geist beseelten, verweist Horaz den Agrippa, wenn dieser einen Sänger für seine Siegesthaten zu Wasser und zu Lande suche. Unübertroffen allein blieb seine Tragödie Thyestes (Thuesta), aufgeführt zur Feier des actischen Triumphes im Jahre 725 an den Spielen, welche zu Ehren des Apollo und der Diana vom 6. bis 8. Sextilis gefeiert wurden. Sie gefiel so, daß sie mit einem außerordentlichen Preise von 1 Mill. Sesterzien belohnt wurde und noch zur Zeit Domitians eine der beliebtesten Dichtungen war. Quintilian erklärte, daß sie jeder griechischen Tragödie an die Seite gesetzt werden könne. Von all diesen glänzenden Dichtungen ist nichts erhalten, als armselige Bruchstücke.

Zweites Capitel.

Horatius.

Neben dem Sänger der Aeneis, einer groß angelegten, volks=
thümlichen Natur aus einem Guß, steht in der vordersten Reihe der=
selben Generation als geistiger Führer eines enger geschlossenen
Kreises Q. Horatius Flaccus. Als Sohn Süditaliens hatte er
das leichte raschere Blut, welches dem Bauern aus der lombardischen
Marsch abging. Geboren am 8. December 689/65 in der Militär=
colonie Venusia, nahe der Grenze von Apulien und Lucanien, ge=
noß er, obwohl nur Sohn eines Freigelassenen, eine Erziehung, wie
sie den Sprößlingen vornehmer Familien nicht besser werden konnte.
Der strebsame verständige Vater, der von dem Ertrage eines kleinen
Gutes lebte, mochte den Knaben nicht der Zucht des Ortsschul=
meisters Flavius anvertrauen, wo die Söhne sullanischer Veteranen
mit dem prahlerischen Hochmuth und der groben Lebensanschauung,
die sie zu Hause lernten, keinen günstigen Einfluß auf den beschei=
denen Mitschüler ausüben konnten. Er zog mit dem geweckten
Jungen, vielleicht seinem einzigen Kinde, nach Rom. Den ver=
mehrten Aufwand bestritt er, indem er das ziemlich einträgliche Ge=
schäft eines Auctionsboten betrieb, welches ihm noch genug Zeit ließ,
sich der Aufsicht über den in der Großstadt heranwachsenden Sohn
gewissenhaft zu unterziehen. Er gab ihn in die Schule des Bene=
ventaners Orbilius Pupillus, jenes durch Mißgeschick verbitterten,
galligen Grammatikers, der seinen Nachruhm mehr der Vorliebe für
Stock und Peitsche als seiner Gelehrsamkeit und pädagogischen Ge=
schicklichkeit verdankt (vgl. I 239. 344). Indessen stand er damals
in Ansehen und sah die Söhne erster Familien unter seinen Schülern.

Wer den schmucken Knaben wohlgekleidet, von Sclaven gefolgt, zur
Schule wandeln sah, konnte ihn für einen Senatorsohn halten. Da
machte er seine ersten Bekanntschaften mit der hoffnungsvollen Jugend
Roms und den keimenden Talenten. Noch diente zur Einführung
in die Poesie als Schulbuch die hölzerne Odyssee des Livius An-
bronicus; auch die Ilias wurde gelesen, vielleicht in der Uebersetzung des Matius oder des Ninnius Crassus. Noch andere Lehrer
für die höheren Stufen seiner Ausbildung hatte Horaz, und mit
rührender Sorgfalt versah der Vater selbst als getreuer Begleiter
das Amt des Pädagogen. Der einfache Mann, der doch viel Gelegenheit hatte, Blicke in das Leben zu thun, war ein guter Beobachter und Kenner der Menschen. Das Geheimniß der gesunden
moralischen Erziehung, welche er dem Sohn angedeihen ließ, bestand
darin, denselben an wandelnden Beispielen selbst erkennen zu lassen,
was gut, was böse sei, ihm die Augen frühzeitig darüber zu öffnen,
was jeder seiner eigenen Ehre schuldig sei, ihm die gute Sitte der
Väter praktisch beizubringen und seinen unbefangenen Blick für die
Thorheiten der Welt zu schärfen. So kam die Zeit, wo der Jüngling genügend vorbereitet schien, um „ohne Kork zu schwimmen"
und an seine wissenschaftliche Ausbildung die letzte Hand anzulegen.
Er durfte wie andere seiner Altersgenossen die Hochschule Athen besuchen. Hier trieb er philosophische Studien, besonders in der Schule
der Akademie, und machte sich mit griechischer Poesie so vertraut,
daß er selbst anfing Verse in der fremden Sprache zu dichten, ein
Versuch, von dem ihn seine gesunde Selbsterkenntniß bald abbrachte.
Aber einen jähen Abschluß erlitt diese schöne Zeit durch Julius
Cäsars Ermordung und den in Folge derselben ausbrechenden Bürgerkrieg. In Athen ging anfangs die Begeisterung für die Tyrannen-
mörder in hohen Wogen. Als Brutus im Sextilis (710) dort ankam, um seine Provinz Macedonien zu übernehmen, empfing man
ihn glänzend, beschloß ihm und dem Cassius eherne Bildsäulen neben
denen des Harmodios und Aristogeiton zu errichten. Natürlich jauchzte
auch die studierende Jugend den Vaterlandsbefreiern zu. Horaz trat
in das Heer des Brutus ein und erhielt sofort wie andere junge
Leute vornehmen Standes, welche noch nicht gedient hatten, die
immerhin beneidete Stelle eines Legionsoffiziers (tribunus militum);
so wenig sie an sich bedeutete, so war ihr doch der gänzlich uner-
fahrene Neuling keineswegs gewachsen. Die planlosen Märsche des

republicanischen Heeres können ihn nach Macedonien Thracien Klein=
asien geführt haben. Im Herbst des Jahres 712 machte er die
unglückliche Schlacht bei Philippi mit und rettete sich durch die Flucht.
Die Amnestie gestattete dem tief gebeugten die Heimkehr, aber den
Vater sowohl, der inzwischen gestorben war, als auch das väterliche
Gut hatte er verloren, da Venusia zu den 18 Gemeinden gehörte,
deren Grundbesitz von den Triumvirn zur Versorgung der Veteranen
angewiesen war. Also mittel= und aussichtslos, ohne häusliche Zu=
flucht sah sich der dreiundzwanzigjährige Jüngling allein auf seine
persönlichen Gaben angewiesen. Vielleicht reichte die vom Vater
hinterlassene Baarschaft, unterstützt durch persönliche Verbindungen,
deren der biedere Mann sich gewiß erfreut hatte, gerade noch aus,
um den Einkauf in die geachtete Corporation der Staatsschreiber
zu ermöglichen. Das war eine Versorgung, so gut wie lebensläng=
lich, auskömmlich und unter Umständen nicht ohne Einfluß auf die
laufenden Geschäfte. Horaz gehörte zu derjenigen Abtheilung, welche
Rechnungsbücher und sonstige Acten der Quästoren unter ihrer Auf=
sicht hatten. Dieses Amt, welches einer Sinecure ziemlich nahe kam,
ließ dem geistreichen Inhaber noch Zeit genug, sein poetisches Talent,
welches er bereits in Griechenland gepflegt hatte, vollends auszu=
bilden; mit diesem Capital durfte er hoffen, sein zerschlagenes Glück
wieder aufzurichten.

Den ersten Arbeiten, welche in weiteren Kreisen bekannt wurden,
und der Liebenswürdigkeit seines Charakters verdankte er es, daß
er den tonangebenden Dichtern der Zeit, Vergil und Varius, näher
trat, welche ihm die Wege bahnten. Vergil zuerst empfahl ihn an
Mäcenas, Varius bestätigte das Lob des Freundes, und so durfte
er sich zuerst im Winter 716/7 Mäcenas vorstellen. Die Unter=
redung war kurz: Horaz gab schüchtern, aber aufrichtig Bescheid
über Herkunft und Verhältnisse, Mäcenas war gewohnter Weise
einsylbig und entließ ihn bald. Erst im neunten Monat darauf,
nachdem er durch Beobachtung und Erkundigung sein Urtheil be=
festigt hatte, ließ er ihn wieder kommen und nahm ihn unter die
Zahl seiner Hausfreunde auf, — eine große, folgenreiche Gunst,
die freilich auch manche Fessel auflegte, je enger und vertraulicher
das Verhältniß wurde. Außer der Pflicht des täglichen Morgen=
besuchs genoß der Günstling die Ehre, den Gönner auf Spazier=
fahrten und Reisen gelegentlich zu begleiten, mit ihm das Theater

zu besuchen, an seinem Tisch zu sitzen, ihn auch einmal als Gast bei sich zu begrüßen, mit ihm zu plaudern, zu spielen, ihm in der lärmenden Stadt Gesellschaft zu leisten auch in Zeiten, wo er lieber erquickliche Landluft geathmet und sich seinen Lieblingsstudien ergeben hätte. Aber mit eblem Freimuth und feinem Takt wußte er sich seine Selbständigkeit, so weit sie ihm zum Leben unentbehrlich schien, zu wahren. Politischen Einfluß zu erstreben lag ihm fern: wie Mäcenas nicht der Mann war, sich in vertraulichen Eröffnungen über Geschäfte gehen zu lassen, so vermied es Horaz in bescheidener Selbsterkenntniß, sich in Dinge hineinzudrängen, die ihn nichts angingen. Dennoch hat er sehr bald an einer politischen Reise theilgenommen. Im Frühjahr 717 reiste Mäcenas im Auftrag Octavians nach Brundusium, um dort mit Antonius zu unterhandeln. In seiner Begleitung befand sich der Consul des vorigen Jahres, L. Cocceius Nerva: sie hatten schon einmal (714) ebenda eine Versöhnung der beiden Gegner zustande gebracht. In Anxur wurden sie von Horaz und dem griechischen Gelehrten Heliodorus erwartet, welche zwei Tage vorher von Rom aufgebrochen waren. Gleichzeitig mit den Gesandten Cäsars traf von der andern Seite Antonius' vertrauter Freund, C. Fonteius Capito, ein. In Sinuessa stießen Plotius, Varius und Vergil zu der Gesellschaft, aber in Canusium trennte sich Varius wieder von den Freunden. So finden wir Horaz auf einmal in einem heitern Kreise der angesehensten und geistreichsten Männer.

Er war ein trefflicher Kamerad, zu Scherz und Ernst gleichmäßig aufgelegt, besonders in jüngeren Jahren lebenslustig und elegant, in seiner Toga und wohlfrisiertem Haar, witzig ohne Bosheit, von beweglichem, leicht aufbrausendem Temperament, aber versöhnlich, ein warmer und treuer Freund, allem Gemeinen und Unwahren abgeneigt. Natürlich, daß er schnell gesucht und geschätzt und Mäcenas immer unentbehrlicher wurde. Der Freigebigkeit desselben verdankte er seit dem J. 723 oder noch etwas früher die Erfüllung seines Herzenswunsches, den Besitz eines Landgutes in den Sabinerbergen. Es lag drei bis vier Stunden östlich von Tibur, in der Gegend von Varia (Vicovaro). Ein schattiges und geschütztes, von Morgen- und Abendsonne beschienenes Thal, Ustica, durchschnitt den Gebirgszug, zu dem der anmutige Berg Lucretilis gehörte. In dem hoch und frei gelegenen Ort Mandela (jetzt Barbella) bot der frische Quell

Digentia (Licenza) einen köstlichen Labetrunk; weiter hin auf malerischem Felsen lag das verfallene Heiligtum der sabinischen Vacuna (Victoria); noch etwas höher, so stand man vor der Villa des Horaz. Der Grundbesitz war nicht ganz klein: an den Garten schlossen sich Felder und ein Stück Wald; auch ein mäßiger Viehstand fehlte nicht; es gab für acht und mehr Knechte zu thun. Fünf wohlbestellte Bauernhöfe gehörten zu dem Gute. Freilich konnte in so hoher Gebirgslage feineres Obst und prachtvoller Baumwuchs nicht eben gedeihen; der von der Höhe herabstürzende Bach, wenn durch Gewitterregen angeschwollen, richtete manche Verwüstung an. Es gab zu bauen, und auf dem Felde legte der untersetzte wohlbeleibte Gutsherr selber zur Belustigung der Nachbarn mit seinen Knechten Hand an mit Karst und Grabscheit. Am liebsten verweilte er hier im September, um sich von den Strapazen des Stadtlebens zu erholen, am Rande des Bachs der holden Muse zu pflegen und Gäste bei sich zu sehen. Gern lud er Mäcenas und andere Freunde aus der Stadt ein. Oder er saß am Abend vor der Thür des Hauses bei einfacher ländlicher Mahlzeit, gab den Hauskindern zu kosten und scherzte mit ihnen, trank ungezwungen mit den Nachbarn und führte trauliche, aber gehaltvolle Gespräche, die nicht, wie so oft in der Stadt, triviale Tagesneuigkeiten zum Gegenstand hatten. Das schildert eine der anmutigsten seiner Satiren (II 6). Recht vollauf glücklich über den neuen Besitz vergegenwärtigt sich der Verfasser in einer jener beschaulichen Morgenstunden auf dem Lande, wie oft und herzlich er sich nach einem solchen Asyl gesehnt habe. Und zum Schluß läßt er bedeutungsvoll den Nachbar Cervius, der so hübsche Geschichten wisse, die lehrreiche Fabel vom Besuch der Landmaus bei der Stadtmaus erzählen, deren Anwendung sich von selbst ergibt. Uebrigens liebte er auch Tibur, sogar schwärmerisch: diesen stillen Erdenwinkel, wo der Frühling lange währt und der Winter lau ist, hat er sich früh zum Ruhesitz seines Alters auserkoren. Wiederholt suchte er die warmen Bäder von Bajä auf, bis sein Arzt ihm den Gebrauch kalten Wassers verordnete. Seitdem zog er für den Winter die Seeküste bei Velia oder Salernum vor, und wollte er sich einmal pflegen, so mußte er Comfort, feine Küche und erlesene Weine wohl zu schätzen, während er für gewöhnlich auf der Villa wie im Stadthause Einfachheit liebte.

Sein Leben in Rom schildert er, je nach Stimmung, Absicht

und Umständen bald als ein harmlos ungezwungenes, bald als ein gehetztes. Wir erfahren, wie er behaglich frühmorgens stundenlang zu Hause auf dem Ruhebett liegt, nach Gefallen lesend oder schreibend, wie er gemütlich umherschlendert, sich nach dem Preise von Gemüse und Brot erkundigt, wie er auf dem Marsfelde Ball spielt, oder wenn er gerade entzündete Augen hat, wenigstens spielen sieht, dann Mittags baden geht, zu Hause seinen mäßigen Imbiß nimmt und sich seiner Muße erfreut, gegen Abend über Circus und Forum spaziert, den Vorstellungen der Bettelpropheten und Pfaffen lächelnd zusieht, seine einfache Cena zu Hause verspeist, endlich zu Bette geht und eines ungestörten Schlafes genießt. Ein anderesmal klagt er, daß er in Rom nicht ausschlafen könne, daß er in früher Morgenstunde zum Prätor müsse, um Bürgschaft für irgend einen Freund zu leisten; wie ein anderer seine Anwesenheit bei einer Recitation, ein dritter und vierter auf dem Quirinal, auf dem Aventin Krankenbesuche erwarte, wie er sich auf dem weiten Wege zu Mäcen auf dem Esquilin durch die wimmelnde Menge durchschlagen müsse, von Lastwagen, wütenden Hunden, ausreißenden Schweinen bedrängt, von neidischen Sticheleien, neugierigen Fragen, zudringlichen Schwätzern und Strebern verfolgt, wie den Vertrauten des Mäcenas Geschäfte und collegialische Anliegen umschwirren, so daß er es unmöglich findet, Verse zu machen und mit Sehnsucht die Zeit erseufzt, wo er sich aufs Land begeben darf.

Wenn wir seine Dichtungen nach den Gruppen betrachten, in denen er sie selbst vereinigt und herausgegeben hat, so ist fast selbstverständlich und leicht zu erweisen, daß nicht in geschlossener Reihe eines dieser Bücher nach dem andern entstanden ist, sondern daß der Verfasser verschiedene Gattungen gleichzeitig gepflegt und bald in dieser bald in jener Form, je nach Gelegenheit und Laune, sich ergangen hat.

Schon während seiner Studienzeit in Athen und wohl auch im Kriegslager hat Horaz manches lyrische Gedicht nach griechischem Muster versucht. Als er dann flügellahm nach Rom zurückkehrte, gewann er sich zuerst durch glückliche Leistungen in der lucilischen Satire Anerkennung und Freunde. Bald führte ihn Stimmung und Aehnlichkeit der Lebenserfahrungen auf Archilochos, dessen geniale Kraft in der Schöpfung lyrischer Formen ihn mächtig anzog. Den schlanken iambischen Trimeter, der sich für spitze Ansprachen und Angriffe so trefflich eignet, hatte schon Catull und sein Kreis mit glänzendem Erfolge verwendet. Neu in der römischen Lyrik war die epodische Composition, die einfachste Form der Strophenbildung, welche (nach Art des elegischen Distichons) in zweizeiliger Gliederung je einen längeren Vers mit einem kürzeren verbindet. Sie ist zuerst von Horaz aufgenommen und in mannigfachen Spielarten durchgeführt, deren Muster der griechischen Kunst entlehnt sind. Am häufigsten ist die Verbindung eines iambischen Trimeters mit einem Dimeter derselben Rhythmengattung (Epob. 1—10); oder zwei Reihen des baktylischen Rhythmus, ein Hexameter und ein Tetrameter (12) folgen aufeinander, auch ein baktylischer Hexameter und ein iambischer Dimeter (14. 15) oder Trimeter (16). Zur breigliebrigen Strophe leitet die asynartetische Bildung des zweiten Verses hinüber, wenn derselbe aus zwei Teilen ohne rhythmischen Fortgang besteht. Auch hier treten baktylische und iambische Elemente zusammen: dem iambischen Trimeter folgt im zweiten Vers die Hälfte des Pentameters mit einem iambischen Dimeter (11), oder dem baktylischen Hexameter folgt ein Vers aus denselben Teilen, nur in umgekehrter Ordnung (13). Anrede, Zwischenrede, Gegenrede ist sehr häufig in diesen Gedichten, und somit der iambische Trimeter angezeigt, während der baktylische Hexameter den Plauderton der Satire oder auch den mehr getragenen der Elegie anschlägt, wozu dann die kürzeren Reihen und die Asynarteten den lyrischen Nachklang fügen, in mannigfacher Färbung. In diesem Sinne also, wegen der epobischen Verwendung, durfte sich Horaz rühmen, die parischen Jamben zuerst Latium gezeigt zu haben (Briefe I 19, 23), indem er Rhythmen und Stimmung (Epob. 6, 13) des Archilochus wiedergab, nicht Inhalt und Wortlaut seiner Gedichte. Die Abfassung des Buchs der Epoden erstreckt sich über einen Zeitraum von etwa zehn Jahren: das älteste Stück (16), soweit sich's nachweisen läßt, gehört in das Jahr 713 oder 714, das jüngste (9) fällt kurz nach der Schlacht von Actium (723). Mit Mäcenas steht der Verfasser bereits auf freundschaftlichem, ja vertraulich neckischem Fuß (1. 3. 9. 14). Schon ehe er ihm nahe getreten ist, hat sich der Umschwung in seiner politischen Stimmung vorbereitet.

Sehr bald nach der Rückkehr von Philippi war es, als er in bitterem Schmerz über die fortbauernden Bürgerkriege, welche schon

das zweite Geschlecht aufrieben, seiner Sehnsucht nach den glück=
seligen Inseln jenseits des Oceans, die noch unberührt seien von
Leidenschaft und Qual der Menschen, Ausdruck gab (16). Schon
Sertorius hatte sich ernsthaft mit dem Gedanken getragen, auf
jenem gesegneten Eiland, von dem Philosophen und Dichter der
Griechen so viel Schönes zu sagen wußten, ein neues Heim zu
gründen. Wie die Phokäer einst ihrem alten Vaterlande den Rücken
gekehrt haben, so mögen jetzt, die noch ungebrochene Manneskraft in
sich fühlen, ohne weibische Klage aufgeben, was unrettbar verloren
ist, und in der Ferne das Glück suchen. Die idyllischen Bilder des
Friedens und goldenen Wohlbehagens, an die vierte Ekloge Vergils
erinnernd, womit das melancholische Gedicht schließt, stehen in er=
hebendem Gegensatze zu den wilden Kämpfen und drohenden Ge=
fahren, mit denen es beginnt.

Einmal greift der Dichter mit strafenden Worten unmittelbar
in den Kampf der Parteien ein (7). Trotz des kürzlich (715) ge=
schlossenen Vertrages von Misenum kehrten noch am Ende desselben
Jahres Octavian und Sex. Pompejus abermals die Waffen gegen=
einander. Er wirft ihnen die unnatürliche Lust vor, gegen das eigene
Geschlecht zu wüten: das sei die tragische Folge des Brudermordes,
mit dem Roms Geschichte begonnen habe. Seit der persönlichen
Verbindung mit Mäcenas stand er mit aufrichtiger Hingebung auf
Seiten dessen, von dem die endliche Bewältigung der Hydra zu er=
warten war. Es wurde ihm schwer zurückzubleiben, als Mäcenas
im Frühling 723 zur Flotte abging, um dem bevorstehenden Ent=
scheidungskampf gegen Antonius beizuwohnen (1). Des Sieges vom
2. September freut er sich beim Becher, im Vorgenuß des einstigen
Triumphes und des Festmahles im Hause des Freundes, wo er schon
einmal, nach dem Sieg über Pompeius bei Naulochus (718), die
Abwendung schmählicher Gefahr gefeiert hat (9). Die bittere Betrach=
tung der nunmehr beseitigten unwürdigen Zustände (daß der römische
Krieger einem orientalischen Weibe gehorchen mußte!) erhöht den
Stolz auf den gegenwärtigen Erfolg.

So weit die politischen Lieder dieses Buches. Weniger genießbar
ist eine Reihe persönlicher Invectiven gegen obscure Persönlichkeiten:
mit archilochischer Galle und catullischer Derbheit freilich sind sie
nicht sparsam, aber der Grimm des Verfassers läßt uns gleichgültig.
Da wird einem unwürdigen Emporkömmling, wie es deren viele

gab, unversöhnliche Feindschaft angekündigt: noch vor kurzem Sklave, jetzt Offizier, stolziert er zum Aergernis ehrbarer Bürger in faltenreicher Toga auf der heiligen Straße einher und macht sich im Theater breit, wo er frech auf den Stufen der Ritter sitzt (4). Gegen einen feigen Kläffer, der nur wehrlose anfällt, kehrt der entrüstete Dichter als Molosserhund die Schärfe seines Zahnes und verspricht ihn abzuführen, wie einst Archilochos den Schwiegervater, oder wie Hipponax den Caricaturenbildner Bupalos (6). Dem hämischen Kritiker Maevius, als derselbe nach Griechenland hinübersegelt, wünscht ein Abschiedslied (10), daß alle Winde zusammen über sein Schiff herstürzen und an seiner Leiche am Ufer die Vögel sich letzen mögen. Das Aeußerste von schnödem Hohn und Schmutz leisten einige erotische Rügelieder: Abfertigung einer zudringlichen ältlichen Coquette, welche litterarische Interessen affektiert (8), und Abweisung ihrer eifersüchtigen Klagen (12). Der junge Mann hat wenig Glück in der Liebe: unwürdige Fesseln drücken ihn und lähmen seine dichterische Stimmung (11. 14); er streift sie nur ab, um neue stärkere anzulegen. Gelübde ewiger Treue werden ihm gebrochen (15), — es sind unreine Verhältnisse, die ihn nicht erheben können. Die unheimlichste in dieser Gesellschaft war die Neapolitanerin Gratidia, welche Horaz wiederholt unter dem schnöden Namen Canidia an den Pranger stellt. Sie stand in dem Ruf, als Giftmischerin und Hexe besonders zu erotischen Zwecken schwarze Unthaten zu begehen, und muß auch im Leben des jungen Dichters eine verhängnisvolle Rolle gespielt haben. Eine grausige Scene (5) stellt mit dramatischer Lebendigkeit die Verrufene mitten in Ausübung ihrer finsteren Künste dar. Mit Schlangen im Haar, unter Assistenz anderer berüchtigter Weiber, schickt sie sich an, einen unschuldigen Knaben, den sie eingefangen, lebendig bis ans Kinn einzugraben, um ihn durch Hunger zu töten, denn sein Mark und seine Leber sollen zu einem Liebestrank dienen, um einen spröden Alten Namens Barus in ihre Macht zu bringen. Mit flehentlichen Bitten und Beschwörungen des unglücklichen Kindes beginnt, mit wilden Verwünschungen des verzweifelnden schließt das interessante Gedicht; das Gebet der Hexe an die Nacht und an Diana, den Mond, nimmt die Mitte ein. Auch in einer der frühsten Satiren (I 8) wird erzählt, wie dieselbe bei Mondschein im Park des Mäcenas auf dem Esquilin mit ihrer Helferin Hexenspuk treibt. Aber Priapus, der biedere Gartenhüter, weiß sie durch ein drastisches Mittel in die Flucht zu jagen. Daß Horaz selbst mit ihr zu thun gehabt hat, beweist die ironische Palinodie, die letzte in der Sammlung der Epoden. Ausnahmsweise besteht dieselbe aus iambischen Trimetern in einfacher Aufeinanderfolge. Der Dialogvers war hier besonders angemessen, weil das Gedicht aus zwei gegenübergestellten Reden besteht. Der Dichter bittet inständig um Lösung des über ihn verhängten Zaubers, der ihn genug heruntergebracht habe. Er verspricht jede von ihm zu fordernde Sühne, stellt der grausamen seine Lyra zur Verfügung: dieselbe solle lügenhaft ihre Tugend verherrlichen. Alles widerruft er, was er ihr von ehrenrührigen Schmähungen angehängt habe, indem er sie boshaft nochmals einzeln wiederholt. Canidia ist natürlich unerbittlich. Sie hält ihm die indiscreten Veröffentlichungen über ihren Lebenswandel vor und bestätigt dadurch deren Wahrheit.

Harmlosem Scherz und gemütlicher Laune begegnet man selten in diesem Buche. Vergils Lob des Landlebens mag im Kreise der Freunde zu mancher heiteren Unterhaltung Anlaß gegeben haben, wobei Ideal und Wirklichkeit gegeneinander abgemessen wurde. Als Frucht einer derartigen Betrachtung erscheint das anmutig-ironische Stimmungslied, welches den Unterschied zwischen Wunsch und Vollbringen so artig ins Licht setzt (2). Ein bekannter Geldverleiher ergeht sich in liebevoll ausgemalten Bildern von den einfachen Freuden des Landlebens, dem er gern alle raffinierten Genüsse der Stadt opfern will. Die Freiheit von Geschäften, die Pflege des Gartens, die Obstzucht, die beschauliche Ruhe unter schattigen Bäumen im Grase, am rauschenden Quell, im Walde, oder im Winter die Lust des Jagens wird mit verlockendem Behagen geschildert, dann der friedliche Haushalt, die treue Gattin mit den Kindern, die das Herdfeuer zum Empfang des Mannes rüstet, wenn er müde heimkehrt, die das Vieh melkt, den feurigen Wein aus dem Faß zapft und aus eigenen Vorräten am Abend das leckere Mahl bereitet, der Blick auf die heimziehende Herde, die Stiere, die von der Arbeit kommen, die muntere Schar der Hausbuben, — das alles wird so ansprechend geschildert, daß man erwartet, der so idyllisch angelegte Mann werde sofort Anstalten treffen, um seine Sehnsucht zu befriedigen. Statt dessen setzt er unbeirrt sein schmutziges Geschäft fort.

Auch der verwöhnte Mäcenas wird die Lobpreisung ländlicher Mahlzeiten nicht ohne Vorbehalt für sich hingenommen haben. So hat er mit Horaz eine boshafte Probe angestellt, ob dessen empfindlicher Magen die Lieblingskost der Schnitter, Knoblauch, zu würdigen vermöge. Die nächste Epode (3) lehrt, wie dieses Experiment abgelaufen ist. In seinem Abscheu kann sich der entsetzte Dichter mit Hyperbeln nicht genug thun, um sich über die diabolische Wirkung dieses brennenden Giftes bei dem „scherzhaften" Freunde zu beklagen. An Lebhaftigkeit und energischer Schärfe des Ausdrucks stehen diese Erzeugnisse einer schäumenden Jugend nicht hinter catullischen Jamben zurück. Daß der Versuch epodischer Composition doch nicht ganz ohne Nachfolge geblieben ist, zeigt wenigstens eine Probe aus verwandtem Kreise: ein massives Spottgedicht (in iambischen Trimetern und Dimetern: catal. V) auf denselben elenden Wüstling (Lucienus?), der unter dem Kriegsnamen Noctuinus schon von dem nämlichen Verfasser zweimal in iambischen Trimetern (catal. III. IV) gegeißelt war.

Die Formen der äolischen Lyrik in die römische Poesie einzuführen hatte bereits Catull begonnen: die sapphische Strophe wenigstens und den größeren asklepiadeischen Vers hatte er zunächst in vereinzelten Proben glücklich nachgebildet (Band I 339). In der betretenen Bahn fortschreitend hat sich Horaz der ganzen reizvollen Fülle der Rhythmen bemächtigt, in welchen Sappho Alcäus Anakreon die unerschöpflichen Themen von Liebe und Wein, Freundschaft und Geselligkeit, Freude und Leid im Hause und im Vaterland haben erklingen lassen. Der Gegensatz des männlichen und des weiblichen Charakters ist in seiner Abtönung durch die sapphische und die alcäische Strophe ausgeprägt. Sanft und feierlich gleitet der sapphische Vers nieder; zwar nimmt er nach dem Einschnitt einen Aufschwung, behauptet aber durch den in der Senkung ausklingenden trochäischen Schluß seine weibliche Art, und nach dreimaliger Wiederholung der gleichen Reihe verklingt auch der Schlußvers, der bisweilen mit der vorletzten Reihe zu einem Ganzen verbunden ist, nur als ein abgekürzter Nachhall derselben Elemente. Belebter und wechselvoller klingt dagegen die alcäische Strophe. Nur die beiden ersten Verse wiederholen sich: die kräftig ansteigende Reihe fällt zwar nach dem Einschnitt daktylisch ab, schließt aber mit energischer Katalexis; auch in der dritten Reihe gibt der Auftakt dem doppelten

Ditrochäus mit seinem retardierenden Moment nach der ersten Hälfte etwas Elastisches, und die letzte Reihe, welche Daktylus und Trochäus noch einmal doppelt bringt, gibt einen volleren Abschluß. Zwei Drittel der horazischen Lieder sind in einer dieser beiden Strophen= arten gedichtet, von denen die alcäische vor der anderen noch be= vorzugt ist. In der ganzen ersten Hälfte des zweiten Buches alter= nieren beide miteinander, dann gewinnt das alcäische Maß das Uebergewicht, namentlich auch für die in höherem Auftrage verfaßten Gedichte ernsten und erhebenden Inhaltes. Reichlich sind außerdem die mannigfachen Variationen der asklepiabeischen Strophen vertreten, in welchen der schon Catull geläufige Glyconeus neben seiner ein= fachen Form durch den eingefügten Choriambus erweitert und ge= kräftigt wird. Vereinzelt, nur gleichsam anversucht sind neben diesen logaödischen Bildungen die rein daktylischen nach Alkmans Muster (I 7. 28: vgl. IV 7) oder die archilochischen Mischungen daktylisch= trochäischer Reihen mit iambischen (I 4) oder die Verbindung einer kürzeren trochäischen mit einer längeren iambischen (II 18) oder end= lich die kunstvolle Composition ionischer Systeme (III 12). Es kam dem Meister offenbar darauf an, mit systematischer Vollständigkeit ziemlich alle Formen der äolischen Rhythmik wiederzugeben und seine virtuose Herrschaft über die Sprache durch allseitige Proben zu be= währen. So hat er gleich das erste Buch gleichsam mit einer Muster= karte fast aller Vers= und Strophenbildungen, welche er überhaupt versucht hat, eröffnet (I 1—9. 11). Während aber Catull sich auch den Freiheiten der äolischen Meister unbefangener hingab, hat Horaz sich an gewisse Regeln gebunden, die er vielleicht einer Schultheorie verdankte, vielleicht auch in seinem eigenen Gefühl begründet fand: durch Begünstigung der Spondeen statt des Trochäus oder Jambus, durch gleichmäßig spondeischen Eingang gab er den Rhythmen mehr Würde und Haltung, durch Einhaltung fester Cäsuren wie im Hera= meter sicherte er auch den kürzeren Versen jenen charakteristischen Widerstreit des Tonfalls, freilich verloren die Verse dadurch an Leichtigkeit und Abwechselung. Mit der Zeit, in der letzten Periode seiner Lyrik, welcher das carmen saeculare und das vierte Buch gehören, kam er von jener Strenge mehr zurück, um desto mehr Gewicht auf den Wohlklang des Sprachkörpers zu legen, indem er Verschleifungen aneinanderstoßender, besonders langer Vokale sorg= fältig vermied. Alle horazischen Lieder sind nach der Weise äolischer

Lyrik in vierzeiligen Strophen gebaut, die aber, wie in stichisch componierten Gedichten die Einzelverse, nicht selten und mit mannigfach wechselnder Absicht durch den Satzbau ineinander übergehen, während der scharfe Abschluß des Gedankens mit der rhythmischen Periode den musikalischen Charakter des scharf gegliederten Liedes mehr hervorhebt. Ueberwiegend sind es die alkmanische und die hipponakteische, demnächst die mannigfachen Formen der asklepiabeischen Strophe, welche ein häufigeres Uebergreifen begünstigen. Sehr selten (und mit einer Ausnahme — III 27 — nie öfter als je einmal) findet es statt in der sapphischen, mit Maß, aber zunehmend (besonders III 29 und im vierten Buch) in der alcäischen Strophe. Oft folgt, wie auch in der griechischen Lyrik, ein Abschluß des Gedankens unmittelbar im ersten Vers der folgenden Strophe. In der Regel ist diese Verknüpfung durch ansteigende Empfindung oder Schilderung begründet, wie z. B. in dem erregten Siegesliede (I 37) die Erinnerung an Ueberhebung und Sturz der Kleopatra von der zweiten Strophe an bis zum Ende in ununterbrochenem Strom das ganze Gedicht überflutet.

Horaz ist von dem Saft griechischer Poesie so voll gesogen, daß derselbe gleichsam aus allen Poren seiner Lieder herausquillt: wenn die Schätze der griechischen Lyrik vollständiger erhalten wären, würden die Anklänge noch viel häufiger und schlagender hervortreten. Das Verhältnis zu den Vorbildern ist im Einzelnen ein sehr verschiedenes: bald Uebertragung eines Ganzen (die wir freilich nirgends in vollem Umfange beweisen können), bald teilweise Entlehnung (besonders in den Eingängen: I 9. 18. 23. 37 II 18), bald Verarbeitung Variation Umbiegung einzelner Motive, Bilder, Gedanken oder Wendungen, in freierer Nachbildung oder engerem Anschluß. Während die griechischen Eigennamen auf die Quelle hinweisen, ist doch auch das Fremde, wo es anging, durch beigefügte Localtöne heimisch gemacht. Der beschneite Soracte, Tibur, die matinische Biene, der Tiberstrom, italische Weine, Saliaren, die Fortuna von Antium (I 35) statt der Σώτειρα Τύχη Pindars (Ol. 12) führen den Leser auf italischen Boden, und gerade diese Verpflanzung des ausländischen Gewächses erhöht für den Kenner den Reiz, wenn er Wohlbekanntes in neuer Fassung wiederfindet.

Freie Uebertragung in gleichem Versmaß nach Alcäus ist der Hymnus auf Mercurius (I 10). Von demselben Dichter ist die

Liebesklage der Neobule (III 12) eingegeben: noch sind die übereinstimmenden Anfangsworte in denselben ionischen Rhythmen erhalten (Fr. 59). Die den griechischen Dichtern so geläufige Vergleichung des Staatswesens und seiner Schwankungen mit dem Schiff auf stürmischer See, welche von alten Erklärern auch in einem berühmten Gedicht des Alcäus (18 f.) gefunden ist, hat Horaz zu einer im Einzelnen selbständig durchgearbeiteten Allegorie benutzt (I 14). In den Kyprien hatte Kassandra bei der Abfahrt des Paris nach Sparta das Verhängnis Troja's geweissagt. Dieselbe Vision war von Bakchylides in einer lyrischen Cantate (29) angebracht worden. Im Anschluß hieran hat Horaz die gleiche Weissagung einem prophetischen Seegreis, dem Nereus (nach Porphyrio dem Proteus) in den Mund gelegt, welcher die Schiffe des buhlerischen Paares auf der Heimfahrt durch Windstille anhält, um die Schrecken des drohenden Krieges und dessen Ausgang in raschen Bildern ihm vor Augen zu stellen (I 15). An den Eingang eines alcäischen Trinkliedes, welcher die Strenge des Winters malt und zu Vorbereitungen behaglicher Geselligkeit auffordert (34), schließt sich ziemlich eng eins der ansprechendsten horazischen Lieder (I 9) an, aber gemeinsam ist doch nur die allgemeine Situation und die Stimmung. Ebenso beginnt das schöne choriambische Weinlied (I 18) mit einem Gedanken, den in demselben asklepiadeischen Versmaß Alcäus (44) ausgesprochen hat. Das Triumphlied über den aktischen Sieg (I 37) wird eröffnet mit des Alcäus berühmter Aufforderung zum Trinken nach dem Tode des Tyrannen Myrsilos (20). Mit Worten eines pindarischen Epinikions (Ol. II) beginnt das hohe Lied von Roms Entwickelung (I 12). Dem Anakreon (51) entnommen ist der reizende Vergleich eines scheuen Mädchens mit einem furchtsamen Reh, welches im Walde seine Mutter verloren hat (I 23); ebenso das Bild der unberührten Jungfrau, welche einem auf der Weide spielenden Füllen gleicht (III 11, 9: Anakr. 75). Ein anakreontisches Motiv (63) liegt auch der dramatischen Scene zu Grunde, wo der tobende Streit der Zechgenossen durch den eintretenden Dichter beschworen wird (I 27). Wenn Horaz (II 18) Glücksgüter, die er nicht besitze, aufzählt und dieser Armut genügsam sein inneres Glück gegenüberstellt, so schwebte ihm ein gleicher Gegensatz bei Bakchylides (28) vor. Dem Eingang des Abschiedsliedes für Vergil (I 3) entsprechen genau zwei schöne asklepiabeische Verse des Kallimachos (114). Der rührende Zug, wie die treue Mutter die Heimkehr des lang abwesenden Sohnes ersehnend die Augen nicht von der Meeresküste lassen mag (IV 5, 9 ff.), findet sich wieder bei einem Zeitgenossen des Kaisers Commobus, dem Kilikier Oppianos, der ihn gewiß einem älteren griechischen Dichter, vermutlich einem Alexandriner entlehnte, und wer weiß, ob nicht auch dieser einen Vorgänger hatte?

Manches ist aus dem allgemeinen Schatz der Dichtersprache und Rhetorik entlehnt. Mag Alkman (118) der erste gewesen sein, welcher, um die Größe seines Ruhmes zu belegen, die Völker aufzählte, bei denen er bekannt sei, so ist dieses Motiv weiterhin so geläufig geworden, daß es auch Horaz (II 20, 13 ff.) ohne Bewußtsein von der ersten Quelle in die Feder kommen konnte, zumal da die poetische Prahlerei Alkmans sich bis zu mythischen Völkerschaften verstiegen hatte. Gemeinplätze, wie daß Gebet und Opfer des Armen, mit reinem Herzen dargebracht, den Göttern nicht weniger wohlgefällig sei als Gaben des Reichen (III 23), sind dem allgemeinen Bewußtsein zu gegenwärtig, als daß man ein Recht hätte, nach ihrer Quelle zu fragen. Denselben Gedanken hat z. B. Euripides in einer Gesprächsscene seiner Danae eingeflochten (Fr. 329), aber es wäre verkehrt, deshalb nun gerade diese Stelle als „Motiv" der horazischen Ode zu bezeichnen. „Wer weiß, ob die Götter dem Heute ein Morgen hinzufügen?" sagt Horaz (IV 7, 17); dieselbe Wahrheit spricht in Euripides' Alkestis (784 f.) der wohlgemute Herakles aus, und wie oft mag sie sonst wiederholt sein! Veteranen und Dankbare pflegen der Gottheit, in deren Dienst oder unter deren Schutz sie gestanden haben, Symbole und Werkzeuge ihres Berufs zu weihen, begleitet mit einigen Dankversen. Von Epigrammen solcher Art in mannigfachen Variationen ist ein ganzes Buch der griechischen Anthologie gefüllt. Mit ähnlicher Widmung erklärt Horaz seine Liebesabenteuer zu beschließen (III 26), ohne deshalb eine bestimmte einzelne Vorlage nachzuahmen. Ebenso ist es mit der Warnung an den spröden Knaben (IV 10), daß ihn bald seine Verehrer verlassen werden und er seinen Hochmut dann bitter bereuen werde (Anthol. XII). Kein Zweifel, daß die Klagen der entführten Europa (III 27, 25 ff.) aus griechischer Quelle geschöpft sind, aber da das Schicksal der lieblichen Königstochter ein bevorzugtes Thema des alten wie des hellenistischen Epos und auch der Lyrik war, so läßt sich unter den verlorenen Originalen kein einzelnes als Vorlage namhaft machen. Wir haben eine Reihe griechischer Epigramme (Anthol. X 1—3. 5. 14—16), welche an eine Schilderung der eben beginnenden Frühlingszeit die Aufforderung an die Schiffer knüpfen, in See zu gehen. Dieses gern variierte Thema hat Horaz mehrfach zum Ausgang genommen, um die Einladung zum Trinken oder zu fröhlichem Lebensgenuß zu befürworten (I 4 IV 7. 12). Oft begründet er dieselbe mit der Hinweisung auf die Kürze des Lebens und das allen gemeinsame Todeslos: diese wehmütige Mahnung geht durch die griechische Elegie seit Mimnermos und kehrt noch oft genug auch in den Epigrammen der Anthologie (XI 19. 23. 28. 62) wieder. Als eines Gemeinplatzes griechischer Dichter gedenkt Plato (Jon p. 534 B.) des Ausspruchs, daß sie gleich Bienen aus honigfließenden Quellen der Musengärten ihre Lieder zusammentragen. Dieses schöne Bild hat Horaz (IV 3, 27 ff.) individuell gewendet, wenn er sich mit der Biene vergleicht, die auf dem Matinusberge in Unteritalien liebliche Würze emsig aus Kräutern saugt. Darum haben wir kein volles Recht, diese Erklärung als ein Geständnis anzusehen, daß die horazischen Lieder etwa ein Mosaik aus aller Orten zusammengesuchten bunten Steinchen sei. Nicht minder geläufig aus griechischer Poesie ist die Bezeichnung des schwungvollen Dichters als Schwan (IV 2, 25).

Schon Hesiod (Theog. 81) hat den Vorzug dessen gepriesen, dem die Musen bei seiner Geburt einen Blick geschenkt haben, und spätere wie Kallimachos (Epigr. 23 Schn.) haben sich gelegentlich dieser anmutige Wendung angeeignet. So hat auch Horaz, wo er von seinem eigenen Ruhm mit Befriedigung spricht (IV 3, 1 ff.), sich ihrer bedient, ohne deshalb von einem bestimmten Vorbilde abhängig zu sein.

Zu allen Zeiten ist die Liebe das Hauptthema der lyrischen Dichtung gewesen. Auch in den horazischen Liedern nimmt sie einen ziemlich breiten Raum ein, aber das Herz des Dichters erfüllt sie nicht. Viele hat er geliebt (Sat. II 3, 325), aber kaum einer dieser „tausend Tollheiten" scheint er sich ernstlich hingegeben zu haben: er rühmt sich seiner Unbeständigkeit (I 6, 19). Kein Verhältnis hat einen tieferen Einfluß auf sein Schicksal, seine geistige Entwickelung geübt. Gefallen hat der hübsche junge Mann dereinst der sonst vielbegehrenden Cinara; ihm gewährte sie ihre Huld unentgeltlich; sie starb früh, und Horaz hat ihr ein freundliches Gedächtnis bewahrt

(IV 1, 4. 13, 21, Briefe I 14, 33): aber aus jener Frühlingszeit ist kein Gedicht erhalten, wenigstens kein erkennbares. Einmal widerruft er Schmähiamben aus seiner Jugendzeit, „der schönen Mutter schönere Tochter" reuig um Verzeihung und um Erneuerung alter Freundschaft bittend (I 16). Da er ihre Vernichtung anheimstellt, sind dieselben sicher nicht in den Epoden zu suchen, so daß jeder Versuch, die Person der beleidigten festzustellen, vergeblich ist. Unter allen jenen griechisch benannten Mädchen und Knaben, die Horaz ansingt, tritt uns keine fest umrissene greifbare Persönlichkeit entgegen: kaum daß eine und die andere mit einem conventionellen Zuge gezeichnet wird, wie die blonde Pyrrha, die durch schmucke Einfachheit gefällt (I 5); die anmutig kecke Glycera, die reiner als parischer Marmor .glänzt (I 19); Chloris, die mit ihrer weißen Schulter strahlt wie der reine Mond über dem Meere (II 5, 18); Myrtale, die stürmischer ist als die Fluten des Hadria (I 33, 13); die süß lachende, süß plaudernde Lalage (I 22). Eine Leidenschaft, die den ganzen Menschen beherrscht, bricht nirgends hervor: vielmehr bewahrt der Dichter eine gewisse Ueberlegenheit. Mit Ironie, Neckerei, bitterem Hohn oder kühler Resignation behandelt er seine Liebesschmerzen. Die spröde Chloe, die ihn wie ein scheues Reh flieht, beruhigt er sarkastisch mit der Versicherung, daß er weder Tiger noch Löwe sei (I 23). Der jugendlichen Lalage gegenüber ermahnt er sich selbst zu geduldigem Abwarten: noch sei sie eine spielende Färse, eine unreife Traube; mit den Jahren werde sie ihm schon nachgehen (II 5). Spöttisch fragt der kleine beleibte Mann die wankelmütige Pyrrha, welcher schlanke parfümierte Knabe ihr jetzt in lieblicher Grotte den Hof mache, und bedauert mitleidig die Leichtgläubigkeit des Günstlings, der auf ewige Treue rechne. Wie oft werde der Arme über gebrochene Schwüre weinen, sich über rauhe Stürme entsetzen! Er selbst ist dankbar, dem Schiffbruch entronnen zu sein (I 5). Einer verheirateten Frau (Lyce) bringt er in stürmischer Winternacht ein Ständchen: die leichtfertige Mahnung, zur Penelope sei sie ja doch nicht geboren, und die übliche Drohung, das Lager auf der harten Schwelle und den Regen nicht allzulange ertragen zu wollen, soll ihm den Eintritt verschaffen (III 10). Als Veteran im Dienste der Kypria weiht er sein Kriegsgerät (Fackeln und Brechstangen, Laute und Bogen) im Heiligtum der Göttin, legt ihr aber doch zugleich die Bitte ans Herz, die spröde Chloe nur ein-

mal mit ihrer Geißel zu berühren, natürlich zu seinen Gunsten
(III 26). Die Eidschwüre der vielumworbenen Barine weist er
skeptisch zurück, weil sie schon so oft ohne Schaden Meineide geschworen habe, über welche Venus, die Nymphen und Cupido lachen,
während die Schar ihrer Bewerber und die Macht ihrer Schönheit
immer zunehme (II 8), ein sauersüßes Compliment eines zur Disposition gestellten Verehrers, — wie verschieden von jenen gram-
erfüllten Zweifeln und Vorwürfen Catulls gegenüber der Lesbia!
Wärmer klingt die Schilderung, was der Dichter bei der Lobrede
der Lybia auf den schönen Telephus und den stürmischen Liebes-
beweisen anderer Verehrer körperlich leide, und die Glücklichpreisung
derer, welche ohne Zerwürfnis bis an ihr Ende innig verbunden
bleiben (I 13). Hier scheint er einmal Feuer gefangen zu haben.
Die einzige Perle horazischer Liebespoesie bleibt jenes Duett mit
der Lybia (III 9), ein Meisterstück des Wohllautes in Sprache und
Rhythmus, ein vollendet harmonisches Kunstwerk auch in der knappen
Fügung der feinen Glieder. In drei Doppelstrophen verläuft wie
in drei Akten das kleine Liebesdrama. Mit sehnsüchtig wehmütiger
Erinnerung an früheres Glück verbindet sich die Klage über Untreue.
Sie weckt noch einmal den Trotz der schmollenden, als ob sie beide
vollauf befriedigt wären, bis zuletzt der Vorschlag zur Versöhnung
vom Manne ausgehend, vom Mädchen zwar nicht ohne strafendes
Bedenken, aber dann um so herzlicher angenommen wird. Hier ist
Wort für Wort, Zug für Zug auf das glücklichste berechnet, so daß
man mit Rührung, Sorge und jubelnder Zustimmung dem Gange
des süßen Zwiegesprächs folgt.

Zu vorübergehender Unterhaltung ladet der Dichter sich wohl
eine oder die andere gefällige Schöne zu Gaste, nicht ohne ein wenig
Neckerei. Tyndaris, die selbst Dichterin im Stil Anakreons ist, soll
ihn auf seinem Sabinergut besuchen, welches ihr als friedliches, mit
allen Reizen idyllischen Behagens ausgestattetes Poetenasyl gerühmt
wird: da hat sie keine eifersüchtigen Raufereien beim Wein zu fürchten (I 17). Am Schluß eines pathetisch anhebenden Festgedichtes
wird Neaera eingeladen, die Heimkehr Cäsars aus Spanien (im
Frühjahr 730) mit dem Dichter zu feiern: schnell, ohne Umstände
soll sie kommen, wenn anders ihr grimmer Pförtner es erlaubt,
dem Gewalt anzuthun er selbst sich nicht mehr jung genug fühlt
(III 14). Seiner „letzten Flamme", der Phyllis, mit der er den

Geburtstag des Mäcenas begehen will, empfiehlt der Alternde Genügsamkeit, da den vornehmen Jüngling, welcher ihr Herz erfülle, ein reiches Mädchen fessele: sie soll sich an dem Schicksal eines Phaethon und Bellerophon ein warnendes Beispiel nehmen (IV 11).

Wo der Beleidigte an einer Widerspenstigen sich die Nemesis vollziehen sieht, da schwillt ihm (wie in den Epoden) die archilochische Ader. Er freut sich, daß es vor Lydia's Thür bei Nacht über und über wird, und wünscht, daß ihr beschieden sei, dereinst noch selbst in den Straßen, aber vergeblich, auf nächtliche Abenteuer auszugehen (I 25). Er triumphiert, daß die Götter seinen Wunsch erhört haben und Lyce eine alte häßliche Frau wirb. Vergeblich will sie noch schön erscheinen, spielt, trinkt und singt leichtfertige Lieder bei Zechgelagen. Weder koische Gewänder noch Juwelen bringen ihre Jahre zurück und jenen Liebreiz, der den Dichter einst gefangen nahm. Ihr ist beschieden, alt wie eine Krähe zu werden, eine in Asche gesunkene Fackel, den jungen Leuten ein Schauspiel zum Gespött (IV 13). Eigentümlich ist die Rache, womit er, ohne sie zu nennen, aber doch deutlich genug für die Wissenden, eine der gefährlichsten dieser Damen brandmarkt. Das Gedicht, dem, wie schon erwähnt, ein anakreontisches Motiv zu Grunde liegt, ist ganz dramatisch angelegt (I 27). Der Dichter tritt mitten hinein in ein nächtliches Gelage, wo es laut und leidenschaftlich zugeht. Man ist im Streit handgemein geworden, Humpen werden geschleudert, der medische Dolch blitzt, Blut ist geflossen. Mit strafenden Worten verlangt er Ruhe, und um das Gespräch in ein harmloseres Geleise zu lenken, fordert er einen der Anwesenden auf, den Namen seiner Geliebten zu nennen. Der Jüngling zaudert, Horaz redet ihm zu: wisse er doch, daß derselbe sein Herz nicht an Unwürdige verliere. Als ihm aber nun der Jüngling den Namen ins Ohr flüstert (der Leser erfährt ihn nicht), entsetzt er sich über den Unglücklichen, der einer solchen Charybdis und Chimära unrettbar verfallen sei.

So steht er als kühler Beobachter fremder Leidenschaft von ferne, zu boshaften Bemerkungen bereit. Den Pyrrhus, der einen schönen Knaben unter Kampf und Gefahren erobern möchte, weist er auf die vollkommene Gemütsruhe des heiß umworbenen hin (III 20). Der Asterie, deren Liebhaber, ein Kaufmann, auf Reisen gegangen ist, führt er zu Gemüte, daß sie mehr Grund habe, um ihre eigene Treue besorgt zu sein, als um die des abwesenden

(III 7). Als gereifter Mann, der die Vierzig bereits hinter sich hat, lobt er uneigennützig dem jungen Xanthias die hübsche liebenswürdige Sklavin, die vielleicht königliches Blut in ihren Adern habe (II 4). Neidlos bewundert er auch die Reize der schönen Terentia, mit welcher Mäcenas eben die Honigzeit der ersten Liebe, wohl noch vor der Vermählung, genoß, und erklärt mit galanter Wendung, daß ihn die Muse anweise, lieber die „süße Herrin" Licymnia zu feiern, ihren Gesang und Tanz, ihre leuchtenden Augen und ihr treues Herz, als langwierige Kriege und blutige Schlachten (II 12). Einmal hat den Fünfziger, wie einst den Anakreon, Venus noch heimgesucht. Aber er weist sie neckisch in das Haus des über zwei Jahrzehnte jüngeren Paullus Fabius Maximus (Consul 743, geb. ungefähr 710), der sich ihrem Dienst freudig unterziehen und ihre Gunst durch Aufstellung eines Marmorbildes der Göttin am Albaner-see und glänzenden Cultus lohnen werde (IV 1). Es scheint, daß der begabte junge Mann (centum puer artium) noch unberührt von ihrer Hoheit war und durch diese Empfehlung eine Anregung empfangen sollte.

Ganz im Hintergrunde steht das erotische Motiv in dem Abschiedsliede für Galatea, die eine Seereise antreten will (III 27). Die Warnung vor den Schrecken des Meeres wird erläutert durch eine Romanze, die Geschichte der Europa, welche leichtsinnig den Rücken des göttlichen Stieres bestiegen hat und sich auf Kreta verzweiflungsvoller Reue hingibt, bis Venus sie mit der Enthüllung tröstet, daß sie zu Juppiters Weib erkoren sei. Wird vielleicht (das läßt der Dichter erraten) auch der Galatea im fernen Lande Venus zu Hilfe kommen? Vielleicht mußte er, daß für solche Rettung gesorgt sei: sonst würde die Zuversicht, womit die guten Wünsche für die scheidende auf die Beobachtung günstiger Vorzeichen gegründet werden, in keinem Einklang mit dem Mythos stehen. Derselbe ist in der höheren Lyrik der Griechen beliebt gewesen: Stesichoros, Simonides und Bakchylides haben ihn behandelt, und für ein Epyllion hat ihn Moschos verarbeitet. Gewiß hat Horaz aus solchen Quellen seine Dichtung getränkt, welche von epischen Bestandteilen in knappster Form nur aufgenommen hat, was für das Verständnis der Klage und deren Ausgang unentbehrlich schien. Diesen romanzenhaften Charakter haben noch andere Gedichte: die Weissagung des Proteus gegenüber dem Frevel des Paris (I 15), die Rede der Juno

im Götterrat über Rom (III 3), die Liebesthat der Danaustochter, deren Beispiel die spröde Lyda erweichen soll (III 11), die Auf=
opferung des Regulus (III 5).

Wenn die horazischen Liebesgedichte nicht selten wie Uebungs=
stücke nach fremden Mustern klingen, und es auch in der That zum Teil sind, so haben seine g e s e l l i g e n Lieder einen ganz anderen Ton aufrichtiger Stimmung, soviel auch in ihnen aus griechischer Quelle, namentlich den Sympotika des Alcäus, abgeleitet sein mag.
Als Freund des Bacchus und fröhlicher Trinkgelage ist der römische Nachahmer seinem lesbischen Vorbilde wenn auch nicht ebenbürtig, doch seelenverwandt. Auch Horaz ist unter allen Umständen zum Trinken aufgelegt. Wenn der Soracte beschneit ist, die Flüsse zu=
gefroren sind und winterliche Stürme das Meer aufregen (I 9. 11); wenn der Frühling wiederkehrt (IV 12) und die Schiffahrt beginnt; in der Hitze des Sommers (III 29), und wenn im Spätherbst die Krähe für den folgenden Tag Regen prophezeit (III 17); wenn der politische Horizont bewölkt ist und es gilt die eigenen Sorgen (Epod. 13) oder die Grillen eines Freundes zu zerstreuen (II 11); wenn ein geliebter Freund oder Augustus aus der Ferne heimkehrt (I 36 II 7 III 14); Niederlage und Ende der Kleopatra (I 37), der Geburtstag des Mäcen (IV 11), das Neptunusfest (III 28) und die Märzkalenden, der Jahrestag überstandener Lebensgefahr (III 8) — Alles gibt erwünschten Anlaß, der Gabe des Bacchus zuzusprechen. Einmal zur Winterszeit sitzt er mit Genossen bei frostig gelehrten Gesprächen zusammen (III 19). Da fährt er ungeduldig dazwischen: „von Codrus und seiner Lebenszeit, von Achill und den Kämpfen vor Jlion weißt du zu erzählen; aber wie wir zu einem Krug Thier=
wein kommen, bei wem und zu welcher Stunde wir bei wärmendem Feuer und dampfendem Trunk die grimmige Kälte los werden sollen, davon schweigst du." Und alsbald sind wir mitten im fröhlichen Gelage: rasch nach einander trinkt der durstige Dichter drei unge=
mischte Becher auf den neuen Mond, die Mitternacht, den neuge=
wählten Augur Murena; dann ordnet er die Mischungen an, eine stärkere und eine schwächere, und nun mag die Ausgelassenheit be=
ginnen: die Flöte, die Lyra sollen ertönen, Rosen gestreut werden, und das Toben der Zecher. mag der neidische Nachbar samt seiner spröden Liebsten hören. Gefällige Mädchen, Tanz und Saitenspiel, duftende Salben und Kränze von Rosen Myrten Lilien gehören zur

Ausrüstung. Zu Ehren des Mäcen geht es hoch her: das Haus lacht von Silber, der Altar, mit Zweigen umwunden, harrt des Opferlammes, geschäftig tummeln sich Burschen und Mägde, vom Herde steigt der Rauch empor, und neunjähriger Albanerwein steht bereit (IV 11). Bei anderer Gelegenheit wird wieder ländliche Einfachheit beliebt: ein kühler Trunk in dichter Weinlaube oder am rieselnden Quell unter den Schatten von Pinien und Pappeln (I 38 II 3). Für gewöhnlich mundet dem fröhlichen Dichter am besten der vierjährige Sabinerwein (I 9. 20). Wenn er aber die Ehre hat, den feinen Weinkenner Messalla Corvinus, den Besieger der Aquitanier, seinen alten Studien- und Kampfgenossen bei sich zu empfangen, dann holt er alten erlesenen Massiker vom Jahrgang seiner Geburt (689) aus dem Keller hervor. Mit Rührung redet er den gehaltvollen Krug an und rühmt weihevoll seine göttliche Kraft (III 21). Dann gab es erquickliche Stunden bei geistreichem Gespräch. Ihnen hat Mäcenas ein Denkmal gesetzt in seinem nach platonischem Muster gebildeten Dialog „Symposion", als dessen Teilnehmer Horaz Vergil Messalla auftraten. Letzterer hielt eine Rede über die Macht des Weines. Selbst das einzige geringe Bruchstück, der halbe Satz, daß jenes edle Naß alles verschönere und die Vorzüge der süßen Jugend wiederbringe, läßt uns die feine Beziehung des eben erwähnten Gedichtes ahnen, in welchem die Bacchusgabe ganz in gleichem Sinne, fast mit denselben Worten gepriesen wird.

Die immer neue Wonne des wiederkehrenden Frühlings genießt und schildert der sinnige Naturfreund mit frischem Behagen: der Schnee ist geschmolzen, Gräser und Laub sprossen, die Flüsse nehmen ab und gleiten ruhig in ihren Ufern, die trockenen Kiele werden ins Meer gezogen, das Vieh verläßt die Ställe, der Ackersmann den Feuerherd; beim Mondschein führt Venus Reigen an, Grazien und Nymphen tanzen, und die Cyklopen arbeiten in ihrer Werkstatt; die Schwalbe baut ihr Nest, die Hirten lagern im Grase und blasen auf dem Rohr (I 4 IV 12). Der unaufhaltsame Wechsel der Jahreszeiten mahnt an die Vergänglichkeit der irdischen Dinge und die Kürze des Lebens. Die Monde schwinden und wachsen wieder; aber wenn wir einmal hinabgesunken sind, wohin der reiche Tullus und Ancus, dann sind wir Staub und Schatten. Der bleiche Tod klopft an die Paläste der Reichen wie an die Hütten der Armen. Wenn einmal Minos seinen Spruch über dich gefällt hat, so bringt dich weder Abel noch Beredsamkeit noch edle Gesinnung ins Leben zurück. Wer weiß, ob die Götter nach heute noch ein Morgen vergönnen? Während wir sprechen, eilt das Leben dahin. Also gilt es die Stunde zu genießen, keinen langen Hoffnungsfaden anzuspinnen: pflücke den Tag und baue nicht auf den folgenden und kümmere dich nicht um ihn! Der ist geborgen, der Tag um Tag sagen kann: ich habe gelebt. Was die fliehende Stunde einmal gebracht hat, kann doch nicht ungeschehen gemacht werden (I 4. 9. 11 III 29 IV 7). Weg mit der garstigen Politik! Rasch flieht die Jugend und die Rosen verblühen: warum lagern wir uns also nicht gleich hier unter dieser Platane oder dieser Pinie, und trinken, solange wir noch dürfen, rosenbekränzt und mit assyrischem Nardenöl gesalbt? Alsbald soll ein Bursch den Falerner aus dem vorüberfließenden Quell mischen, ein anderer das Liebchen mit der Leier holen (II 11, vgl. II 3).

Einem bigotten Hypochonder, der begütert und glücklich verheiratet ist, aber statt das Leben frisch zu genießen, aus Todesfurcht die beste Zeit mit Opfern und ängstlicher Vermeidung aller Gefahren verliert, hält der Dichter, seinen trübseligen Ton parodierend, vor, wie unvermeidlich dennoch der Tod sei, daß nichts von allen Gütern dem Herrn ins Grab folge, auch nicht die edlen Weine, die er im Keller für den lachenden wüsten Erben zurücklasse (II 14).

Mit unermüdlichem Nachdruck prägt der Schüler Epicurs jene der ionischen Elegie so geläufigen Gedanken der Vergänglichkeit in immer neuen Wendungen aus. Aber er ist genügsam. Nicht nach Reichtümern und Kostbarkeiten, nicht nach prunkenden Palästen, ausgedehnten Gütern und erlesenem Luxus verlangt er, sondern das wahre Glück findet er in bescheidenem Genuß des Gegebenen, in Gesundheit und Frische des Geistes bei frugaler Lebensweise (I 31). Gut lebt, wem auf schmalem Tisch das väterliche Salzfaß glänzt und weder Furcht noch schmutzige Begierde den Schlaf raubt (II 16). Wohl dem, welchem der Gott mit sparsamer Hand geboten hat was genügt. Je mehr man sich versagt, desto mehr erhält man. Wer viel begehrt, dem fehlt viel (III 16). So ist Horaz vollauf zufrieden mit seinem kleinen Sabinergut, das ihn mehr beglückt, als wenn er ganz Afrika besäße (II 18 III 16). Wie alle seine Schilderungen ländlicher Natur und Sitte, so sind die Gedichte, welche das Leben auf jenem Gut berühren, von anmutigstem Behagen erfüllt. Dorthin

ladet er auch zur Zeit glühender Hundstagshitze Mäcenas ein, daß
der vielgeplagte Staatsmann Rauch und Lärm der Stadt mit frischer
Landluft vertausche und der schweren Sorgen vergesse (III 29). Zur
Vorfeier des Quellenfestes (Fontanalia, 13. Oktober) wird der kry=
stallhelle, kühle Bandusiaquell angesungen (III 13), der morgen mit
Blumen geschmückt, mit Weinspende und einem Bocksopfer geehrt
werden wird, und die schattige Steineiche über dem hohlen Felsen,
aus dem geschwätzige Fluten herabspringen. Der hilfreichen Diana
wird eine Pinie geweiht, welche die Villa überragt, und alljährlich
soll dieselbe mit dem Blut eines Ebers getränkt werden (III 22).
Am 5. Dezember feierte der Bauer seinen Faunus. Ein reizender
kleiner Hymnus (III 18) von bester Laune wirbt um die Gunst des
gutmütigen Feld= und Herdengottes, den Liebhaber der Nymphen,
die vor ihm fliehen. Der Dichter verspricht ihm ein leckeres Opfer
und schildert Lust und Frieden des herbstlichen Festes: wie der ganze
Ort samt dem Vieh auf Anger und Wiesen feiert und der lustige
Ackersmann den Boden im Dreitakt tanzend stampft.

 Nicht nur ein munterer Gesellschafter war Horaz, sondern ein
gemütlicher und anhänglicher F r e u n d. In Freud und Leid be=
gleitet er die seinigen mit Teilnahme und Zuspruch, nimmt jeden
nach seiner Art in Scherz und Ernst, neckend oder ermahnend, be=
glückwünschend oder tröstend. Wie innig, ja untrennbar er sich
Mäcenas, der Zierde und Säule seines Lebens verbunden fühle,
spricht er dem eben genesenen (nach 724), den aber noch Todes=
gedanken heimsuchen, in warmen Worten aus (II 17). Wie tief
empfunden ist das Trauerlied an Vergil (I 24) für den gemein=
samen Freund Quinktius Varus († 730/1)! Es beginnt im Ton
des Threnos, geht bald in Lob über und schließt mit dem Trost der
Ergebung. Die trockene Rolle des Sittenpredigers oder des Erziehers
seinen vornehmen Freunden gegenüber zu spielen lag dem geschmack=
vollen Kenner der Menschen und der Welt natürlich fern: aber ein
freundschaftlicher Rat war nicht ausgeschlossen. L. Licinius Murena,
durch Adoption mit Mäcenas verwandt, war ein maß= und rücksichts=
loser Feuerkopf, welcher die Teilnahme an einer hochverräterischen
Verschwörung, wozu er sich gerade während seines Consulatsjahres
(731) als College des Augustus verleiten ließ, mit dem Tode gebüßt
hat. Vergeblich also, obwohl nur zu berechtigt war die weise War=
nung des Freundes gewesen, der seinen hochfahrenden Sinn auf die

goldene Mitte verwies, welche Sicherheit und Gleichmut verbürge (II 10).

Was ihm in fremder Lebensauffassung zusagt, stellt er durch verklärende Betrachtung in erfreuliches Licht. Er stimmt zu, soweit er es anständigerweise kann, ohne deshalb in den entgegengesetzten Fehler würdeloser Schmeichelei zu verfallen. O. Dellius, der berüchtigte Parteigänger der Bürgerkriege, der nach mannigfachen Verrätereien zuletzt (723) von Antonius zu Cäsar übergesprungen war und nun im Kreise der nächsten Anhänger des Fürsten seine geselligen Talente übte, wird seine eigene Philosophie in der ihm gewidmeten Ode (II 3) wieder erkannt haben, welche aus dem gemeinsamen Los der Sterblichkeit die Aufforderung zu gleichmütigem Lebensgenuß herleitet. Der reiche und freigebige Bergwerksbesitzer C. Sallustius Crispus, Großneffe und Adoptivsohn des Historikers, war eine dem Mäcenas verwandte Natur. Wie er verschmähte er den Glanz offizieller Ehrenämter und zog ihm den persönlichen Einfluß bei dem Herrscher vor. Bei großer Geschäftsgewandtheit und erstaunlicher Arbeitskraft überließ er sich wie jener gern dem Behagen eines luxuriösen Privatlebens und geselligen Verkehrs mit geistreichen Leuten, römischen und griechischen Dichtern, z. B. des oben genannten Krinagoras (Ep. 48 R.), welche seine offene Hand und seine Liebenswürdigkeit reichlich erfuhren. Wie oft mag Horaz in den berühmten Gärten des interessanten Mannes die glänzende Gastlichkeit seines vornehmen Freundes erprobt haben! Seiner edlen Liberalität hat er ein poetisches Denkmal (II 2) gesetzt, indem er ihm als ebenbürtiges Beispiel großartiger Uneigennützigkeit den Schwager des Mäcenas, den Ritter C. Proculeius an die Seite stellt, welcher sein Vermögen mit seinen beiden durch den Bürgerkrieg verarmten Brüdern, Scipio und Murena, zu gleichen Teilen geteilt hatte. Beide in gewissem Sinn verwandte Persönlichkeiten führen den Dichter auf die Betrachtung, wie wenig glücklich Hab= und Herrschgier mache, wie nur derjenige dauernd als Weiser die Krone trage und herrsche, welcher gegen die Lockungen des Mammons unempfänglich sei.

Ein anmutig neckendes Scherzgedicht bekommt Iccius auf den Weg (I 29). Trotz philosophischer Studien von unbefriedigtem Streben nach Reichtum getrieben will sich der Buchgelehrte der abenteuerlichen Unternehmung des Aelius Gallus nach dem glücklichen Arabien (729) anschließen, um Schätze des Orientes heimzubringen.

Erstaunt über das unerhörte Wunder, daß der Verehrer des Panätius plötzlich seine Bücher mit der kriegerischen Rüstung vertauschen
wolle, sucht sich der Schalk vorzustellen, wie der friedliche Gelehrte
als stolzer Sieger dereinst ein Barbarenmädchen, dessen Verlobten er
getötet, als Sklavin heimbringen und ein schön frisierter medischer
Knabe vom Königshof ihm kredenzen werde. Harmloser Spott trifft
auch den jungen Aelius Lamia, dessen Familie sich eben zu höheren
Ehrenstufen aufschwang. Eine Aufforderung zum Trinken (III 17)
wird eingeführt mit einer feierlichen Anrede, welche den Stamm-
baum des Freundes nach dem in den abeligen Kreisen Roms damals
beliebten Schwindel aus urgrauer Vorzeit, vom homerischen Lästry-
gonenkönig Lamos herleitet: wer weiß, ob aus eigener Erfindung
oder nach der Forschung irgend eines Hausgelehrten? Peinlich dagegen berührt in der That das Lobgedicht auf M. Lollius (IV 9),
dem Velleius (II 101) gerade das Gegenteil der Tugenden nachsagt,
welche Horaz an ihm rühmt. Es war eben diesem verschlagenen
Heuchler bis kurz vor seinem Ende gelungen die übrige Welt ebenso
zu täuschen wie den Augustus, der ihn noch lange nach dem Tode
des Horaz mit seinem höchsten Vertrauen ehrte.

Ehren- und Lobgedichte auf Gönner und vornehme Freunde
waren Huldigungen, womit sich der Dichter von beschwerlicheren Ansprüchen loskaufte. Von solchen Leistungen, welche nicht aus freiem
Drange entsprungen sind, darf man keine innerliche Wirkung erwarten: es sind Schöpfungen des Kunstverstandes, nicht der unmittelbaren Empfindung. So feiert er an der Spitze des zweiten
Buches den Asinius Pollio (II 1) und bereitet das Publikum auf
das von dem bedeutenden Stilisten erwartete große Geschichtswerk
über die Bürgerkriege seit dem ersten Triumvirat vor. Diese Ankündigung belebt er durch vorgreifende Schilderung der Eindrücke,
welche ihm die Erzählung einzelner Episoden, wie der Schlacht bei
Thapsus, machen werde. Der Untergang der Freiheit mit der erschütternden Katastrophe Cato's und die Rache der den Afrikanern
günstigen Juno an den Enkeln ihrer Ueberwinder auf den blut-
getränkten Schlachtfeldern sind großartige Bilder, welche zugleich die
Bedeutung des entstehenden Werkes hell beleuchten und dem Gedichte
einen gedankenschweren Mittelpunkt geben. Geschickt und geistreich
lehnt Horaz die Besingung der Thaten des Agrippa ab (I 6). Wie
Ennius einst nur Homer für würdig und fähig erklärt hatte Scipio's

Ruhm zu verkünden, so verweist er den größten Feldherrn der Gegenwart an denjenigen unter den zeitgenössischen Dichtern, welcher vor dem Bekanntwerden der Aeneis dem Mäoniden am meisten ebenbürtig erschien, an Varius, um dessen hohe Begabung für Epos und Tragödie zugleich zu erheben und dagegen sich bescheiden auf die Grenzen des eigenen Vermögens zurückzuziehen.

Seinen republikanischen Jugendidealen hat er, ohne sie zu verleugnen, ein für allemal entsagt und sich der neuen Staatsform mit Ueberzeugung zugewandt. Gewiß also ist es nicht höfische Schmeichelei, sondern echter Ausdruck von Dankbarkeit und Verehrung, wenn er das Lob des Fürsten singt und seine lyrische Muse in den Dienst desselben stellt. Ihr am ersten ist es zu verzeihen, wenn sie in den überschwänglichen Ton einstimmt, welchen der Senat schon dem Dictator Julius Cäsar gegenüber angeschlagen hatte, und nach dem Muster hellenistischer Hofpoeten den Herrscher zum Gott erhebt oder ihm doch bereinstigen Sitz unter den Göttern anweist. Es ist aber nicht nur die offizielle Sprache, welche für feierlich gehobenen Stil einmal eingeführt war, sondern dieselbe gibt nur dem allgemeinen naiven Volksglauben Ausdruck, wie er sich im Gottesdienst, in Gründung religiöser Genossenschaften und Widmungen offenbart. Noch erschreckt von dem Aufruhr der Natur, welcher nach Cäsars Ermordung den göttlichen Zorn in unerhörten Zeichen verkündete, noch entsetzt von den Metzeleien der Bürgerkriege ersehnt der Dichter (I 2) die Hilfe einer Gottheit, welche dem Zusammensturz des Reiches wehren und den begangenen Frevel sühnen möge. Umschauend im Kreise der Himmlischen, welche Rom und dem Aeneasgeschlecht nahe stehen, bleibt sein Blick haften auf dem jugendlichen Mann in Mercurs Gestalt, dem Rächer Cäsars: lange soll er bei dem Volk des Quirinus verweilen, hier Triumphe feiern, hier sich gefallen lassen Vater und Fürst zu heißen, und die Sicherheit des Reiches vor barbarischen Feinden schützen. Wenn der Entführer und Segenspender hier mit dem Gott verglichen wird, der in friedlichem Verkehr Handel und Wandel fördert, wie er in der That von Gebildeten und Ungebildeten der Zeit angeschaut wurde, so erscheint er ein anderes Mal (III 14) als ein Hercules. In Spanien war das Leben des Augustus durch Krankheit bedroht gewesen; man hatte gefürchtet, daß er wie jener Heros seinen Ruhm mit dem Tode werde erkaufen müssen. Nun ist er glücklich heimgekehrt (Frühling 730): Jeder mag sich mit frohem Vertrauen festlicher Andacht und Lust hingeben; der Dichter selbst gedenkt den Tag bei einem Kruge alten Weines aus der Zeit des Spartacus festlich zu begehen. Und abermals etwa zehn Jahre später (Juli 741) ersehnt er die Rückkehr des „guten Führers", der sich nach dem Abschluß seiner Reformgesetze (seit 738) für mehrere Jahre nach Spanien und Gallien zurückgezogen hatte. Dankbar schildert er die Segnungen seiner Regierung, wie Friede und Sicherheit zu Lande und auf der See herrsche, wie der allgemeine Wohlstand, wie die Landwirtschaft gedeihe, Treue und Glaube wieder hergestellt, das Familienleben gereinigt sei, wie der Bürger, unbesorgt vor auswärtigen Feinden, ein behaglich idyllisches Leben führe und den Wohlthäter des Vaterlandes früh und spät segne (IV 5). In froher Erwartung malt er, als der Einzug des Augustus nahe bevorsteht, den Festjubel aus, welcher denselben empfangen werde, wie er selbst in der jauchzenden Volksmenge sich an Gesang und begeistertem Zuruf beteiligen werde (IV 2, 45 ff.).

Es war eine schöne und des warmen Patrioten würdige Aufgabe, die sittlichen Grundsätze und Ziele der kaiserlichen Regierung der Nation auch in der Form des höheren Liedes nahezulegen, mit der priesterlichen Würde des gottbegeisterten Sängers die ewigen Lehren zu predigen, auf welchen Staat und Gesellschaft beruhen. Wie Vergil und andere Genossen ist auch Horaz von Mäcenas und Augustus ausdrücklich angeregt und veranlaßt worden, die innere Wiedergeburt des römischen Geistes durch die Macht seines dichterischen Wortes zu unterstützen. Ganz im Einklang mit seinen eigenen idyllischen Neigungen stand zunächst das Lob antiker Einfachheit, die Verurteilung unersättlicher Habgier. Im Sinne Vergils beklagt Horaz, daß königliche Paläste und Lustparks dem Pfluge den Boden entziehen, daß Blumen und Prachtbäume die nützliche Olive und die Ulme verdrängen. Wie anders war es zur Zeit des Romulus und Cato, wo der Einzelne bescheiden wohnte, während für Staatsbauten und Tempel der Gemeindesäckel herhielt (II 15). Wie thöricht ist der Reiche, der noch am Rande des Grabes einen Marmorpalast ins Meer hineinbaut, der, um die Grenzen seines Besitzes immer weiter auszudehnen, den armen Gutsnachbarn vertreibt! Nimmt doch am Ende derselbe enge Raum, derselbe Orcus alle auf, wo Reiche und Arme, Groß und Klein gleich sind, denn Charon kennt keinen Unterschied (II 18). Die Unschuld ungebildeter Nomadenvölker wie der

Skythen und Geten, wird den römischen Großen vorgehalten und die Notwendigkeit einer an die Wurzel gehenden Reform, einer strengen und kräftigen Erziehung geprebigt (III 24). Als geweihter Musenpriester wendet sich Horaz an die heranwachsende Generation, eine erlesene Jugendschar, mit einer locker zusammenhängenden Folge gedankenvoll feierlicher Lieder, die als neue Offenbarungen andächtige Zuhörer fordern (III 1—6). Zuerst entrollt er ein erhabenes Bild der Weltordnung. Bei aller Verschiedenheit der Stellung und irdischer Glücksgaben sind doch alle gleich vor Juppiters Thron und unterliegen demselben Gesetze der Sterblichkeit. Rückkehr zur Natur und bescheidene Zufriedenheit gewährt allein wahres Glück (III 1). In raschen, aber prägnanten Zügen streift der Sänger die eitlen Bestrebungen der Menschen und die Sorgen, welche damit verknüpft sind, ohne Befriedigung zu gewähren. Auf der rechten Erziehung der Knaben zur kriegerischen wie zur bürgerlichen Mannhaftigkeit, auf der stolzen Unabhängigkeit des Charakters und der Treue beruht das Wohl der Zukunft (III 2). Simonideische und stoische Gedanken sind hier miteinander verwoben. Die Beharrlichkeit in Ausführung großer Entschlüsse wird im dritten Gedicht gerühmt: sie hat Helden zu Göttern erhoben. So den Gründer Roms, Quirinus. Der Gedanke, welcher seit Julius Cäsars Zeit in gewissen Kreisen spukte, den Sitz des Reiches nach der legendenhaften Wiege der Nation, nach Ilion zurück, den Schwerpunkt des Reiches nach dem Orient zu verlegen, wird in romanzenhaftem Stil abgewiesen, indem erzählt wird, wie Juno bereinst im Götterrat in flammender Rede für alle Zeiten ihr Veto gegen die Wiederaufrichtung der verhaßten Troerstadt ausgesprochen, an diese Bedingung das Gedeihen des neuen von Romulus gegründeten Staates gebunden habe. Möglich, daß der Dichter ausdrücklich von Augustus beauftragt war, zur Beruhigung und Belehrung der Gemüter einen Plan, welcher der Tiberstadt ans Leben ging, für alle Zeit zurückzuweisen. Darum gleich zu Anfang das Lob ruhiger Festigkeit gegenüber der Leidenschaft der Bürger, welche Verkehrtes fordern, denn auch Augustus, der zweite Quirinus und Neubegründer Roms, welcher wie dieser bereinst im Olymp Nektar schlürfen wird, ist des junonischen Verbotes eingedenk. Darum in der letzten Strophe das bedeutungsvolle Abbrechen und die plötzliche Umkehr von den Gesprächen der Götter zu dem gewohnten Beruf der heiteren Lyra. Das vierte Gedicht ist ein Hymnus auf die friedvolle, verklärende Macht der Musen. Sie schützen den Dichter, der in ihrem Hain zu wandeln glaubt, wo er auch sei, und gegen Gefahren aller Art; sie erquicken auch den Herrscher nach den Mühen des Krieges; sie verleihen milden und maßvollen Sinn, während das Gegenteil, rohe, ungestüme Kraft, wie der lebhaft geschilderte Titanenkampf beweist, durch eigene Wucht zusammenstürzt. Also mit verständlichem Rückblick auf den Parteienkampf, welcher durch die Erhebung des Augustus ein Ende gefunden hat (denn mit dem Besieger jener unbändigen Erbensöhne ließ sich der römische Olympier gern vergleichen), wird die Gunst und Pflege, welche den Musen unter dem neuen Regiment zu Teil wird, und der hieraus entsprießende Segen dankbar gepriesen. Und nun, im fünften Liede, eng anschließend an die Herrschaft des Donnerers wird die Krönung des augusteischen Ruhmes nach außen durch die Unterwerfung der Britanner im Norden und der Perser im Osten verheißen (727,8), um hieran eine Strafpredigt zu knüpfen wider die ehrvergessenen Soldaten des Crassus, welche als Gefangene der Parther gealtert sind. Ihnen ist recht geschehen, denn jener echte Römersinn fehlte ihnen, welcher einst dem Regulus eingab, den schmählichen Rückkauf gefangener Soldaten zu widerraten und sich selbst zu opfern. Erst im Jahr 734 schickte Phraates die in der Schlacht bei Carrhä erbeuteten Feldzeichen und die Gefangenen zurück, „bis auf wenige", wie Cassius Dio berichtet, „welche aus Scham sich das Leben nahmen oder auch im fremden Lande in der Verborgenheit blieben". Sehr möglich, daß mehrere Jahre früher Verwandte jener Gefangenen ihre Befreiung gefordert hatten, daß der Dichter solchen Bestrebungen entgegentreten wollte. Endlich, im sechsten Liede, die ernste Mahnung an den Römer, die Schuld der Väter zu sühnen durch Herstellung der Tempel und Rückkehr zur alten Frömmigkeit, zur Demut gegen die Götter, deren Vernachlässigung sich bitter gerächt hat. Es sind wiederum die Grundsätze und Ziele der gegenwärtigen Regierung, welche hier ins Licht gestellt werden. Hat doch Augustus bald nach seiner Rückkehr aus dem Orient als Consul nach Senatsbeschluß nicht weniger als 82 verfallene Tempel in Rom wieder hergestellt (726,28). Der entarteten Nation wird ein Spiegel vorgehalten, um die Notwendigkeit sittlicher Wiedergeburt zu beweisen: die Bürgerkriege haben Rom der Eroberungslust fremder, barbarischer Völker preisgegeben. Die Quelle alles Uebels, welches Volk und Vaterland untergräbt, ist die Unsittlichkeit in Familie und Ehe, die Frivolität, wodurch schon die Jungfrau zur Unzucht erzogen wird. Wie anders die kraftvolle, derb erzogene Bauernjugend, welche den Pyrrhus und Hannibal schlug! Von Geschlecht zu Geschlecht wird es ärger. Mit diesem düsteren Blick in die Zukunft, welcher den Leichtsinn der lebenden Generation zur Besserung aufrütteln soll, schließt diese poetische Predigt hohen Stiles.

Nicht Augustus allein, sondern sein Haus, auf welchem die Zukunft des Staates beruhte, ist von der Gottheit gesegnet und gilt dem Sänger der Monarchie als heilig. An den Schluß einer langen Reihe von großen Männern, die für Roms Geschick und allmälige Entwickelung, für die Ausprägung römischen Geistes von Bedeutung gewesen sind, stellt Horaz (I 12) den Schützling Juppiters, welcher, dem Vater der Götter und Menschen wie alle unterthan, in dessen Auftrag den Erdkreis regiert. Wenn aber der julische Stern alle überstrahlt, so wächst im stillen, noch lebenskräftig (während andere Geschlechter der Vorzeit abgestorben sind), der Stamm der Marceller. Nur durch die unmittelbare Nebeneinanderstellung dieser mit den Juliern ist auf die Ehe hingewiesen, in welche die Blüte jener Familie, der junge hoffnungsvolle Claudius Marcellus, mit Julia, der Tochter des Augustus, entweder schon getreten (730) oder zu treten im Begriff ist.

Wenn der Dichter trotz aller Wünsche, die ihm nahe gelegt wurden, die Kriegsthaten des Augustus und des Agrippa zu besingen gern anderen überließ, so fügte er sich doch in seiner letzten Periode, als sein Verhältnis zur Familie des Herrschers immer enger geworden war, dem Auftrage, die Siege der beiden kaiserlichen Prinzen, des jungen Drusus und des Tiberius über Völker der Alpen (740) in Ruhmesliedern (IV 4. 14) zu feiern. Er nimmt darin einen Anlauf zu pindarischem Schwung, der ihm sonst nicht bequem noch auch natürlich war. Eine großartige Periode von sieben Strophen führt in zwei prächtigen Gleichnissen unter den Bildern des eben ausfliegenden Adlers und des jungen Löwen die Persönlichkeit des Drusus ein (IV 4). Statt weiterer Schilderung seiner Waffenthat geht der Dichter in echt pindarischem Geist alsbald auf die Wurzeln solcher Heldenkraft zurück (fortes creantur fortibus et bonis). Aber während der aristokratisch gesinnte Grieche auf Natur und Anlage allein, auf Angelerntes keinen Wert legt, betont Horaz den Wert guter Erziehung (doctrina sed vim promovet insitam). Wie jener die Gegenwart durch Bilder einer großen Vergangenheit zu verklären liebt, so erzählt dieser, um den Stamm zu feiern, aus welchem solch edler Sproß hervorgegangen ist, von dem siegreichen Ahnen, welcher Hasdrubal geschlagen und dem furchtbaren Krieg die glückliche Wendung gegeben hat, welche Hannibals stolze Hoffnungen brach. Durch den Mund des verzagenden Feindes läßt er dem unbeugsamen Römergeist und der unvertilgbaren Lebenskraft dieses Volkes das glänzendste Zeugnis ausstellen, und schließt endlich mit der Zuversicht auf die durch Göttergunst und Geistesgaben gesicherten Erfolge der claudischen Familie, welcher jene beiden Brüder angehörten. Das zweite dieser Enkomien (IV 14) entrollt ein großartiges Bild von der siegreichen Macht des Fürsten, die seit dem Einzug in den Hafen von Alexandria (1. September 724) während dreier Lustra immer gewachsen sei und sich über den Erdkreis verbreitet habe. Unter solchen Auspizien seien auch die jüngsten Lorbeeren erfochten worden. Mit dieser kriegerischen Fanfare mochte aber der friedliche Dichter sein letztes Lieberbuch nicht beschließen. Noch einmal (IV 15) preist er die Wohlthaten der neuen Aera für das bürgerliche Leben, den Ertrag der Felder, den Frieden des Erdkreises, die Herstellung guter alter Sitten, durch die Latium groß geworden ist, die Eintracht und Zufriedenheit der Bürger, die sich wieder gern und dankbar der großen Vorfahren und der Herkunft von Troja, der Wiege des julischen Geschlechtes, erfreuen.

Eine innerlich religiöse Natur war Horaz freilich nicht, so schwankend auch seine philosophischen Ueberzeugungen gewesen sein mögen. Aber dem lyrischen Dichter war die Götterwelt für seine Sprache, den bildlichen Ausdruck seiner Gedanken unentbehrlich, und der Politiker erkannte im Glauben eine für die Menge unerläßliche Grundlage der Sittlichkeit, im Cultus eine unersetzliche Einrichtung zur Hebung des öffentlichen Geistes. Während der Hymnus an Mercur (I 10) nur als Studie nach Alcäus eine Bedeutung hat, und das gedankenvolle Gebet an die Fortuna von Antium (I 35) nur als eine poetische Einkleidung inniger Wünsche für die Erhaltung Cäsars in gefahrvollem Kriegszuge (728) gelten kann, so stehen die beiden bithyrambischen Lieder an Bacchus an selbständiger Erfindung wie an poetischer Stimmung bedeutend höher, denn dieses Gottes wunderbare Macht empfand der Verfasser unmittelbar. Wie hinge=

rissen von ihr glaubt er ihn im einsamen Felsgebirge zu schauen inmitten der Nymphen und Satyrn, die begeisternder Lehre lauschen. So darf er nun gleichsam als Eingeweihter die Gaben und die Geschichte des Gewaltigen singen, welcher die Natur beherrscht, dem Leben Fülle und Anmut gibt, das Harte Starre Gewaltsame beugt und bricht, und selbst die Schrecken der Unterwelt milbert (II 19). Mit prägnanter Kürze sind aus Quellen, die uns zum Teil verborgen sind, erlesene Züge kunstvoll zu einem sinnigen Gesamtbilde des Gottes vereinigt. Das andere Mal (III 25), erfüllt von Bacchus, schwärmt er in Verzückung, wie eine Mänade auf wilden Gebirgshöhen, für den unsterblichen Ruhm seines Fürsten: etwas Neues, von keinem Munde noch Ausgesprochenes will er in erhabener Weise verkünden. Nüchterner feiert er die Weihe des Apollotempels auf dem Palatin (24. Oktober 726). Ganz im Sinn des erleuchteten Gottes, dem sich Octavian gern vergleichen ließ, bittet sein priesterlicher Sänger (vates), wie er sich mit Selbstgefühl nennt, für sich, den bedürfnislosen um nichts als Gesundheit und Geisteskraft und ein Ueberfrohes Alter (I 31). Als Chormeister (vgl. Band I 328) studiert er einer gemischten Schar von Knaben und Mädchen einen Wechselgesang auf Diana und Apollo ein, dessen Schutz für Volk und Fürst in Nöten des Krieges wie des Friedens erbeten wird (I 21). Ob damit ein Vorspiel zu den im J. 726 zuerst begangenen aktischen Spielen gemeint sei, wie ein unzuverlässiger alter Erklärer angibt, bleibe dahingestellt. Zu priesterlichem Festgesang wurde er in der That ein Jahrzehnt später durch besonders ehrenvollen Auftrag des Augustus berufen.

Es lag in der Politik des Kaisers, der von ihm begründeten neuen Aera in der Entwicklung Roms die religiöse Weihe zu geben durch Veranstaltung eines großen Sühnfestes, wie dergleichen schon in früheren Perioden, wenn auch unregelmäßig, zum Abschluß verschieden und willkürlich berechneter Zeitabschnitte, die man Säcula nannte, gefeiert waren. Die Commission für die sibyllinischen Bücher hatte im Auftrage des Herrschers seit längerer Zeit die Vorbereitungen getroffen, sie hatte den Umlauf des abzuschließenden Zeitraumes auf 110 Jahre festgesetzt, der größte Kenner des pontificalen Rechtes, Atelus Capito, hatte nach alten Quellen den Ritus festgestellt und durch einen sibyllinischen Spruch bekräftigen lassen. Die eigentliche Feier (im Sommer 737), welcher noch einleitende Handlungen vorausgingen, erstreckte sich durch brei Tage und ebensoviel Nächte, denn sowohl ben unteren als ben oberen Göttern (Juppiter und Juno, Apollo Latona und Diana, ben Parcen und Geburtsgöttinnen, Ceres Dis und Proserpina) wurde an verschiedenen Orten geopfert. Auf einer bazu errichteten Bühne am Tiberufer wurden wiederholt Gesänge vorgetragen (auch auf bem Capitol von Frauen) und Schauspiele zu Ehren Apollo's und Diana's aufgeführt. Horaz erhielt ben Auftrag das Festlied für ben britten Tag zu verfassen. Wie einst das Parthenion bes Livius Andronicus (Band I 18) von 27 Jungfrauen vorgetragen war, so hat biefen Gefang ein Doppelchor von dreimal neun Knaben und ebensoviel Mädchen im palatinischen Tempel Apollo's ausgeführt: alle mußten noch Vater und Mutter am Leben haben. Mit offenbarer Beziehung auf bie heiligen Handlungen ber vorangegangenen Tage richtet sich das Gebet ber Reihe nach an bie beteiligten Gottheiten, vor allen an Apollo und Diana, benn seit bem aktischen Siege war jener als vornehmster Schutzgott Roms und seines Fürsten in hohen Ehren. Dem leuchtenden, ewig jungen Sonnengott steht bie Schwester zur Seite als bie unentbehrliche, von beren Hilfe die glückliche Niederkunft der Mütter, das junge Geschlecht und der segensreiche Erfolg der neuen Ehegesetze abhängt. Die Parcen mögen ben vollendeten Schicksalssprüchen ebenso günstige für die weitere Zukunft hinzufügen; die Erde möge Früchte tragen und des Himmels Gunst sie wachsen lassen. Nun aber kehrt die Bitte wieder zu ben Geschwistern Apollo und Diana zurück. Ihr Werk ist Rom: so mögen sie dem Blut des Anchises und ber Venus alles Gute schenken, ber Jugend Ehrbarkeit, bem Alter Ruhe, bem Volk Wohlstand, Nachkommen und Ruhm. In großen gebrungenen Zügen wird auf das Erreichte hingewiesen: auf die äußere Macht, die bis zu Medern Skythen Indern reicht, auf ben Segen bes Friedens und eines Lebens unter bem Schutze sittlicher Mächte, die wieder zurückgekehrt sind, wie sie im goldenen Zeitalter regierten. Und noch einmal zum Schluß wird das Vertrauen ausgesprochen, daß Apollo, der Abwehrer des Bösen, der Musenfreund, der heilende, von Lustrum zu Lustrum Roms Glück steigern und auch Diana, bie von Alters her auf bem Aventin als latinische Bundesgöttin haust, ihre Huld so wenig als Juppiter und alle Götter verweigern werde.

Es war eine auszeichnende Anerkennung der horazischen Lyrik,

welche den sittlichen Grundsätzen und Reformen der neuen Regierung
den edelsten und eindringlichsten Ausdruck zu geben wußte, daß der
Dichter für dieses Lied auserſehen war. Ein Vorspiel dazu war der
Hymnus an Apollo (IV 6). Sein Pfeil hat einst den grimmigsten
Feind Troja's niedergestreckt; seiner und der Venus Fürbitte wurde
die folgenreiche Sendung des Aeneas verdankt; seine Huld wird auch
für die neue Aufgabe erbeten. Und im Vertrauen auf die von dem
Gott verliehene Begeisterung und Kunst richtet der Dichter selbst-
bewußt ein aufmunterndes Wort an den Chor der Knaben und
Mädchen, die unter seiner Leitung an dem bevorstehenden Fest zu
Ehren Apollo's und seiner Schwester Diana singen sollen.

Im Sommer des Jahres 731 schickte Horaz die ersten drei
Bücher seiner Lieder an Augustus, der fern von Rom, aber in
Italien weilte. Ein zierliches Begleitschreiben, in die Form einer
humoristischen Unterweisung des Boten Vinius gekleidet (Briefe I 13),
war den Rollen beigegeben. Die Sammlung, dem Mäcenas als
Kenner der griechischen und Beschützer der horazischen Muse gewidmet,
ist durch Prolog (I 1) und Epilog (III 30) eingerahmt, beide in
asklepiadeischen Strophen an ihn gerichtet. Die erwähnten Aufträge
des Augustus haben ihn noch einmal nach Jahren zur Lyrik zurückgeführt, und so ist noch ein viertes Buch zustande gekommen, welches
mit dem J. 741 abschließt. Daß gerade alle darin enthaltenen Gedichte erst in dieser späten Zeit (zwischen 737 und 741) entstanden
sein müssen, ist nicht durchaus notwendig. Es könnte auch ein und
das andere ältere, welches aus irgend einem Grunde liegen geblieben
war, etwa von letzter Hand geglättet, hier einen Platz gefunden
haben. So die scherzhafte Einladung an Vergil († 735), dem aufgegeben wird, zu dem Krug trefflichen Caleners, der ihn erwartet,
ein Onyxbüchschen kostbaren Nardenöls als eine Art Kaufpreis mit-
zubringen (IV 12). Bei der idyllischen Schilderung der im Grase
gelagerten Hirten, ihrer Lieder und der Flötenbegleitung konnte kein
Unbefangener anders als an den berühmten Verfasser der ländlichen
Gedichte denken, und wahrlich nicht an einen obskuren Kaufmann
oder Salbenhändler. Jugendlichen Charakters ist auch das an Catull
erinnernde Motiv und am Schluß der übermütige Satz: dulcest
desipere in loco. Es trifft sich eigentümlich, daß wiederum eines
der ersten Gedichte des ersten Buches (I 3), das innig empfundene
Geleitslied für Vergil, der im Begriff ist zu Schiff nach Attika zu

gehen, aus dem Zeitrahmen der früheren Sammlung herausfällt, wenn man den natürlichen Gedanken an die verhängnisvolle Reise des Dichters, von welcher er nicht wiederkehren sollte, festhält und sich nicht mit der zwar wohlfeilen, aber durch keinerlei Zeugnis gestützten Annahme abfindet, daß jene Fahrt nach Griechenland schon früher einmal unmittelbar bevorgestanden hätte, ohne doch ausgeführt zu sein. Ist das Gedicht erst im J. 734 gedichtet, so kann es in der Sammlung von 731 natürlich nicht gestanden haben, sondern muß bei späterer Gelegenheit, als der Dichter ein Ganzes von vier Büchern neu zusammenstellte, an seinen jetzigen Ehrenplatz (gleich nach Mäcenas und Cäsar) gekommen sein.

Nur langsam und nicht ohne Widerstand ist es Horaz gelungen, die Anerkennung zu finden, welche er beanspruchte. In die Reihe der klassischen Lyriker neben den großen griechischen Vorgängern aufgenommen zu werden war sein Ehrgeiz (I 1), und im Epilog zur älteren Sammlung (III 30) gibt er sich in hohem Selbstgefühl das Zeugnis, ein Denkmal, dauernder als Erz, errichtet zu haben; sein Name werde fortleben und im Lobe der Nachwelt erklingen, solange der höchste Priester des Juppiter, der pontifex maximus, mit der Oberin der Vestalinnen das Capitol zum Gebet für Roms Dauer ersteigen werde. Aber mit dieser Zuversicht auf die Zukunft mußte er sich trösten über manche Unbill der Gegenwart. Nicht ohne Hinweis auf Mißgunst, über die er erhaben sei, malt er auch am Schluß des zweiten Buches (II 20) aus, wie er nach dem Tode sich auf Schwingen erheben und seinen Gesang über Meere und Länder bis zu den Hyperboreern und den entferntesten Völkern des Ostens und Westens tragen werde. Und wenn er (um das Jahr 727) weisen Gleichmut und Zufriedenheit in schöner Harmonie der Stimmung empfiehlt (II 16), so wendet sich doch eine scharfe Spitze gegen die böswillige Menge, die zu verachten ihm dasselbe Geschick verliehen habe, dem er einen leisen Hauch griechischer Muse verdanke. Auch der Erfolg jener ersten Sammlung war keineswegs befriedigend. Mit Bitterkeit erklärt er einige Jahre nach der Herausgabe derselben in einem seiner Briefe (I 19) an Mäcen, warum der undankbare Leser seine Arbeiten zu Hause zwar mit Beifall lese, aber öffentlich ungünstig beurteile. Er bewerbe sich eben nicht wie andere um die Gunst des Publikums und der Kritiker; er verschmähe das niedrige Mittel, durch Gastmähler und Geschenke, wäre es auch nur ein ab=

gelegtes Kleid, Bewunderer zu gewinnen, versäume auch den vornehmen Collegen und den gelehrten Herren von der Litteratenzunft durch Besuch und Veranstaltung von Recitationen den Hof zu machen. Da sei man empfindlich, nehme seine Zurückhaltung für Verachtung, seine Bescheidenheit für Ironie, halte ihn für vornehm und eingebildet. Erst nach jener Säkularfeier, in einem Lied des vierten Buchs (IV 3) darf er sich rühmen, die Herzen zunächst der römischen Jugend als Meister des äolischen Liedes auf römischer Leier erobert zu haben. Jetzt zeigen die Vorübergehenden auf ihn wie sonst auf Vergil, und der Zahn der Mißgunst beißt ihn weniger. Von Nebenbuhlern auf seinem Gebiet vernimmt man nichts. Nach Quintilians Urteil war Horaz unter den römischen Lyrikern ziemlich der einzige, der gelesen zu werden verdiente. Was man an ihm nicht leiden mochte, war die kalte Vornehmheit seiner Natur und seiner Richtung, die nahe Beziehung des fahnenflüchtigen Freiheitskämpfers zu den exklusiven Kreisen des Hofes, und die Anhänglichkeit seiner Muse an die Monarchie. Die Verehrer der naturfrischeren, selbständigeren, freier denkenden Dichter der Republik verstimmte die Geringschätzung, mit welcher Horaz zumal auf seine Vorgänger herabsah, und sein Anspruch, zuerst und allein auf unbetretenem Felde selbständig vorgeschritten zu sein (Briefe I 19). Die Jamben des Archilochus, die Muse des Alcäus, die ganze äolische Poesie will er allein Latium offenbart haben. Nennt er doch die Lyriker der vorigen Periode, Calvus und Catullus, nur ein einziges Mal und zwar mit Spott als überwundene Größen (Sat. I 10, 19).

Es ist hauptsächlich die künstlerische Form, Gesetzmäßigkeit und Wohllaut des Verses und der Strophe, vollendete Durchbildung des sprachlichen Ausdruckes nach allen Seiten, auch der poetischen Bilder und rhetorischen Figuren, kurz die Einführung griechischer Schönheit, Anmut und Glätte in die Schöpfungen latinischer Muse, worin Horaz sein Verdienst erkannte und worauf er stolz war. Ein Feind bilettantischer, kunstloser Poeterei war er selbst ein scharfer Kritiker seiner eigenen Arbeiten, feilte viel und konnte sich schwer genugthun. So legte er sich im vierten Buch der Lieder wieder neue, zum Teil noch strengere Gesetze des Versbaues auf. Darum war er sich seines Fleißes und des Erreichten bewußt. Von seiner Erfindungsgabe und dem Umfang seines dichterischen Könnens dachte er bescheiden genug. Er wußte vor allem, daß sein feines Organ für den hohen Schwung

pinbarischer Lyrik nicht geschaffen sei: nur genötigt durch den aus=
drücklichen Willen des Augustus hat er sich in jenem hochfliegenden,
brausenden Stil versucht (IV 4. 14), und ein drittes Mal, wo er
in einem Gesang zu Ehren des heimkehrenden Herrschers (Sommer
741) den unnachahmlichen Genius des großen Dichters schildert, um
seinen bescheidenen emsigen Fleiß daneben zu stellen (IV 2). Viel=
leicht richtete jene bewundernde Schilderung des pinbarischen Genius
(Oden IV 2) ihre Spitze gegen gewisse Wagnisse jüngerer Zeit=
genossen, wie des Titius, nach dessen kühnem Beginnen, „thebanische
Weisen lateinischen Saiten anzupassen" sich ein viel früher (734) ver=
faßter Brief (I 3, 9) mit zurückhaltender Ironie erkundigt. Unter
den Dichtern seiner Zeit gedenkt Ovid (ex P. IV 16, 28) eines
Rufus als Meisters pinbarischer Lyra. Wenn die Vermutung, daß
beide Namen zu einer Person Titius Rufus zu vereinigen seien,
das Richtige trifft, so muß derselbe um das Jahr 769 wenigstens
den Sechzigen nahe gewesen sein.

Auf die unkriegerische Stimmung seiner Leier und die Unzu=
länglichkeit seiner Begabung berief sich Horaz auch sonst gern, wenn
ihm von anderer Seite, wie von Agrippa (I 6) oder Mäcen (II 12)
oder auch Augustus (IV 15: vgl. Briefe II 1, 251 ff.) unbequeme
Zumutungen zu Epinikien und Enkomien gemacht wurden. Auch den
Kreis seiner Stoffe und Gedanken wollte er eben am liebsten auf
den leichteren des äolischen Liedes beschränkt wissen, wie ja auch
Alcäus selbst in Waffen und nach Stürmen Liebe und Wein be=
sungen hatte. Nur ausnahmsweise, wenn die Forderung an ihn ge=
stellt wurde, mochte er seiner Lyra ernstere, feierlichere Töne ent=
locken (I 32).

Auch wo er pathetisch scheint, lächelt bisweilen der Schalk hinter
der durchsichtigen Maske. Wie er in seinem Sabinerwalde einsam lust=
wandelte und ein Lied auf seine Lalage dichtete, ist ihm ein Wolf aus
dem Wege gegangen. Er malt das Tier zu einem Ungetüm aus, dessen=
gleichen weder in den apulischen Bergen noch in Afrika vorkomme, um
rühmen zu können, wie der Unschuldige, der reinen Herzens ist, vor
allen Gefahren gefeit sei, und das Gelöbnis abzulegen, daß er immer=
dar unter jedem Himmelsstrich seine Lalage lieben werde. So ist das
Ganze eine heitere Huldigung für die Geliebte (I 22). Ein Baum auf
seinem Gut ist über seinem Kopf (am 1. März 726: III 8) eingestürzt.
Mit drolliger Entrüstung macht er den Pflanzer des Baumes für den

Fall verantwortlich. Behaglich malt sich dann seine einmal erregte Phantasie aus, wie er beinahe das Reich der Proserpina gesehen hätte und dort der Sappho und dem Alcäus begegnet wäre; und indem er die Macht des Gesanges ausführt, welche diese Meister selbst in der Unterwelt noch ausüben, scheint er sich ihnen selbst beizugesellen (II 13: vgl. 17, 27). Gern knüpft er, wie Lyriker thun, an persönliche Erlebnisse und individuelle Fälle allgemeinere Gedanken. Ein Donnerschlag bei heiterem Himmel weckt in dem erschreckten Gemüte des freidenkenden Dichters die Gottesfurcht: er widerruft seinen Unglauben und erkennt die Macht der Fortuna, welche den Hochstehenden bemütige und den Niederen erhebe (I 34). Der Abschied von Vergil, „der Hälfte seiner Seele", und die Vorstellung von den Gefahren der bevorstehenden Seereise regt Betrachtungen an über die menschliche Verwegenheit, welche selbst die von der Natur gesetzten Schranken überspringe, nicht zum Heil der Welt, denn Frevel und titanischer Uebermut der Sterblichen fordere den göttlichen Zorn heraus, — oft bei griechischen wie römischen Dichtern wiederkehrende Gedanken. Origineller ist das Abschiedsgedicht an Plancus (I 7) gewendet. Statt ihm in der herkömmlichen Weise anderer Propemptika die berühmten Orte Griechenlands und Asiens, die der Reisende zu besuchen gedenkt, mit ihren Sehens- und Merkwürdigkeiten zu beschreiben, erklärt er, jene Mühe anderen überlassend, daß ihm Tibur, wo der Freund zu Hause, am liebsten von Allem sei, und begnügt sich mit dem Rat an den scheidenden, wo er auch weilen möge, dem Wein zuzusprechen, der alle Mühsal lindere, und nach dem Wahlspruch Teucers zu leben, für den Vaterland war, wo es gut sei. Dem durch seinen Wankelmut übelberüchtigten Parteigänger, dessen Krankheit die Neigung zum Verrat war, wird diese leichtmütige Lebensweisheit wohl aus der Seele gesprochen sein. Gerade in die Mitte ist das Gelenk des Gedichtes gelegt: die beiden Hälften innerlich miteinander zu verbinden ist dem sinnigen Leser überlassen. Aehnlich ist die Composition des Archytasgedichtes (I 28), dessen Voraussetzungen nicht auf den ersten Blick verständlich sind. Der Dichter segelt, von gefahrvoller Fahrt (III 4, 28) heimkehrend, am Grabmal des Pythagoreers Archytas in der Nähe von Tarent vorüber. Während er in Betrachtungen über das gemeinsame Los der Sterblichen versunken ist, welches auch jener große Gelehrte teilen mußte, wird er (V. 21) von dem Schatten eines Schiffbrüchigen angeredet, dessen

Leiche noch unbegraben an der Küste liegt, und um eine Spende Staubes gebeten. Die schroffe Nebeneinanderstellung beider Reden ohne ein Wort vermittelnder Erzählung hat zu der unhaltbaren Annahme eines Gesprächs geführt, während die Schattenvision, etwa durch das Kenotaph eines Schiffbrüchigen geweckt, das düstere Grundthema des Ganzen nur wie durch eine Antistrophe variiert und verstärkt.

Ein gewisses Ebenmaß architektonischer Gliederung, wie es in den Gesetzen antiker Kunst überhaupt begründet ist, herrscht auch in den horazischen Oden, aber ohne Steifheit und Schablone. Am durchsichtigsten pflegt der Bau der kürzeren zu sein. So ist bei denen von ungleicher Strophenzahl (5 oder 7) der Schwerpunkt öfters in die Mitte gelegt, um die von beiden Seiten je zwei (I 4. 24 III 10) oder je drei (I 17 II 7 IV 12) gruppiert sind.

Durch ein heiteres, sinnerfreuendes Bild wird die ernstere Stimmung zum Schluß nicht selten milde abgetönt; bisweilen wird sie auch plötzlich abgebrochen, als ob der Dichter sich verirrt oder verstiegen habe. Trefflich gelingt es ihm in wenige gesättigte Worte einen reichen Inhalt der Anschauung oder des Gedankens zusammenzubrängen. Dennoch ist nicht zu leugnen, daß Horaz in dem Bestreben nach möglichst reicher Ausführung des Guten bisweilen etwas zu viel gethan und den reinen Fluß der Empfindung durch weniger harmonische, auch kleinliche Züge gehemmt und getrübt, die Einheit der Vorstellungen gestört hat. Freilich mögen manche feinere Absichten und Beziehungen, welche für den zeitgenössischen Kenner ihren Reiz hatten, dem heutigen Leser verborgen bleiben: nur weniges der Art können wir noch bestimmt nachweisen, anderes höchstens ahnen. Wer aber nicht entschlossen ist auf alles Urteil zu verzichten, muß anerkennen, daß ein so gelehrter, geschmackvoller und sorgfältiger Dichter wie Horaz nicht Scipio, den Besieger Hannibals, mit dem Zerstörer Karthago's noch dazu in einem durch seine Fehlerhaftigkeit beispiellosen Verse (IV 8, 17) verwechseln konnte. Sobald aber nur in einem Falle die Annahme einer Interpolation als unabweislich erkannt ist, muß der Verdacht, daß noch andere spielende Zusätze von unberufener Hand gemacht und aus einer gemeinsamen Urhandschrift in den Text übernommen sind, berechtigt erscheinen. Die Kritik wird sich das Recht nicht nehmen lassen, wenn auch mit bescheidenem Vorbehalt den Finger auf solche Stellen zu legen, in

welchen der Dichter seine eigenen künstlerischen Grundsätze und Ge=
wohnheiten zu verleugnen scheint. Daß man die Lyrik des Horaz
täuschend nachzuahmen wußte, zeigt das Beispiel des römischen Ritters
Passennus Paulus, von dessen großer Begabung in diesem Punkte
sein Zeitgenosse, der jüngere Plinius, mit Bewunderung berichtet.

Trotz allen Aufwandes von Kunstfleiß, Sinn und Geschmack tritt
die goldene Ader des echt horazischen Geistes doch weit mächtiger in
jenen gehaltvollen launigen Plaubereien hervor, welchen der Ver=
fasser selbst den Rang eigentlich dichterischer Schöpfungen bescheiden
abspricht. Es ist die Satura, welche Ennius in die römische Litte=
ratur eingeführt und Lucilius bestimmter ausgeprägt hatte. Von
ihm nahm er die metrische Form des baktylischen Hexameters. Er
begann unmittelbar nach der Heimkehr aus dem Kriege mit diesen
Unterhaltungen (sermones), wie er sie nannte. Zuerst brachte er
vorzugsweise derbe Schwänke und heitere Mitteilungen, wie man sie
unter guten Gesellen zum besten gibt und auch Lucilius reichlich
geboten hat. Aus den Erinnerungen des Lagers stammt ein lustiger
Redekampf zweier Maulhelden (I 7). Vor dem Tribunal des Brutus,
der nach Cäsars Ermordung in Asien regierte, hat ein von den
Triumvirn geächteter Flüchtling, der sich dem Gefolge des Statt=
halters angeschlossen, mit einem reichen halbgriechischen Kaufmann
aus Klazomenä einen Rechtsstreit ausgefochten, aber seine italische
Grobheit hat gegen den Redefluß und gesalzenen Witz des Griechen
den kürzeren gezogen. Die Charakteristik der beiden ebenbürtigen
Gegner, welche ironisch mit Hector und Achill verglichen werden, ist
höchst ergötzlich, und die schließliche Berufung des Griechen an den
bewährten Königsmörder, die Welt auch von dem präneftinischen
„König" (denn diesen Beinamen führte der schimpfende Rupilius) zu
befreien, ist ein Bonmot, welches auf die im Sinken begriffene Größe
Brutus einen tragikomischen Strahl wirft.

Von dem Notturno auf dem Esquilin (I 8), welches so drastisch
endet, ist schon die Rede gewesen. In Form eines humoristischen
Tagebuches werden ferner die kleinen Erlebnisse der oben erwähnten
diplomatischen Reise nach Brundusium erzählt (I 5), gewiß um der
bekannten Reisebeschreibung des Lucilius (Band I 233) ein Seiten=
stück zu geben. Da sie in sehr gemächlichem Tempo vor sich geht,

so zieht eine Reihe von Bildern und Scenen an uns vorüber, geistreiche Federzeichnungen in derben realistischen Zügen: die nächtliche Kanalfahrt auf der Treckschuyte mit dem Gezänk der Sklaven und der Fuhrleute; die zärtlichen rispetti, welche der bezechte Bootsmann und der Treiber am Ufer auf dem Leinpfade miteinander austauschen, bis der eine nach dem anderen müde wird und sich schlafen legt, aber mit Tagesanbruch von einem der Passagiere unsanft mit dem Knittel geweckt wird; die lächerliche Figur des Prätors von Fundi, ehemaligen Kollegen des Horaz, in seinem kleinstädtisch amtlichen Pomp. Nach der herzlichen Begrüßung der lieben Freunde, welche zusammentreffen, folgt ein Neckspiel zwischen dem lustigen Freigelassenen des Mäcen, dem kleinen schmächtigen Tusker Sarmentus und dem Osker Messius Cicirrus, dessen groteske Erscheinung an Polyphem erinnerte, — eine echte Satura ältesten Stils, womit Cocceius in seiner Villa bei Caudium seine Gäste über Tafel unterhält, mit epischer Grandezza berichtet wie ein Zweikampf homerischer Helden. Weiter die Feuersgefahr, welche ein übereifriger Gastfreund in Benevent beim Braten von Drosseln verursacht, auch der rauchende Kamin in einer Herberge der Appulerberge, und die höchst persönlichen unliebsamen Erinnerungen an die folgende Nacht, endlich das heilige Wunder von Gnatia, an welches zu glauben der hartgesottene Epikureer, der seinen Lucrez gelesen hat, den abergläubischen Juden überläßt: — alle diese Freuden und Leiden, Eindrücke und Beobachtungen sind Station um Station zu heiterer Erinnerung der Genossen und zum Mitgenuß für die Anderen in ebenso zierlicher wie pikanter Form verzeichnet. Der wichtige Reisezweck wird nur gelegentlich und flüchtig angedeutet. Ein harmlos jugendlicher, frischer und gemütlicher Ton erinnert fast an catullische Weise.

Viel feiner, ein Kabinetstück anmutiger Laune und lebendiger Charakteristik ist die Begegnung mit dem zubringlichen Streber auf der heiligen Straße (I 9), eine dramatische Scene von packender Naturtreue: die selbstgefällige naive Gemeinheit des klebrigen Schwätzers, die hilflosen Bemühungen des Angefallenen, den Klauen des Unbarmherzigen zu entschlüpfen, seine tragische Verzweiflung und die Bosheit des Freundes, der ihn schadenfroh zappeln läßt, bis ein deus ex machina ihn rettet.

In die gleiche Zeit ungefähr gehört jene liebenswürdige Ansprache an Mäcen, in welcher Horaz zu Ohren der Neider über sein

Verhältnis zu dem kürzlich gewonnenen Gönner Rechenschaft ablegt
(I 6). Sie macht ebensowohl der bescheiden vornehmen Gesinnung
des Verfassers wie der edlen Liberalität des Freundes hohe Ehre.
Wie dieser bei der Wahl seines Umgangs nicht nach Herkunft und
Ahnen, sondern nach Charakter und Geist fragt, so schämt sich Horaz
nicht seiner niederen Abstammung und ist sich voll bewußt, daß ehr=
geiziges Emporstreben über seine Verhältnisse ihm nur Uebelwollen
und Beschwerden aller Art einbringen würde. Er setzt dem braven
Vater, dessen verständiger Fürsorge er die beste Erziehung und Bil=
dung verdankt, ein treu gemeintes Denkmal der Pietät, schildert zu=
frieden sein anspruchsloses, aber sorgenfreies und unabhängiges Leben,
und würzt die in klarem, behaglichem Fluß hingleitende Aussprache
mit gelegentlichen spöttischen Seitenblicken auf einen und den anderen
seiner Mitbürger, dessen notorische Thorheit seinen gesunden Anschau=
ungen zur Folie dient, doch ist der Spott ohne jede persönliche Ge=
reiztheit.

Aus so harmonischer Stimmung stammt die allgemeine Be=
trachtung, welche ebenfalls an Mäcenas, den gleichgesinnten Freund,
gerichtet und an die Spitze der ganzen Sammlung gestellt ist (I 1),
als vielleicht erste Probe jener gehaltreichen Unterhaltungen über
einzelne Fragen praktischer Moral und Lebensweisheit, welche den
eigentlichen Kern dieser Satirensammlung ausmachen. Woher kommt
es, fragt der Verfasser, daß niemand mit seinem Lose zufrieden ist
und nach dem entgegengesetzten des anderen begehrlich ausschaut, der
Kaufmann den Beruf des Kriegers, der Städter das Landleben
rühmt, und umgekehrt? und doch würden sie nicht Ernst machen,
wenn ihnen der Tausch freigegeben würde. Eins ist allen, die sich
in ihrer Sphäre unzufrieden abmühen, gemeinsam, das neidische
Streben, dem anderen zuvorzukommen, die rastlose Sucht zu gewinnen
und zu erwerben, worüber die Zeit des Genusses versäumt, das wahre
Glück verscherzt wird, so daß nur selten einer mit seinem Lebenslauf
zufrieden wie ein satter Gast (nach epikureischer Lehre) von hinnen
geht. Am Beispiel des Geldgierigen wird diese sinn= und gemütlose
Leidenschaft des Weltrennens nach einem nie erreichten Ziel ein=
gehender beleuchtet. Der Verfasser läßt sich in lebendige Verhand=
lung mit denen ein, deren Thorheit er bekämpft, nimmt ihre Ein=
wände entgegen und widerlegt sie, am liebsten wieder durch Beispiele
und Geschichten oder kurzen Hinweis auf bekannte Figuren. Aber

dazwischen ist manches goldene Wort gestreut; manche Züge und
Wendungen wird der römische Leser als Anspielungen, Parodien,
Uebertragungen empfunden haben; Einzelnes hat epikureisches Ge=
präge. Gleich im Anfang der Vorschlag Juppiters und dessen Ab=
weisung beruht auf dem Einfall eines unbekannten griechischen Humo=
risten. In dem Bilde des Wagenrennens (V. 114 ff.) klingt
unverkennbar der ergreifend schöne Schluß des ersten Buches der
Georgica wieder: wer den vollen Atem Vergils kennt, wird nicht um=
gelehrt Horaz für den Urheber der hochtönenden Worte halten.

Derb greift in das wüste Treiben der Gesellschaft eine Satire
(I 2) aus früherer Zeit ein. Der liederliche Musiker Tigellius, der
einst zum Kreise Cäsars gehört hat und auch bei Octavian gern ge=
sehen war, ist gestorben. Die allgemeine Trauer des lockeren Ge=
sindels, welches aus dem Beutel des freigebigen lebte, gibt dem
Verfasser den Ausgangspunkt, um über die Neigung der Leute zu
Extremen zu spotten: der eine, um dem Ruf des Verschwenders zu
entgehen, ist geizig und hartherzig, der andere, weil er nicht schmutzig
und kleinlich erscheinen will, vergeudet sein Vermögen. Maß und
rechte Mitte weiß man nicht einzuhalten. So geht es auch in ge=
schlechtlichen Dingen (und hiermit wird das eigentliche Thema an=
geschlagen). Die frivole Neigung, mit verheirateten Frauen vor=
nehmer Häuser unsittliche Verhältnisse zu unterhalten, greift immer
mehr um sich trotz der Gefahren und schimpflichen Folgen, welche
den ertappten Buhlen von Rechts wegen erwarten. Andere verderben
ihren Ruf in zügellosem Umgang mit gemeinen Dirnen. Der Ver=
fasser, welchem das Pathos des Moralisten ganz fern liegt, vertritt
mit kühler Vernunft die Stimme der gesunden Natur, welche ohne
viele Umstände befriedigt sein will. Es ist der Ratschlag des alten
Cato, gewürzt durch Sätze der populären Ethik Epikurs, wie sie in
den Schriften eines Philodemus, des Modephilosophen, zu finden
waren. Die Beispiele, womit die launige, dialektische Auseinander=
setzung durchflochten ist, sind nicht nur der Vergangenheit entlehnt,
sondern werfen manchen Seitenblick auch auf Zeitgenossen, zum Teil
aus dem Kreise Octavians.

Auch die dritte Satire, welche bereits den Verkehr mit Mäcenas
als einen gewohnten behandelt (V. 63 f.), geht von dem verstorbenen
Tigellius aus, dessen künstlerhafte Launenhaftigkeit, die sich in schroffen
Gegensätzen erging, ergötzlich geschildert wird. Aber wie komme ich

dazu, wirft sich der liebenswürdige Verfasser alsbald ein, so scharf zu urteilen? Habe ich nicht auch Fehler? Scharfsinnig erkennt man die fremden und ist blind oder doch nachsichtig gegen die eigenen. Wie anders der Liebhaber und der zärtliche Vater! So sollte auch der Freund Eigenheiten oder Mängel des anderen, statt sie mit gehässiger Schärfe noch zu übertreiben, vielmehr entschuldigen und ihnen die gute Seite abgewinnen, wenn er doch auch für sich milde Beurteilung beansprucht. Wer seinen Zorn statt der Vernunft zum Richter über fremde Vergehen macht, der wird ungerecht und verleugnet den Fortschritt der menschlichen Gesittung, welche das rohe Faustrecht abgeschafft und maßvolle Ueberlegung an Stelle der Leidenschaft gesetzt hat. Die strenge Ansicht, daß alle Vergehen gleich seien, wollen wir denen überlassen, welche zugleich behaupten, daß der Weise alles verstehe und König sei. Einen Narren dieser Sekte überläßt der Verfasser dem Gespött der Straßenjungen und erklärt, mit seinem lässigen Grundsatz „leben und leben lassen" weiter zu kommen. Unerwartet läuft die Empfehlung bescheidener und milder Maßhaltung in der eigenen Führung wie im Urteil in eine Spitze gegen den hochmütigen Rigorismus der Stoiker aus.

Es konnte nicht fehlen, daß die sarkastischen Schilderungen und Seitenblicke des scharfen Beobachters Empfindlichkeit bei den Betroffenen, Unbehagen bei Verwundbaren erregten, daß Leute, welche keinen Spaß verstanden oder verstehen mochten, den Satiriker als einen boshaften, gefährlichen Menschen verlästerten. Ein solcher Vorwurf traf um so schärfer den, welcher noch in der dritten Satire Milde und Toleranz gepredigt hatte. Ihr schließt sich daher in der vierten eine persönliche Rechtfertigung des Verfassers selbst und der von Lucilius übernommenen Dichtgattung an. Aber die Berufung auf diesen und die Beschreibung seiner Art, womit die Auseinandersetzung anhebt, führt sofort, da der Verfasser sein Verhältnis zu dem Vorgänger bezeichnen will, auf eine lebhafte Kritik der sorglosen Form jener Vorbilder, während er sein eigenes künstlerisches Verdienst ironisch bescheiden der vergleichsweisen Unergiebigkeit seiner schriftstellerischen Ader zuschreibt, welche ihn vor dem Fehler jenes überströmenden Geistes von selbst bewahre: ja den Rang eines Dichters weist er beiläufig für sich und die Gattung zurück. Indem er sich dann mit Nachdruck gegen den Verdacht persönlicher Bosheit und Schmähsucht wendet, schiebt er seine Neigung zu beobachten und sich darüber Rechenschaft zu geben, sei es zur Warnung, sei es zum Vorbilde, der frühen Gewöhnung durch den Vater zu. Der Tadel, welchen Horaz über die Formlosigkeit der lucilischen Satiren ausgesprochen, hat das Mißfallen seiner Widersacher, welche Verehrung der Alten zur Schau trugen, eines Hermogenes Tigellius, eines Demetrius, Pantilius, Fannius hervorgerufen. Die zehnte Satire, welche den Beschluß des Buches macht, rechtfertigt jene Kritik. Er nimmt für sich dasselbe Recht in Anspruch, welches Lucilius an anderen wie Accius, Ennius geübt hat; ja Lucilius selbst würde, wenn er jetzt lebte, vieles anders schreiben. Ohne das Verdienst der Vorgänger und vollends des Erfinders zu schmälern, glaubt Horaz in dieser bescheidenen Gattung es weiter als jene gebracht zu haben, während er andere Gebiete neidlos anderen überläßt. Eine stattliche Reihe namhafter, durch Stellung, Verdienst und Talent hervorragender Freunde, deren Urteil er als maßgebend anerkennt, führt er gegen jene unbedeutenden Feinde ins Feld.

Diese blieben die Antwort nicht schuldig: die einen, welche Grund hatten den Spott zu fürchten, fuhren fort seine Schärfe und Rücksichtslosigkeit zu tadeln, während die Verehrer des Lucilius dessen nervige Kraft vermißten. So eröffnet Horaz gleich das zweite Buch mit einer gutgelaunten Rechtfertigung seiner Angriffe: er könne nun einmal nicht anders; etwas Kriegerisches liege ihm im Blute als geborenem Grenzbewohner; stehen doch die Ansiedler einer Militärkolonie von jeher auf der Wacht gegen Feinde. Seine eigentümliche Waffe sei der Schreibgriffel, den er nicht lassen wolle, solange er lebe, möge ihm ein langes Leben oder früher Tod beschieden sein, sei es in Rom oder in der Fremde. Warum solle ihm nicht dieselbe Freiheit verstattet sein wie dem Lucilius? Haben sich doch dessen edle Freunde nicht durch seine Verse gegen einen Metellus oder Lupus beleidigt gefühlt. Ebenso dürfe er sich auf die Gunst und den Beifall der Großen, des Cäsar Octavianus berufen. Die Auseinandersetzung mit seinen Widersachern hat Horaz (nach dem Vorgang des Lucilius und schon des Ennius) in die Form einer Beratung mit dem gewiegten Juristen C. Trebatius Testa gefaßt, der sich sowohl durch seine Rechtskenntnisse wie durch seine gute Laune (die Correspondenz mit Cicero liefert Proben davon) für diesen Fall besonders empfahl. Dem gesetzkundigen Freunde ist die Rolle des vorsichtigen Warners vor unliebsamen Folgen übertriebener

Freimütigkeit zugeteilt, doch erkennt er zum Schlusse selbst die Berechtigung eines guten Witzes an. Den anderen gegenüber, welche im Gegenteil die Satiren des Horaz kraftlos fanden, brauchte der Verfasser natürlich kein Wort zu verlieren: daß Lucilius ihm überlegen sei, gibt er ohne weiteres zu.

Die Satiren des zweiten Buches behandeln überwiegend moralische Themata, deren Erörterung in der Regel einem Gewährsmann untergeschoben wird. So beruft sich die zweite, welche Genügsamkeit in Speise und Trank predigt, auf den Bauer Ofellus, der einst in Venusia ein Gütchen besaß, dann aber von Veteranen vertrieben ist. Da kommt ihm denn in ärmlichen Verhältnissen die in besseren Zeiten geübte Einfachheit trefflich zu Statten, so daß er den Wechsel kaum spürt. Mit der Vorbedingung seines Vortrags, daß die Freunde ihn vor Tische, nicht bei glänzend besetzter Tafel hören sollen, ist der Verfasser schon mitten in der Sache, denn er weist sofort nach, daß Hunger nach redlicher Anstrengung der beste Koch und gegen überfeine Genüsse gleichgültig sei. Von hier ist der Uebergang zu eitlem Tafelluxus gegeben, dessen Nichtigkeiten besprochen werden, ein unerschöpfliches Thema, welches schon Lucilius und Varro ausgenutzt und auch die Späteren nicht aufgegeben haben (vgl. Band I 231. 258): der Pfau mit seinem schillernden Schwanz, der doch nicht zu essen ist, der Fischkoloß, den man doch in kleine Stücke zerschneiden muß; die thörichten Moden des Geschmacks. Ebenso verkehrt aber ist die gesuchte Armseligkeit und Roheit der kynischen Lebensweise: in der Mitte liegt das Richtige. Nun werden die Vorteile bescheidener Diät nachgewiesen: gute Gesundheit, die Annehmlichkeit der Steigerung an Festtagen, der Pflege in Krankheit oder Alter, bequemer Gastlichkeit. Dazu kommt, daß der Schlemmer sich in den Ruf des Verschwenders bringt, denn jedenfalls könnte er sein Geld besser anwenden, für Arme, für Tempelbauten, für das Vaterland. Endlich: wie wird der Verwöhnte einen Glückswechsel ertragen? Und hier wird als wohlthuender Gegensatz auf das Beispiel des Ofellus hingewiesen, auf die schlichte und herzliche Gastfreundschaft, die er auf seinem Gut geübt hat: in solcher Weise kann er auch als vertriebener weiterleben, auch ohne Bitterkeit, indem er sich das Naturgesetz klar macht, wonach alles seinen Herrn wechselt.

Gastronomische Weisheit hatte aus griechischer Quelle bereits Ennius, wie wir sahen (Band I 47), in die römische Poesie ein=

geführt, auch Varro hatte ihr eine seiner Satiren gewidmet. Horaz, so bedürfnislos er im allgemeinen gewesen sein mag, fand doch genug Gelegenheit, auch die Feinheiten der Tafel würdigen zu lernen und ein zweckmäßig bereitetes wie geschmackvoll angerichtetes Mahl zu schätzen. Unter seinen Freunden hat es an Kennern solcher Genüsse gewiß nicht gefehlt. Wenn sein Ofellus den Segen der Frugalität gepriesen hatte, so läßt der Dichter zum Frommen solcher Genossen einen andächtigen Schüler (Catius) eines ungenannten Kochkünstlers, dessen Lehrvorträge vor dem eleganten Publikum gerade in der Mode gewesen sein müssen, als Verkündiger so vortrefflicher Lehren auftreten, welche einen Pythagoras Sokrates Plato aus dem Felde schlagen sollen. So erfüllt ist derselbe von ihnen und so vertieft in das Bemühen, sie seinem Gedächtnis einzuprägen, daß er für nichts anderes Ohr und Sinn hat, und statt Horaz, der ihn anspricht, Rede zu stehen, ohne weiteres mit der ganzen Litanei, die er eben für sich memorieren wollte, herausfährt, ohne ein einziges Mal von dem lauschenden Dichter unterbrochen zu werden. Man glaubt einen der gelehrten Köche aus der attischen Komödie zu hören. Dem ironischen Zuhörer hat natürlich die tiefe Lehre so imponiert, daß er nichts mehr ersehnt als den Meister selbst zu vernehmen und an der Quelle zu schöpfen. Gewiß hatte für den zeitgenössischen Feinschmecker, der auch manche Anspielung und Spitze herausfühlte, das alles einen ganz anderen Reiz als für uns spätgeborene Barbaren. Auch das parodierte Pathos des priesterlich dogmatischen Vortrages können wir im allgemeinen wohl empfinden, aber nur an wenigen Stellen noch sicher nachweisen.

Wie man sich im Kreise des Horaz über solche Weisheit lustig machte, wenn sie anspruchsvoll mit wichtiger Miene und prahlerisch auftrat, zeigt die humoristische Schilderung einer verunglückten Mahlzeit, welche ein reicher Emporkömmling (hier Nasidienus Rufus genannt), dem Mäcenas zu Ehren angerichtet hatte. Abermals ist die indirekte Form der Einkleidung gewählt: einer der Gäste, der Komödiendichter Fundanius, erzählt dem Verfasser von dem gestrigen Mahle, bei dem er sich auf Kosten des albernen Gastgebers vortrefflich unterhalten hat. Derselbe hatte die beste Gesellschaft geladen, lauter geistreiche und witzige Leute, obendrein noch einen Spaßmacher, wie sich's gehört. Aber die trivialen Anmerkungen, mit denen er, um seine jüngst erworbene Kennerschaft zu beweisen, jeden der kostbaren Leckerbissen, die er auftragen läßt, anpreist, die peinliche Sorgfalt der gesamten Zurüstung und der übertriebene Wert, welchen er auf Anerkennung legt, erregen den Spott der Gesellschaft. Als nun vollends durch eine Bosheit des Zufalls der über der Tafel aufgehängte Teppich niederstürzt und die Herrlichkeit in eine gewaltige Staubwolke hüllt, erliegt der eitle Herr beinahe diesem tragischen Geschick. Während er in der Küche Anstalten trifft, um durch neue Delikatessen das Unglück wieder gut zu machen, lassen besonders die beiden ungeladenen Begleiter des Mäcenas, zwei Hauptspötter, ihrem Witz die Zügel schießen. Jener selbst bleibt natürlich vornehm im Hintergrunde. Der Wirt aber, welcher auch die feine Geflügelschüssel durch seine langweiligen Belehrungen unschmackhaft macht, wird auf das empfindlichste dadurch gestraft, daß die Gäste, ohne davon zu kosten, die Flucht ergreifen.

Mehrfach nähern sich Satiren des zweiten Buches durch ihre phantastische Einkleidung den Humoresken des Menippos und seines Nachfolgers, des Varro. Sehr alt, schon in der altattischen Komödie, später von Kynikern und Sillographen verwendet, war das homerische Motiv einer Hadesfahrt. Dort unten, wo sich die Verstorbenen von der täuschenden Hülle des Lebens entkleidet darstellen, bekam man die Wahrheit über Menschen und menschliche Dinge zu hören. Wie nun bei Homer Odysseus in die Unterwelt steigt, um Teiresias über seine Heimkehr zu befragen, so ließ sich die untrügliche Sehergabe des Alten auch für andere Fragen ausnutzen. Lukians Menippos z. B. beschließt seinen Besuch im Hades mit der Bitte an das blinde dürftige Männchen, ihm zu sagen, welcher Stand der beste sei, und erfährt, das Privatleben sei allem vorzuziehen. In der horazischen Satire ist die homerische Voraussetzung festgehalten. Ulixes hat bereits die gewünschte Auskunft von Tiresias erhalten, da fällt ihm noch eins ein: wie soll ich's anfangen, um mich aus meiner Bettelarmut wieder emporzuarbeiten und neuen Besitz zu erwerben? Hierauf gibt ihm Tiresias den Rat — Erbschleicher in Rom zu werden. Denn das ist der Humor der Sache, daß völlig, als ob es sich von selbst verstände, Ithaka zu Rom wird: römische Persönlichkeiten, römische Stadtgeschichten, Verhältnisse, Begriffe sind es ausschließlich, welche der thebanische Seher voraussetzt und einführt, er parodiert sogar einen schlechten römischen Dichter, — Rom ist eben die Welt. Nur einmal, was um so pikanter wirkt, verlegt der Seher

einen besonders burlesken Fall nach seiner Heimat Theben (V. 84).
Keine unter den horazischen Satiren, nicht einmal die derbste über
den Ehebruch, ist so bitter, mit so verachtender Ironie durchtränkt,
als diese, welche jenen seit kurzem erst, aber schon tief eingefressenen
sittlichen Schaden der Gesellschaft aufdeckt, die gesinnungs- und würde-
lose Spekulation und Kriecherei der Erbschleicher. Mit objektiver
Ruhe lehrt der erfahrene Alte die Geheimnisse ihrer Technik, zwar
ab und zu unterbrochen durch entrüstete oder erstaunte Einwände des
weltfremden Irrfahrers, zuletzt aber verstummt derselbe und findet, nachdem der Schatten plötzlich verschwunden ist, kein Wort: der Spuk ist
vorüber. Es sind die seit Eupolis bewährten Künste der Schmeichelei,
nur nach etwas verändertem Ziel gerichtet und darum auch zum
Teil etwas anders gewendet. Wie der Ulixes dieser Satire mag
sich Horaz gefühlt haben, als er von seiner Odyssee aus Griechenland „nackt und arm" heimkehrte und sich nach anständigem Erwerb
umsah. Aber eine unverkennbare Anspielung auf den aktischen Sieg
(V. 62 f.) beweist, daß die Satire wenigstens die vorliegende Fassung
erst mehr als ein Jahrzehnt später (723/4) erhalten haben kann.

Eine doppelte Einkleidung wie mancher platonische Dialog hat
die lange Darlegung des stoischen Paradoxons, daß alle Menschen
närrisch seien (II 3). Damasippus, der sich durch unmäßige Kunst-
liebhaberei und Spekulationen in Grundstücken bankerott gemacht hat,
ist unter die Stoiker gegangen und bringt seine neu erlernte Weisheit, die er einem älteren Meister untersten Ranges, Stertinius, verdankt, sofort ungebeten mit dem Eifer eines gelehrigen Schülers an
den Mann. Er hat sich die lange Rede aufgeschrieben, mit welcher
ihn sein Lebensretter einst getröstet und zu seiner Philosophie bekehrt
hat, als er sich aus Verzweiflung und Scham über seine thörichte
Verschwendung von der Brücke in den Tiber stürzen wollte. Die
Rolle führt er wie einen Talisman mit sich, und da Horaz im Ein-
gangsgespräch auf seine frühere „Krankheit" anspielt, holt er die bewährte Waffe hervor. Der Vortrag des Stertinius, der selbst nur
die Lehre des Großmeisters Chrysippus wiedergibt, geht kunstgerecht
von der Definition der insania aus; dann beweist er dem Damasippus
zunächst, daß der leichtsinnig verleihende Gläubiger nicht weniger
närrisch sei als der verschwenderische Schuldner, um nun erst in der
Haltung eines Straßenpredigers mit dem allgemeinen Satz und seiner
Begründung zu beginnen. Dieselbe ist ganz in der Weise solcher

populären Moralpredigten mit zahlreichen ergetzlichen Anekboten, Jugenberinnerungen des Horaz, bramatischen Beispielen burchspickt. Mit ber Lebhaftigkeit des Kapuziners in häufigen Fragen und Anreben an biefen und jenen Zuhörer, sich selbst burch fingierte Einwände unterbrechenb, bemonstriert er in bialektischer Strenge ausführlich bie Tollheit bes Habsüchtigen, ber zusammenscharrt was er boch nicht gebraucht, und um bes leeren Besiges willen betrügt und morbet. Dem Agamemnon, ber bie Bestattung bes Ajax verbietet, beweist er mit sokratischer Methobe, baß er mit der Opferung seiner Tochter aus Ehrgeiz keinen geringeren Wahnsinn an den Tag gelegt habe als Ajax mit dem Morben der Herben. Dann kommt der Schlemmer, ber bas Gelb mit vollen Händen wegwirft, ber Liebhaber, der Abergläubische baran, alle in lebenbigen Figuren und greifbaren Fällen vorgeführt. Indem auch in Ton und Form der Darstellung, ja in ben Ausdruck selbst bie größte Mannigfaltigkeit gelegt ist, wird bie Ermübung vermieben, welche bie Durchführung eines so auf bie Spike gestellten Sakes leicht hervorrufen könnte. Daß übrigens Damasippus bei Stertinius, bem echten Weisen, nicht vergeblich in bie Schule gegangen ist, beweist er zum Schluß, indem er bem Horaz, bessen unvorsichtiger Aufforberung entsprechenb, in kecker Improvisation beweist, baß auch biefer zu ben Tollen gehöre. Gleichsam zur Sühne läßt sich ber Satiriker seine eigenen Schmächen vorhalten, baß er auf seinem Gut baue unb, so klein er sei, es boch ben Großen nachthue, wie jener Frosch, ber sich aufblähte; baß er Gebichte mache, seinen Jähzorn, seine Verliebtheit, so baß er zulekt, bie Ueberlegenheit bes größeren Narren lustig anerkennenb, um Gnabe fleht. Man erinnert sich, baß schon Varro in seiner menippeischen Satire, ben Eumeniben (Banb I 250 f.) basselbe Thema sehr anschaulich behanbelt hatte. Er wie Horaz haben wohl zum Teil bieselbe griechische Quelle benukt, baher beiben bas Beispiel des Ajax gemeinsam ist, auch rechnen beibe ben Habsüchtigen unb ben Schlemmer unter bie Tollen.

Enblich ein anberes stoisches Paraboxon, ben Satz, baß nur ber Weise wirklich frei sei, entwickelt ber Sklave Davus (II 7) vor seinem Herrn, bem Dichter, von ber Rebefreiheit Gebrauch machenb, welche nach alter Sitte am Saturnalienfest bem Gesinde verbürgt war. Daß Horaz eine stoische Schrift benukt hat, in welcher biefer Sak ausgeführt war, beweist bie Uebereinstimmung einiger ber behanbelten

Fälle und Beispiele mit dem, was Cicero im fünften Stück seiner stoischen Paradoxa vorbringt. Davus ist einer von den gebildeteren Stadtbedienten: seine Weisheit verdankt er dem Thürhüter des stoischen Straßenpredigers Plotius Crispinus, auf den auch im ersten Buch der Satiren einige Seitenhiebe fallen, und er brennt vor Begier, sie gleich brühwarm an den Mann zu bringen. So eifrig ist er, daß er dabei nicht nur jeden Respekt vor seinem Herrn aus den Augen setzt, wie ja sein Recht ist, sondern ihm auch alles mögliche unterschiebt, was dem Charakter des Horaz fern liegt, weil dieser eben sein Publikum ist. Die Menschen unterscheiden sich, sagt er, im Ganzen nur darin, daß die einen konsequent ihren Lastern huldigen, die anderen nicht wissen was sie wollen und in ihren Neigungen wechseln. In letzterem Fall ist der Angeredete. In Rom sehnt er sich nach dem Landleben, auf dem Lande preist er die Stadt. Bald ist er der Geselligkeit abgeneigt, und wenn dann Mäcen zu später Stunde einladet, so kann er nicht schnell genug hinkommen. Die eigenen Hausfreunde läßt er im Stich: mit Recht murren sie und finden, daß er nichts besseres sei wie sie selber, nämlich ein Parasit. Ja der freche Geselle geht noch weiter. Du bist nichts besseres als ich selber, sagt er, als ein Sklave, weil du deinen Begierden fröhnst, und noch dazu leichtsinniger und gefährlicher als ich. Oder du ordnest dich einem anderen im Dienst unter, der dich wie eine Puppe am Faden lenkt, oder du bist ein Kunstschwärmer, ein Gourmand, fliehst vor dir selber. Die Rede fließt im Ton einer katechisierenden Strafrede unaufhaltsam dahin, bis der waffenlose Herr, der durch Miene und Geberde vergebens bisher seine Entrüstung zu erkennen gegeben hat, sich nach einem Stein umsieht und den frechen Lästerer wegjagt mit der Drohung, ihn zur Strafe auf das Sabinergut zu den Arbeitsknechten zu schicken.

Man sieht: die horazischen Satiren sind Plaudereien eines höchst gebildeten, reich belesenen, geistreichen Weltmannes, welcher dem Treiben um sich herum mit ungetrübter Laune und überlegenem Urteil zusieht. Den Ertrag dieses stillen Aufmerkens hat er wie in vertraulichen Tagebuchblättern zunächst für seine Freunde und einen kleinen gewählten Kreis niedergelegt. Eine breite Wirkung auf alle Schichten der Nation, wie sie Lucilius erzielte, lag nicht in seiner Absicht. Er will weder strafen noch boshaft verletzen, sondern „lachend die Wahrheit sagen" und dieselbe durch Beispiele aus dem Leben erläutern. Er wählt dazu bekannte Typen aus der Gesellschaft, nicht gerade die vornehmsten, sondern geläufige Straßenfiguren, auch lucilische Persönlichkeiten. Bisweilen erdichtet er wohl auch Namen, aber gewiß erkannten die Zeitgenossen hinter der Maske die Züge des wahren Gesichtes. Sich selbst schont er nicht: wenn von allgemeinen menschlichen Schwächen die Rede ist, nimmt er sein Teil auf sich, und entwaffnet den Empfindlichen durch unbefangene Selbstbekenntnisse. Aber die scharfen Zeichnungen seiner Charaktere waren von so allgemein überzeugender Wahrheit, daß auch nicht Genannte sich getroffen fühlten, daß seine feinen Sarkasmen gefürchtet wurden, wenn es auch keine Keulenschläge und Schwerthiebe von lucilischer Wucht waren. Gänzlich fehlt das politische Element und die Beziehung auf öffentliche Zustände. Rhetorisches Pathos liegt dem Verfasser fern, aber der unverkennbare Adel und Ernst seiner Gesinnung wird durch die anmutig scherzende Form nicht beeinträchtigt, und die Wärme eines liebenswürdigen Gemütes bricht oft wohlthuend hervor. Nie verliert er sich in langweilige Allgemeinheiten: alles wird belebt durch greifbare Züge und Bilder aus dem Leben, durch bestimmte Persönlichkeiten, die bald nur im Vorübergehen beispielsweise gestreift werden, bald in ausgeführten Geschichten auftreten, durch Scenen aus der Komödie oder Tragödie, äsopische Fabeln, Verwendung griechischer Epigramme, Erinnerungen an Kallimachos, Ennius, Lucilius, Varro, zeitgenössische Dichter, Benutzung moralphilosophischer Schriften aus stoischer, epikureischer, kynischer Schule.

Der Stil ist äußerst gelenkig und biegsam, knapp und scharf: rascher, schlagender Wechsel von Frage und Antwort, Rede und Gegenrede, ein höchst angeregtes, unterhaltendes Gespräch, reich an überraschenden Wendungen, den Ton wechselnd, scheinbar abspringend und abgebrochen, dennoch nie den Faden verlierend. Im Ganzen schmiegt sich der Vortrag der gebildeten Umgangssprache an, aber mit feinen Abstufungen dem eingeführten Charakter oder dem besonderen Fall entsprechend mit einem Hauch bald gehobener, bald absichtlich tiefer herabsteigender Ausdrucksweise gefärbt, oder mit neckischen Parodien poetischer Stellen. Bisweilen genügt ein einzelnes Wort, um den kundigen Leser durch eine Anspielung oder eine kleine Bosheit zu erfreuen. Hier und da begegnet eine altertümliche Form, die noch an die catullische Zeit erinnert. Die Wortstellung, welche in gleicher Weise den Bedürfnissen des Verses und den Schattierungen der Betonung entspricht, ist höchst bequem und zwanglos. Mit großer, aber verdeckter Kunst geschieht alles, um dem Vers das Gepräge ungebundener Rede zu geben, ohne doch die Gesetze des Wohllautes und des Rhythmus zu verletzen. Zunächst werden alle diejenigen Formen des Metrums möglichst vermieden, welche der höheren oder studierten Poesie eigen sind: es werden diejenigen Einschnitte verhältnismäßig bevorzugt, welche den natürlichen (trochäischen) Tonfall der lateinischen Sprache zu Gehör bringen. Häufige Sponbeen machen den Eindruck behaglicher, lässiger Ruhe, und überhaupt ist für malerische Uebereinstimmung des Inhaltes mit dem Tonfall mit großer Feinheit gesorgt. Verschleifungen der Vokale werden wie in der mündlichen Rede ohne ängstliche Auswahl reichlich verwendet.

Nachdem die erste Sammlung der Lieder abgeschlossen war, wandte sich Horaz jener Mittelgattung der sermones mit erneuter Liebe wieder zu. Aber wenn er sich früher, in den sogenannten Satiren, an das große Publikum und nur ausnahmsweise (I 1. 6) an Mäcenas gewendet hatte, so richtete er jetzt regelmäßig sein Wort an bestimmte Persönlichkeiten, und zum Teil in die Ferne. So sind die Ansprachen dieser zweiten Periode zu dem Namen von Briefen gekommen, obwohl nicht gerade alle ein starkes persönliches Gepräge tragen. Neu war die Form der poetischen Epistel nicht. Schon Spurius Mummius, der seinen Bruder, den Consul Lucius als Legat in den achäischen Krieg begleitet hat (608), schrieb von Korinth aus an seine Hausfreunde Briefe in Versen, welche noch Cicero aus dem Munde eines Enkels mit Wohlgefallen vernommen hat. Er verkehrte mit dem Kreise des Scipio und Lälius und war in stoischer Schule gebildet, so daß jene Feldbriefe von griechischem Geist angehaucht sein mögen. In briefliche Ansprachen haben auch wohl Lucilius und Varro eine und die andere ihrer Satiren gekleidet, obwohl ein Sendschreiben wie jenes an das ganze römische Gemeinwesen (Lucilius Buch 27) kein eigentlicher Brief mehr ist. In elegischer Form beantwortet Catull (68) einen Brief seines Freundes Manlius.

Die horazischen Briefe geben die feine, liebenswürdige Art auf das anmutigste wieder, in welcher der Verfasser mit seinen Freunden verkehrte und seinen Einfluß ausübte. Daß er ihnen gegenüber einen weniger derben Ton anschlug als in manchen Satiren, war burch bie Verhältniſſe gegeben. Man empfindet das Vergnügen nach, welches die Empfänger bei ſolchen Grüßen aus der Heimat genoſſen haben mögen. Eine Schar junger litterariſcher Freunde war vor kurzem (im Herbſt 734) als Begleitung des zwanzigjährigen Tiberius, der zum erſtenmal ein militäriſches Commando führte, ausgezogen. Der Marſch ging durch Macedonien und Thracien über den Helles=pont nach Armenien: noch waren ſie unterwegs. In einem teil=nahmvollen Schreiben an einen dieſer Geſellſchaft, Julius Florus, erkundigt ſich Horaz (I 3) nach dem Treiben der einzelnen Genoſſen, beſonders nach ihren Studien und Arbeiten, was Gelegenheit gibt, jeden der genannten in ſeiner Eigenart knapp zu ſchildern und dem einen ein rühmendes, aufmunterndes, dem anderen ein warnendes, ermahnendes oder auch neckendes Wort zuzurufen. Der Ton geiſtiger Ueberlegenheit, mehr väterlicher Freundſchaft iſt durch die reife Er=fahrung und Einſicht des Verfaſſers gerechtfertigt. Eine gründliche Verſtimmung ſchreibt er ſich einige Monate ſpäter von der Seele durch einen kurzen Gruß an einen derſelben, Albinovanus Celſus, den Secretär des Tiberius, der ſich nach ſeinem Befinden erkundigt hatte, nicht ohne am Schluß noch ein Körnchen Weisheit einzuſtreuen: der junge Freund ſoll ſich ſein Glück nicht in den Kopf ſteigen laſſen (I 8). In einem unübertrefflichen Billet von höchſt taktvollem, wahr=haft urbanem Ton (I 9) empfiehlt er dem Prinzen ſeinen anhäng=lichen Freund Septimius, der auch bei Auguſtus in Gunſt ſtand, zur Aufnahme in die Leibcohorte. Der Elegiendichter Tibull weilt auf ſeinem Landgut in den Bergen bei Pedum. Horaz wünſcht zu wiſſen, was er vorhabe, ob er auch ſein Seelenheil bedenke und Philoſophie treibe. Er rühmt die glücklichen Gaben, mit welchen die Natur den edlen Freund beſchenkt habe, und legt ihm ſeine alte Weisheit ans Herz, den Tag zu genießen (I 4). Den beredten Anwalt Torquatus, dem auch ein ſchönes Frühlingslied (IV 7) gewidmet iſt, ladet zur Sommerszeit (10. Juli) etwa des J. 732 ein Billet (I 5) zu fru=galem Nachtmahl, vielleicht zum erſtenmal, denn vorſichtig und zurück=haltend, obwohl mit heiterer Anmut wird dem Gaſt beſchrieben, was der Verfaſſer ihm zu bieten habe: Wein von mittlerer Güte, aber blankes Gerät und Gedeck und gute, harmoniſche Geſellſchaft, in der man ein vertrauliches Wort reden kann. Mit der Empfehlung eines Freundes und politiſchen Neuigkeiten ſchließt der Brief an Iccius, der in Sicilien eigene oder fremde (Agrippa's) Güter verwaltet

(I 12 vom J. 734). Er hat über schlechte Zeiten geklagt. Schon vor fünf Jahren hatte Horaz in einem neckischen Liede (I 29) sich gewundert, daß der eifrige Schüler des Panätius dem Mammon so nachjage. Auch jetzt stellt er demselben vor, daß er seiner Natur nach mit allen Schätzen doch nichts anzufangen wisse, und führt bewundernd aus, wie er trotz seiner ängstlichen Sorge um das liebe Brot es fertig bringe, die höchsten philosophischen Probleme in seinem Kopfe zu hegen. Der Widerspruch zwischen Praxis und Theorie wird dem wunderlichen Manne hübsch zu Gemüte geführt. Dem melancholischen Bullatius, der nach entmutigenden Stürmen des Lebens auf einer Reise in Asien Zerstreuung und ein Asyl sucht, wird Vernunft gepredigt (I 11). Mittel gegen vorübergehende Umstände wendet man nicht für das ganze Leben an. Mit dem Platz wechselt man nicht auch die geistige Verfassung. Das Glück, dem die Leute so nachjagen, kann man überall haben, wenn man im Innern mit sich im Gleichgewicht ist.

Das sind wirkliche Gelegenheitsbriefe überwiegend persönlichen Inhaltes. Reicher ausgeführt, eine Art Eingabe in poetischer Form, ist die Vorstellung an Mäcenas zur Wahrung freier Bewegung (I 7), das Gegenstück zu jener Glück und Dank atmenden Aussprache über den eben angetretenen Besitz des Sabinergutes (Sat. II 6). Es kamen eben doch Zeiten, wo Horaz die Verpflichtung, dem hohen Gönner in dessen römischem Hause Gesellschaft zu leisten, drückend empfand, besonders während der ungesunden Monate des Sommers und beginnenden Herbstes. Mit den Jahren, denn er war kein Jüngling mehr (B. 25 ff.), machte sich das Bedürfnis nach Schonung und Unabhängigkeit gebieterisch geltend. Er nahm Urlaub aufs Land, erst für wenige Tage, erklärte aber dann in jenem fein, aber entschieden gehaltenen Briefe, daß er nicht nur den ganzen Herbst im Gebirge bleiben, sondern auch für den Winter sich an die Meeresküste zu stillen Studien zurückziehen und erst im Frühling nach Rom zurückkehren wolle. Freimütig erklärt er, daß er bei aller Dankbarkeit für die empfangenen Wohlthaten lieber auf den Besitz, mit dem ihn die Freigebigkeit des Freundes beschenkt hat, verzichten wolle als Freiheit und Wohlbefinden zu opfern. Seine bescheidene Vorstellung hüllt er anmutig in eine Reihe von Geschichten ein. Den Wohlthäter erinnert das Beispiel vom calabrischen Gastfreund, daß nur solche Geschenke Wert haben, die den Geber wirklich etwas kosten.

Dem Einwand, daß er wie jenes Wiesel, das sich in der Kornkammer gemästet hat, nicht mehr zurückkönne, begegnet er mit dem Anerbieten der Rückgabe eines Gutes, das er so wenig brauchen könne wie Telemach auf Ithaka die Rosse des Menelaus. Und um nicht mit der Schärfe so bündiger Erklärungen zu verletzen, fügt er die reizende Geschichte vom Ausrufer Volteius Mena hinzu, an dem der große Redner Philippus einst Geschmack gefunden hatte: wie auch für jenen die Stunde gekommen sei, wo er des geschenkten Landgutes überdrüssig geworden sei und seinen Gönner inständig gebeten habe, ihn seiner früheren Lebensweise zurückzugeben.

Mit dem Winteraufenthalt hat der Dichter auch Ernst gemacht. Seitdem er sich der von Antonius Musa aufgebrachten und im J. 731 mit großem Erfolg an Augustus erprobten Behandlung durch kaltes Wasser ergeben hat, ist ihm Bajä mit seinen warmen Bädern verleidet. Er sucht nach einem angenehmen Asyl an der Meeresküste und zieht bei einem in jener Gegend ansässigen reichen Freunde, Numonius Vala, Erkundigung ein über Orte wie Velia, Salernum, über Klima und andere Lebensbedingungen als Wasser, Wild, Fische, denn er will sich's einmal wohl sein lassen. Offenbar ist auch diese Epistel (I 15) auf dem Sabinergut geschrieben, denn der Gegensatz zwischen der frugalen Lebensweise, die er jetzt führt, und den Genüssen, welchen er in einer behaglichen Villa am Meer entgegensieht, liefert das Motiv für den zweiten Teil, in welchem er seine Doppelnatur, seine Fähigkeit, unter Umständen bescheiden vorlieb zu nehmen und wiederum, wenn er's haben kann, sich eine Güte zu thun, mit der gleichen Gelenkigkeit des allen Lesern des Lucilius bekannten scurra Mänius vergleicht, dessen Charakterbild für diese Menschenklasse typisch ist.

Von seinem Gut zu erzählen und das Glück des Landlebens zu rühmen kann er doch nicht müde werden: so in dem dort verfaßten Brief an das Stadtkind Aristius Fuscus (I 10), seinen vertrauten neckischen Freund (Oden I 22 Sat. I 9, 61), mit dem er nur in diesem einen Punkt nicht übereinstimmt. Begeistert führt er aus, wie er nur auf dem Lande sein Lebensgefühl, seine Freiheit wiederfinde, wenn er der gepriesenen Stadt entronnen sei, wenn er der Natur gemäß leben dürfe. Da genießt er die reinen milden Lüfte im Winter wie im Sommer, die Wonne des ungestörten sorgenlosen Schlafes, da schwelgt er in der frischen Schönheit der unver-

verfälschten Natur. Erkennen doch selbst die Besitzer von Stadt=
paläsien ihre Reize an, denn zwischen den Säulen derselben legen
sie Parks an und rühmen die weite Aussicht: „jage mit Zinken
hinaus die Natur: doch kehrt sie zurücke". Ein anderes Mal setzt
sich der Gutsherr mit seinem Verwalter auseinander (I 14).
Beide huldigen einseitiger Vorliebe, dieser für die Stadt, Horaz
für das Land: aber letzterer ist seiner Neigung treu geblieben,
während der ehemalige Stadtdiener sich erst nach dem Landauf=
enthalte gesehnt hat und wieder nach der Stadt zurück verlangt,
freilich aus gemeinen Gründen: die Garküche, die Weinkneipe mit
der flötenspielenden Dirne, Spiele, Bäder und das ganze Treiben
der Stadt fehlt ihm, die ländliche Arbeit scheut er, die Natur er=
scheint ihm öde und unwirtlich. Horaz dagegen findet, daß er auf
seinem Gute sich selbst wiedergegeben werde, er schwelgt in der An=
mut der Gegend, niemand beneidet, niemand verfolgt ihn mit Haß;
höchstens daß die Nachbarn gutmütig lachen, wenn sie den kleinen
korpulenten Mann schaufeln und graben sehen. Die kurze Mahlzeit
und der Schlaf im Grase behagen ihm: so sehr ihn auch die Liebe
zu seinen Freunden, eben jetzt die Teilnahme für Lamia, der über
den Tod seines Bruders untröstlich ist, an Rom fesselt, so zieht ihn
doch seine ganze Seele hinaus, daß er alle Hindernisse durchbrechen
möchte, und traurig kehrt er wieder in die Stadt, wenn die verhaßten
Geschäfte es verlangen.

Dort auf dem Lande konnte er sich ungestört jenen philosophi=
schen Studien hingeben, an denen er mit den Jahren immer
mehr Gefallen findet. Nicht abstrakte Spekulationen, sondern die
Kernfragen des ethischen Lebens beschäftigten ihn, worin das wahre
Glück, die echte Tugend und Weisheit, die echte Freiheit bestehe, was
recht und gut sei. Keinem Dogma gab er sich gefangen, er ging
bald hier, bald dort zu Gaste, und eignete sich an was seiner Natur
am meisten gemäß war. Auch an leichteren popular=philosophischen
und ethologischen Schriften unterhaltender Art bot die griechische
Litteratur einen reichen Schatz, den Horaz sich nicht entgehen ließ.
Den Ertrag solcher Lektüre, gemischt und belebt durch eigene An=
schauungen und Erfahrungen aus dem Leben, verarbeitete er in einer
Reihe höchst geistreicher und ansprechender Betrachtungen, welche ohne
den persönlichen Stachel der Satire, aber doch nicht des Salzes heiterer,
sarkastischer Laune entbehrend die letzten Resultate einer gereiften

praktischen Weisheit am liebsten jüngeren Freunden zur Beherzigung darboten. Die Briefe solchen Inhaltes haben zum Teil mit der Gattung der griechischen λόγοι προτρεπτικοί, deren Thema die Empfehlung des philosophischen Studiums ist, eine gewisse Verwandtschaft. Auch hier wie in den oben besprochenen Episteln geht der Verfasser gern von Mitteilungen oder Fragen persönlicher Art aus, um daran Allgemeines zu knüpfen.

Einem jungen Quinctius, dem in Rom stark der Hof gemacht wird, schildert er genügsam die Reize seines Gutes, dessen Ertrag zwar an Früchten kümmerlich, aber desto reicher an Behagen für ihn sei (I 16). Hieran knüpft er die geistreich ausgeführte Mahnung an den aufstrebenden Jüngling, auch für seine Person nicht äußeren Glanz, namentlich Schmeicheleien der Leute, zu schätzen, sondern an sich zu arbeiten, damit er wirklich sei wofür er gelte, ein guter Mann. Worin das Wesen eines wahrhaft guten Mannes bestehe, wird dann untersucht. Gut sei nur der, wer um des Guten willen (nicht aus Furcht oder Begierde) das Rechte thue, also innerlich frei sei, wie der Gott, welcher selbst in Fesseln der Drohungen eines Pentheus spottet.

In Präneste hat Horaz während eines Sommeraufenthaltes den Homer wieder gelesen: er findet, daß man aus ihm besser praktische Philosophie lernen könne als aus den Schriften des Chrysipp und Krantor. Weil nun gerade auch der junge Lollius Maximus in der Schule den Homer treibt, zeigt ihm der Verfasser, daß die unvergänglichen Typen menschlicher Charaktere und Schwächen in diesen Gedichten ausgeprägt sind. Benützten doch auch Stoiker wie Kyniker diese Quelle, um ihre Lehren praktisch zu erläutern. Und ganz in der Weise griechischer Philosophen schließt sich an diesen Eingang eine paränetische Betrachtung über die Wichtigkeit ernsten Studiums der Philosophie fürs Leben: es ist keine Zeit zu verlieren, sonst helfen alle äußeren Güter nichts; der Geist muß gesund sein, in der Jugend sind die verderblichen Leidenschaften zu bekämpfen (I 2).

Einem uns unbekannten Numicius wird das nil admirari empfohlen (I 6): Gleichmut der Seele allein, Freiheit von Begierde und Furcht mache glücklich. Selbst der Weise, wenn er die Tugend zu ausschließlich erstrebe, werde ein Narr. Im Gegensatz hierzu wird hierauf die triviale Lebensauffassung geltend gemacht: jeder möge sehen, auf seine Art glücklich zu werden. Was ihm wünschenswert scheint (mag es echten Wert haben oder nicht), dem mag er ausschließlich nachjagen. Der Verfasser hat durch ironischen Ton und satirische Züge dafür gesorgt, daß der Leser diese Entgegnung nicht ernst nehme, aber er kann ihn um so weniger in solchem Widerspruch stecken lassen, da er zum Schluß mit Befriedigung den Inhalt des Ganzen als Richtschnur seiner Lebensführung auch dem Freunde ausdrücklich anträgt. Er muß also auf seinen ersten Satz, der die eigene Ueberzeugung aussprach, zurückgekommen sein, indem er erwiderte, daß alles mit Leidenschaft erworbene Glück, wenn wieder verloren, in Unglück umschlage, daß jede Begierde den Menschen beherrsche, ihn seiner Freiheit beraube, die man nur wahre, wenn man sein Herz an nichts hänge. Uns scheint diese Ergänzung sicher, aber sie ist freilich nur durch eine kühne Versetzung aus einer der folgenden Episteln (der zehnten) gewonnen.

Zwei richtige Lehrbriefe, auch dem Inhalte nach untereinander verwandt, sind in Ton und Stil der Satire sehr ähnlich gehalten. Der eine ist die Unterweisung eines jungen Scäva über den Verkehr mit vornehmen Gönnern (I 17). Der geschmeidige Aristippus, welcher sich in die Menschen zu schicken wußte, hat sich besser gestanden, als die bärbeißigen Kyniker. Ein durch Beispiele trefflich erläutertes Vademecum entwickelt goldene Regeln gesellschaftlichen Taktes, der Klugheit und Bescheidenheit, an welche der untergebene Hausfreund sich halten muß, wenn er bei dem hohen Herrn in Gunst stehen und bleiben will. Lollius, welcher inzwischen von seinen homerischen Studien zur Philosophie vorgeschritten ist, ein unabhängiger, ernster, aber etwas schroffer Charakter, bedurfte einer sanften Mahnung, sich im Verkehr mit gleichgestellten Freunden größerer Liebenswürdigkeit zu befleißigen. Mit echter Urbanität kleidet Horaz (I 18) dieselbe in eine ergötzliche Schilderung der beiden entgegengesetzten geselligen Fehler, zwischen denen die rechte Mitte liegt: er zeichnet den gunstbuhlerischen Parasiten und den rechthaberischen Grobian, weist auch darauf hin, daß man wohl thue sich dem einmal geltenden Ton in verschiedenen Kreisen zu fügen, kein Spielverderber zu sein. Leider ist infolge einer Verwirrung der Blätter ein größeres Stück in der Mitte ausgefallen, während eine längere Partie (18, 21—88), welche in die siebzehnte Epistel gehört, sich hier eingeschoben hat. Bei einem Jüngling von der vornehmen Geburt und Denkungsart wie Lollius wären jene Anweisungen über die Haltung eines untergebenen Hausfreundes wenig angebracht gewesen. Auch dieses Buch ist dem Mäcenas gewidmet: ihm gebührt die letzte Frucht der Muse wie die erste. Die an ihn gerichtete Eingangsepistel erklärt dem Gönner, warum der Verfasser seiner Aufforderung zur Lyrik zurückzukehren keine Folge leisten könne. Er ist eben ein ausgedienter Veteran und ganz in Philosophie vertieft. Er führt aus, wie wichtig es für ihn und für alle sei, Ethik zu treiben, sich um das Wesen der virtus zu bekümmern und ihre Lehren zu beherzigen. Sie allein vermag von Thorheit und Leidenschaft zu befreien oder doch sie zu lindern. Das menschliche Treiben ist so widerspruchsvoll, auch die Einzelnen verfallen so sehr aus einer Laune in die andere, begehren was sie gerade nicht haben, daß sie als Narren erscheinen, ohne es zu wissen: der Weise allein ist König. Also das stoische Princip, über welches sich frühere Satiren lustig machten, ist hier ernst genommen. Jene Ablehnung wird erläutert durch den schon früher erwähnten Herzenserguß, welcher gleichfalls an Mäcenas und an den Schluß des Buches gerückt ist (I 19), so daß der innere Zusammenhang zwischen Anfang und Ende sich aufdrängt. Mit bitterer Verachtung wendet sich der Gekränkte gegen das „sklavische Herdenvieh" der blöden Nachtreter, welche zum Schaffen ohnmächtig in äußerlichem Gebahren die Weihe der Dichtung suchen. Er drückt seinen Widerwillen gegen elende Parteikämpfe aus, vor denen er sich am sichersten zu schützen meint, wenn er „Urlaub" fordere. Als ob nun mit diesem Buch die schriftstellerische Thätigkeit des erst im 45. Lebensjahre (733,4) stehenden Verfassers abgeschlossen sein sollte, hat er in einer Ansprache an dasselbe (I 20) vor der Veröffentlichung sich selbst eine Art Grabschrift gesetzt, worin er über Herkunft, Stellung, Aussehen, Charakter und Alter mit bescheidenem Selbstgefühl launige Auskunft gibt. So entläßt er das Buch, welches eigentlich für wenige bestimmt gewesen war, zögernd, mit einer gewissen zärtlichen Sorge in die rauhe Oeffentlichkeit, und weissagt ihm seine profane Zukunft.

August wußte nicht nur die politische Gesinnung des Horaz und die Unterstützung seiner Reformen durch den Mund des Dichters zu schätzen: auch den seinen Takt, den zuverlässigen Charakter und die geselligen Gaben des liebenswürdigen Mannes hatte er kennen gelernt, so daß der Wunsch in ihm aufstieg, denselben noch mehr in seine Nähe zu ziehen. Er ließ ihm, da er sich bei zunehmenden Jahren der eigenhändigen Fortführung seiner Privatkorrespondenz nicht mehr gewachsen fühlte, durch Mäcenas die Stelle eines Geheimschreibers in seinem Kabinet anbieten. Horaz lehnte ab, seine Gesundheit vorschützend. Dennoch fuhr der Kaiser fort, ihm in vertraulichen Briefen seine Freundschaft anzutragen und seines Wohlwollens zu versichern: „nimm dir etwas heraus bei mir, als ob du mein Hausgenosse wärest, denn ich hätte eine solche Verbindung mit dir gewünscht, wenn es deine Gesundheit erlaubte." Er berief sich auf einen Freund des Dichters als Zeugen, wie gut er von ihm spreche: „denn wenn du auch zu stolz gewesen bist, meine Freundschaft anzunehmen, so vergelte ich darum dein Verschmähen nicht mit gleicher Sprödigkeit." Er nannte ihn ein „charmantes Kerlchen" und beehrte ihn auch mit derberen Schmeichelnamen, wie sie der Ton jener Zeit vertrug, ließ ihm auch ab und zu Geschenke zukommen. Einige Briefe des ersten Buches, die er gelesen hatte (es mögen die an Mäcenas gewesen sein), gefielen ihm so sehr, daß er dem Verfasser schrieb: „ich zürne dir, mußt du wissen, daß du nicht in den meisten solcher Schriften das Wort vorzugsweise an mich richtest; oder glaubst du, es werde dir bei den Nachkommen zur Unehre gereichen, wenn man sehe, daß du auf vertraulichem Fuß mit mir gestanden hast?" Diesem eifersüchtigen Drängen verdanken wir die um das J. 740 oder 741 geschriebene erste Epistel des zweiten Buches. Mit glücklichem Griff hat Horaz für ein offenes Sendschreiben an den Herrscher ein Thema gewählt, welches Gelegenheit gab, die Arbeit seines Lebens und das Streben gleichgesinnter Genossen an höchster Stelle zu vertreten und dem unbefangenen Urteil zu empfehlen. Noch einmal brachte er in weiterem Sinne zur Sprache, was er schon in mehreren Satiren (I 4. 10 II 1) verfochten hatte, das Recht und Verdienst der neuen Dichterschule gegenüber den einseitigen, verstockten Verehrern der Alten. Mit heiterem Spott widerlegt er das Vorurteil der Kunstphilister, daß einer erst hundert Jahre tot sein müsse, ehe er Anspruch auf den Rang eines Klassikers erheben dürfe, und wahrt der unbefangenen Kritik den Alten gegenüber ihr Recht. Ist doch alles, was die genialen Griechen in der Poesie geschaffen haben, einmal neu gewesen, und der dilettantische Eifer für Litteratur, welcher die Römer ergriffen hat, ist auch eine Neuerung, die aber doch ihre guten Seiten hat. Er bespricht die Vorliebe der Menge für das Theater, die doch zum Teil nur auf roher Schaulust beruhe, und empfiehlt der Huld des Augustus die für den Leser arbeitenden Dichter, welche dieselbe freilich oft genug durch Eitelkeit, Anmaßung und andere Unarten selbst verscherzen mögen. Der naheliegenden Zumutung, solche Gunst durch ein großes Lobgedicht auf die Kriegsthaten des Herrschers zu verdienen, beugt er für seine Person durch das Bekenntnis seiner Unfähigkeit vor, welche ihn nötige sich in bescheidenen Grenzen zu halten; denn eine Darstellung von Pfuschern werde sich Augustus ebenso verbitten wie einst der große Alexander. Wie sehr diesen die geistreiche Plauderei von wenig unter 300 Versen unterhalten hat, zeigt sein humoristisches Dankschreiben, welches die Kürze beklagt: „es scheint du fürchtest, deine Büchlein möchten größer ausfallen als du selbst. Aber wenn dir auch in der Länge etwas fehlt, so fehlt es dir doch nicht an Breite. So magst du künftig auf einem Scheffelmaß schreiben, damit der Umfang deiner Rolle ein ebenso stattlicher werde wie der deines Bäuchleins." Es ist aber bei dieser einen Widmung geblieben.

Die Neigung zu dichterischem Schaffen selbst in der bequemeren Form der „Unterhaltung" trat überhaupt mit den Jahren zurück. Bereits in früherer Zeit (Sat. II 3 um 721/2) läßt sich Horaz wegen seiner Schwerfälligkeit necken, daß er kaum viermal im Jahre zum Schreiben komme und selbst auf dem Lande trotz umständlicher Zurüstungen, von griechischen Klassikern umgeben, nichts Rechtes zustande bringe. Wie schon jener Brief an Mäcen (I 1), so spricht einer in späteren Jahren an Florus (II 2), den schon genannten Begleiter des Tiberius, den Ueberdruß an allen jenen „Scherzen" der Jugend, darunter auch Gedichten jeder Art, nachdrücklich aus: die Sorge um Läuterung der Seele von allen Fehlern und Thorheiten durch philosophische Meditation nimmt den Alternden ganz in Beschlag. Er sieht auf das Treiben der Dichterzunft, auf jenen Wettstreit der Eitelkeit und des Ehrgeizes mit überlegener Ironie zurück. Jene glückliche Naivetät, die auch an mittelmäßigen Leistungen Vergnügen findet, hat er verloren. Er weiß was es sagen will, ein poetisches Kunstwerk, welches seinen hochgesteigerten Ansprüchen genügen würde, auszuarbeiten, und scheut die unverhältnismäßige Mühe, da er in der Kunst, recht zu leben, noch so viel zu lernen hat.

Aber wenn er selbst nichts Neues mehr schaffen mochte, so lag ihm doch die Kunst der Dichtung und ihr Gedeihen so am Herzen, daß er wie in einem letzten Vermächtnis für die junge Generation seine Grundsätze und Weisungen noch einmal zusammenfaßte, nicht zwar in erschöpfender Vollständigkeit eines Lehrbuches, sondern in freier Auswahl einige Hauptstücke anschaulich und launig ausführend. Der Wetzstein wollte er sein, der das Eisen schärft; den Weg weisen, ohne selbst mit Beispiel voranzugehen. Für die beiden jugendlichen Söhne des Consularen L. Calpurnius Piso, von denen besonders der ältere, L. Piso (cos. 7 n. Chr., † 20), Neigung zum Dichten verraten haben muß (V. 366 ff.), setzte er in seinen letzten Lebensjahren (743—746) jenen Lehrbrief auf, der schon von Quintilian unter dem besonderen Namen der „Poetik" erwähnt wird und in hadrianischer Zeit als selbständiges Buch den Beschluß in der Sammlung horazischer Werke machte.

Schwerlich ist er vom Dichter zu vollem Abschluß gebracht oder bei seinen Lebzeiten herausgegeben. Die große Verwirrung des Zusammenhanges in der überlieferten Versfolge kann durch Berufung auf lockere Gedankenfügung im Briefstiel durchaus nicht entschuldigt werden, weil die Uebergänge, welche ein so wildes Hin- und Herspringen vermitteln müßten, gänzlich vermißt werden und eine künstlerische Absicht sich nicht nachweisen läßt. Nimmt man dagegen an, daß im Nachlaß des Dichters durcheinander geworfene Versgruppen sich vorfanden, welche in dieser zufälligen Reihenfolge dann abgeschrieben und veröffentlicht wurden, so gelingt es durch Umstellungen ein obwohl bequem, doch in vernünftiger Ordnung vorschreitendes Ganzes wiederzugewinnen. Berichtet wird, daß Horaz sich einer Schrift des Dichters und Grammatikers Neoptolemos von Parion zwar nicht durchweg, aber doch in den Hauptpunkten angeschlossen habe: daß diesem die aristotelische Theorie geläufig gewesen ist, erkennt man noch an der römischen Bearbeitung, in der natürlich ein unmittelbarer Anschluß an das Werk des Stagiriten nicht zu erwarten ist. Eine Reihe der am tiefsten greifenden Begriffe, vor allem das wichtige Kapitel über Erfindung und Gestaltung des Mythos, ist kaum oberflächlich berührt, während anderes, was der praktischen Auffassung näher lag, wie die Darstellung der Charaktere, mit Vorliebe behandelt ist. Ueberhaupt aber genügt ein Blick auf das Ganze, um sich zu überzeugen, daß der Verfasser vielmehr in selbständiger Gestaltung mit durchgängiger Beziehung auf die nationale Litteratur vorträgt was das Ergebnis lebenslänglicher Be-

trachtung und Erfahrung für ihn geworden ist. Den eigentlichen
Mittelpunkt des Ganzen bildet, wie billig und üblich, die umfang=
reiche Lehre vom Drama, welches ja auch damals noch sich großer
Teilnahme erfreute, wenn auch die Schöpferkraft sehr erlahmt war.
Hier standen die Beispiele allen gegenwärtig vor Augen. Vielleicht
wollte sich der junge Piso auch selbst darin versuchen.
Noch gefielen die Stücke der alten Klassiker des 6. und 7. Jahr=
hunderts, freilich aufgemuntert durch prachtvolle Ausstattung, denn
die Lust an äußerem Schaugepränge machte sich immer breiter. End=
lose Triumphzüge gingen über die Bühne mit Kriegswaffen, Schiffen,
kostbaren Beutestücken; lärmender Beifall, selbst aus den Reihen der
Ritter, über das Costüm eines auftretenden Schauspielers erstickte
seine Stimme oder ließ ihn gar nicht zu Worte kommen. Auch die
begleitende Musik war aufbringlicher geworden, seitdem die einfache
Flöte durch Beisatz von Metallstücken einen tubaähnlichen Klang er=
halten hatte. Das gemeine Volk natürlich zog nach wie vor eine
Bärenhatz oder Faustkämpfer den Gesängen von der Bühne vor.
Außer Asinius Pollio und Varius, von denen schon die Rede ge=
wesen ist, erfährt man von neuen Dramatikern und ihren Werken
wenig. Neben letzterem hebt Ovid unter den Tragikern seiner Zeit
Ti. Sempronius Gracchus hervor. Es ist derselbe, dessen Sünden=
und Leidensgeschichte Tacitus in den Annalen erzählt. Mit der
Kaisertochter Julia hat er schon, während dieselbe mit M. Agrippa
vermählt war, ein ehebrecherisches Verhältnis gehabt, welches er fort=
setzte, nachdem Tiberius ihr widerwillig seine Hand gereicht hatte.
Er haßte den Prinzen, stachelte die Geliebte gegen den Gemahl auf
und galt für den Verfasser eines von ihr an Augustus gerichteten
Briefes, welcher Schmähungen gegen Tiberius enthielt. Infolge
desselben ist er nach der Insel Cercina in der kleinen Syrte ver=
bannt und nach vierzehnjährigem Aufenthalt daselbst im Todesjahr
der Julia (14 n. Chr.) auf Befehl des Tiberius durch Soldaten=
hand umgebracht worden. Die Stoffe seiner Tragödien gehörten
der griechischen Sage an. Auch er hat wie Varius einen Thyestes
gedichtet, d. h. die entsetzliche Geschichte von der Mahlzeit. Auf eine
ganz ähnliche Greuelthat, in Unwissenheit begangen, läßt der Titel
Peliabes schließen: den thörichten Versuch der Peliastöchter, ihren
Vater nach dem tückischen Rezept der Medea zu verjüngen. An
Pacuvius erinnert der dritte Titel Atalanta. Von den Stücken

des Pollio sind weder Titel noch Reste erhalten: ein verwöhnter Leser in der Zeit Vespasians konnte spotten, er ahme Accius und Pacuvius nicht nur in Tragödien, sondern auch in seinen Reden nach. Vergil findet, daß allein Pollio's Dichtungen des Sophokles würdig seien. Vor dem Thyestes des Varius (725), als Horaz sein erstes Satirenbuch (10, 42) schrieb, scheint er als der erste Tragiker unter den lebenden gegolten zu haben. Nachdem er sich der Geschichtschreibung zugewandt hatte, mag er dem Kothurn entsagt haben. Die dürftigen Brocken, welche von den Dramen des Varius und Gracchus erhalten sind, lassen Reinheit des Stils wie der metrischen Form erkennen. In den iambischen Trimetern ist das griechische Gesetz, wie es Horaz vorschreibt, gewahrt, beide haben anapästische Cantica componiert. Diesen Vorgängern hat sich später Ovid würdig angeschlossen. Als Horaz seine erste Epistel schrieb, erregten die sentimentalen Tragödien eines Pupius viel Thränen der Rührung, worüber nach dem Tode des Dichters ein boshaftes Epigramm spottete: „beweinen werden Freunde und gute Bekannte meinen Tod, denn das Volk hat schon während meines Lebens genug Thränen über mich vergossen." In die Fußstapfen des Aeschylus ist Lynceus, der philosophische Freund des Propertius, getreten. Wie die Tragödien des jungen Lyrikers Titius, nach denen Horaz einmal fragt, ausgefallen und ob sie überhaupt zustande gekommen sind, wissen wir nicht. Auch Turranius kennen wir nur dem Namen nach durch Ovid.

Noch weniger fruchtbar war die Komödie. „Allein unter den Lebenden", wie Horaz rühmt, verstand Fundanius die bekannten Figuren und Situationen der comoedia palliata in munterem Dialog vorzuführen; aber es scheint, daß seine heiteren „Büchlein" nur für Recitationen, nicht für das Theater bestimmt waren. Eine neue Spielart der Togata hat ein Freigelassener des Mäcenas erfunden, C. Melissus aus Spoletum, der gelehrte Bibliothekar des Augustus. Der Name derselben, trabeata, läßt schließen, daß die Stoffe aus dem Leben des römischen Ritterstandes genommen waren, sich also über den Boden des Kleinbürgertums zum höheren Ton der Gesellschaft, des vornehmeren gebildeten Mittelstandes erhoben. Möglich, daß gerade der Ritter Mäcenas die Anregung dazu gegeben hat; und daß Melissus guter Laune war, läßt sich schließen, wenn er noch im 60. Jahre seines Lebens eine Sammlung „närrischer Geschichten" (ineptiae, b. h. ioci) angelegt und nicht weniger als 150 Bücher damit gefüllt hat.

Daß Quintus Cicero einen wenn auch verunglückten Anfang mit der Uebersetzung sophokleischer Satyrdramen gemacht hatte, ist früher (Band I 190) angedeutet worden. Von einem seiner Zeitgenossen, Fontanus, rühmt Ovid, daß er die Liebe von Satyrn zu Nymphen besungen habe. Wenn nun Horaz in seinem Lehrbrief eine recht eingehende Unterweisung über den eigentümlichen, zwischen Tragödie und Komödie schwebenden Ton des Satyrdrama's aufgenommen hat, so kann man nicht umhin anzunehmen, daß eben ein Versuch auch in dieser Gattung von einem und dem anderen der römischen Zeitgenossen gemacht war oder bevorstand. Ohnehin hatte ja schon die Atellana sich ihr in einzelnen Anläufen genähert (Band I 213 ff.).

Gewiß war die horazische „Dichtkunst" voll seiner Beziehungen auf die Leistungen der Lebenden. Er tadelt die stumpfe Vermischung von Farben und Tönen in der Sprechweise verschiedener Gattungen, Charaktere und Stimmungen, Mangel an Folgerichtigkeit in der Charakterzeichnung, Unwahrscheinlichkeiten der Handlung, Schaustellung von Greueln auf der Bühne, welche hinter die Coulissen gehören, die Ausdehnung über fünf Akte, den deus ex machina, Zwischengesänge des Chors, die nicht zur Sache gehören. Gelegentlich wird auch das Epos gestreift. Den Schluß macht eine geharnischte Erklärung gegen mittelmäßige Dichter und die bringende Empfehlung einer ehrlichen und einsichtigen Kritik. Die drastischen Charakterbilder des bestochenen Schmeichlers und des schwärmenden Afterdichters, der ein Spott der Gassenbuben und ein Schrecken seiner Zuhörer in den Recitationen ist, gehört zum besten, was die satirische Laune dem Verfasser eingegeben hat.

Der Kampf gegen rohen Dilettantismus und selbstgefällige Pfuscherei, die Empfehlung der griechischen Vorbilder (bei Nacht und bei Tage sollen sie studiert werden) und die Forderung strengen, unermüdlichen Fleißes ist das A und O in allem, was Horaz über Dichter und Dichtung geschrieben hat. Sprache und Vers sollen mit feinster Kunst geprägt, gefeilt und geglättet werden, und doch soll das fertige Gebilde den Schein des leichten Spieles erwecken. Plattes, Flaches und Gewöhnliches soll vermieden, aus dem alten Sprachschatz manches Kleinod mit geschmackvoller Wahl zu Ehren gebracht werden, auch eine und die andere glückliche Neuerung oder eine maßvolle Entlehnung aus dem Griechischen ist erlaubt und erwünscht. Durch geschickte Fügung gewinnt auch ein bekannter Ausdruck frischen Reiz. Wie der Wald jedes Jahr neue Blätter treibt und die alten abwirft, so verjüngt und verändert sich immer wieder die Sprache. Daran mitzuwirken wird gegenüber den krittelnden Altertümlern als ein natürliches Recht der Lebenden in Anspruch genommen. Wie ein klarer Strom soll die Sprache dahinfließen, voll, aber nicht breit und überschwellend. Nur wer dem Stoff gewachsen ist, findet auch die rechten Worte und weiß ihn lichtvoll zu ordnen. Das wahre Kunstwerk muß sich zu einem harmonischen Ganzen zusammenschließen; seine Einheit darf nicht durch äußerlich angeflickte Parabesetzen gestört werden. Wahrheit der Darstellung nach dem Leben und der Natur wird verlangt. Das sind in einfachen Sätzen die Grundlehren aller klassischen Kunst, soweit sie eben gelernt werden kann: denn Genie und Erfindung ist nicht lehrbar, aber weder Natur noch Kunst können eine die andere entbehren. Dem begeisterten Schüler der Griechen war wirklich das Ideal der Schönheit in der Dichtung aufgegangen, und er hat es zu erreichen gesucht, ohne das Maß seiner Begabung oder das Verdienst seiner Leistungen zu überschätzen. Dieser Blick auf das Höchste adelt und berechtigt ihn zu jener vornehmen Geringschätzung, womit er auf die Menge der selbstzufriedenen Thyrsusschwinger herabsieht. Weil er wie wenige seiner Landsleute und Zeitgenossen wußte und verstand, was den wahren Dichter ausmache, darum urteilte er von seiner eigenen Begabung bescheiden und durfte die eitle Selbstüberschätzung anderer verspotten. Er wußte, daß der Genius der Poesie in der römischen Nation nur ein Gast aus der Fremde sei, und er war viel zu unbefangen, um dem Wahn zu huldigen, als ob die Nachkommen jener ehrenfesten Krieger, jener Bauernsöhne, die vor allem Prozente berechnen lernten, zu vertrautem Verkehr mit der Muse berufen seien. Diesen von keinem patriotischen Vorurteil geblendeten Blick, diese Rücksichtslosigkeit der Kritik konnten ihm Zunftgenossen nicht verzeihen, welche sich als Sieger über die Griechlein auch auf litterarischem Felde fühlten. Aber dennoch ist die neue Schule durchgedrungen und die reinere Form zur allgemeinen Regel geworden. Freilich hat die Sprache der klassischen Zeit viel geopfert von ihrem Reichtum und ihrer ehrlichen berben Kraft, hat aber dafür gewonnen an eblem Wohllaut, scharfer Prägung, glänzendem Schliff und ge=

schmeidigem Gliederbau, so daß sie der Herrschaft über die Welt durch Schönheit nicht minder als durch Majestät ihres Ausdruckes würdig war.

Wie im Bau des Verses, so im Gefüge des Inhaltes unterscheiden sich die horazischen Briefe von den Satiren durch ein erhöhtes Bestreben bei sauberster Form den Schein zwangloser Plauderei zu erwecken, ohne doch auf Einheit und inneren Zusammenhang der Gedanken zu verzichten. Abschweifungen, Seitenbemerkungen, Sprünge, episodische Geschichten kreuzen und durchbrechen den schnurgeraden Vortrag, aber gibt man genauer acht, so führen sie nur in anderer Form doch einem festen Ziele zu. Wie in der Periode so wird im Aufbau größerer Gedankengruppen das logisch untergeordnete Glied gern vorausgeschickt, um dann erst gleichsam den Nachsatz folgen zu lassen. Die größere Schwierigkeit des Verständnisses wird nur durch geflissentliches Vermeiden von Wendungen des Ueberganges verursacht. Aber ein wirres Durcheinander von willkürlichen Einfällen konnte sich ein künstlerisch gestaltender Schriftsteller auch in der losesten Form nimmermehr gestatten.

Im September des Jahres 746 starb Mäcenas. So war eingetreten, was Horaz vor etwa 20 Jahren in jenem stimmungsvollen Gedicht (II 17) voraus empfunden und erwogen hatte: „ach, wenn dich, einen Teil meiner Seele, vorzeitig eine Gewalt dahinrafft, was zögere ich, der Rest, noch?" Jener Tag solle beiden den Untergang bringen: „habe er ihm doch Gefolgschaft bis in den Tod zugeschworen; sei doch beider Gestirn wunderbar verbunden." Nach wenigen Monaten, am 27. November starb er in der That gleichfalls, im 57. Jahre seines Lebens. Noch beim Abschied von Augustus hatte Mäcenas seinen teuren Freund dem Herrscher ans Herz gelegt: „des Horatius Flaccus sei eingedenk, als wär' ich es selbst." Diesen überraschte der Tod, so daß er nicht mehr Zeit hatte sein Testament in aller Form abzuschließen: so setzte er mündlich vor Zeugen Augustus zum Erben ein. Begraben ist er auf den Esquilien neben seinem Mäcenas. Der menschlichste aller Römer war dahingegangen, der feinfühligste Geist im Kreise der augusteischen Dichtergenossen, dem gleichgestimmte Freunde und teilnehmende Leser nicht fehlen werden, solange die Nacht der Barbarei nicht alle eblere Bildung begraben hat.

Seine Prophezeiung traf ein, daß er einmal ein Schulautor sein würde. Juvenal spricht von den abgenutzten Exemplaren des

Horaz und Vergil in den Händen der Knaben. Wie gern er gelesen wurde, zeigt auch der Versuch ihm eine oder mehrere Elegieen unterzuschieben, damit doch auch diese Gattung durch seinen Namen vertreten wäre. Sueton weist sie zurück, weil sie gewöhnlich seien, und ebenso einen Brief in Prosa, in dem Horaz sich dem Mäcenas empfehle (also der erste Annäherungsversuch). Hier bewies dem Kenner die Dunkelheit des Stils die Unechtheit, da auch dieser Fehler dem Horaz ganz fremd gewesen sei. Die Frage, ob und in welchem Umfange der Text der horazischen Werke durch unter- und eingeschobene Fälschungen von Nachahmern und Erweiterern mag entstellt sein, wird mit den Mitteln unserer Kritik nie zu einem allgemein überzeugenden Abschluß gebracht werden können. Zuzugeben ist, daß die uns zugänglichen Quellen der Ueberlieferung im Ganzen (bis auf eine Ausnahme, die acht an den Eingang von Sat. I 10 schon im Altertum angeschobenen Verse) denselben Bestand bieten, daß auch Zeugen der ersten Jahrhunderte für einzelnes einstehen. Dagegen hören wir von einer Ausgabe des berühmten Valerius Probus, in welcher nach der Weise des Aristarch zum Homer und wie in den Ausgaben desselben Gelehrten von Vergil und Lucrez kritische Zeichen zur Notierung verdächtiger oder verborbener oder umzustellender Verse angewendet waren.

Drittes Kapitel.

Die Elegie des Tibullus und Propertius.

Von den erſten Verſuchen und dem Aufblühen der elegiſchen Dichtung im Kreiſe Catulls und ſeiner Genoſſen iſt früher berichtet worden. Dieſer Gattung, vor allem der erotiſchen Elegie wandte ſich mehr und mehr die Teilnahme der jungen Welt, namentlich auch des weiblichen Geſchlechtes zu. Hier kam zum Ausdruck, was die Herzen der Jugend bewegt, und zwar in Tönen der Leidenſchaft, die unmittelbarer wirkten als die kunſtvollen Nachahmungen des äoliſchen Saitenſpiels in den horaziſchen Oden. Die Vorausſetzungen, auf welchen die galante Poeſie der Alexandriner beruhte, hatten ſich mit der Zeit auch im römiſchen Leben gefunden. Seit dem letzten Jahr= hundert der Republik hatte ſich in der Großſtadt, welche von Griechen und Orientalen überflutet war, beſonders innerhalb derjenigen Kreiſe, welche litterariſche und künſtleriſche Intereſſen pflegten, eine unge= bundene Geſelligkeit entwickelt. Nicht bemittelt genug oder um der Freiheit willen nicht geneigt einen bürgerlichen Haus= und Eheſtand zu gründen, ſuchten die jungen Herren vorzugsweiſe bei den gefälligen Damen der Halbwelt aus dem Stande der Freigelaſſenen, welche zum Teil fein gebildet und künſtleriſch begabt mit leiblicher Schön= heit Anmut des Geiſtes verbanden, Befriedigung ihrer Herzens= bedürfniſſe. Die öffentlichen Spaziergänge, Tempel Theater Circus Trinkgelage boten reichliche Gelegenheit zur Anknüpfung lockerer Be= kanntſchaften wie dauernder Verhältniſſe. Auch an verheirateten Frauen beſſerer Stände fehlte es nicht, welche dem liebenswürdigen

Hausfreunde vor dem Gatten den Vorzug gaben. Als Kind von 10 Jahren verlobt und mit 12 Jahren nach dem Ermessen des Vaters verheiratet fand die römische Matrone sich bereits in fester Hand, als ihr Blut sich zu regen, ihr Selbstbewußtsein zu erwachen begann. Da war der gewandte Nebenbuhler eines ungeliebten Mannes leicht willkommen und fand für die Entfaltung verführerischer Künste offenes Feld. Im Jahr 18 v. Chr. kam die Zuchtlosigkeit der Frauen in einer Senatssitzung vor Augustus zur Sprache, und dieser mußte in seiner eigenen Familie Schmachvolles erleben. Im J. 19 n. Chr. entblödete sich eine Frau aus prätorischer Familie nicht, sich bei der Polizei als öffentliche Dirne anzumelden, was freilich Verbannung für sie und einen Senatsbeschluß zur Folge hatte, welcher Frauen, deren Großvater, Vater oder Mann Ritter gewesen sei, eine solche Selbsterniedrigung untersagte.

Die pikanten Gedichte eines Kallimachos Philetas Hermesianax u. A., welche auch in die Darstellung mythischer Zeiten den eigentümlichen Duft unmittelbarer Gegenwart, die berückende Anschaulichkeit des wirklichen Lebens bis ins Kleine hinein zu legen wußten, sie lagen auf den Tischen der griechisch gebildeten Damen Roms, und einheimische Dichter, welche nach solchen Mustern versuchten ihre eigenen Freuden und Leiden unter dem Joch Amors zu schildern, waren eines eifrigen Leserkreises und entgegenkommenden Verständnisses sicher. In jahrhundertelanger Uebung und Ausbildung seit Mimnermos ist die Technik, der Gedanken- und Bilderkreis der erotischen Poesie, insbesondere der Elegie so bis ins Kleinste durchgearbeitet, daß es an Wiederholungen und Nachahmungen schon bei den Griechen nicht fehlt. Die hellenistischen Dichter haben die von den Aelteren übernommenen Umrisse durch feinstes Detail, durch malerische Züge mit buntem Leben erfüllt und einen nach allen Seiten ausgeprägten Kunststil geschaffen, der von den Römern als klassisches Vorbild mit sauberem Fleiß und großer Begabung, nicht ohne Zuthaten eigener Erfindung ausgebildet worden ist. Man muß sich daher vor dem Glauben hüten, als ob ihre Berichte und Angaben durchweg aus dem persönlichen Leben geschöpft wären. Auch für die Ausgelassenheit von Schilderungen und allgemeinen Lebensanschauungen sind diese Dichter nicht persönlich verantwortlich zu machen. Sie variieren eben beliebte Themata und tauchen die Wirklichkeit in einen conventionellen Farbentopf.

Allgemeines.

Durch die Augen wird die Liebe empfangen. Mit Unruhe auf nächtlichem Lager beginnen die Leiden, durch Widerstand wächst die innere Glut wie die Flamme der Fackel, wenn sie geschüttelt wird. Amors Pfeile durchbohren das Herz, brennen bis auf die Knochen: bisweilen leert er auf einen feinen ganzen Köcher, und er zieht sie nicht heraus. Er setzt den Fuß oder gar beide Füße auf Haupt Nacken Brust des Besiegten, er triumphiert und wirft ihn in Ketten. Wie der Stier an der Pflugschar beugt sich der Liebende unter das Joch des Cupido, es ist ein harter Knechtsdienst, dem er unterworfen ist, eine rauhe Kriegspflicht, die er leistet. Bleich und mager wird er in dem aufreibenden Dienst, tausendmal wünscht er sich Befreiung und vermag doch die drückenden Banden nicht abzustreifen. Nicht nur die Spröbigkeit des Mädchens ist zu überwinden. Oft stehen die Rechte eines anderen, des Ehemannes oder des bisherigen Freundes im Wege: da sind die heimlichen Künste der Venus, Listen und Schleichwege anzuwenden, um hinter dem Rücken des Feindes den Platz zu nehmen.

Aber wie das stürmische Meer wogt das Glück der Liebe auf und ab, und die „Kriege der Venus" finden kein Ende. Schwelgerisch ist der Genuß, von heißer Sinnlichkeit. Zärtlichkeit wie Zorn steigern sich leicht bis zur Wut: es wird nicht nur geküßt, sondern gebissen; zerrissene Gewänder, zerraufte Haare, zerschlagene und zerkratzte Gesichter zeugen von der Wildheit des Kampfes. Argwohn und Eifersucht von beiden Seiten (denn Eidschwüre der Liebenden schreibt Juppiter in Wasser, leichter wie fallende Blätter sind die Worte der Mädchen und die Winde tragen sie fort); bittere Klagen und Vorwürfe, kalte Verachtung gemischt mit zärtlichem Verlangen, Drohungen und Verwünschungen, Reue und Versöhnung, wehmütige und höhnische Stimmungen geben dem Verlauf des Verhältnisses dramatische Bewegung.

Der erotische Dichter ist arm, seine Geliebte aber begehrlich: er verlangt, sie solle sich mit seinen Versen begnügen, die ihr Unsterblichkeit sichern; sie ist irdischen Gaben oft zugänglicher. Er ist ein abgesagter Feind wie des Reichtums und der Habgier so der Ueppigkeit der Gegenwart, sein Ideal ist die Unschuld und Einfachheit des saturnischen Zeitalters. Müßig und ohne Ehrgeiz bleibt er den Geschäften des Staates wie jeder Thätigkeit des Lebens fern, die Gefahren der Schiffahrt und die Grausamkeit des Krieges ver-

abscheuend, fromm, ja abergläubisch, denn auf Vorzeichen gibt er
viel, und Zauberweiber und Wahrsagerinnen werden fleißig von ihm
zu Rate gezogen, auch für die Sünden der Geliebten verantwortlich
gemacht. Eine wichtige Rolle für die letztere spielt Isis, die geheim=
nisvolle Macht des weiblichen Lebens.

Aus diesen allgemeinen Voraussetzungen ergibt sich ein Kreis
von Lieblingsmotiven und =Stoffen, welche von den erotischen Dichtern
gleichsam um die Wette behandelt werden. Man erklärt für nichts
anderes geschaffen zu sein als für Liebe und Liebesgedichte; trotz
ernstlicher Vorsätze und Versuche auf anderem Gebiet sei man immer
wieder und zwar durch göttliche Weisung auf jenen wahren Beruf
zurückgeführt worden. Namentlich das heroische und historische Epos
wird von dem Erotiker in aller Bescheidenheit abgelehnt. Er rühmt
sich bald seiner unerschütterlichen Treue, bald seines leicht entzünd=
baren Herzens nnd seines Leichtsinnes. Amor und Venus werden in
allen Tonarten apostrophiert und charakterisiert. An die Thürschwelle
der Geliebten oder an den hartherzigen Thorwächter werden bald
demütige, bald verwegene Bitten um Einlaß gerichtet; die Alte,
welche unter dem Namen einer Mutter oder Amme das Mädchen in
ihrer zweideutigen Obhut hat, wird umschmeichelt, gescholten, ver=
wünscht; ihre verderblichen Lehren werden enthüllt. An den Tropf
von Ehemann und die von ihm bestellten Hüter, an den verdrängten
oder den glücklichen Nebenbuhler werden höhnische Kriegserklärungen,
spöttische Ratschläge und Warnungen, verächtliche Forderungen ge=
richtet. Botschaften an die Geliebte mit zärtlichen Anliegen, Aeuße=
rungen der Ungeduld, der Enttäuschung mit entgegenkommenden reu=
mütigen oder versöhnlichen Anträgen gehen durch eine Zofe oder
einen vertrauten Sklaven. Triumphlieder ertönen, wenn die Wer=
bung erhört und der Wunsch des Herzens erfüllt ist; in glühenden
Farben wird das genossene und hoffentlich dauernde Glück, wird
Schönheit, Anmut, Geist und Geschick der Geliebten geschildert. Sie
wird ermahnt ihre natürlichen Reize nicht durch künstliche Mittel zu
verderben. Ihr Geburtstag wird besungen, andere Feste werden mit
ihr gefeiert. Sie erkrankt: der Dichter gibt seinen Sorgen und Be=
fürchtungen, seinen guten Wünschen, der Freude über erfolgte Ge=
nesung Ausdruck. Er selbst ist leidend, in Gefahr, vielleicht einsam,
in der Fremde. Todesgedanken kommen ihm: von der Geliebten
möchte er gepflegt, von ihr betrauert und bestattet sein, und er

orbnet an, wie es bereinst gehalten werden soll. Das ist ein uraltes Motiv der römischen Elegie, die Vergänglichkeit der Jugend, die Kürze des Lebens, die Möglichkeit vorzeitigen Endes sich zu vergegenwärtigen und darauf die Lehre zu gründen, daß man genießen solle, so lang es Tag ist. Auch den Abschied von den Zurückbleibenden, den Aufenthalt in der Unterwelt, in den elysischen Feldern, bei Gleichgesinnten und Leidensgenossen, endlich die einstige Wiedervereinigung daselbst malt sich die Phantasie des Elegikers gern aus. Und wie die Gattung der Trauerlieder (ἐπικήδεια) ihm geläufig ist, so widmet er wohl auch dem beweinenswerten Ende eines Lieblingsvogels oder -Hündchens zum Trost seiner teuren Herrin einen tief empfundenen Nachruf. Auch zeitweilige Trennung von ihr, etwa auf Grund einer Reise, gibt zu stimmungsvollen Herzensergüssen mannigfachen Stoff. Unerschöpflich ist das Thema der Eifersucht, der Liebesschmerzen in allen Abstufungen, der Vorwürfe und Rechtfertigungen, des Bruches und der Versöhnung.

Die Geschichte seines Herzens gestaltet der elegische Dichter mit künstlerischer Freiheit, die einzelnen Momente derselben sind nicht nach der Zeitfolge geordnet, sondern nach poetischen Gesichtspunkten durcheinandergemischt. Widersprüche, Ungenauigkeiten, Verschleierungen aller Art breiten einen gewissen Nebel über den Zusammenhang. Das einzelne Gedicht oder die besondere Gruppe soll für sich wirken; die Fäden, welche Getrenntes verbinden, sind oft locker und nachlässig geschlungen. Auch die wenn gleich durchsichtige Verwandlung des Namens der Geliebten ist darauf berechnet, ihre Person und das Verhältnis mit ihr in die Sphäre des Idealen zu entrücken.

Dazu dient weiter der mythologische Schmuck, welcher den persönlichen Empfindungen und Erlebnissen des Dichters, seinen Schilderungen und Betrachtungen Adel und Glanz verleiht, indem Leiden und Freuden, Handlungen und Schicksale, geistige oder körperliche Eigenschaften von Göttern oder Heroen dienen müssen, um Menschen und Menschenleben zu beleuchten und zu messen. So wird dem Irdischen das Göttliche als verwandt und vorbildlich zur Seite gestellt. Freilich wird dieses Kunstmittel von den Alexandrinern auch gemißbraucht zum Auskramen entlegener Gelehrsamkeit. Es hat sich eine gewisse Manier in der Anordnung jener mythologischen Gleichnisse ausgebildet. Wie Edelsteine werden sie in bestimmten Figuren auf dem Gewebe des Gedichtes aufgetragen. Bisweilen genügt ein ausgeführtes Beispiel aus dem Mythus, um das Ganze zu erklären, bisweilen ist ein Paar auf Hexameter und Pentameter, noch lieber auf zwei Disticha verteilt; die Gruppe wird erweitert zu drei, vier Distichen mit ebensovielen Mythen. In strengem Parallelismus werden sie aneinandergereiht oder gegenübergestellt. Mit feinster Berechnung, in möglicher Abwechselung je nach der Situation werden die Persönlichkeiten ausgewählt, bald männliche und weibliche gemischt, bald aus demselben Geschlecht. Das Motiv der Wahl und Zusammenstellung zu verstehen ist bisweilen nur dem Kenner des individuellen Falles, der Dichtung, des Kunstwerkes, worauf angespielt wird, vorbehalten. In den Schulen der Künstler wie der Dichter und Rhetoren waren die Typen der einzelnen Götter und Göttinnen, Heroen und Heroinen scharf ausgeprägt, so daß dem Leser beim bloßen Namen die ganze Gestalt lebendig und individuell vor Augen stand.

So wird die Schönheit der Geliebten je nach ihrer Persönlichkeit verglichen mit Juno Minerva Venus, mit Antiope Hermione Helena Leda Amymone Ischomache Brimo; die einsam schlummernde gleicht der Ariadne oder der eben befreiten Andromeda oder einer müden Bacchantin. Wie Argus an der Gestalt der Jo, so hängt der Liebhaber am Anblick der Geliebten. Ein zärtliches Liebespaar vergleicht er neckend mit Neptun und Tyro, Hercules und Hebe. Liebesverhältnisse mit Sklavinnen werden gerechtfertigt durch die Beispiele des Achilles und der Briseis, des Pyrrhus und der Andromache, des Agamemnon und der Cassandra. Als Muster weiblicher Innigkeit werden zu einer Gruppe vereinigt Calypso Alphesiböa Hypsipyle Euadne. Letztere und Penelope repräsentieren die Treue der Gattinnen. Innige Liebe zwischen Gatten über das Grab hinaus gemahnt an Protesilaus und Laodamia. Habgierige Weiber werden mit dem Beispiel der Eriphyle gewarnt. Die Geliebte, wenn sie ungern von ihrem Freunde getrennt wird, weint wie Briseis oder Andromache, Philomela oder Niobe. Ebenso empfindet der Liebhaber den Verlust der Geliebten wie Achill den seiner Briseis. Die Qualen seiner unerhörten Liebe gleichen denen des Tantalus oder Sisyphus, der Danaiden, des Prometheus. Der Unheilbare beneidet Philoktet Phönix Androgeon Achilles, die von ihren Leiden kuriert sind. Seine Freude, wenn er die Ersehnte erobert hat, gleicht der des Agamemnon über den Fall von Troja, des Odysseus bei der Heimkehr, der Electra beim Wiedersehen des Orestes, der Ariadne über die Rettung des Theseus. Verräter an Weibern sind Jason, der Medea, Odysseus, der Calypso, Theseus, der Ariadne, Demophoon, der Phyllis verlassen hat.

Ganz in der alexandrinischen Kunstrichtung befangen muß der von der Welle des Glückes gehobene und wieder begrabene Mann gewesen sein, welchen Ovid in der Dreizahl seiner Vorgänger als ältesten nennt, C. Cornelius Gallus. Geboren im J. 685/69 in der von Cäsar gegründeten Militärkolonie Forum Julii (Fréjus), der wichtigen Flottenstation an der Mittelmeerküste im narbonensischen Gallien, hat er sich aus niederem Stande durch früh angeknüpfte vornehme Verbindungen zu hoher Stellung emporgearbeitet. Er war Octavians Mitschüler gewesen. Im J. 711 nennt ihn Asinius Pollio in einem Briefe an Cicero seinen guten Freund: von ihm hat er die wunderliche Prätexta des Balbus (Band I 194) geliehen bekommen. In den Jahren 713 und 14 war er von den Triumvirn beauftragt, im diesseitigen Gallien von den Städten, die mit Aeckerberaubung verschont geblieben waren, Gelder einzutreiben. Nach der Schlacht bei Actium übernahm er das Commando über Legionen, die von Antonius abgefallen waren, und wies dessen Versuch, sich des Hafens von Parätonium zu bemächtigen, zurück. Auch bei der Gefangennehmung der Kleopatra war er behilflich. Zum Lohn erhielt er, als kurz darauf Aegypten zur römischen Provinz gemacht war (724/30), als der erste den höchsten Vertrauensposten eines kaiserlichen Statthalters daselbst. Aber dem eitlen Emporkömmling stieg das Glück in den Kopf, so daß er beim Wein freche Reden über Augustus führte, Bildsäulen von sich in ganz Aegypten aufstellte, seine Thaten, u. a. vermutlich die Einnahme von Heroonpolis und die Unterdrückung eines Aufstandes in der Thebais, auf die Wände der Pyramiden eingraben ließ. Von einem guten Kameraden, Valerius Largus, bei dem Herrscher denuntiiert fiel er in Ungnade. Er wurde zurückberufen, und nun warf sich eine Meute strebsamer Ankläger über ihn her, der Senat verurteilte ihn wegen Erpressungen zur Verbannung und Confiskation seines Vermögens. Von allen verlassen gab er sich im 43. Jahre seines Lebens (728/26) freiwillig den Tod.

Seine poetischen Arbeiten fallen in jene frühere Zeit, als er mit Asinius Pollio in Norditalien stand und Gelegenheit nahm, dem jungen Vergil in dessen Bedrängnis sein Wohlwollen zu erweisen. Die sechste und zehnte Ekloge des dankbaren Dichters haben uns bereits in den Studienkreis des Gallus eingeführt (S. 27 ff.). Wir lernten ihn als Uebersetzer und Nachahmer des Euphorion von Chalkis kennen, den Cicero schon im J. 709 als Muster der jüngeren Dichterschule spöttisch bezeichnet hatte (Band I 315). Dieser gelehrte Grammatiker, welcher in seinen späteren Jahren unter Antiochus dem Großen von Syrien (König seit 224 v. Chr.) Vorstand der öffentlichen Bibliothek in Antiochia gewesen ist, hat außer wissenschaftlichen Werken historischen, antiquarischen und rein philologischen Inhaltes eine beträchtliche Menge poetischer Schöpfungen in die Welt gesetzt, freilich Treibhauspflanzen aus der Studierstube, in gesucht kostbarem, schwer verdaulichem Stil und gespickt mit ebenso dunklen Anspielungen, welche des Commentars bedurften. In fünf Büchern zu je tausend Hexametern reihten die „Chiliaden" zur Bedrohung von untreuen Menschen, die ihn betrogen hatten, mannigfache Beispiele der Sage auf eine Schnur, und Gallus hat wenigstens eins und das andere zu lateinischer Bearbeitung ausgewählt. Bunte Geschichten in loser Folge (ἄτακτα) aus dem attischen Sagenkreise bot die „Mopsopia"; ein Bild der hesiodeischen Dichtung und Schule vielleicht das Gedicht „Hesiodos". Neben diesen und vielen anderen Erzeugnissen der erzählenden Muse waren es besonders die erotischen Elegien, welche die Nachahmung der Römer schon in Cicero's Zeit reizten und namentlich von Gallus ausgebeutet, nachgeahmt oder geradezu übersetzt sind. Seinem Verständnis so dunkler Vorbilder kam ein anderer Dichter und Gelehrter zu Hilfe, Parthenios von Nicäa, der nach Eroberung seiner Vaterstadt im dritten mithrabatischen Krieg (681/73) als Gefangener nach Rom gekommen, später als Freigelassener in Neapel weilte. In Rom mag er (frühestens 725) die Bekanntschaft des Krinagoras gemacht haben, nach welchem eine seiner Elegien benannt ist. Zum Hausgebrauch des Gallus hat er diesem eine noch erhaltene Sammlung wenig bekannter Liebesgeschichten aus vorzüglichen älteren und jüngeren poetischen Quellen (darunter auch Euphorion) in prosaischer Form kurz zusammengestellt, damit der vornehme Schüler nicht nur Anspielungen griechischer Dichter besser verstünde, sondern

auch für eigene Verwendung brauchbares Material schnell zur
Hand hätte.

Die Liebeselegien des Gallus feierten unter dem Namen „Ly=
coris" eine hübsche Schauspielerin leichtfertigster Gattung, eine mima,
deren Bühnenname „Cytheris" lautete, eine Freigelassene des jovialen
Ritters P. Volumnius Eutrapelus, mit dem Cicero brieflich und ge=
sellig (im J. 708) verkehrte. Ganz vertraut stand derselbe mit An=
tonius, der ihn als Triumvir im Bürgerkriege (711. 712) zu seinem
Artilleriechef (praefectus fabrum) machte. Cytheris ist durch viele
Hände gegangen. M. Junius Brutus hat sie geliebt, M. Antonius
konnte eine Zeit lang nicht ohne sie leben. Auf einer Amtsreise
durch Campanien im Sommer 705 führte er die Mimin, als wäre
sie seine Gemahlin, in offener Sänfte mit sich, und die Honora=
tioren der Municipien begrüßten sie respektvoll als Volumnia. Aber
als er sich 708 mit Fulvia vermählte, gab er ihr den Laufpaß. In=
dessen noch im Sommer 710 nennt ihn Cicero in einem vertrauten
Briefe an Atticus spöttisch Cytherius.

Obwohl nun außer den Andeutungen bei Vergil, von denen
oben die Rede gewesen, von den Poesien des Gallus nichts als ein
einziger Pentameter erhalten ist, so können wir uns doch nach dem
hinreichend bekannten Charakter seines Meisters und seiner Studien
eine annähernde Vorstellung von seiner Richtung und Manier machen.
Daß sein Erfolg nicht unbedeutend gewesen ist, zeigen nicht nur die
Complimente seines bescheidenen Altersgenossen Vergil, sondern auch
die achtungsvollen Äeußerungen seiner Nachfolger Properz und Ovid.
Sie feiern beide seine der geliebten Lycoris gewidmete und nach ihr
benannte Sammlung erotischer Gedichte (amores) in vier Büchern.
Im Westen wie im Osten, sagt Ovid, werde Gallus samt seiner
Lycoris im Andenken bleiben, doch ist sein Stil bereits für Quin=
tilians Geschmack etwas hart, und an eine tiefere Herzensneigung zu
jener lockeren Dame, die auch ihm nicht treu geblieben ist, zu glauben
fällt doch schwer.

Am wenigsten von jenen gelehrten Meistern der neueren Dichter=
schule abhängig war Albius Tibullus, der liebenswürdige Freund
des Horaz. Etwa fünf bis zehn Jahre jünger als dieser stammte er
aus einer ehemals sehr begüterten Ritterfamilie, und immer noch ge=

währte ihm ein vom Vater ererbtes Gut in der Gegend von Pedum, zwischen Gabii und Präneste, wenn es auch durch Zeitumstände geschmälert war, ein sorgenfreies und behagliches Auskommen. In der reinen Landluft ist der hübsche Knabe herangewachsen, und seine Verse hauchen sie aus. Als römischer Ritter war Tibull verpflichtet, zehn Kriegsjahre abzudienen, die er jedoch mit beliebigen Unterbrechungen auf die ganze Zeit seiner Dienstpflicht bis zum 50. Lebensjahr verteilen durfte. Persönliche Beziehungen, über die wir nicht näher unterrichtet sind, führten ihn in das Lager des Messalla: der Cohorte des Feldherrn beigegeben war er mehr Begleiter und Gesellschafter desselben als Soldat (I 3, 2). Nach der Schlacht bei Actium und der völligen Niederwerfung des Antonius in Aegypten erhielt Messalla zunächst ein außerordentliches Commando in Syrien und Cilicien, später (vermutlich 726) wurde er gegen die Kelten geschickt. Er besiegte sie in der Schlacht am Atax, unterwarf das südliche Gallien und feierte im September des J. 727 seinen Triumph über Aquitanien. Der Pflicht gehorchend, nicht dem eigenen Triebe machte der unkriegerische Dichter diese Züge zu Lande und über Meer wenigstens zum großen Teile mit (I 3, 56. 7, 9 ff.), und trug auch militärische Ehrengaben davon. Er sah den Cydnus und das Taurusgebirge, Palästina, Tyrus und den Nil, die Pyrenäen und den Ocean, Arar, Rhone, Garonne, Loire. Auf dem Wege nach dem Orient wurde der den Strapazen der Seefahrt und langer Märsche wenig Gewachsene ernstlich krank, blieb einsam in Corcyra liegen, wird aber nach seiner Genesung den Genossen nachgezogen sein (I 3). Noch früher, als an den jungen Mann, der behaglich auf dem väterlichen Gut dahinlebte, zum erstenmal die rauhe Kriegspflicht herantrat, muß die zehnte Elegie des ersten Buches gedichtet sein, welche der natürlichen Abneigung des Verfassers gegen den Krieg, der idyllischen Stimmung des Landwirtes beredten Ausdruck gibt. „Wild und eisern war, wer zuerst furchtbare Schwerter geschmiedet hat. Oder bestimmte er sie nur gegen wilde Tiere, und erst wir haben sie gegen uns selbst gewendet? Die Begierde nach Gold trägt die Schuld: zur Zeit der hölzernen Becher gab es noch keine Kriege, da schlief der Hirt sicher inmitten seiner Herde. Hätte ich doch damals gelebt und nie die Tuba gehört! Jetzt werde ich in den Krieg geschleppt; schon trägt vielleicht ein Feind die Geschosse, die meine Seite durchbohren werden. Beschützt mich, heimische Laren, vor deren Füßen ich als Kind gespielt habe, die ihr schon des Großahnen Haus bewohnt habt in jenen glücklichen Zeiten der Treue und Einfachheit. Mag ein anderer tapfere Thaten verrichten, um mir dann beim Becher von seinen Schlachten zu erzählen. Welcher Wahnsinn, den Tod durch Kriege zu beschleunigen! Wie traurig die Unterwelt, wie schön unter Kindern und Enkeln zu altern in kleiner Hütte! Wäre mir das beschieden! Inzwischen möge Friede die Fluren pflegen, der den Acker- und den Weinbau geschaffen hat und fröhliche Feste, bei denen nur die Kriege der Venus entbrennen." Man sieht, das rauhe Kriegshandwerk steht ihm noch als unbekanntes Schrecknis bevor. Und dieselbe Gesinnung bringt er heim (I 1): „mag ein anderer Gold aufhäufen und große Güter besitzen, die er fortwährend gegen den Feind zu verteidigen hat: ich will bei bescheidener Habe behaglich meine Tage verleben, nicht auf ewigem Marsch (26). Dir, Messalla, ziemt es, zu Lande und zur See zu kriegen, um den Ruhm deines Hauses zu mehren (53 f.); mich fesselt die Liebe. Hier bin ich ein guter Soldat: ihr Feldzeichen und Tuben bleibt mir fern, und auch ihr Schätze" (75 ff.).

So lebt und webt Tibull mit all seinen Anschauungen und Neigungen in dem idyllischen, genügsamen Frieden, der gemütlichen Häuslichkeit und stillen Thätigkeit des Landmannes. Zufrieden, wenn das Feuer auf seinem Herde nicht erlischt und die Hoffnung auf gesegnete Ernte nicht versagt, verzichtet er gern auf den Reichtum seiner Ahnen wie auf glänzende Kriegsbeute. Im unschuldigen Zeitalter des Saturn, als noch nicht die weiten Straßen auf der Erde eröffnet waren, als man noch nicht die Meere befuhr, um aus entlegenen Ländern das Schiff mit fremder Ware befrachtet heimzubringen, wo noch kein Streit, die Häuser ohne Thüren, die Fluren ohne Grenzsteine waren, wo die Eichen von selbst Honig, die Schafe ihre Milch darboten, kein Stier in das Joch gespannt, keinem Pferde der Zügel angelegt war, da hätte unser Dichter leben mögen (I 3). Er verabscheut die eiserne Gegenwart, welche nach Beute jagt, unermeßliche Felder und Weiden begehrt, üppige Paläste ins Meer hineinbaut (II 3, 45). Der schlichten Frömmigkeit seiner Vorfahren getreu, von der Aufklärung seiner Zeit unberührt versäumt er keine Pflicht gegen die ländlichen Gottheiten Ceres Bacchus Priapus, die Laren, bringt ihnen die Erstlinge ihres Segens dar, der Ceres den Erntekranz vor der Thür, dem Bacchus die Traube, den Laren ein

Lamm oder ein Schwein (I 10, 25) nach der Väter Brauch. Er weiht die Fluren und Früchte in feierlichem Umgang (II 1), begeht mit den Hirten das Sühnefest der Palilien und spendet aus irdenem Gefäß (I 1, 35 ff.). Alle Kultur und alle Freude des Lebens geht nach ihm von Hirten und Bauern aus. Darum feiert er in der Elegie zu Ehren des Messalla (I 7) und seiner Kriegszüge vor allen den großen Osiris, der zuerst Ackerbau und Obstzucht lehrte und das Keltern des Weines, den heiteren Gott, der an Chören, Gesang, Liebe, Blumen und festlichem Putz seine Freude hat. Nicht minder begeistert rühmt er ein anderesmal die Friedensgöttin, die er sehnlich herbeiwünscht, als Lehrmeisterin und Beschützerin ländlicher Arbeit und Freude (I 10, 45 ff.). Den ländlichen Gottheiten verdankt das Menschengeschlecht, daß es sich nicht mehr von Eicheln nährt, in Häusern wohnt, und aus dem Zustande der Wilden zu freundlicheren Sitten übergegangen ist. Der Bauer zuerst hat, wenn er von der Arbeit ausruhte und sich gelabt hatte, Lieder gesungen zum Preise der Götter, und zu Ehren des Bacchus dramatische Chöre aufgeführt. Die Wolle der Schafe hat die Weiber zum Spinnen und Weben, den Künsten der Minerva, geführt; und unter Herden ist Cupido geboren (II 1, 36 ff.). Von der ganzen Geschichte Roms interessiert den beschaulichen, dessen Gedanken von den Händeln und Leidenschaften der Großen weit abliegen, nichts so sehr als jene bäurische Vorzeit, als noch die Kühe auf dem palatinischen Hügel weideten, das Velabrum ein Teich war, über den ein kleiner Kahn am Festtage die ländliche Schöne zu ihrem Liebhaber, dem Hirten führte (II 5, 25 ff.). Wie gern schwelgt er in den Bildern solcher Festfreude, wo der bezechte Hirt an den Palilien durch das heilige Strohfeuer springt und die Leute im Grase unter dem Schatten eines alten Baumes oder unter improvisiertem Zeltdach gelagert sind, der bekränzte Becher vor ihnen steht, jeder aus Rasen sich seinen Tisch baut und schmaust (II 1, 21). Wie reizend jene Familienscene: der Junge, der seiner Mutter Ohren packt und ihr einen herzlichen Kuß abnötigt, und der alte Großvater seinen Enkel hütend und stammelnde Worte mit ihm wechselnd (II 5, 91)! Wie süß vollends, wenn draußen der winterliche Sturm tobt und der Regen prasselt, auf behaglichem Lager, die Geliebte im Arm, sorglos zu ruhen (I 1, 45)! Sie zieht er allen Schätzen und allem Ruhm vor, sie anschauend und ihre Hand haltend will er einst sterben (I 1, 57 f.). Aber einstweilen will er leben und lieben, so lange er noch jung ist. Gern malt er sich das Glück stiller Häuslichkeit und eines gemütlichen Alters aus: die Geliebte bereinst als waltende Hausfrau, Früchte und Most bewahrend, das Vieh zählend, der kleine Schwätzer an ihrer Brust spielend, Besuch des Messalla und Bewirtung desselben mit erlesenen Früchten, die sie vom Baum pflückt (I 1, 69. 5, 21. 10, 39). Ein Zukunftsbild, das sich leider nicht erfüllen sollte. Vorläufig dient er in den Kriegen der Venus als unverdrossener Soldat, erfahren in allen offenen und heimlichen Künsten und Mühen des harten und doch so süßen Dienstes.

Seine Delia, deren Namen das erste Buch der Elegien trug, hieß eigentlich Plania, gehörte dem Stande der Freigelassenen an und lebte mit einer alten Mutter wenigstens eine Zeitlang ziemlich ehrbar. Der Elegiencyclus, in welchem sie eine Rolle spielt (I 1. 2. 3. 5. 6), ist vom Dichter nicht zu einer geschlossenen Gruppe zusammengefaßt, welche die einzelnen Phasen des Verhältnisses klar erkennen und verfolgen ließe. Vielmehr hat derselbe nach der oben angedeuteten Weise des Altertums die Wirklichkeit mit einem zarten Schleier umwoben, Uebergänge aufgehoben und so den Zusammenhang mehr zerrissen als angedeutet. Dennoch ist genug davon übrig geblieben, um dem aufmerksamen Leser das Wesentliche ahnen zu lassen, und ihn zu nötigen die unentbehrlichen Voraussetzungen zum Verständnis der Situationen zu suchen. Die erste Blüte inniger Empfindung erschließt sich in der Anfangselegie. Tibull ist gefesselt von den Banden der Liebe, die er um alles in der Welt nicht verlassen möchte, doch findet er nicht freien Einlaß: als Bewerber hütet er die Schwelle des Mädchens, aber er glaubt an ihre Zuneigung und lebenslange Dauer des Bundes. Eine schwere Krankheit bedroht ihr Leben: Tibull pflegt sie, leitet die magischen Gebräuche und thut Gelübde für ihre Genesung; jenes reizende Bild, wie er mit der Genesenen in beglückter Häuslichkeit leben werde, erfüllt seine Seele (5, 19 ff.). Die Kriegspflicht reißt den Widerstrebenden aus ihren Armen (I 1, 25 f. 53 ff.), es gibt einen zärtlichen, thränenreichen Abschied (3, 9 ff.). Auf dem Krankenlager in Corcyra malt er sich aus, wie er bei der Heimkehr empfangen werden wird: es ist Abend, Delia sitzt mit der Mutter und den Mägden bei der Lampe. Die Alte am Rocken erzählt Geschichten, allmälig nicken die Mägde über ihrer Arbeit ein; da plötzlich unangemeldet kommt er heim, wie vom Himmel gesandt, und

die treue Geliebte, wie sie ist, mit aufgelösten Haaren und nacktem
Fuß stürzt ihm in die Arme (3, 83 ff.). Aber die lange Trennung
wird verhängnisvoll. Als er wirklich heimkehrt, findet er sie im
Besitz eines Reichen (5, 17 f. 47. 69), gegen dessen verführerische
Freigebigkeit er nicht aufkommt. Vergeblich sucht er sich beim Wein
oder in den Armen einer anderen zu trösten (5, 37 ff.), die alte
Leidenschaft läßt ihm keine Ruhe, doch hat er keine Hoffnung, nur
die Aussicht, daß den Nebenbuhler bald ein neuer Galan, der
schon die Thür umschleicht, verdrängen werde (5, 68 f.). Verheiratet,
unter strenger Hut des Ehemannes finden wir sie in der zweiten
Elegie (2, 5 f.): der Dichter sucht von neuem Annäherung, gibt
der ehemaligen Geliebten frivole Winke, den Gatten zu täuschen, vor
dessen Augen mit ihm wieder anzubinden (2, 15 ff. 55 ff.). Wirk=
lich glückt es ihm Hausfreund zu werden, auch heimliche Zusammen=
künfte bei Nacht gelingen ihm (6, 31 f.). Aber seine Lehren schlagen
ihm selbst zum Schaden aus, denn ein neuer Günstling taucht neben
ihm auf. Zwar leugnet es Delia, aber in ihren Beteurungen ver=
mag er nur die von ihm zum Schaden des Gatten gewiesenen Künste
zu erkennen. Spöttisch erbietet er sich dem Gemahl, seine eigenen
Sünden beichtend, zum Aufseher der Ungetreuen, natürlich nur, um
ihr, der er von neuem seine Liebe anträgt, desto sicherer nahe zu
bleiben (6, 15 ff.). Mit zunehmendem Leichtsinn des Mädchens wird
der Ton ihres Geliebten geringschätziger und leichtfertiger; die innige
Wärme der Empfindung weicht allmälig bitteren Scherzen oder
Warnungen, in denen wohl noch sinnliches Verlangen, aber kaum
noch eine Regung des Herzens zu erkennen ist.

Niedriger von Anfang an steht die zweite Geliebte, Nemesis.
Ihre Reize sind käuflich, und der nicht allzu bemittelte Dichter hat
ihr nicht viel mehr als seine Treue, seine Verse und den Ruhm,
welchen die Muse gewährt, zu bieten (II 4). Aber ohne sie zu
feiern will ihm kein Vers mehr gelingen, das Verlangen nach
ihr mischt sich in alle Gedanken, alle Gedichte (II 5. 6). Seit
728 (II 5, 109) bis zu seinem Tode ist er der Schönen er=
geben geblieben (Ovid am. III 9, 57). Um das viel begehrende
(4, 14), putzliebende Mädchen nach Lust schmücken zu können mit
Purpur und koischen Gewändern (II 3, 51 ff.), wünscht der sonst so
Genügsame reich zu sein (4, 21 ff.). Ein emporgekommener Frei=
gelassener (3, 59 f.) hat sie auf seine Villa entführt: ach eifern ist,

wer jetzt in der Stadt bleibt (3, 1 f.). Ist doch Venus selbst mit ihr aufs Land gezogen. Wie gern würde der schmachtende Dichter Bauer, grübe und pflügte in brennender Sonne, wenn er die Herrin nur erblicken könnte (3, 5 ff.)! Von Liebe getrieben hat ja auch Apollo einst die Stiere des Admet geweidet: mit guter Laune wird die Verwandlung des vornehmen Dichtergottes, der Gegensatz zwischen seiner olympischen Erscheinung und der Knechtsgestalt, seinem hohen Beruf und dem niederen Dienst ausgeführt. Aber dem rohen Ent=führer wünscht der Eifersüchtige Mißwachs auf seinen Aeckern, ja er wünscht, wenn er doch in der Stadt verweilen muß, es gäbe gar keinen Landbau, es wären noch jene seligen Zeiten freier Liebe, wo kein Hüter und keine Schwelle den Zugang zum Mädchen verschloß (3, 67 ff.). Ihm verwehrt nur zu oft die hartherzige, habgierige Kupplerin unter erlogenen Vorwänden sein Glück (6, 45 ff.), aber die Hoffnung führt ihn immer aufs Neue wieder zu der spröden Ge=liebten (6, 27 f.). Er beschwört sie bei dem Schatten ihrer kleinen früh verstorbenen Schwester, die ihm hold gesinnt war (6, 29 ff.). Aber von Befriedigung seiner Wünsche lesen wir nichts, kein Gedicht erzählt von Gewährung und Genuß, geschweige von dauernder Ver=bindung. Der gemütvolle, innige Ton, welcher die ersten Delia=elegien auszeichnete, wird in den Versen, welche die Hetäre Nemesis feiern, vermißt; in Leidenschaft und Verlangen mischt sich ein Zug von Selbstironie und humoristischer Stimmung.

Warum sollte der zärtliche Tibull, dem doch ein echtes häus=liches Glück nicht beschieden war, nicht zu Zeiten auch noch für eine dritte und vierte entzündet gewesen sein? Horaz las um das Jahr 730 eine Reihe von trüben Elegien seines Freundes, welche die Un=treue einer Glycera beklagten, die einen Jüngling von niederem Stande dem älteren vorgezogen hatte (Oden I 33). Sie sind in die nach dem Tode des Dichters veranstaltete, auf uns gekommene Sammlung nicht aufgenommen. Im vierten Buch findet sich an=hangsweise ein Gedicht (13), welches in fast schwärmerischer, seliger Ueberschwenglichkeit einen eben geschlossenen Liebesbund feiert: „kein Weib," so beteuert der Dichter, „soll dich verdrängen, neben dir gibt es von jetzt an in der Stadt keine Schöne für meine Augen, du bist Trost meiner Sorgen, mein Licht in dunkler Nacht, du meine Welt in der Einsamkeit; würde mir jetzt eine Geliebte vom Himmel geschickt, ich verschmähte sie." Das schwört er bei Juno, der Ehe=

göttin, bereut zwar sogleich, daß er sich damit der Angebeteten waffenlos gefangen gegeben habe, aber nur um seine unbedingte Hingebung aufs Neue zu bestätigen. Diese Auserwählte kann Glycera, kann auch eine andere gewesen sein. Auf dieselbe hat man auch nicht ohne Schein das folgende Doppelbistichon (14) bezogen, welches in catullischer Weise wehmütig ein Gerücht abweist, welches von Verirrungen der Geliebten plaudert.

Auch der Neigung zu schönen Knaben ist Tibull nicht fremd geblieben. Vielleicht fällt das widerwärtige Verhältnis zu Marathus als kurze Episode in die Zeit des Zerwürfnisses mit Delia. Der Bursch ging aus seiner Hand in die eines Alten (I 9, 73), der ihn mit Geschenken bestach (53 f.). Der gekränkte Herr wünscht dem Verführer, daß ihm seine Frau reichlich Hörner aufsetzen möge, dem ungetreuen Buben, den er als Troßknecht auf den Marsch schicken oder mitnehmen will (13 ff.), daß er an seinem Mädchen ähnliche Erfahrungen machen möge (40); sich selbst will er durch einen anderen Liebling schadlos halten (79 ff.). Und in der achten Elegie nimmt er die Genugthuung, dem unglücklich liebenden Marathus bei seiner spröden Pholoe ironisch das Wort zu reden, ihr, wenn sie nicht nachgebe, das Schicksal ihres Verehrers als warnendes Beispiel vorzuhalten.

Als Diener und Krieger der Venus wie des Priapus war er ein Kenner erotischer Genüsse, Gefahren und Künste, von denen er aus Erfahrung zu reden wußte. Wie schöne Knaben zu gewinnen seien lehrt er in der vierten Elegie des ersten Buches, als er für Marathus glühte (81 ff.). Wiederholt redet er den Spröden, den Untreuen, den Habgierigen zu, ihnen bittere Vergeltung und verspätete Reue nach entschwundener Jugendblüte vorhaltend gegenüber der Zuneigung, welche der Guten bis zu ihrem Ende gesichert ist. Mag sie hundert Jahre alt werden, so wird man bei ihrer Bestattung weinen, ein greiser Verehrer wird jährlich ihr Grab schmücken und ihr sanfte Ruhe wünschen (I 2, 89 ff. 6, 77 ff. 8, 41 ff. II 4, 39 ff.).

Oft gedenkt Tibull des Todes. Er sieht den finsteren mit leisem Schritt von weitem kommen und hält es für Wahnsinn ihn durch Krieg herbeizurufen (I 10, 33 ff.). Gibt es doch dort unten keine Saaten und Weingärten. Wenn bereinst seine letzte Stunde kommt, will er mit erlahmender Hand noch die Geliebte halten, an seinem Scheiterhaufen soll sie Thränen vergießen, kein Jüngling, keine Jungfrau soll trockenen Auges heimkehren (I 1, 59 ff.). Als er auf Corcyra krank liegt, schweben ihm die elysischen Felder vor, in welche ihn Venus zur Belohnung einführen wird, wo Reigen und Lieder herrschen, süßer Vogelgesang ertönt, Casia und Rosen duften und Mädchen mit Jünglingen die Spiele des Amor üben (I 3, 57 ff.). Aber so lange das Schicksal es zuläßt und ehe das welke Alter herankommt, heißt es auf Erden Liebesfreuden genießen (I 1, 69 ff.). Freilich wie gerieben ist Amor jetzt! wohl denen, die er gnädig anhaucht (II 1, 70 ff.); aber den Mutigen hilft Venus selbst (I 2, 15 ff.). Sie lehrt heimlich vom Lager gleiten und lautlos den Fuß aufsetzen, lehrt die beredte Sprache der Winke und verabredeter Zeichen. Wen sie liebt, geht ungefährdet durch finstere Nacht, keine Winterkälte, kein Regen schadet ihm (I 2, 24 ff.). Nicht ohne Gewaltthat zwar geht es ab: viermal glücklich, dessen Zorn sein Mädchen zu Thränen zwingt. Aber von Stein und Eisen ist, wer es zu schlagen vermag: der verdient Schild und Schanzpfahl zu tragen und soll der milden Venus fern bleiben (I 10, 53 ff.).

Ein in sich abgeschlossenes Kunstwerk bildet der Elegienkranz der Sulpicia. Die vornehme, reiche, schöne Dame, Tochter eines Servius Sulpicius, vielleicht des Servius Sulpicius Rufus, dessen Vater der berühmte Jurist zu Cicero's Zeit, der Ankläger Murena's gewesen war, stand dem Messalla und seinem Kreise nahe wie Tibull, wahrscheinlich auch durch Verwandtschaft. Denn die edle Valeria, Gattin jenes Servius, war Schwester des M. Valerius Messalla Corvinus (Conf. 723). Vielleicht war der Servius, welcher zu den Freunden des Horaz gehörte und wie Pollio, Messalla u. a. sich gelegentlich in erotischen Gedichten versuchte, ihr Vater, und so wäre die poetische Begabung von ihm auf die Tochter übergegangen, wie von der Mutter, welche nach dem frühzeitigen Tode des Gatten jede neue Vermählung ablehnte, weil ihr Servius für sie immerdar lebe, die innige Empfindung. Ihre feurige Liebe gilt einem Jüngling Cerinthus, vermutlich untergeordneten Standes. Sie liebt ihn gegen den Willen ihrer Mutter, welche sie einem anderen zugedacht hat (IV 6, 15 f.), die Zusammenkünfte erfolgen heimlich (IV 5, 7. 6, 11). Fünf kurze Elegien (IV 8—12), schnell hingeworfen wie Tagebuchblätter und Billets, enthalten leidenschaftliche Herzensergießungen und Bekenntnisse von anziehender Naivetät. Ihr Geburtstag steht nahe bevor, aber zu ihrem Schmerz soll sie ihn nicht

in der Stadt mit Cerinthus zubringen, sondern auf dem Lande, bei
Arretium, wohin Messalla sie eingeladen hat. Sie verwünscht seine
Zudringlichkeit, die ihren freien Willen beschränke: sie liebt die Stadt
über alles, Herz und Sinne läßt sie dort zurück (8). Aber bald
macht sie dem Freunde die frohe Mitteilung, daß aus der Reise
nichts wird, daß sie den Tag in Rom mit ihm zu feiern gedenke (9).
Der junge Mann ist auf Abwege geraten, sie ist dahinter gekommen,
daß er mit einer Hetäre eine Liebelei angeknüpft habe: stolz erklärt
sie ihm, es sei ihr lieb, daß er ihr bei Zeiten die Augen öffne und
sie erkennen lasse, daß er der Sulpicia, der Tochter des Servius, eine
Dirne vorziehe. Sie deutet an, daß sie an den ihrigen, welche die
Verbindung unter ihrem Stande mit größtem Schmerze sehen würden,
einen Rückhalt habe (10). Nun aber wird sie krank: fiebernd von
ihrem Bett aus fragt sie den Geliebten, ob er sich auch Sorge um
sie mache; nicht anders wünsche sie zu genesen, als wenn sie glauben
dürfe, daß es auch sein Wunsch sei (11). Und endlich die Krone,
ein reuiges Geständnis: „möchte deine Liebe, du mein Licht, die ich
vor einigen Tagen zu fühlen glaubte, nur nicht erkaltet sein! nie
habe ich in meiner ganzen Jugend eine größere Thorheit begangen
als in der gestrigen Nacht, daß ich dich allein ließ, weil ich meine
Glut verbergen wollte" (12).

Der Ausdruck und die Wendung der Gedanken ist mehrfach un=
gefüge und dunkel, aber aus dem Herzen kommend. Diese Original=
blätter haben einem Nachdichter, war es Tibull oder ein anderer,
zur Grundlage gedient, um ein poetisches Duett zu erfinden, welches
gleichfalls fünf Elegien (2—6) umfaßt und in loderen Zügen sich zu
einer kleinen Geschichte abrundet: glühende Selbstgespräche der Sul=
picia wechseln mit Liedern des Dichters, welcher dem Liebespaar
befreundet bald im Sinne des Mädchens, bald für den Jüngling
das Wort nimmt, beiden die Erfüllung ihrer Wünsche erbittend.

Der Dichter als begeisterter Herold aller Vorzüge der edlen
Dame beginnt (IV 2). Er feiert ihre Schönheit und Anmut, wie
sie im Festschmuck an den Matronalien der Märzkalenden ihm er=
scheint. Mars soll nur kommen zu schauen, Venus wird es ihm
verzeihen, aber im Staunen werden ihm die Waffen entfallen. An
ihren Augen entzündet Amor seine Fackeln, wenn er die Götter ent=
flammen will. Was sie auch thut und wohin sie geht, leise folgt
ihren Spuren die Grazie. Wie Vertumnus im Olymp hat sie tausend

Weisen sich zu schmücken, und alle stehen ihr. Sie allein verdient tyrische Purpurgewänder, alle Wohlgerüche Arabiens und alle Edelsteine Indiens. Die Musen und Phöbus sollen sie besingen, denn kein Mädchen ist ihres Chores würdiger. In einem Gedicht von gleichem Umfange (3) macht Sulpicia ihrer Sorge um Cerinthus Luft, der auf die Jagd gegangen ist. „Verschone ihn, Eber, und Amor möge ihn hüten. Welcher Wahnsinn in die Schlupfwinkel wilder Tiere zu schleichen und die weiße Haut an Dornen zu verletzen! Wäre ich wenigstens selbst mit dir! ich möchte die Netze tragen, die Spuren des Hirsches suchen, dem Hunde die Fessel abnehmen. Ja dann gefiele mir der Wald, wenn ich mit dir, mein Licht, dicht vor den Netzen lagern könnte: dann mag der Eber kommen, er soll die Freuden der Venus nicht stören und unverletzt seines Weges ziehen. Aber ohne mich keine Venus! nach Dianens Gesetz verhalte dich keusch, und wenn eine heimlich in meine Rechte sich einschleichen will, soll sie den wilden Tieren als Beute verfallen. Indessen überlasse lieber deinem Vater die Neigung zur Jagd und kehre schleunig an meinen Busen zurück." Wieder folgt der Dichter (4). Sulpicia ist erkrankt (vgl. 11), Phöbus soll als Arzt kommen und sie gesund machen; er soll den Jüngling nicht quälen, der für das Leben der Herrin fürchtet und unzählige Gelübde für sie thut, bisweilen auch die Grausamkeit der Götter anklagt. „Aber sei unbesorgt, Cerinthus, der Gott thut Liebenden nicht weh; liebe nur immer, so ist dein Mädchen gerettet. Weinen magst du, wenn sie dir einmal unhold ist, aber jetzt gehört sie dir ganz, denk nur an dich." Zum Schluß wird Phöbus Ruhm und Dank versprochen, wenn er durch Heilung eines Kranken zwei Menschen rette: die Schar der Götter wird ihn glücklich preisen und um seine Kunst beneiden. Es folgen zwei frohe Geburtstagsgedichte. Sulpicia erklärt dem Cerinthus, daß ihr der Tag seiner Geburt stets heilig sein werde. Als er auf die Welt kam, haben die Parcen den Mädchen ungewohnten Dienst geweissagt und ihm stolze Herrschaft verliehen. „Ich vor allen brenne, und mit Lust, wenn die Flamme gegenseitig ist: ich bitte dich darum bei unseren verstohlenen Freuden, bei deinen Augen und deinem Genius." Sie opfert demselben, er soll dem Geliebten günstig sein, wenn dieser bei dem Gedanken an sie erglüht; ist er ihr aber untreu, so soll er seinen Herd verlassen. Und Venus löse auch ihre Bande, wenn ihr nicht beide gefesselt dienen. „Aber mögen wir lieber beide von starker Kette geschlossen bleiben und kein Tag uns in Zukunft zu lösen vermögen. Dasselbe wünscht der Jüngling, aber versteckter, denn er schämt sich des Geständnisses. Du, Genius, erhöre ihn nur: was macht es dir, ob er heimlich oder offen wünscht?" (5) Wiederum in gleicher Anzahl von Versen betet der Dichter an Sulpicia's Geburtstag zu Juno, der Ehestifterin, welcher jene im festlichen Putz (er weiß, wem sie eigentlich gefallen will) opfert (6). Die Göttin soll die Liebenden, die füreinander geschaffen sind, vereinigen. Uebers Jahr möge der ersehnte Bund schon ein alter sein. Und zwischen beiden Gruppen steht noch ein jubelndes Blatt der überglücklichen Sulpicia (7). Amor ist endlich gekommen, von ihren Liedern gerührt hat ihn Venus in ihre Arme geführt. Unbeschreiblich für den, der es gekostet hat, ist das Glück. Aber sie will es nicht geheimnisvoll versiegelt für sich behalten. Eine ehrbare Miene um ihres Rufes willen anzunehmen widersteht ihr: sie will, daß man von ihr rede, daß sie würdig mit würdigem vereint gewesen sei. So stellt dieses entzückte Geständnis der Befriedigung die Erfüllung der Wünsche im ersten wie im zweiten Elegienkranze dar, und ist deshalb als Mittel- und Höhepunkt verbindend in die Mitte gestellt, aber die naive Kühnheit desselben, an Sappho erinnernd, und auch die eigentümliche Fassung spricht dafür, daß auch hier Sulpicia selbst die Feder geführt hat.

Viel ausgeführter und glänzender als jene kleinen Originalgedichte ist der erste Liederkranz. Der tibullischen Weise sind dieselben fremd: sie atmen Stadtluft, der Verfasser hat Sinn für die Eleganz der vornehmen Gesellschaft Roms. Sehr möglich jedoch, daß auch Tibull dem Paar nahe stand, daß die zweite Elegie des zweiten Buches, welche den Geburtstag eines jungen Ehemannes feiert, welcher nach den maßgebenden Handschriften Cornutus genannt wird, dem Cerinthus gilt. Möge ihm der Genius, so wünscht der Dichter, alles gewähren was sein Herz begehrt. Er weiß schon was er bitten wird: dauernde Liebe der Gattin; das wissen die Götter schon auswendig. „Möge bis in dein spätes Greisenalter der Bund bestehen, und an deinen Knieen dereinst eine Schar von Enkeln spielen!" (vgl. IV 5, 15 f.)

Von anderen persönlichen Beziehungen Tibulls verraten seine Elegien wenig. Horaz liebte den jüngeren Genossen, der seine Satiren zu schätzen wußte. Die vierte Epistel (geschrieben zwischen 727 und 731) rühmt ihn als einen, dem die Gunst der Götter in seltenem

Maße zu Teil geworden sei: Schönheit, Vermögen, die Gabe es recht zu genießen, Gesundheit des Geistes und Körpers, das Talent zu sagen was er fühle, Beliebtheit bei den Menschen und Ruhm. Befreundet war er wie Vergil mit dem Dichter Aemilius Macer; er sieht ihn in den Krieg ziehen und schickt ihm neckend den Amor nach, dessen Fahne der unstäte verlassen hat (II 6). Den Großen gegenüber hat er seine Unabhängigkeit gewahrt. Dem Messalla und dessen Hause zugethan hat er sich einmal zu einem Festgedicht (II 5) herbeigelassen zu Ehren des Sohnes seines Gönners, des M. Valerius Messalinus, als der etwa 18jährige Jüngling (729/30) in das Collegium der Fünfzehn aufgenommen war, welchem die Deutung der sibyllinischen Bücher oblag. Die Elegie ist im Ton eines Hymnus auf die Herrlichkeit Roms und seine von Apollo durch den Mund der Sibyllen geweissagten Schicksale gehalten. Zur Einweihung des jungen Priesters wird der hehre Gott mit leise ironisch gefärbtem Pathos eingeladen im vollen Ornat zu erscheinen, so wie er einst dem Sieger Juppiter, als dieser der Herrschaft sicher war, den Päan gesungen habe. Hat doch auch der Herrscher Roms die wilden Mächte bezwungen und zum Dank dafür erst kürzlich eben dem Apollo den Tempel geweiht, in dem die ewigen Schicksalssprüche niedergelegt sind. Und auch heute wird demselben geopfert und sein Lob, welches von Roms Glück unzertrennlich ist, gesungen. Haben doch die Weissagungen, welche er die Sibylle lehrte, nie getäuscht, so dunkel sie auch waren. So wurde dem Aeneas, nachdem er das brennende Troja verlassen hatte, Rom verkündet, woran er natürlich als schwacher Sterblicher nicht glaubte, da er die Stadt, welche erst Romulus gründen sollte, noch nicht mit Händen greifen konnte, vielmehr daselbst noch die ländlichste Idylle herrschte, in deren Schilderung der Dichter sich mit gewohntem Behagen verliert, damit die schroff gegenübergestellte Verkündigung der Seherin, vor deren Augen das werdende und mächtig wachsende Rom ersteht, desto überraschender wirke. Und wie diese große Vision der troischen Sibylle eingetroffen ist, so sind auch alle Vorhersagungen und Zeichen gefährlicher Zeiten Wirklichkeit geworden, aber nun sind diese Krisen überstanden und Apollo möge nun alle Unglückszeichen versenken, möge zunächst ein gesegnetes friedliches Jahr schenken, wo der Landmann sich seiner Arbeit und seiner Häuslichkeit erfreuen könne. Das idyllische Zukunftsbild, welches der Dichter hier enthüllt, entspricht unverkennbar jener Schilderung vorrömischer Ländlichkeit. Von dem fröhlichen Festmahl, bei welchem der berauschte Jüngling sich an seinem Mädchen vergeht, findet der Dichter leicht den Uebergang zu seiner eigenen Liebe, in der er schmachtet. Mit einem Scherz, welcher sich mit der Ehrfurcht des Dichters gegen Apollo sehr wohl verträgt, verwünscht er Bogen und Pfeile, weil auch Amor sie führt. Zugleich aber stellt er sich unter den Schutz seines Gottes und ermahnt seine Gebieterin Nemesis seiner zu schonen, damit er bereinst den Triumph des jungen Messalinus noch erlebe und feiern könne. Mit dieser Weissagung, die ihm selbst in seiner Eigenschaft als gottbegeistertem Sänger aufgeht, kehrt er zu der Hauptperson des kunstvoll gebauten Gedichtes zurück, wie mit der letzten Bitte an Phöbus, Gewährung zu wirken, zu dem Gotte, dessen Gunst und Gegenwart im Eingang angerufen war, und dem nun selbst noch wie einem vertrauten Kameraden ein neckischer Wunsch gewidmet wird. Die geistreich gedachte Elegie spielt gleichsam mit den Falten eines schwerfälligen, schleppenden Festgewandes; eine feine schalkhafte Laune mischt sich in die feierlichen Töne des hohen Liedes, dessen Compositionsform, wenn auch nicht in durchgeführtem Schema, so doch in der Verwendung gewisser Motive besonders am Anfang und Schluss an kallimacheische Hymnen und unbewusst an deren Vorbild, den alten terpandrischen Nomos, erinnert.

Mit dem Vater Messalla stand Tibull, wenn nicht auf vertraulichem, so doch herzlichem Fuss (Messalla meus I 5, 31 II 5, 119). Er darf hoffen ihn bereinst in seinem Hause gastlich zu empfangen: der prächtige Glückwunsch zum Geburtstag (I 7), der kurz nach dem Triumph des ruhmreichen Feldherrn (25. Sept. 727) zugleich den Jahrestag des Sieges über die Aquitanier, dann die Feldzüge im Orient und seine Waffengemeinschaft auf allen Heeresfahrten feiert; das gemütliche Hoch, welches er mit seinen zechenden Landsleuten auf den lorbeerbekränzten Feldherrn ausbringt (II 1, 31 ff.), die heitere Verheissung, welche den Alten beim Vorüberfahren des triumphierenden Sohnes Beifall klatschen und die Menge mit innigem Anteil auf ihn blicken lässt (II 5, 119 ff.), die Grabschrift, in welcher er als treuer Begleiter desselben genannt sein will (I 3, 56), alles deutet auf ein warmes persönliches Verhältnis. Wie anders stellt sich dagegen der Verfasser des hexametrischen Panegyricus auf Messalla (IV 1) zu seinem Helden! Ein höfisch kriechender Klient, der sich in abgeschmackten Hyperbeln und Vergleichen nicht genug thun kann. Tibull behauptet, wie es einem unabhängigen Landedelmann geziemt, bei allem Respekt ein vornehmes Selbstbewußtsein dem Großwürdenträger gegenüber, ist stets knapp und würdig in den Ausdrücken seiner Verehrung: dieser Bratensänger ergießt gleich im Eingang eine Flut von Phrasen über ihn, um zu versichern, daß niemand als der zu Feiernde selbst, am wenigsten eigentlich er, der Verfasser, im stande sei ihn gebührend zu preisen. Um die Größe seiner Aufgabe anzudeuten, durchschweift er das ganze Weltall und fabelt von einem Wettkampf zahlloser Lobredner in Vers und Prosa, unter denen er der Sieger sein möchte. Da die Erwähnung der Thaten des Messalla bis zum Jahr 723 reicht, wird das Gedicht nicht erheblich später abgefaßt sein. Damals stand Tibull auf der Höhe seiner Kunst, während der Verfasser, ein Verehrer des Valgius (180), vermutlich noch auf der Schulbank saß. Die Eierschalen trivialer Gelehrsamkeit kleben ihm noch an, während Tibull den Flitter mythologischer und litterarischer Anspielungen verschmäht. Messalla wird mit Nestor und Ulixes verglichen, gewissenhaft wird, obwohl sie gar nicht zur Sache gehört, in fast 30 Versen die ganze Reihe der Irrfahrten und Abenteuer aus der Odyssee hererzählt. Mit systematisch erschöpfender Umständlichkeit wird hierauf der Umkreis aller militärischen Künste beschrieben, in denen Messalla unerreichter Meister sei; wenn er hundert Jahr alt sei, werde er sich noch leicht auf das Pferd schwingen. Die Schauplätze seiner zukünftigen Thaten werden über den ganzen Erdkreis hin zusammengesucht, und der gelehrige Leser der vergilischen Georgica ergreift die Gelegenheit, um in einem weitläufigen Excurs über die fünf Zonen seine schönen Kenntnisse auszukramen. Mit nur zu deutlicher Anspielung auf das zu hoffende Honorar (197 f.) gedenkt dann ziemlich unvermittelt der von seiner Unfähigkeit in Worten wenigstens durchdrungene Dichter seiner heruntergekommenen Verhältnisse (181 ff.) und versichert, wie unermüdlich er nicht nur mit seiner Muse, sondern mit Seele und Leib dem großen Herrn zu dienen, ja für ihn durchs Feuer zu gehen bereit sei. Selbst nach dem Tode, in einem zweiten oder dritten Leben, wenn er vermöge der Seelenwanderung den Leib eines Pferdes, Ochsen oder Vogels endlich wieder mit menschlicher Gestalt vertauscht haben wird, will er sein einmal angefangenes Epos auf den Helden fortsetzen. Zum Glück ist die Drohung nicht in Erfüllung gegangen, sondern das kindische Machwerk hat hier ein Ende.

Gelungener, obwohl gleichfalls eine mäßige Schularbeit ist die anonyme Elegie an Messalla (catal. 11), welche den aquitanischen Triumph desselben feiert oder vielmehr zu feiern ablehnt. Der Verfasser ahmt vorzugsweise Catull und Vergil nach, und erinnert übrigens in der spielenden Manier seines Stils, in der syntaktischen wie metrischen Behandlung des Verses auffallend an Lygdamus, welchem das dritte Buch in der unter dem Hauptnamen des Tibull zusammengefaßten Elegiensammlung gehört. Dieser mittelmäßige Dichter gibt in derselben Wendung wie Ovid als sein Geburtsjahr 711 an (5, 17 f.): als 12- und 16jähriger Knabe mag er immerhin jene Elaborate geliefert haben, obwohl der Panegyrist doch eine andere, bettelhaftere und ungesundere Physiognomie trägt. Die Persönlichkeit und den eigentlichen Namen des Lygdamus näher zu bestimmen will nicht gelingen. Als Alters-, vielleicht auch Schulgenosse Ovids teilt er mit ihm manche Gewöhnungen der Technik, gewisse Wendungen, sogar einzelne Verse, die der eine dem anderen in bewußter, neckischer Reminiscenz nachgeschrieben haben muß, während die Verschiedenheit beider durch charakteristische Zeichen sichergestellt ist. Von Tibull ist Lygdamus besonders in den Motiven vielfach abhängig, während Sprachgebrauch und einige Eigenheiten im Versbau, sowie seine Denk-, Ausdrucks- und Behandlungsweise im Großen ihn scharf genug von jenem unterscheiden. Neära heißt das Mädchen, welchem er sein Herz und seine Muse gewidmet hat. Gleich zu Anfang des Buches finden wir sie getrennt: einst waren sie verbunden (1, 23. 26 f.), ein dritter hat sie auseinandergerissen (2, 1 f.). Der Dichter liebt die „teure" (1, 6) noch immer und sucht mit Uebersendung eines zierlichen Exemplars seines Elegienbüchleins am Matronalienfest die Gunst seiner Freundin wieder zu gewinnen, womöglich das alte Verhältnis wieder herzustellen. Die folgenden fünf Elegien geben von den Seelenzuständen des Einsamen ein anschauliches und abgerundetes Bild; aber vermutlich hat jenes Büchlein mehr Gedichte enthalten, als wir jetzt lesen. Vielleicht traf man bei der Aufnahme in die tibullische Sammlung nur eine Auswahl und stellte die verhältnismäßig frühsten an den Schluß. Die Wiedervereinigung der einmal Getrennten ist nicht zu stande gekommen. Niedergedrückt durch die Trennung hat der Dichter Todesgedanken und wünscht wie Tibull von der Geliebten betrauert und bestattet zu werden (2, 9 ff.). Wie jener bestellt er sich seine Grabschrift (2, 29 f.). Wie Tibull verschmäht er alle Reichtümer der Welt gegenüber dem Besitz seines Mädchens (3). „O glänzender Tag, der sie mir einst zurückgibt! Mit ihr will ich gern arm sein; werden aber meine Gelübde für ihre süße Rückkehr nicht erhört, so mag der Orcus mich aufnehmen." Nach einer schlaflosen Nacht hat er gegen Morgen einen Traum gehabt: Phöbus ist ihm erschienen und hat ihm verkündigt, die schöne Neära wolle einem anderen angehören, habe an keuscher Vermählung kein Gefallen (4, 57 ff.); sie könne aber noch gerührt werden, wenn der Dichter nicht aufhöre um sie zu werben. Er solle dem Mädchen nur in Apollo's Namen sagen: diesen Ehebund verheißt dir der Delier selbst, der bringt dir Glück, höre auf, einen anderen Mann zu wollen. Der erschreckte Dichter wünscht, daß der Traum grundlos sei, hofft auf das Herz der Geliebten, auf die Fürsprache der milden Mutter und des liebenswürdigen Vaters. Er ist schwer erkrankt (5: vgl. I 3 IV 4. 11), schon fünfzehn Tage lang liegt er im Fieber, während Neära mit den Ihrigen in einem etruskischen Bade weilt. Persephone, schreibt er, kündigt mir meine letzte Stunde an, aber warum soll ich schon sterben? bin ich doch ohne Schuld (V. 6 ff.: vgl. I 3, 51 f.) und noch so jung, die elysischen Felder (vgl. I 3, 58 ff.) zu sehen ist Zeit, wenn ich ein Greis bin und den Knaben von alten Zeiten erzähle (V. 23 ff.: vgl. I 10, 41). Er sendet den Fernen Grüße und bittet sie für seine Genesung zu beten. Zuletzt (6) erwartet er das Mädchen vergeblich beim Gelage. Verdrießlich und argwöhnisch sucht er sich im Wein zu trösten. Mit mächtigem Aufschwung preist er die heilende Kraft des Bacchus, wünscht ihr, daß sie den Zorn des Gottes, den sie verachte, zu fühlen bekomme, widerruft aber sofort (V. 27 ff.). Es wird ihm schwer in behagliche Stimmung zu kommen, zwischen trüben Gedanken und erkünstelter Ausgelassenheit wird er hin und her geworfen. Er warnt die Genossen: an seiner Erfahrung sollen sie sich ein Beispiel nehmen, keinen Liebkosungen und Schwüren trauen. Und dennoch: wie gern möchte er mit seinem Mädchen Nächte und Tage verleben! Die treulose ist ihm doch ans Herz gewachsen. Er läßt Wasser in den Wein mischen, um seine Leidenschaft zu kühlen, aber da die Geliebte immer nicht kommt, trinkt er wieder stärker und gibt sich zum Schluß ganz dem berauschenden Gotte hin. Der allmälige Verlauf der Stimmungen ist in dramatischem Wechsel gut ausgedrückt.

Im Gegensatz zu Tibull, der zwar alles, was seiner Phantasie vorschwebt, mit lebendigen Zügen ausstattet, aber in der Schilderung des Einzelnen eine weise Sparsamkeit walten läßt, schwelgt Lygdamus in Beschreibungen, die mit beredter, aber ausschweifender Fülle ausgeführt der Einbildungskraft des Lesers nichts mehr zu thun übrig lassen. So schildert er den eleganten Einband seines Büchleins bis ins kleinste (1, 9 ff.), er führt sorgfältig aus, wie die Beisetzung seiner Gebeine einst vor sich gehen soll (2, 15 ff.), zählt nicht ohne Wiederholungen und ziemlich trocken die mannigfachen Herrlichkeiten des Reichtums auf, die er verschmäht (3, 3 ff. 11 ff. 29 f.), malt in der übrigens schönen Erzählung des Traums die Erscheinung des Phöbus, Haare Antlitz Kleidung Lyra umständlich aus (4, 23 ff.), erschöpft sich in Beispielen unbarmherziger Grausamkeit, die er doch der Geliebten nicht zutraut (4, 85 ff.), wie in der Aufzählung von Verbrechen, an denen er sich unschuldig fühlt (5, 7 ff.). Ein bloßes Zierstück, nicht sonderlich geschickt eingefügt, ist das Citat aus Catull (6, 39 ff.); eine andere Stelle (4, 65 ff.) wiederholt Worte aus einer vergilischen Ekloge. An Tibull erinnert außer dem schon Angeführten die Berufung auf Apollo's Dienst bei Admet (4, 67: vgl. II 3, 11 ff.). Uebrigens ist die Composition des Lygdamus klar und durchsichtig, fest geschlossen, was man nicht von allen Elegien Tibulls sagen kann, wenigstens wie sie uns vorliegen. Dieser läßt sich von dem sanften Wellenschlag der elegischen Stimmung bisweilen treiben: er hängt einer Vorstellung eine Zeitlang nach, selbst wenn sie sich nur beiläufig einstellte, um dann zu der verlassenen Bahn der Gedanken zurückzukehren; leise gleitet er vorwärts, oft durch ein Wort, dessen Inhalt er weiterspinnt, in seiner Richtung bestimmt; er scheint abzubrechen, aber er hält nur einen Augenblick an, wie um sich zu besinnen: aus derselben Empfindung, die ihn am Anfang beherrschte, quillt ein zweiter, ein dritter Strahl, bis der Schluß zum Anfang zurückkehrt oder in einem lebensvollen Bilde ausklingt. Es ist bisweilen wie eine Melodie ohne Ende, oder wie eine freie Phantasie, deren Dauer oder Abschluß von der Willkür des Spielenden abhängt. Besonders schön, in freiem und doch stetigem Fluß verlaufen z. B. die dritte Elegie des ersten, die erste, vierte, sechste des zweiten Buches, auch die Mehrzahl der übrigen bietet dem ruhig nachgehenden keine unbilligen Schwierigkeiten.

In gewissem Gegensatz zu jener anmutigen Willkür in der

Fügung der Gedanken steht die Neigung zu kunstvoller Abrundung der Form in den einzelnen Gliedern und Sätzen. Der harmonische Tonfall des elegischen Distichons, dessen Pentameter sich wie das weibliche Element an den männlichen Hexameter schmiegt, bisweilen auch selbst noch in zwei symmetrische Hälften gegliedert ist, wird in mannigfachen Figuren variiert. Einzelne oder Doppeldisticha treten einander entsprechend gegenüber, oder es werden durch Anaphora längere Reihen zu einer klangvollen, bedeutenden Periode verbunden. Wie im Geflecht einer reizenden Blumenkette winden sich die Ranken des Satzes hindurch, verschlingen sich, laufen nebeneinander, bieten durch Stellung, Wiederholung, Anklänge der Worte ein wechselndes Spiel, ohne doch den Grundton der sanften Ruhe zu stören, welchen die Elegie fordert. Während Tibull diese Formen mit einer Meisterschaft beherrscht, welche die Härten des catullischen Stils überwunden hat, läßt er das Spiel doch nie in Spielerei ausarten und hat die edle Würde des Distichons stets zu wahren gewußt. Dagegen hat Lygdamus schon eine größere Neigung zur Tändelei.

Unter allen römischen Elegikern nähert sich Tibull am meisten den großen griechischen Meistern der klassischen Zeit, ohne von ihnen abhängig zu sein. Studierte Nachahmung, Prunken mit Belesenheit oder Gelehrsamkeit liegt ihm fern, er hat die Schule überwunden. Eine einfache innerliche Natur beruht er auf sich; den nicht eben weiten Kreis von Gedanken und Anschauungen, in dem er sich bewegt, beherrscht er ganz. Die edle Ruhe und Sicherheit, das künstlerische Maß, welches er behauptet, teilt sich der Empfindung des Lesers mit: man atmet den frischen Duft schöner, friedlicher Natur; Heiterkeit, gedämpft durch ein wenig Melancholie, innige, sinnlich warme Empfindung, aber mit einem Anhauch schalkhafter Laune gewürzt, das sind die Grundaccorde der tibullischen Lieder.

Ein allzu früher Tod hat den liebenswürdigen und feinen, noch jugendkräftigen Dichter bald nach Vergil dahingerafft. Mutter und Schwester beweinten ihn, Nemesis stand an seinem Sterbelager: er hielt sie mit ermattender Hand, und mit Recht läßt Ovid in einem schönen Nachruf (amor. III 9) die Elegie selbst um ihren großen Meister trauern.

Von seinen eigenen Elegien hat Tibull vielleicht nur das erste Buch selbst herausgegeben, das zweite scheint erst nach seinem Tode zusammengestellt zu sein. Einzelne, nicht ganz unzweifelhafte Spuren

geben der Vermutung Raum, daß man im Altertum noch mehr von ihm las. Als von den beiden tibullischen Büchern eine Gesamt=
ausgabe veranstaltet wurde, warf man in ein drittes den übrigen poetischen Nachlaß des Messallakreises zusammen: die Lygdamuselegien, die Elegie an Messalla, die beiden Sulpiciakränze, endlich die zwei Paralipomena Tibulls im vierten Buch, — zum Teil verstreute Blätter, die ohne gleich in weitere Oeffentlichkeit zu bringen zunächst nur unter den befreundeten Genossen durch Recitationen bekannt geworden oder in Abschriften von Hand zu Hand gegangen waren.

In anderen Kreisen als Tibull bewegte sich der ihm den Lor=
beer der Elegie streitig macht, Sex. Propertius.
Derselbe stammte aus einer angesehenen, obwohl nicht alt=
abeligen (II 24, 38) umbrischen Familie; Verwandte von väterlicher wie von mütterlicher Seite sind zu hohen Ehren im Staat gelangt. Auf der Höhe von Asisium bald nach 700 geboren verlor er früh seinen Vater (IV 1, 121 ff.), später auch die Mutter (II 20, 15). Der perusinische Krieg (713 f.) und seine Folgen wurden für Wohl=
stand und Glück der Familie verhängnisvoll. Ein mütterlicher Ver=
wandter, vielleicht Oheim, Namens Gallus, fiel vor Perusia von unbekannter Hand (I 22. 21), und ein großer Teil der bedeutenden Güter kam auf Anlaß der Aeckeranweisung an Veteranen des An=
tonius, so daß dem Knaben nur ein bescheidener Besitz übrig blieb. Er hielt sich von Geschäften wie vom Kriegsdienst fern. Ausschließ=
lich der Dichtkunst ergeben führte er in Rom (auf dem Esquilin wohnend: III 23, 24) ein ungebundenes Junggesellenleben im Kreise gleichgesinnter Freunde. Mäcenas schätzte sein Talent: durch ihn hatte er Gelegenheit den Sänger der Aeneis kennen zu lernen, zu dem er mit Verehrung hinaufsah (II 34, 61 ff.). Um so auffallen=
der, daß von einer Berührung mit Tibull oder Horaz oder dessen näheren Freunden keine Spur zu finden ist, wohl aber bei letzterem ein ironischer Seitenblick auf die Elegiker seiner Zeit, welche sich mit Mimnermus und Callimachus vergleichen lassen (Briefe II 2, 91 ff.). Der Freundschaft mit Properz rühmt sich der mehrere Jahre jüngere Ovid (trist. IV 10, 46). Mit beiden verkehrte Ponticus, der an einer Thebais in heroischem Stil arbeitete (I 7. 9), und der Jamben=
dichter Bassus (I 4). Der schon erwähnte Tragiker Lynceus ist uns

nur unter diesem poetischen Schleiernamen bekannt (II 34). Zu der vornehmen Gesellschaft gehörte Tullus, Neffe des Consuls vom J. 721; ihm hat Properz die Erstlinge seiner erotischen Muse, das Cynthiabuch gewidmet: er wird im ersten und letzten Gedicht angeredet. In der üppigen Villa des Freundes am Tiber (I 14) hat er manche übermütige Stunde gezecht. Die Einladung, ihn in die Provinz, nach Griechenland und Kleinasien zu begleiten, hat er ausgeschlagen (I 6). Der reiselustige Freund ist noch eine Reihe von Jahren im Ausland geblieben und mag von Kyzikos aus, wo er seinen dauernden Wohnsitz aufgeschlagen, die Sehenswürdigkeiten jener Länder besucht haben (III 22). Dort haben sich vielleicht die beiden Freunde noch einmal wieder gesehen. Gleichfalls von hohem Abel war Gallus, ein lockerer Vogel, gelegentlich dem Properz ins Gehege kommend (I 5), der ihn mit überlegener Erfahrung bald warnt, bald bei anderweitigen Erfolgen neckend beglückwünscht (I 10. 13); ein junger Bursch, genannt Hylas, im Dienst des Gallus gibt dem Dichter Veranlassung, die vielbehandelte Sage von dem Liebling des Hercules und seiner Entführung in anmutig neckischem Tone zu erzählen (I 20). Einem jungen Freunde Pätus, der bei einer Geschäftsreise Schiffbruch gelitten und sein Grab in den Meereswellen gefunden, hat er ein Epikedion (zum Trost der Mutter) gewidmet (III 7). Die Beziehungen der Gedichte gehen nicht über das J. 738 hinaus. Eine viel längere Dauer seines Lebens anzunehmen liegt kein Grund vor; doch lebte er gewiß noch, als Ovid etwa um das J. 740 die großen Toten unter den heimischen Dichtern, darunter Vergil und Tibull, in einer Elegie (am. I 15) musterte.

In die Geheimnisse der Liebe weihte den kaum erwachsenen Jüngling, der eben das Knabenkleid abgelegt hatte, zuerst Lycinna ein, vielleicht eine Magd des väterlichen Hauses, welche den jungen Herrn ohne Umstände erhörte (III 15, 3 ff.). Diese Flamme brannte nicht heiß und wurde bald durch die glühende Leidenschaft zu der Freigelassenen Hostia, die unter dem Namen Cynthia unsterblich geworden ist, erstickt. Jetzt erst lernte er die tyrannische Macht Amors kennen (I 1, 1). Nicht die Schönheit vor allem, sondern mehr noch Anmut und Temperament, Geist und Charakter des Mädchens (I 4, 11 ff.: vgl. III 24) nahmen ihn ganz gefangen. Sie war lyrische Dichterin und auch in den Künsten der Minerva wohl erfahren (I 2, 27 ff.). Ein Jahr lang wirbt er inbrünstig um sie

ohne den erwünschten Erfolg (I 1, 7); endlich siegt er. Mit Mutter und Schwester (II 6, 12) wohnte sie in der verrufenen Subura: bei Nacht gleitet sie am Seil aus dem Fenster, um den unten harrenden Geliebten auf der Straße zu umarmen (IV 7, 15 ff.). Eine Zeitlang gehören sie einander ganz: von keiner anderen Schönen will der Glückliche etwas wissen (I 4); die Liebe seiner Cynthia geht ihm über alle Reichtümer (I 14); er schlägt dem vornehmen Freunde Tullus die Begleitung nach Griechenland und Asien ab, weil er ihren zärtlichen Vorstellungen nicht zu widerstehen vermag (I 6); seinen einzigen Beruf findet er in ihrem Dienst und ihr allein ist seine Muse gewidmet (I 7); auch im Schattenreich will er nicht von ihr lassen (I 19). Ein Gesetz, welches die Junggesellen zu standes=
gemäßer und legitimer Vermählung nötigen sollte, erfüllt beide mit banger Betrübnis, obwohl sie finden, daß selbst Cäsars Macht sie nicht zu trennen vermöge (II 7). Aber Verstimmungen und Ver= schuldungen von beiden Seiten bleiben nicht aus. Der lebensfrohe Dichter widersteht nicht auf die Dauer den Lockungen seiner leicht= fertigen Freunde (vgl. I 4); um der einen willen mag er auf bei= läufige Freuden nicht immer verzichten. Eine der herrlichsten Elegien (I 3) erzählt, wie er eines Nachts, von Fackelträgern begleitet, in halbem Rausch bei ihr eintritt. Er findet sie wie die verlassene Ariadne, wie eine müde Bacchantin in süßem Schlummer hinge= gossen, das Haupt von den Händen gestützt. Er schleicht leise an ihr Lager, denn er wagt nicht, ihren Grimm fürchtend, sie zu wecken. Aber seine Augen hängen gebannt an ihrem Anblick; er löst den Kranz von seiner Stirn und legt ihn an ihre Schläfen; er hebt ihre herabgesunkenen Haare, legt Aepfel in ihre hohlen Hände, lauscht ängstlich ihren Atemzügen, selbst in ihren Träumen Nebenbuhler fürchtend. Endlich, von den Strahlen des Mondes erweckt, hebt sie, den Ellbogen auf das Polster gestützt, vorwurfsvoll an: „kommst du endlich zu unserem Lager zurück, nachdem dir eine andere die Thür ver=
schlossen? wo bist du so lange geblieben? o müßtest du, Böser, nur solche Nächte verbringen, wie du sie mir immer auferlegst. Bald suchte ich mit Weben, bald mit der Lyra den Schlaf zu vertreiben, bisweilen auch mit Klagen, bis der Schlummer mich mit holdem Fittig berührte und meine Thränen stillte." Wie der Gescholtene seine Schuld gesühnt hat und wie der nächtliche Besuch verlaufen ist, bleibt zartsinnig der Phantasie des Lesers überlassen.

Auch Cynthia ist keine Natur, die in stiller Häuslichkeit Befriedigung fände: sie will noch anderen als dem Erwählten gefallen, läßt sich gern in verführerischem Putz öffentlich sehen, in dünnem koischen Gewande, die Haare geschmückt und mit syrischer Myrre gesalbt (I 2: vgl. IV 8, 52); sie fährt gern auf der volkreichen appischen Straße spazieren (II 32, 6 IV 8, 17), das Gespann selbst lenkend und Triumphe feiernd, oder nach Präneste Tibur (II 32) Lanuvium (IV 8), freilich unter ehrbaren Vorwänden, doch argwöhnt Properz, daß sie nur seinem wachsamen Auge entfliehen wolle (II 32, 17 f.), denn er ist eifersüchtig auf alle Besucher des Hauses, selbst auf Mutter Schwester Freundinnen, ja auf den Säugling in der Wiege, den sie küßt (II 6). Deshalb läßt er sich's gefallen, wenn sie in abgelegener Einsamkeit auf dem Lande, wenn auch leider fern von ihm weilt, wo sie nichts als Berge, Vieh und Aecker vor sich sieht. Erreicht sie doch dort kein Verführer; vor ihren Fenstern wird nicht wie in der Stadt nächtlicher Straßenkampf entstehen; sie wird ungestört schlafen, ohne ihren Namen rufen zu hören; keine Spiele, keine Tempel werden sie in Versuchung führen. Er selbst indessen will der keuschen Diana dienen, will in seiner Heimat jagen, zwar nicht Löwen und Eber, sondern Hasen und Vögel, aber sie soll bedenken, daß er in wenig Tagen bei ihr sein und sie zur Rechenschaft ziehen kann, sobald sie sich rührt (II 19). Auch nach dem verführerischen Bajä geht sie (I 11): bange Sorge von seiner Seite um ihre Treue folgt ihr dahin und bringende Bitte, den gefährlichen Ort möglichst bald zu verlassen. Ein Prätor macht ihr Anträge, will sie nach Illyrien in seine Provinz mitnehmen. Einen Augenblick ist sie geneigt ihm zu folgen und den verzweifelnden Freund zu verlassen (I 8a). Aber seine Verse siegen: sie widersteht den glänzenden Versprechungen; um des Dichters willen, wie sie sagt, ist ihr Rom am teuersten, kein Königreich möchte sie ohne ihn. Der Glückliche fühlt sich im Himmel: „es gibt also Musen," jubelt er, „und Apollo ist dem Liebenden nicht säumig!" er schwelgt in dem Gedanken, daß er nun Nacht und Tag keinen Nebenbuhler zu fürchten habe, und hofft, daß es so bleiben werde (I 8b). Aber um so herrischer sind ihre Ansprüche auf seine Beständigkeit und Unterwürfigkeit: von Launen, Drohungen, Ausbrüchen heftigen Zorns hat er viel zu ertragen (I 3, 18. 4, 25 f. 5, 8 ff. 7, 5 ff.). Einmal will er sich nach so mancher Unbill eine Güte thun. Cynthia ist nach Lanuvium gefahren. Seine Freiheit zu benutzen ladet er sich zwei gefällige Dirnchen in seine Wohnung auf dem Esquilin. Es ist ein nächtliches Symposion: lesbischer Wein, kredenzt von Lygdamus, ein Flötenspieler, eine Castagnettentänzerin, ein Zwerg sorgen für Kurzweil. Es wird getrunken gesungen gewürfelt, aber inmitten beider Mädchen, die ihre Reize entfalten, wird dem Dichter nicht wohl, düstere Vorzeichen ängstigen ihn, seine Gedanken sind in Lanuvium. Plötzlich knarrt draußen die Thür, leichtes Geräusch am Eingang, und Cynthia wie eine Furie stürzt herein. Der Becher entsinkt dem Ueberraschten, seine Lippen erbleichen. Sie blitzt mit den Augen und wütet wie nur ein Weib es vermag. Dem einen der Mädchen fährt sie mit den Nägeln ins Gesicht, die andere ruft draußen nach Hilfe, die ganze Straße gerät in Aufregung, die Dirnen mit zerzausten Haaren und gelösten Kleidern flüchten sich in die nächste Schenke. Und nun kehrt die Siegerin zu dem armen Sünder zurück, schlägt ihm ins Gesicht, in die schuldigen Augen, beißt ihm in den Hals; Lygdamus, der Ganymed, der sich hinter den Schrank versteckt hat, wird zur Bestrafung hervorgezogen: vergeblich fleht er um Gnade, der Herr vermag nichts für ihn. Endlich darf dieser einen Fußfall wagen und empfängt die harten Friedensbedingungen: er darf sich nicht mehr unter den Flaneurs im Porticus des Pompejus sehen lassen oder bei den Kampfspielen auf dem Forum; nie mehr darf er im Theater seinen Blick zu den obersten Reihen erheben, wo die Hetären sitzen, nie mehr seine offene Sänfte auf der Straße halten lassen; den Lygdamus vor allem soll er verkaufen. Demütig gelobt der Reuige Gehorsam und stolz lacht die Gebieterin; dann räuchert sie das entweihte Lokal, die Plätze, welche die Mädchen berührt haben, das Haupt des ungetreuen Geliebten, besprengt die Schwelle, läßt alle Decken und Kleider wechseln, und nun erst wird auf frischem Lager der neue Friede besiegelt (IV 8).

Verhängnisvoll wird eine Reise übers Meer, die Properz in einem Anfall von Ungeduld (I 17, 16) unternimmt. Mit bitterer Enttäuschung bemerkt er, daß die Geliebte der bevorstehenden Trennung kalt entgegensieht (I 15). Vom Sturm an ein unwirtliches Gestade verschlagen bereut er ihr entflohen zu sein: verwünscht wer die Schiffahrt erfunden hat! wie viel besser doch, ihr Joch zu ertragen, als diese Verbannung: wäre er daheim geblieben, so hätte ihn dereinst Cynthia sorglich bestattet (I 17: vgl. 19). Zurückgekehrt findet er nicht mehr dieselbe (I 15 b, 25 ff.); manche Nacht verlebt er einsam (I 12, 11 ff.). Ein letzter Fehltritt verbannt ihn dauernd von ihrem Lager (III 16, 9 f.). Vergeblich sucht er in Klageliedern die verscherzte Gunst wieder zu gewinnen. In einsamem Hain macht er seinen Schmerzen Luft, ruft ihren Namen, schneidet ihn in die Rinde der Bäume ein, beteuert, daß er von Cynthia nimmer lassen könne, sie sei seine erste Liebe gewesen und werde die letzte sein (I 18).

Sie daher ist die alleinige Heldin des ersten Buches, welches gesondert erschien und ihren Namen als Aufschrift trug. Auch von denjenigen Gedichten, welche nicht unmittelbar an sie gerichtet sind, stehen doch die meisten in gewisser Beziehung zum Hauptthema des Ganzen, dessen Anordnung in buntem Wechsel der Situationen das Auf- und Abwogen der Stimmungen empfinden und die Geschichte des Liebesverhältnisses in den Hauptzügen bis zum ersten großen Zerwürfnis überblicken läßt, ohne dieselbe an einem fortlaufenden Faden deutlich aufzureihen. Aber sicher nicht als ein reuiges Klagelied nach erfolgtem Zerwürfnis, sondern als bringende Werbung, welche einem Jahr erfolglosen Hangens und Bangens ein Ende zu machen bittet, ist die Elegie aufzufassen, welche das Buch eröffnet.

Mißlicher ist es den Andeutungen der folgenden Bücher nachzugehen, in welchen Cynthia keineswegs allein herrscht. Nur wo sie ausdrücklich genannt wird oder andere zwingende Umstände auf sie hinweisen, hat man festen Boden unter den Füßen. Unter den mannigfachen Gestalten höheren und niederen Ranges, deren Reize das empfängliche Herz des Dichters tiefer oder flüchtig anregen, ragt immer die imponierende Persönlichkeit der Hauptgebieterin wie Diana unter den Nymphen majestätisch hervor: sie allein hat in sein Leben bestimmend eingegriffen, auf sie deutet Horus (IV 1, 139 ff.) als die Herrin seines Schicksals, nach deren Belieben er Nacht und Tag sehen werde; sie ist es, welche Properz auch am Schluß des zweiten Buches als seine wahre Geliebte neben Catulls Lesbia und andere berühmte Freundinnen anderer Dichter stellt; die Lieder auf sie sind es, von denen er unsterblichen Ruhm erhofft. Auch wo er von anderen Liebesketten umschlungen erscheint, verliert er sie nicht aus dem Auge, verfolgt er eifersüchtig ihr Thun und Treiben, richtet er mahnende, entgegenkommende, auch bittere und stachelnde Worte an sie, denn auch ihr Ruf ist nicht der beste (II 5). Das Bekenntnis seiner eigenen Schuld enthält die 29ste Elegie des zweiten Buches, eine Perle properzischer Poesie. Sie erzählt, wie den verirrten gute Geister auf den rechten Weg zurückgeführt haben. Bezecht, ohne Dienerbegleitung, streift er zur Nachtzeit durch die Straßen: da tritt ihm eine Schar nackter Knaben entgegen, mit Fackeln, Pfeilen, Fesseln in den Händen. Die kleinen Häscher Amors umringen ihn, ein jeder ruft: „ergreift ihn, er ist es, den das erzürnte Weib uns überwiesen hat." Damit wirft er dem Gefangenen die Schlinge um den Hals, sie nehmen ihn in ihre Mitte, machen ihm Vorwürfe, daß er andere Thüren aufsuche, während ihn, den unwürdigen, sein Mädchen von Stunde zu Stunde erwarte. Er gelobt Besserung, wird zur Stelle gebracht und mit der Mahnung entlassen: „geh nun und lerne die Nächte daheim bleiben." Hiermit endet dieses Gedicht, aber unmittelbar (von V. 23 an, ein Gegenstück zu I 3) schließt sich in seiner Beziehung die reuige Schilderung jener anderen Scene an, die der Verbannung des Sünders vorherging. Es war Morgen. Den spät heimkehrenden gelüstete nachzusehen, ob Cynthia allein ruhe: wirklich war sie allein in ihrem Bette. Wie schön war sie! er staunte: nie war sie ihm reizender erschienen. Aber hart ließ sie den leichtfertigen Schwärmer an: was er spioniere? ob er glaube, sie sei so leichtfertig wie er? Den ihr gebotenen Kuß wies sie ab und sprang auf die Füße: „seitdem hab' ich entbehrt jegliche Freude der Nacht."

Nach Jahresfrist endlich wieder zu Gnaden angenommen folgt er zunächst gehorsam dem Wink der Gebieterin. Sie bescheidet ihn brieflich um Mitternacht nach Tibur in ihre Villa am Anio: unverzüglich soll er kommen. Er hat die Wahl zwischen den Gefahren des weiten Weges in dichter Finsternis oder dem oft und schwer erprobten Zorn der Herrin. Im Vertrauen auf Venus, welche die Liebenden schützt, beschließt er dem Ruf zu folgen: selbst der Tod in solchem Falle scheint ihm kostbar, wenn ihn sein Mädchen bestattet (III 16).

Der neue Bund hatte trotz mancher Schwankungen und Stürme geraume Zeit Bestand, obwohl der Duft jener ersten Periode zum Teil verflogen ist. Properz muß viel Nachsicht und Resignation üben, wenn er mit der unstäten Genossin auskommen will (II 32). Kurz nach der Schlacht bei Actium ist jener Prätor aus Illyrien zurückgekommen, viel reicher und deshalb unwiderstehlicher als zuvor. Cynthia wirft sich ihm in die Arme, und der bescheidene Poet muß ben Platz räumen mit dem bitteren Gefühl, daß ein welker Barbar mit Edelsteinen sein Reich erkauft habe. Möge denn die Habsüchtige das blöde Schaf nur tüchtig scheren und dann von neuem nach Illyrien schicken (II 16)! Eine abermalige Versöhnung wird durch diplomatische Vermittelung des treuen Lygdamus herbeigeführt (III 6). Infolge eines Zwistes (V. 38) hatte sich der zornige Properz wieder einmal einer anderen zugewendet, aber schon ist er dieser überdrüssig (V. 40) und sein Trotz wird vollends besiegt durch die rührende Botschaft von der Herrin, die einsam daheim sitzt, allem Schmuck entsagend, traurig unter den Mägden spinnend, die feuchten Augen mit der Wolle trocknend. Sie meint, eine Hexe müsse den hart=herzigen verzaubert haben. Da sendet er den Boten zurück mit dem Geständnis, daß er ebenso leide und verspricht ihm Freilassung, wenn er ihn wieder glücklich mache. Aber ihre ungnädigen Launen kehren immer wieder (III 21, 7 f.), ja sie macht ihn beim Wein vor anderen zum Gespött (25, 1 ff.). Da entschließt sich der ge=kränkte, der fünfjährigen Knechtschaft (25, 3) ein Ende zu machen durch das einzig wirksame Mittel der Entfernung. Er geht nach Athen (21, 1), um Litteratur und Kunst zu studieren (21, 25 ff.), und wirklich fallen hier die lange getragenen Fesseln von ihm ab. Schnöde widerruft er, was er einst von der Schönheit der Cynthia gesungen hat (24) und wünscht ihr in herber Absage (25) Ver=geltung für alles bittere Weh, das sie ihm angethan.

Mit dieser schrillen Dissonanz schließt das dritte Buch: der auflösende, versöhnende Accord folgt im letzten (IV 7). Properz ruht nachts auf einsamem Lager: da erscheint ihm der Schatten der kürzlich bestatteten, wie sie im Leben war; nur leise erst war die lethäische Flut über ihr Antlitz dahingegangen. Und sie macht ihm Vorwürfe: „kannst du schlafen, treuloser? hast du die glücklichen Zeiten unserer Liebe vergessen?" Sie beklagt sich, daß er an ihrem letzten Krankenbett, bei ihrer Bestattung gefehlt, nicht einmal Blumen auf ihren Scheiterhaufen gestreut und ihn mit geringer Spende ge=netzt habe. Jetzt befiehlt den treuen Mägden statt ihrer eine andere, die noch eben ihre Nächte öffentlich feil geboten hat und jedes An=benken an die Vorgängerin gehässig verfolgt. „Aber ich zürne dir nicht, Properz, obwohl du es verdienst: lange genug habe ich in deinen Liedern geherrscht." Sie schwört, daß sie ihm Treue gehalten habe, will die zahlreichen Fehltritte des Freundes vor den Genossinnen im Elyſium, wenn ſie ſich ihre Herzensgeſchichten einander erzählen, verſchweigen. Nur die alte Amme ſoll er nicht Not leiden und ihre Lieblingsmagd der neuen Herrin nicht dienen laſſen. Alle Verſe, die er auf ſie gemacht, ſoll er verbrennen, ihr Grab pflegen und am Anio ihr eine Denkſäule ſetzen mit kurzem Spruch. „Jetzt," ſchließt ſie, „mögen dich andere beſitzen, bald werde ich allein dich halten; bei mir wirſt du ſein, dieſelbe Urne wird unſere Aſche bergen." Hiermit entſchwand der Schatten aus der Umarmung des Dichters. So hat der Friede des Todes einen verklärenden Glanz auf die ent‑ ſchwundenen wechſelvollen Tage zurückgeworfen.

Den übrigen Erlebniſſen unſeres Dichters mit anonymen Schönen nachgehen zu wollen wäre mißlich: laſſen ſich auch manche Fäden eine Strecke verfolgen, ſo werden ſie doch bald durch andere durch‑ kreuzt und verwickelt. Auch berechtigt die Wiederkehr gewiſſer Ge‑ meinplätze, welche die erotiſche Poeſie zu verarbeiten liebte, hier und da zu zweifeln, ob überhaupt eine greifbare Unterlage vorhanden ſei. Einen Monat nach dem erſten großen Zerwürfnis mit Cynthia und der Herausgabe des erſten Buches packt den Müſſigen, der ſich vor allen Verſuchungen ſicher glaubte (II 2, 1 f. 3, 1 f.), eine neue Leidenſchaft zu einer ſtrahlenden Schönheit, die allen jungen Leuten den Kopf verrückt, durch Anmut und poetiſches Talent (II 1, 5 ff. 3, 17 ff.) bezaubernd. Wie um die ehemalige Geliebte zu reizen, ſchildert er die Gaben der neuen in trunkener Begeiſterung, welche halb an jene zu erinnern, halb ſie zu vergeſſen ſcheint. Er ſchwelgt in der heroiſchen Hoheit der neuen Erſcheinung, beſchreibt Haare Hände Wuchs, ganz verloren in ihrem Anblick; und doch ſtellt er dieſe Reize der neuen Helena noch hinter ihre künſtleriſchen Talente. Erſt die fünfte Elegie dieſes Buches wendet ſich wieder an Cynthia. Sie hat ſich von ihm abgekehrt, ihr Leichtſinn iſt Stadtgeſpräch, er redet ihr ins Gewiſſen. Der unwilligen Abſage, welche einem ſpröden Mädchen fernere poetiſche Huldigungen aufkündigt, weil ſie dieſelben nicht zu ſchätzen wiſſe (II 11), ſteht faſt benachbart, wie als Gegen‑ ſtück, die Erklärung des Dichters, daß er Beruf und Befriedigung darin finde, ſeiner Cynthia eigene Verſe vorleſen zu dürfen und ihren Beifall zu ernten (13 a), und hierauf (13 b) der an ſie ge‑ richtete letzte Wille, wie es bereinſt mit ſeinem Begräbnis gehalten werden ſolle. Aber jene Spröde wird mit der Zeit durch das be‑ währte Mittel der Verachtung bezwungen, und zwei jubelnde Tri‑

umphlieber (14. 15) erzählen von den genossenen Freuden. Indessen ist nach kurzer Gunst eine Erkältung eingetreten. Properz sieht sich durch einen anderen Poeten, einen vornehmen und reichen, verdrängt, dessen überschwängliche Verse die seinen aus dem Felde geschlagen haben (17. 24. 23. 32). Obendrein hat ihn der Sänger mit verleumberischen Versen bei der Schönen angeschwärzt (21, 1). Er sagt ihr vorher, daß die Liebesschwüre des pfäffischen Panthus, wie er ihn höhnisch nennt, kein Jahr überdauern werden, und hat die Genugthuung, daß seine Prophezeiung eingetroffen ist, denn jener hat eine Frau genommen, und die verlassene sieht sich nach einem neuen Verehrer um (21).

Eine ebenfalls viel umworbene Dame von eblem Namen ist dem Dichter mit ihrer Gunst entgegengekommen. Sieben Monate haben sie sich angehört, der Dienst, welchen er ihr widmete, war ein sanfter; es beburfte keiner Geschenke. Da trat ein Hindernis (vielleicht der Ehemann) zwischen sie, und Properz hatte zu thun, die untröstliche, welche ihn mit ängstlichen Briefen bestürmte, mit einer zärtlichen Elegie zu beruhigen und seiner Treue zu versichern (II 20). Etwas kühl, fast spöttisch klingt der Antrag, welchen er einer anderen macht (III 20a). Auch sie ist schön, in den Künsten der Pallas geübt, von einem hochgebildeten, vielleicht litterarisch berühmten Ahnen strahlt Glanz auf sie und ihr Haus zurück. Ihr bisheriger Liebhaber, vermutlich ein Offizier, ist zu Schiffe, wahrscheinlich nach Afrika gegangen, hat die Hoffnung auf Gewinn ihrem Besitz vorgezogen. Zwar glaubt sie noch an seine Schwüre, aber der schelmische Dichter sucht ihr diesen Glauben zu nehmen und empfiehlt sich selbst als treuen Freund. Ein schlankes, galantes Billet, dessen leichtfertiger Ton wohl auf die Gemütsart der Empfängerin gestimmt sein wird.

Properz war ein Stadtkind und hatte ein leicht entzündbares Poetenherz: in vollen Wogen ging ihm das Leben. Auf der Straße, schlendernd oder in der Sänfte getragen (IV 8, 78), in den Porticus, im Theater unter der bunten Menge war er zu finden: da gingen seine lüsternen Augen auf Beute aus. Der vornehmen Dame wie der käuflichen Hetäre brachte er seine Huldigungen. Das Pikante reizte ihn, er war ein stürmischer Liebhaber, nicht geschaffen für sanfte Schäferstunden, auch genießen wollte er nicht ohne heißen Kampf (III 8). In wütenden Thätlichkeiten seines Mädchens erkennt er die sichersten Zeichen der Liebe, ohne Schmerz und Thränen von seiner oder ihrer Seite keine Wonne. Eifersucht, gehegt und verursacht, muß der verzehrenden Flamme beständig Nahrung geben. Er schwelgt in der Wollust leidenschaftlicher Schmerzen. War er der Qualen müde, welche Herzensleidenschaft ihm verursacht hatte, und der Mühen und Gefahren, welche auf heimlichen Wegen der Liebe zu bestehen waren, so pries er wohl die bequeme Ware des Marktes (II 23). Deutlich genug ist das Geständnis, wenn ihm Cynthia gefällig wäre, würde er nicht in der ganzen Stadt als Haupt der Leichtfertigkeit bekannt sein (II 24), in die Mitte einer Gruppe lockerer Gedichte gestellt, welche den Verfasser in wechselnden Flammen glühend vorführen, bis endlich die nächtliche Scharwache der kleinen Amoren dem wilden Treiben ein Ende macht (II 29) und nun wieder bis zum Schluß des Buches Cynthia allein herrscht. Aber so wenig es wörtlich zu nehmen ist, wenn er der eifersüchtigen versichert (III 15, 9 f.), nach ihr habe keine andere mehr seinem Hals süße Fesseln angelegt, oder wenn ihr Schatten ihm nach dem Tode schwört, sie habe ihm die Treue bewahrt (IV 7, 51 ff.), ebensowenig gibt die auf Schrauben gestellte Versicherung (III 15, 7 f.), seit fast drei Jahren erinnere er sich kaum zehn Worte mit seiner ersten Flamme Lycinna gewechselt zu haben, einen zuverlässigen Boden für subtile chronologische Berechnungen.

Durch die eigenartige Prägnanz seines Ausdruckes, die geistvolle Freiheit seiner Wort= und Satzfügung, eine gewisse Sprödigkeit der Composition, welche der bequemen Glätte absichtlich aus dem Wege geht, gibt Properz seinem Leser mehr als andere Elegiker zu denken, belohnt aber auch die geistige Arbeit mit desto reicherem Genuß. Er liebt es Paare und Gruppen von Gedichten, in welchen sich ein gemeinsames Grundmotiv gleichsam auslebt, zu einem idealen Ganzen zusammenzufassen, wie Strophe und Antistrophe oder wie eine Trilogie. Und wiederum nur durch Zerlegung mancher Stücke, die als einzelne überliefert sind, in gesonderte und doch durch geistigen Faden verbundene Gebilde gelingt bisweilen ein klareres Verständnis. Als z. B. die Geliebte erkrankt ist, ergeht sich der Dichter zuerst in sorgenvollen Gedanken über den Grund der Krankheit, ob etwa eine Gottheit beleidigt sei. Hierauf, da die Gefahr wächst, Gebet und Gelübde an Juppiter. Endlich Dank für Genesung (II 28 a b c). In einer anderen Trias, welche durch die wiederholte Anrede an Mä=

cenas als ein zusammengehöriges Ganzes erkannt wird, schildert der begeisterte Dichter, wie unerschöpflichen Stoff ihm die Reize seines Mädchens bieten: hierin findet er seine Lebensaufgabe (II 1, 1—40). In einem Mittelstück (47—56) gelobt er ihr Treue zum Tode, um zuletzt (57—78) die Liebe als eine unheilbare Krankheit darzustellen. Auch wenige Distichen runden sich, wie bei Catull, zu selbständigen Gedanken, selbst in einem einzigen spitzt sich ein Bild oder eine Empfindung epigrammatisch zu. Einmal folgt auf ein Selbstgespräch des Dichters (II 30, 1—12) ein Dialog mit der Geliebten (V. 13 ff.). Er war im Begriff, sich den Banden der Liebe durch eine Reise zu entziehen, aber im letzten Augenblick gereut es ihn: er gesteht sich, daß Amor ihn doch überallhin begleiten werde, und gibt sich ihm von neuem auf Gnade und Ungnade gefangen. In der That ist im folgenden das Paar wieder vereint: bei Wein und Flötenspiel feiern sie die Versöhnung. Das Mädchen redet dem schwankenden zu, den Tadel der Philister zu verachten, sich mit ihr des Lebens zu freuen; sie gewinnt von neuem Gewalt über ihn, und als sie ihn nun mit zärtlichem Vorwurf fragt, ob er noch an Flucht denke, gelobt er, berauscht von ihrem Zauber, ihr allein wolle er angehören, mit ihr idyllische Einsamkeit teilen: da in heiliger Grotte werden ihn die Musen zu neuen Liebesliedern begeistern.

Wiederholt (vgl. II 1, 17 ff. III 9) wird dem hochbegabten und kunstreichen Sänger von Seiten des Herrschers durch Mäcens Vermittelung nahe gelegt, seine Kraft größeren Aufgaben zuzuwenden: man wünschte z. B. ein Gedicht über den aktischen Krieg von ihm. Aber noch gönnt ihm Amor keinen Urlaub. Ohne Thatendrang schaut er im Arm der Geliebten auf das Weltgetriebe. Glück auf, ruft er den Tapferen zu, welche sich (732) zum parthischen Kriege rüsten. Er malt sich aus, wie er an der Seite seines Mädchens den Triumph der heimkehrenden mit anschauen und den beutebeladenen Siegern neidlos zujauchzen werde. Seine Aufgabe unterdessen sind die „harten Kämpfe" mit der Herrin (III 4. 5). In der Pflege der erotischen Elegie erkennt er seinen Beruf und seine Stärke; er kennt keinen höheren Ehrgeiz als sich seinen berühmten Vorgängern, dem atacinischen Varro, Catullus Calvus Gallus anzuschließen (II 34, bald nach 728). Dem verehrten Vergil überläßt er mit Homer und Hesiod zu wetteifern: als sein Vorbild rühmt er in dieser erotischen Periode Philetas.

Mehrmals scheint er wirklich einen Anlauf zu nehmen, sich im Dienste des Vaterlandes zu höheren Stoffen aufzuschwingen. „Es ist Zeit," bekennt er (II 10, vor Sommer 729), „den Helicon mit anderen Reigen zu begehen" und die Siege des Augustus oder doch die Anerkennung seiner Macht am Euphrat, in Indien, Arabien zu besingen. „Wenn auch die Kräfte schwach sind, wird doch meine Kühnheit gelobt werden." Aber nach wenigen Versen, die wie eine Abschlagszahlung klingen, stellt er diese Aufgabe für die Zukunft zurück und läßt es bei dieser kärglichen Weihrauchgabe bewenden. Später geht er mit dem Gedanken um, die Könige von Alba zu besingen (III 3, 3), wie schon Vergil vor der Aeneis beabsichtigt haben soll, oder nach dem Beispiel des Kallimachos die Denkmäler und Altertümer Roms zu beschreiben. Mit vielverheißenden Worten eröffnet er das dritte Buch der Elegien. Zwar nicht mit Waffenthaten will er seine Lyra behelligen, aber ein Werk von neuer Art denkt er auf unbetretenem Pfade vom Musenberge herabzuholen. Kallimachos und Philetas bittet er, ihn in ihren Hain einzuführen, in die Geheimnisse ihrer Kunst einzuweihen. Aber auch diesmal bleibt es beim Vorsatz. Einstweilen, heißt es in der gleich folgenden Elegie (von V. 39 an), laß uns zur gewohnten Bahn des Liebesliedes zurückkehren; und statt des späten Nachruhmes, den er sich soeben nach dem Tode versprochen hatte, ist er jetzt zufrieden mit dem Wohlgefallen, welches die Mädchen an seinen Versen finden, preist er die unter ihnen glücklich, welche durch sein Lob unsterblich wird. Und dieser Rückfall in die gewohnte Melodie erhält alsbald seine Weihe und Billigung aus göttlichem Munde (III 3). Properz hatte geträumt, er trinke auf dem Helicon am kastalischen Quell, aus dem Ennius, der Annalendichter, seinen Durst gelöscht habe, und seine Saiten ertönten von den Königen Alba's: da sei Phöbus hervorgetreten und habe ihn zurechtgewiesen. „Wer hat dich geheißen, an heroische Dichtung zu rühren? Hier hast du keinen Ruhm zu hoffen, Properz. Dein Büchlein soll in der Hand des Mädchens sein, wenn sie allein ist und den Mann erwartet." Und er weist ihn in die ländliche Grotte, wo Handpauken an der Wand hängen, wo ein Thonbild des Silen und die Rohrpfeifen des Pan zu schauen sind, wo Tauben ihren Schnabel in den Musenquell tauchen, und die neun Schwestern mannigfach beschäftigt sind: eine sammelt Epheu für den Thyrsus, die andere singt zur Lyra, die dritte flicht Rosen.

Eine von ihnen, Kalliope, bestätigt ihm das Wort des Phöbus: er soll sich auf Schlachtbeschreibungen nicht einlassen, sondern bei seinen Liebesabenteuern bleiben. Und zum Schluß benetzt sie sein Antlitz mit Wasser aus dem Quell des Philetas. Mäcenas gegenüber beruft er sich auf das Beispiel weiser Selbstbeschränkung, welches dieser selbst gebe. Wolle derselbe freilich vorangehen, fügt er antistrophisch hinzu, so sei er selbst bereit Gigantenkämpfe, Parther- und Bürgerkriege zu besingen. Aber er schließt die Trias mit der beruhigten Gewißheit, Mäcenas gönne ihm den Ruhm, sich seinen Grundsätzen anzuschließen (III 9).

Zu einzelnen Zugeständnissen an das öffentliche Interesse hat er sich denn doch zu verschiedenen Zeiten verstanden. Er beschreibt (II 31), freilich unter dem Vorwande eine Verspätung bei der Geliebten zu entschuldigen, den prachtvollen Porticus bei der palatinischen Bibliothek, der eben (October 726) eröffnet war: die Bewunderung der Herrlichkeiten hat ihn aufgehalten. Seine Schwäche gegen Cynthia rechtfertigt er durch Berufung auf die dämonische Gewalt der Weiber. Medea Penthesilea Omphale Semiramis werden als Beispiele vorgeführt, zuletzt, schlimmer als alle, Kleopatra, welche selbst Rom mit ihren Fesseln bedrohte, wenn nicht Cäsar unter Apollo's Schutz sie unschädlich gemacht hätte (III 11). Die welthistorische Bedeutung des aktischen Sieges und das unvergängliche Verdienst des Augustus wird gehoben durch die Lebhaftigkeit der Farben, womit die abgewendete Schmach orientalischer Greuel geschildert ist. Es sind dieselben Töne, welche wir schon in horazischen Liedern (Epoden 9 Oden I 37) fanden. Properz hat als erhebendes Gegenstück hierzu das Musterbild einer römischen Ehefrau in dem Abschiedsgedicht an Postumus, der den Adlern des Augustus in den Partherkrieg folgte, unmittelbar angeschlossen (III 12). Der grausame, welcher die Gattin ihrer Sorge daheim überläßt, kann ruhigen Herzens ziehen, denn seine Galla wird am Tage seiner Rückkehr mit so inniger und unveränderter Liebe an seinem Halse hängen wie einst Penelope an dem des Ulixes. Dem frühen Tode des hoffnungsvollen Claudius Marcellus (Ende 731) ist eine Trauerelegie (III 18) gewidmet, welche die wohlbekannten wehmütigen Accorde der ionischen Totenklage anschlägt. Seiner Liebe für die italische Heimat hat er in einer Ansprache an den Freund Tullus, der schon Jahre lang in Kyzikos weilt und in den Herrlichkeiten Asiens schwelgt, Ausdruck gegeben (III 22), freilich nicht so warm und herzergreifend wie Vergil in jener Episode der Georgica, die ihm offenbar vorgeschwebt hat. Auch hier wird die befriedete Cultur des Landes den Schrecken und Ungetümen des griechischen Bodens gegenübergestellt (nur künstlicher mit mythologischen Beispielen aufgeputzt), auch hier wird die Tüchtigkeit der Bewohner und ihre ruhmreiche Geschichte mit Stolz gepriesen.

Endlich trat er der bedeutenden Aufgabe näher, welche er sich gestellt hatte, die heiligen Oertlichkeiten Roms mit den daran geknüpften Legenden und Festen in einem lockeren Kranz von Elegien nach Art der Aitia des Kallimachos zu besingen. Er scheint im besten Zuge (IV 1). Wie ein Fremdenführer läßt er den lernbegierigen Gast im Geiste schauen, wie es vor der Ankunft des Aeneas da ausgesehen habe, wo jetzt das gewaltige Rom steht, preist mit unverkennbaren Anspielungen auf Vergils Aeneis das Schicksal, welches die Ansiedelung der flüchtigen Penaten Troja's am Tiber gefügt hat, und verkündet nun mit hochtönenden Worten, er wolle Rom beschreiben, wenn auch seine Stimme leider nicht mächtig sei. Seine Heimat Umbrien könne stolz sein auf ihren Sohn, den römischen Kallimachus (B. 64). Aber da tritt (V. 71) mit drolligem Amtseifer Horus, der in den Sternen zu lesen weiß, an ihn heran und tadelt sein thörichtes Beginnen. Rundweg erklärt er ihm, die Musen und Apollo seien dagegen. Nachdem er umständlich seine prophetische Gabe unter anderem durch Mitteilungen über die Lebensumstände des Dichters erwiesen hat, erinnert er ihn an den Befehl und die Weissagung Apollo's, als er dem Jüngling das Reden auf dem „tollen Forum" verboten habe: Elegien soll er schreiben, den übrigen zum Muster; alle Siegespalmen, die er sich mit Mühe erworben, werde ein Mädchen, das ihn beherrsche, zu Schanden machen. Vielleicht ist gerade diese Elegie unter ihresgleichen die letzte und erklärt den Abbruch des unternommenen Werkes, welches eben über einzelne, durch das vierte Buch verstreute Proben doch nicht hinausgediehen ist. Um zu rechtfertigen, warum er zu mehrerem nicht gekommen sei, hat er das Gedicht, welches zugleich den Plan des Werkes angibt (sacra diesque canam et cognomina prisca locorum 69), an den Anfang des Buches gestellt, und dabei Gelegenheit genommen, wie es sonst im Schlußwort zu geschehen pflegte, über seine Person einige Auskunft zu geben. Wäre dem Dichter der

Atem nicht vor der Zeit ausgegangen, so hätte er ein reiches Denk=
mal römischer Vorzeit und römischen Glaubens aufgerichtet. Was
zustande gekommen ist, zeigt, wie dankbar und mannigfaltig der
Stoff war, und daß der Verfasser auch die nötigen Altertumsstudien
nicht versäumt hat. Da schildert der vielgestaltige Vertumnus in
treuherzig scherzhaftem Ton die mannigfachen Seiten und Gaben
seiner Natur. Aus dem Tuskerlande nach Rom gezogen freut er
sich seines Standortes auf dem belebten Forum (IV 2). Die Legende
von der Gründung der ara maxima durch Hercules (9) wird, nach
Varro vielleicht, mit einer schalkhaften Erklärung verbunden, warum
die Frauen vom Herculesdienst ausgeschlossen seien. Auch die Gleich=
stellung des Heros mit dem sabinischen Sancus ist aus gelehrter
Quelle (Aelius Stilo) geschöpft. Uebrigens drängt sich der Vergleich
mit der Cacusepisode in der Aeneis auf; aber die Anklänge gehen
kaum über Selbstverständliches hinaus, was durch den Stoff gegeben
war. Von poetischem Reiz ist die Verhandlung zwischen dem durstigen
Helden und der Weiberschar, welche in abgeschlossener Einsamkeit
unter sich die Bona dea feiern. Etwas trocken dagegen trotz des
pathetischen Einganges verläuft der Bericht über den Juppiter Fere=
trius und die schon von Ennius gefeierten spolia opima des Ro=
mulus, Cossus und Marcellus (10). Besonders der dritte Sieg, der
über Virdumarus, wird ziemlich dürftig abgefertigt, während doch
gerade hier durch die Prätexta des Nävius gewiß reichlicher Stoff
zur Ausführung gegeben war. Aber um so ehrwürdige Schrift=
quellen hat sich Properz schwerlich gekümmert. Desto prächtiger ist
die Elegie auf den Tempel des palatinischen Apollo (6). Hier bringt
der Sänger als Priester des Gottes ein weihevolles Opfer dar, in=
dem er zugleich seinem Herrscher huldigt. War doch jener Tempel
zum Dank für Apollo's Hilfe bei Actium geweiht worden. So bietet
sich hier der beste Anlaß, den welthistorischen Sieg und das wunder=
bare Eingreifen des Phöbus, wie es auch Vergil im achten Buch
der Aeneis auf dem Schilde hatte darstellen lassen, in großartigen
Zügen zu schildern. Und Julius Cäsar schaut wohlgefällig von seinem
Stern aus auf den ebenbürtigen Sohn herab, die Aegyptierin aber
flieht ihrem Nil zu: es bleibt ihr nichts als die Freiheit des Todes.
Dann zum Schluß die Aufforderung zu festlichem Jubel, wie er mit
den fünfjährigen aktischen Spielen verbunden war. Da wird beim
Falerner des neuesten Sieges über die Sigambrer (nach der Nieder=

lage des Lollius 738?) und der Erfolge im Orient, über die
Parther u. a., gedacht, und erst die Strahlen der aufgehenden Sonne
machen dem nächtlichen Zechen ein Ende. Am bequemsten lag dem
Dichter die Geschichte der Tarpeia (4), wo das erotische Element, die
Liebesklage des Mädchens, den Kern bildet. Sie ist in die Ferne
gerichtet in das Lager des Feindes und erinnert an die Rede der
Scylla in der Ciris: aus dem griechischen Gedicht, welches diese Sage
behandelt, kann sie manches entlehnt haben.

Aber wie viel wärmer und ansprechender ist der Brief jener
jungen braven Römerfrau an ihren Gatten, der bald nach der Hoch=
zeit wieder einmal ins Feld gegen die Parther (IV 3) gerückt ist!
Die Verlassene, welcher die Thränen auf das Blatt fallen, beginnt
mit Klagen über ihre getäuschte Hoffnung. Schon das vierte Kriegs=
kleid webt sie für den fernen Mann, denn zum viertenmal ist er
ins Feld gezogen. Er soll ihr sagen, ob ihm der Panzer die Arme
drücke, ob die schwere Lanze die ungewohnten Hände reibe. Wenn
nur nicht gar der Hals Spuren trägt von den Zähnen einer Ge=
liebten! Sie hat gehört, er sei mager geworden: hoffentlich aus
Sehnsucht nach der Gattin. Wenn die bitteren Nächte kommen,
küsse ich, schreibt sie, deine Waffen, finde keine Ruhe auf dem Lager,
ersehne den Morgengesang der Vögel. Sie studiert auf den Karten,
wo der Araxes fließt, wie weit die Wüstenstrecke ist, welche das
parthische Roß durcheilt, besonders welcher Wind am günstigsten ist,
um das Schiff des teuren in die Heimat zurückzuführen. Glücklich
die Amazonen! „Stünde doch auch römischen Weibern das Lager
offen: wie gern begleitete ich dich!" Im Hause ist es öde und stumm,
das Schoßhündchen nimmt auf dem Polster die Stelle des Herrn
ein; die Schwester und die alte Amme sind an den langen Winter=
abenden die einzige Gesellschaft des einsamen Weibchens. Kein fröh=
lich schmausender Familienkreis mehr vor den bekränzten Laren. All
ihr Sinn ist darauf gerichtet, die Götter zu erweichen, daß der teure
Gatte gern und bald und ihr treu zurückkehre. Das anmutige und
gemütvolle Sendschreiben ist der erste poetische Liebesbrief, welcher
uns in der römischen Dichtung begegnet. Auch in dieser Gattung
haben die Epyllien der alexandrinischen Dichter vorgearbeitet, und
da diese es liebten Beobachtungen des wirklichen Lebens zu verwerten,
so fand Properz bei ihnen gerade für die Voraussetzungen seines
Gedichtes brauchbare Züge wohl vor.

Dem ehemaligen Verächter ehelicher Bande (II 7) ist in späteren
Jahren der Sinn für edles und inniges Familienleben aufgegangen.
Das bezeugt das unvergleichliche Gedicht auf den Tod der Cornelia
(IV 11), die Königin der Elegien, welche den Beschluß unserer Samm=
lung macht und sie wahrhaft krönt, vielleicht auch das letzte Werk
des Dichters. Die edle Tochter der Scribonia, der Gemahlin des
Augustus seit 714, und eines schon verstorbenen Consulars, ist nach
wenigstens achtzehnjähriger glücklicher Ehe zum Schmerz der Familie
im Alter von etwa 32 Jahren gestorben. Die Mutter und der
Stiefvater, ein Bruder P. Cornelius Scipio, gerade in diesem Jahr
(738) Consul, der Gatte, der Consular Aemilius Lepidus Paullus,
zwei Söhne L. Aemilius Paullus und M. Aemilius Lepidus, auch
eine Tochter trauern um sie. In Schmerz versunken sieht der Witwer
mit den Kindern an ihrem Grabe: der Scheiterhaufen ist nieder=
gebrannt und die Asche hinabgesunken; thränenvolle Rufe des ver=
einsamten Mannes folgen ihr. Da erscheint ihm der Schatten der
Abgeschiedenen und ermahnt ihn mit sanfter Stimme von den ver=
geblichen Bitten abzulassen. Während sie ihres unwiderruflichen
Geschickes gedenkt, wird sie sich (und das zum Trost für die Hinter=
bliebenen) des Anrechtes bewußt in die Gefilde der Seligen einzu=
gehen. Wie vor dem Richterstuhl des Aeacus, an den sie sich be=
rufen denkt, führt sie ihre Sache, ohne doch zu vergessen, daß sie
zu den Ihrigen spricht. So gestaltet sich die schlichte Gedächtnis=
und Lobrede aus eigenem Munde zu erhebender Erinnerung für die
Trauernden, welche in rührende Abschiedsworte und zarte Ermah=
nungen ausläuft. Des Lohnes für ihr fleckenloses Leben sicher ge=
sellt sie sich gern zu den edlen Ahnen. Der einzige Kummer, den
sie der Mutter gemacht hat, ist ihr früher Tod; aber sie hat für
die Zukunft der Familie durch die Geburt dreier Kinder gesorgt,
und nie hat sie im Leben Trauerkleider anzulegen brauchen: die
ganze Schar ist zu ihrer Bestattung gekommen. Mit Stolz und
Freude blickt sie auf die künftigen Stützen des Hauses und die Hoff=
nung des Geschlechtes, auf das Paar ihrer Söhne und die Tochter.
An diesen teuren Pfändern soll der Vater nun Mutterstelle vertreten,
sie auch im Namen der Mutter, die weinenden, küssen; seinen Schmerz
soll er vor ihnen verbergen: mag er ihm nachts nachhängen, wenn
er von ihr träumt. Wenn er heimlich vor ihrem Bilde spricht, soll
er sie anreden, als ob er Antwort erwarte. Sollte er aber sich ent=

schließen wieder zu heiraten, dann mögen die Kinder ihm das Leben nicht schwer machen, seinen Schritt billigen, der Stiefmutter freundlich entgegenkommen, die verstorbene Mutter nicht zu sehr loben und mit der neuen vergleichen. Bleibt aber der Vater ledig, dann sollen sie ihn treulich pflegen, daß er in ihrer Mitte ein heiteres Greisenalter erlebe; und was ihr an Jahren abgezogen, mögen die Götter ihm zulegen.

Für die Zeit seines Greisenalters, wann der Dienst der Venus vorüber sei, hat Properz einmal in früheren Jahren (III 5, 23 ff. um 732) sich vorgenommen, sich dem Studium der Natur und der Philosophie (in epikureischem Geiste) zu widmen, aber wie ernst es ihm mit diesem Plane gewesen sei, welchen er, nur in breiterer Ausführung, seinem verehrten Vergil (Georg. II 475 ff.) nachspricht, läßt sich nicht verbürgen.

Die erotischen Elegien des Properz sind von den Damen Roms fleißig gelesen worden, besonders das Buch Cynthia war ein gesuchter Artikel in den Bücherläden des Forums (II 24, 1 f.). Mancher befreundeten Kennerin hat der Verfasser selbst die Erzeugnisse seiner Muse vorgetragen und ihr Herz damit gerührt. Wenn er Grund hatte, sich über ungünstige Kritiker zu beklagen (III 1, 21), so hat ihn die Teilnahme seiner Leserinnen sicher entschädigt. Ihr Verständnis gibt uns einen hohen Begriff von der Bildungsstufe dieser doctae puellae, denn es setzt Vertrautheit mit der alexandrinischen Dichtung, mehr als gewöhnliche Kenntnis griechischer Sagen, auch griechischer Kunst voraus. Was oben über Topik und Manier der hellenistischen Liebeselegie mit Hilfe der Anthologie und späterer Erotiker übersichtlich zusammengestellt ist, findet vielfach Verwendung bei Properz, der sich zu Philetas und Kallimachos als seinen Meistern offen und wiederholt bekennt. Anklänge an Gedanken und Bilder anderer griechischer Dichter derselben Zeit und Schule wie des Leonidas Meleagros Hermesianax u. a. sind noch jetzt mehrfach nachzuweisen. Ungleich gelehrter als Tibull macht Properz von dem mythologischen Apparat auch in dunkleren Anspielungen und gesuchteren Beispielen weit ausgiebigeren Gebrauch. Die heiße Sinnlichkeit, welche seine Gedichte atmen, wird durch dieses Element erlesener Bildung nicht erkältet, sondern geadelt. Bei dem regen Austausch dichterischer Arbeiten, welcher in engeren und weiteren Kreisen Roms damals stattfand, ist es natürlich, daß manches Wort eines

Genossen in Ohr und Gedächtnis des anderen haften blieb. So finden sich auch bei Properz, besonders wo die Aehnlichkeit des Stoffs oder des Gedankenkreises dazu einlud, hier und da, wenn auch nicht eben häufig, offenbare Erinnerungen an Vergil, Tibull, selbst an Horaz, während andere Aehnlichkeiten vielmehr dem gemeinsamen Schatz poetischer Sprache und Vorstellungsweise zu gute zu schreiben sind.

Die Elegie baut sich auf aus dem Distichon, einer epodischen Bildung. Auf den daktylischen Hexameter folgen die vorderen drittehalb Takte desselben, welche mit der männlichen Cäsur abschließen, doppelt gesetzt, so daß der fallende Rhythmus dieser Reihe in zwei Stufen herniederfließend zugleich mit dem Abschluß des Gedankens auch für das Ohr den Eindruck einer Tonwelle ergibt, welche nach energischer Strömung sanft zurückwallt und in sich selber gleichsam aufgesogen wird. Indem nun dieses Motiv sich in gleichmäßigen Absätzen wiederholt und der Gedanke in Bildern, Gleichnissen, anderen Wendungen weitergesponnen wird, bilden sich größere Gruppen, denen bisweilen andere gleichen Umfangs und parallelen oder contrastierenden Inhaltes entsprechen. Es ist ein sanft bewegter Wellenschlag der Gedanken, der auf früher berührtes zurückzukommen, überzugreifen, auch wohl über das Ufer der vorgezeichneten Bahn hinauszugleiten sich gestattet.

In der Behandlung des Hexameters hat sich Properz im Ganzen an Vergil angeschlossen, im Buch Cynthia besonders an die Georgica. Sein Vers ist wuchtiger als der Tibulls durch die größere Zahl der Spondeen. Die Kunst der Wortstellung im Pentameter ist in den beiden letzten Büchern bedeutend vorgeschritten: durch die Regelmäßigkeit des Pentameterschlusses mit zweisilbigen Worten, auch durch sorgfältigere Behandlung der Vokalverschleifungen zeichnet sich das letzte aus. Die spröde Innerlichkeit seiner Natur verrät der Dichter besonders auch durch die Eigentümlichkeit seines Stils. Derselbe ist gedankenvoll gedrängt, im Gebrauch der Bindewörter, im Bau der Sätze bisweilen eigensinnig schroff: er spricht seine eigene, selbstgewachsene Sprache, welche bedeutsam und edel, auch anschaulich, aber schwer und bisweilen dunkel ist.

Ob der Dichter dazu gekommen ist, die ganze Masse seines poetischen Nachlasses selbst zu ordnen und herauszugeben, muß dahingestellt bleiben. Sicher ist die gesonderte Veröffentlichung des ersten

Buches durch den jugendlichen Dichter. Noch in Martials Zeit verschenkte man die Rolle als Saturnaliengabe. Der bedeutungsvolle Abschluß des (nach der Ueberlieferung) zweiten Buches durch die scharfe Betonung der Stelle, welche der Verfasser als erotischer Elegiker für sich in Anspruch nimmt, die feierliche Eröffnung des dritten mit der Wendung an die großen alexandrinischen Meister und am Ende desselben die entschiedene Absage an Cynthia, endlich der Aufbau der einzelnen Stücke im letzten Buch, — diese ganze Anordnung läßt an überlegter Zweckmäßigkeit nichts zu wünschen übrig. Auffallend ist der unverhältnismäßige Umfang des zweiten Buches, zumal wenn man den lückenhaften Zustand mancher Partien erwägt. Trügerisch dagegen scheinen andere Anzeichen, welche zu der Vermutung geführt haben, daß mit der zehnten Elegie ursprünglich ein drittes Buch begonnen habe und demnach fünf Bücher zu zählen seien. Aber keine weitere Spur in der Ueberlieferung begünstigt diese Hypothese: vielmehr stimmen alle Anführungen aus dem Altertum mit der gewöhnlichen Buchzählung, und kein einziges Bruchstück ist außer dem vorliegenden Text vorhanden: ein so großer Verlust, wie er zur Ausfüllung des verstümmelten zweiten Buches anzunehmen wäre, läßt sich nicht glaubhaft machen. Wohl aber wäre denkbar, daß nach dem Tode des Dichters aus hinterlassenen, älteren Arbeiten, auch Anfängen und hingeworfenen Zetteln eine vermehrte Ausgabe veranstaltet wurde, und gerade durch Aufnahme solcher zurückgelegter Reste das zweite Buch so stark anschwoll. Daß die Gedichte des Properz im Gedächtnis Vieler lebten, bezeugen die Wände Pompeji's, wo sich Distichen aus denselben, natürlich von der Hand eines Liebhabers, angeschrieben gefunden haben (III 16, 13 f. IV 5, 47 f.). Unter Trajan hat Passennus Paulus, vielleicht ein Nachkomme durch Adoption, Elegien in properzischem Stil gedichtet. Spätere Spuren der Bekanntschaft oder des gelehrten Studiums sind freilich dürftig.

Viel weiter reichend und nachhaltiger war die Wirkung des verschwenderisch begabten Erben der nunmehr ausgereiften Kunst.

Viertes Kapitel.

Ovidius.

Am südlichen Apennin, neunzig Milien östlich von Rom, in dem päligniſchen Städtchen Sulmo iſt am 20. März 711/43 v. Chr. Ovidius Naſo geboren als zweiter Sohn einer anſehnlichen Familie, die ſeit vielen Generationen dem ritterlichen Stande angehörte. Gemeinſchaftlich mit dem genau ein Jahr älteren Bruder genoß er von früher Jugend an ausgezeichneten Unterricht in Rom. Während jener Talent zur Beredſamkeit verriet, fühlte ſich der junge Publius ſchon als Knabe unwiderſtehlich zur Poeſie hingezogen. Der Vater warnt ihn vor der brotloſen Kunſt, er ſelbſt will gehorſam ſein und verſucht ſich in proſaiſchem Stil zu üben, aber was er ſchreibt und in der Rednerſchule ſpricht, wird unwillkürlich zu Verſen. Er war Zuhörer des berühmten Rhetors Arellius Fuscus, der Meiſter in der Abfaſſung von Suaſorien war, und auch Ovid übte am liebſten dieſe Gattung, zumal ſittliche Probleme, bei deren Erörterung allgemein menſchliche Geſichtspunkte Gemüt und Phantaſie beſchäftigten, während ihm die ſchärfere Beweisführung, wie ſie in Controverſien verlangt wurde, ebenſo unbequem war als ſtrenge Dispoſition. Er galt damals für einen guten Declamator, liebenswürdige Anmut und Glätte zeichneten ihn aus, aber ſeine Rede machte den Eindruck eines Gedichtes in aufgelöſten Verſen. Für ſeine Richtung iſt das einzige Thema charakteriſtiſch, von deſſen Behandlung wir durch die anziehenden Schilderungen des älteren Seneca (Controv. II 2) Kunde haben. Es war ein Streitfall von jener abſurden Art, wie ſie in ben Rhetorschulen nur zu gewöhnlich war. Mann und Frau haben geschworen, wenn dem einen von ihnen etwas zustoße, wolle der andere sterben. Der Mann ist verreist und hat aus der Ferne die Botschaft an die Frau geschickt, er sei gestorben. Die Frau stürzt sich in eine Tiefe, wird aber geheilt. Nun verlangt ihr Vater, sie solle den Mann verlassen; sie weigert sich; er verstößt die Tochter. Natürlich verteidigt der junge Rhetorschüler die letztere gegen den Vater in der Rolle des Mannes. Er macht u. a. geltend, der Liebe könne man eher ein Ende als ein Maß setzen: da lasse sich nicht alles bedächtig abwägen. So lieben Greise. Was Liebende ein= ander schwören, geht nicht einmal die Götter etwas an, geschweige den Vater. Er soll stolz darauf sein, daß seine Tochter sich der Reihe aufopfernder Frauen angeschlossen habe, und daß ihm dieser Ruhm so billig zu stehen komme. Der spielende Witz, welcher dem Dichter so eigen ist, zeigt sich schon in diesem knabenhaften Uebungs= stück, welches dennoch nach Seneca's Urteil viel geistreicher geraten sein soll als die Behandlung des gleichen Stoffes durch seinen Lehrer. Von diesem konnte er Glanz und Ueppigkeit der Darstellung lernen, welche derselbe besonders bei Beschreibungen, selbst bis zum Uebermaß entfaltete; durch ihn wurde er zur Verehrung Vergils erzogen, an dessen Prachtstellen der Meister in seinen Reden anzuspielen liebte. Mit Bewunderung hörte der junge Ovid auch die Declamationen des Spaniers Porcius Latro, aus welchen viele treffende Gedanken noch in die reifen Schöpfungen des Dichters Aufnahme gefunden haben.

Zum Zweck weiterer Studien hat er, vermutlich bald nach Be= endigung seines römischen Schulkurses, Athen besucht (Trist. I 2, 77). In jener Zeit wird es wohl auch gewesen sein, daß er unter der Führung seines Freundes Macer (der Bruder war eben, nach Voll= endung seines zwanzigsten Lebensjahres gestorben) die glänzenden Städte Asiens, auch Jlion (Fasten VI 423), ferner Sicilien bereiste, dessen Naturwunder ihn so fesselten, daß er eine Reihe von Monaten dort verweilte (Pont. Br. II 10, 21 ff.).

Dem rauhen Kriegsdienste hat sich der etwas verzärtelte Jüng= ling entzogen, nur zum Spiel hat er die Waffen geführt (Trist. IV 1, 71 ff.). Doch hat er oft die Ehre genossen, bei der jährlichen Ritter= schau dem Kaiser sein Pferd vorzuführen. Auch in der bürgerlichen Laufbahn hat er es nicht über subalterne Aemter gebracht. In frühen Jugendjahren bereits bekleidete er ein für seine Natur und

Richtung nicht gerade sympathisches Polizeiamt (als triumvir capitalis), dann wurde er Mitglied eines Gerichtscollegiums (Xvir litibus iudicandis), auch als Einzelrichter in Privatsachen erwarb er sich Anerkennung und Vertrauen. Höheren Aemtern, welche ihm den Eintritt in den Senat verschafft hätten, fühlte er sich weder körperlich noch geistig gewachsen, und äußerlicher Ehrgeiz lag ihm fern. Gegen scheelsüchtige Tadler, welche ihm Trägheit vorwarfen, verteidigt er sich (Am. I 15). Sein Streben geht nach unsterblichem Ruhm: wie die größten Dichter der Griechen und Römer will er auf dem ganzen Erdkreis gelesen werden und nach dem Tode noch leben. Also in die längst ersehnte Ruhe des Privatlebens zog er sich zurück, um sich ganz seinen Arbeiten und einem regen Verkehr mit Freunden zu widmen. In jedem Dichter sah sein begeistertes Auge einen Gott: den älteren huldigte er in anbächtiger Verehrung, unter den jüngeren war er der leuchtend aufgehende Stern. Den Dichterkönig Vergil freilich, der Roms Unruhe mied, hat er nur flüchtig gesehen, und auch dem früh verstorbenen Tibull ist er nicht näher gekommen. Aber der damals 24jährige Jüngling hat dem Meister der Elegie ein schönes Denkmal gesetzt in dem Trauerlied auf seinen Tod (III 9), welches mit zarten Anklängen an dessen eigene Worte seiner Delia und Nemesis Unsterblichkeit verheißt und den Schatten des liebenswürdigen Dichters im Elysium dem Calvus, Catullus und Gallus gesellt. Auch sonst nennt er ihn gern und erinnert an ihn durch Anspielungen. Horaz hat er lyrische Gedichte öffentlich vortragen hören. Eng befreundet war ihm Properz, der ihm oft seine Liebesgedichte vorlas; und auch dem bedeutend älteren Aemilius Macer, dem Verfasser mehr gelehrter als unterhaltender Gedichte, hat er oft sein Ohr geliehen. Durch Tibulls Vermittelung vielleicht hat er das Wohlwollen des M. Valerius Messalla Corvinus gewonnen, und die Bekanntschaft seiner beiden weniger würdigen Söhne Messalinus und M. Aurelius Cotta gemacht. Ihr Vater hat den jungen Ovid, wie dieser später rühmt (Pont. Br. II 3, 75 ff.), zuerst ermutigt, seine Gedichte zu veröffentlichen. In dankbarem Andenken hat jener daher für die Bestattung des edlen Mannes (im Sommer des J. 8 n. Chr.) ein Trauerlied verfaßt, bestimmt auf dem Forum gesungen zu werden (Pont. Br. I 7, 27 ff.).

Der Vater hielt den lebenslustigen, aber gutartigen Sohn knapp. Vermutlich um sein entzündliches Herz bei Zeiten zu zügeln, gab er ihm sehr früh, „fast noch im Knabenalter", eine Frau, aber sie war weder heilsam für ihn noch seiner würdig, so daß sehr bald Scheidung erfolgte. Auch eine zweite Ehe hatte keinen Bestand, obwohl der Gattin nichts vorzuwerfen war. Erst in der dritten fand er wahre Befriedigung und ein dauerndes häusliches Glück. Es war eine junge Witwe aus dem altadeligen Geschlecht der Fabier (Pont. Br. I 2, 137 ff.), von der Tante des Augustus erzogen, befreundet mit der edlen Marcia, der Gemahlin des Fabius Maximus und Cousine des Augustus. Aus erster Ehe hatte sie eine Tochter, welche später (14 n. Chr.) den damaligen Quästor des Germanicus, den jungen P. Suillius Rufus heiratete. Eine leibliche Tochter Ovids, sein einziges Kind, hat ihm zwei Enkelkinder geschenkt, aber gleichfalls von zwei Vätern. Der zweite Mann hieß Fidus Cornelius: er war Senator, ist aber nur durch seine kindische Empfindlichkeit über einen schlechten Witz bekannt geworden, welcher ihm bei einer Verhandlung ins Gesicht geschleudert wurde. Fabia war dem Dichter eine vortreffliche Frau, sanft und hingebend, und stand in der Blüte ihrer Jahre. Durch sie vorzüglich wurde er mit Gliedern des Herrscherhauses und anderen vornehmen Familien bekannt. So durfte er zu seinen Gönnern rechnen den Consul des Jahres 743/11 Paullus Fabius Maximus, den Gemahl der Marcia, der bis vor seinem dunklen Ende (767) zu den Vertrauten des Augustus gehört hat. Ovid gehörte zu seinen gewohnten Tischgästen und hat zu seiner Hochzeit einen Hymenäus gedichtet (Pont. Br. I 2, 129 ff.). Ferner sind zu nennen die beiden Brüder C. Pomponius Gräcinus, der es 769 zum consul suffectus gebracht hat, und L. Pomponius Flaccus, der ausdauernde Zechgenosse des Tiberius, der im J. 770 Consul war und zweimal in Mösien commandiert hat. Auch das Haus des jungen Sex. Pompeius, eines Enkels des großen Cneus, stand dem Dichter offen. Zu seinen innigsten Jugendfreunden gehörte Atticus. In Scherz und Ernst haben sie viel miteinander verkehrt; auf Spaziergängen und Ausflügen, in den Porticus und in den Theatern sah man sie zusammen, die Stunden verflogen ihnen im Gespräch. Oft hat Ovid ihm ein neues Gedicht vorgelesen, sein Urteil eingeholt und auf sein Anraten Verbesserungen gemacht. Man hat an den Ritter Curtius Atticus gedacht, einen der auserlesenen, welche den Kaiser Tiberius begleiten durften, als er sich (26 n. Chr.) nach Campanien zurückzog, und ein durchschlagender Grund gegen diese Annahme liegt in der That nicht vor. Außerdem aber umgab den warmherzigen und mitteilsamen Jüngling ein großer Kreis gleichalteriger Genossen: die Epiker Ponticus, Macer der jüngere, Carus, Tuticanus, Albinovanus Pedo, Cornelius Severus; der Jambiker Bassus, der auch mit Properz (I 4) verkehrte, der Lyriker Rufus, Sabinus, und wie diese Thyrsusschwinger zweiten Ranges alle heißen. Auch eine Dichterin, die schöne Perilla, war dabei: unter besonderer Anleitung Ovids hat sie ihre ersten Versuche gemacht. Man hörte, lobte, kritisierte, verbesserte sich gegenseitig: in lebhaftem, vertrautem Austausch verliefen die Stunden des Tages und mancher Nacht.

Ungewöhnlich früh wurde der junge Ovid in der Stadt durch seine Liebesgedichte bekannt. Kaum war ihm der Bart ein und das anderemal geschnitten, so trug der angehende Zwanziger bereits öffentlich seine Erstlinge vor, und durch manches fliegende Blatt, welches die Freunde verbreiteten, wird die Erwartung der Zuhörer schon vorher gespannt gewesen sein. Es war naturgemäß die Liebeselegie des Tibull und Properz, in welcher er sich zuerst versuchte. Corinna nannte er, gleichfalls mit erdichtetem Namen, die Auserwählte, welcher er seine Huldigungen darbrachte. Bald sprach man von ihr in der ganzen Stadt; man forschte, wer gemeint sei; manche Schöne meldete sich zu der Ehre, aber der Schleier war noch zehn Jahre später nicht gelüftet. Das Geheimnis war sicher geborgen, denn Corinna war überhaupt keine Sterbliche von Fleisch und Blut, wie Lesbia oder Delia oder Cynthia, sondern ein Phantasiegebilde, auf welches der Dichter nach diesem und jenem Modell Allgemeines und Conventionelles vereinigt hat. Denn so ausgelassen der junge Liebhaber sich stellt, so lehrt doch ein Vergleich seiner Darstellungen mit bekannten Mustern der Vorgänger unter Griechen und Römern, daß er mehr nach Büchern als nach dem Leben geschildert hat, und daß seiner Versicherung, nur seine Verse seien mutwillig, sein Leben ehrbar, der größere Teil sei erlogen (Trist. II 354 ff.), Glauben zu schenken ist. So hat benn auch Corinna keine Geschichte, sie ist nur Statistin für erotische Bilder, Scenen, Fälle, wie sie der oben erwähnte Schematismus der Liebeselegie bietet. Da ist eine lüstern ausgemalte Schäferstunde im Dämmerlicht eines sommerlichen Mittags bei halbgeschlossenen Fenstern: er liegt auf dem Lotterbett, sie tritt ein in leichter Tunica wie eine Semiramis oder Lais. Er zerreißt das dünne Gewand, enthüllt ihre Schönheit, die er entzückt be-

schreibt, und sie sinken sich in die Arme (I 5). Sie versteht übrigens
die Kunst, durch klugen Wechsel von Gewähren und Versagen das
Verlangen zu nähren (II 19, 9 ff.). Der dienstfertigen Zofe händigt
er einen Brief an die Geliebte ein und unterweist sie, was sie zu
thun habe: gib ihr die Täfelchen, wenn sie frei ist, aber sorge, daß
sie den Inhalt gleich liest; beobachte Augen und Stirn beim Lesen,
sag' ihr, daß sie ausführlich schreiben soll, in engen Zeilen, auch am
Rande, oder am liebsten ein einziges Wort: „komme!" Dann will
ich die Tafeln im Tempel der Venus weihen (I 11). Aber es
kommt eine abschlägige Antwort: die Geliebte kann heute nicht. Es
ist doch wirklich etwas an Vorzeichen: nicht umsonst hat die Zofe
beim Weggehen mit den Zehen an die Schwelle gestoßen. Das unglückliche Diptychon wird mit entrüsteter Rhetorik verwünscht (I 12).
Im verliebten Selbstgespräch findet er, daß sich Corinna trotz ihrer
Schönheit seiner nicht zu schämen brauche: in seinen Versen bestehe
sein Reichtum. „Viele Mädchen wollen durch mich berühmt werden;
eine kenne ich, die viel darum gäbe Corinna zu werden; aber dich
allein will ich besingen" (II 17). Ihrem Papagei ist eine Trauerelegie gewidmet (II 6), freilich mit ganz anderem Aufwand von Beredsamkeit als das naive Liedchen Catulls an den Vogel seiner Lesbia,
und eben deshalb nur ironisch wirkend. Alle Vögel sollen mittrauern,
auch die Nachtigall, die lange genug ihren Itys beklagt hat, und
vor allem die eng befreundete Turteltaube: was Pylades dem Orest,
das war sie dem verstorbenen Papagei! Es scheint, daß Corinna
ein ganzes Vogelhaus hielt. Der Schultechnik des Epikedions gemäß
lenkt die Klage nach einer spielenden Lobrede auf den Toten in allgemeine Betrachtung über die Vergänglichkeit gerade des Besten ein,
um der Sterbestunde und der rührenden Abschiedsworte des beredten
Tieres (Corinna, vale!) zu gedenken. Im Elysium weiß der Dichter
einen besonderen Ehrenplatz für treue Vögel: da wird auch die Seele
des Papagei's aufgenommen werden; seine Gebeine aber soll ein
Grabmal decken mit rühmender Inschrift. Corinna selbst ist lebens-
gefährlich erkrankt (II 13). Isis und Ilithyia, die Geburtsgöttin,
gegen welche sie sich freventlich vergangen hat, werden um Gnade
angefleht. Und im Anschluß hieran eine nur zu verdiente Strafpredigt (II 14) an die unnatürlichen Mütter ihresgleichen. Sie will
über Meer fahren: da gibt es ein Propemptikon (II 11). Wie
üblich wird die Argo verwünscht, welche zuerst das unnatürliche Wag-

nis unternommen hat; die Schrecken der See werden beschrieben,
die Verwegene wird gewarnt: zu spät werde sie die hilfreichen Dios=
curen anrufen und glücklich preisen wer am Lande ist; sicherer sei
es auf dem Polster zu liegen, Bücher zu lesen, die thrakische Leier
zu spielen. Wenn aber alle Vorstellungen vergeblich sein sollten,
wünscht er ihr glückliche Fahrt und Heimkehr. Die Freude des
Wiedersehens wird mit warmen Tönen geschildert. „Möge ich der
erste sein, welcher das bekannte Schiff von der Küste erblickt, und
sagen: das bringt unsere Götter. Auf meine Schultern werde ich
dich nehmen und dir zahllose Küsse rauben. Ein Opfertier soll ge=
schlachtet werden, am Strande lassen wir uns nieder, jeder Sand=
hügel dient als Tisch. Dann bei reichlichem Wein erzählst du, wie
das Schiff beinahe untergegangen sei, wie du aber auf dem Heim=
wege zu mir weder Nacht noch Winde gefürchtet habest. Alles werde
ich für wahr halten, möge es auch erdichtet sein. Wenn nur dieser
Tag bald erschiene!" Gleich die folgende Elegie (II 12) ist ein
jubelndes Triumphlied. Sie, von so viel Feinden bewacht, vom Mann,
vom Aufseher, von der Thür, liegt an seinem Busen. Das ist ein
Sieg ohne Blut, ohne Mauern und Gräben gewonnen, mit dem
sich der der Atriden nicht messen kann. Und er teilt den Ruhm mit
keinem anderen: er war Feldherr und Soldat, alles in allem. Wie
oft schon ist das Weib Ursache zum Kriege gewesen! Nun hat Cupido
auch ihn ins Feld geschickt. Aber das Glück dauert nicht lange.
Eben durfte er sie sein nennen und freute sich sie allein zu besitzen:
nun fürchtet er, daß er sie mit vielen anderen werde teilen müssen
(III 12). Seine Verse, meint er, haben sie bekannt gemacht und
Nebenbuhler angelockt. So ist er sein eigener Kuppler geworden.
„Hätte ich doch anderes besungen, Troja, Theben, Cäsars Thaten,
nicht Corinna allein! Wären die Verse doch mißraten! Was brauchten
die Leute ihnen aber auch zu glauben? Haben doch die Dichter von
jeher so viel gelogen." Freilich gibt er ihr selbst Grund zur Eifer=
sucht (II 7). Sie beobachtet ihn scharf, wenn er die Blicke im
Theater zu den oberen Reihen erhebt, wenn ihn eine ansieht, wenn
er lobend oder tadelnd von einer spricht. Er beklagt sich über
die ewigen Vorwürfe, und schwört scheinheilig, der Verdacht, daß er
es mit ihrer Kammerzofe halte, sei unbegründet: wie werde er sich
mit einer Magd einlassen! Aber der folgende Liebesbrief (II 8) an
die braune gefällige Cypassis frägt bestürzt, wie nur ihr zärtliches

Geheimnis herausgekommen sei. Er spottet über seine ehrbaren Versicherungen, über seine Schwüre, welche die Winde ins Meer tragen mögen. Sie soll ihm heute eine Stunde schenken: wenn nicht, so werde er der Herrin alles verraten.

In keinem dieser Corinnalieder erklingt ein echter Herzenston: sie sind mit Geschick und Anmut, aber nach der Schablone gemacht und schmecken nach der Schule. Mustert man den übrigen Vorrat der Liebeselegien, welche mit jenen unter dem Titel Amores vereinigt sind, so hat man den Eindruck einer nahezu vollständigen Sammlung erotischer Gemeinplätze, einer Encyclopädie oder Palästra des Amor, an welcher künstlerisches Studium, Witz und Phantasie mehr Anteil haben als das Gemüt. Empfänglichen Anfängern in Liebesdingen will er aus der Seele schreiben, so daß Mancher fragen soll: woher hat er nur das von mir erfahren? (II 1, 1 ff.)

Ganz systematisch beginnt der Cursus nach einem Prolog (I 1), in welchem der Dichter von Amor seinen Auftrag erhält, mit dem ersten Symptom verliebter Stimmung, der Unruhe auf nächtlichem Lager: er beschließt sich dem Gebot des unerbittlichen Gottes zu fügen, sich seinem Triumphzuge, den er prächtig beschreibt, anzuschließen (2). Alsbald hat den unschuldigen Jüngling eine Schöne erbeutet. Er betet, sie möge ihn lieben oder sich wenigstens lieben lassen und dessen würdig bleiben. Er ist keiner, der von einer zur anderen geht: der einen will er bis zum Tode treu bleiben, sie soll ihm den Stoff zu Gedichten geben, welche beide berühmt machen werden (3). Aber schon im nächsten Gedicht (4) zeigt er sich als geriebener Verführer. Er gibt einer Ehefrau Anweisungen, wie sie bei Tisch in Gegenwart des Gatten sich heimlich mit ihm, dem Galan, verständigen solle mit dem Fuß, mit Blicken, durch Schriftzüge in Wein, durch Fingersprache. Er lehrt sie andere Vertraulichkeiten, wie sie den Mann abwehren, einschläfern, wie sie auf dem Heimwege noch die Seite des Freundes suchen soll. Mit frechem Hohn fordert der Uebermütige einen betrogenen Ehemann auf, seinen Schatz besser zu hüten (II 19), damit er begehrenswürdiger werde, denn nur Verweigertes reizt, fade Liebe erregt Ekel wie süße Speise. Er soll ihm Gelegenheit zu listigen Anschlägen geben. Von einem Mann, der Kuppler seiner eigenen Frau sei, will er nichts wissen. Das Verhältnis mit Corinna gehört bereits der Vergangenheit an (V. 9 ff.).

Das Gegenstück bildet die spöttische Vorstellung an den strengen Gatten, daß er seiner viel begehrten Frau doch mehr Freiheit lassen möge (III 4). Welchen Wert habe äußerliche Keuschheit aus Furcht, wenn die Gedanken buhlen? Ihr eigenes Gewissen, nicht der Wächter muß die Frau behüten. Wer sündigen darf, sündigt weniger: gegen Verbotenes gehen wir an. Uebrigens sei es ungebildet, an Fehltritten der Frau Anstoß zu nehmen. Wozu habe er eine schöne genommen? Er soll ihre Freunde als die seinigen behandeln: dabei wird er ein lustiges Leben führen. Der Wächter einer schönen Frau, ein Eunuch, wird angewiesen, sich zum nachsichtigen Mitwisser herzugeben (II 2. 3). Bewegliche Bitte um Einlaß (παρακλαυσίθυρον) sucht vergeblich einen hartherzigen Pförtner zu rühren (I 6). Aurora wird gescholten, daß sie den schlafenden von der Seite seiner Geliebten treibe (I 13). Der leichte Vogel rühmt sich seiner grenzenlosen Weitherzigkeit (II 4), und daß er zwei zugleich lieben könne (II 10), vertraut seinem Tagebuch eine demütigende Niederlage (III 7); beklagt sich, daß ihn Cupido unablässig verfolge, möchte es aber doch nicht anders (II 9). Er fühlt sich als Krieger im Dienst Amors und führt dieses Bild gründlich aus (I 9). Lehren einer alten Kupplerin an ihre Schutzbefohlene, welche der Dichter heimlich mit anhört (I 8). Die Schöne hat trotz aller Warnungen ihr Haar gefärbt und dadurch verloren: sie wird gescholten und dann getröstet (I 14). Der Habsüchtigen, welche Geschenke für ihre Gunst fordert, wird der Kopf zurecht gesetzt (I 10). Bittere Klage, daß sie einem kürzlich reich gewordenen Offizier den Vorzug gibt (III 8). Begleitverse für einen Ring (II 15). Sehnsucht nach der fernen Geliebten (II 16 III 6). Abbitte wegen Mißhandlung im Zorn (I 7). Untreue des Mädchens wird durch einen Traum, den der Augur deutet, vorausgesagt (III 5). Sie hat ihren Eid gebrochen (III 3). Der Dichter ist das Opfer seiner eigenen schnöden Anweisungen geworden: er hat bei Tisch, während er zu schlafen schien, das buhlerische Paar beobachtet, sich aber doch wieder versöhnt (II 5). Abrechnung mit der Sünderin, von der er sich doch nicht trennen kann (III 11). Endlich ein Freibrief für alles, wenn nur der notdürftigste Schein des Anstandes gewahrt werde (III 14). Mit diesem moralischen Bankerott schließt die Sammlung, welche lehrreicher für die allgemeine Sittengeschichte als für Ovids Lebenswandel und seine Grundsätze ist.

In nicht wenigen Fällen läßt sich nachweisen, daß derselbe Motive seiner Vorgänger, namentlich des Properz, oder der griechischen Poesie als gemeinsamer Quelle aufgenommen und meist breiter behandelt oder variiert hat. Zu dem Besuch des Properz bei seiner Cynthia (I 3) ist Corinna's Besuch bei Ovid das Gegenstück. Beide Damen sind eifersüchtig und zornmütig, aber statt jenes großartigen Strafgerichtes (Prop. IV 8) liest man bei Ovid (II 7) eine heuchlerische Rechtfertigung, und doch lehnt sie sich an jene Vorlage an. Dem Propemptikon an Corinna steht ein gleiches an Cynthia (I 8) zur Seite. In den Unterweisungen der durstigen Vettel (I 8) ist die Komödie in vielen Stücken und unmittelbar, bis ins Einzelne hinein, Properz (IV 5) vorangegangen. Wenn dieser seinem Mädchen den Gebrauch von Schönheitsmitteln widerriet (I 9), so ist bei Ovid die verderbliche Wirkung der Unfolgsamkeit eingetreten: weinend, das Gesicht mit der rechten bedeckend, hält sie den verlorenen Schmuck in ihrem Schoß. Von Klagen über die Herrschaft des Goldes und der Habsucht ist die Komödie wie die Elegie (Tibull II 3, 35 ff. 4, 13 ff. Prop. II 16 III 13) voll. Auch Properz rühmt sich übermütig seiner unerschöpflichen Kraft und daß ihm viele gefallen (II 22: vgl. Tibull I 4, 11 ff.). Dasselbe Thema behandelt, nur knapper, ein griechisches Epigramm (Pal. Anthol. V 232); und andere (V 47 XI 30) lehren, daß auch das berüchtigte Bekenntnis der Ohnmacht, welches vor der ovidischen Elegie (III 7) schon tibullische Jamben (Priap. 72) ablegen, von älteren Mustern entlehnt ist. Sieges= und Jubellieder nach höchstem Genuß (vgl. Prop. II 15) dürfen der erotischen Lyra nie fehlen. Wie in griechischen Epigrammen (Pal. Anthol. V 3. 172) der Morgenstern als der Störer nächtlicher Freuden verwünscht wird, so wendet sich Ovids Unwille gegen Aurora (I 13). Auf den Satz, daß die verbotene Frucht auch in der Liebe am meisten lockt (III 4, 25 f. II 19, 3. 25 ff.), sind zwei hellenistische Epigramme zugespitzt, des Kallimachos (33) und des Epikureers Philodemos (Pal. Anthol. XII 173), der dem Consul Piso in Cicero's Zeit so gut Gesellschaft geleistet hat. Wie Tibull (I 6, 9 f.) so muß auch Ovid erfahren (II 5 III 11) und befürchtet mit Grund (II 18, 20. 19, 34), daß seine eigenen bösen Lehren von der treulosen Geliebten gegen ihn angewendet werden. Während jener dem dummen Ehemann rät gegen einen dritten auf der Hut zu sein, um selbst freies Feld zu behalten (I 6, 15 ff.), so fordert

Ovid (II 19) aus Uebermut Aufmerksamkeit auf seine eigenen Umtriebe, damit ihm die Eroberung nicht zu leicht werde. Selbst zu dem Gedicht an Macer (II 18), in welchem der Verfasser seine poetischen Arbeiten denen des Freundes gegenüberstellt, hat Properz (I 7) sowohl das Motiv als die Einkleidung, die Form des Einganges wie die Schlußwendung hergegeben, nur daß Ovid die holden Bande, in die er verstrickt ist, durch ein süßes Liebesgeplauder mit seiner Schönen veranschaulicht.

Also Erfindung und Erlebnis ist am wenigsten in den erotischen Studienblättern des jugendlichen Verskünstlers zu suchen. Während die Vorgänger lebendige Bilder und tief empfundene Stimmungen zum Ausdruck bringen, gefällt sich Ovid in der Ausbeutung gegebener Situationen und Motive für Kabinetstücke prickelnder Rhetorik. So wird in einer Ansprache an Freund Atticus das Thema militat omnis amor (I 9) wie in einem Schulvortrage, freilich glänzend durchgeführt. Liebhaber wie Krieger müssen jung sein: „schimpflich in Waffen ein Greis, häßlich ein greiser Galan". Beide halten Nachtwachen, kampieren auf bloßer Erde, der eine vor der Thür der Herrin, der andere vor der des Feldherrn. Beide bestehen Märsche, folgen dem Commando, scheuen nicht Wind noch Wetter, spähen ihre Feinde aus, belagern und erstürmen Thore, benutzen den Schlaf des Gegners zu Ueberfällen, täuschen die Wächter. Venus wie Mars sind unsicher und wechselnd, geben keine Ruhe. Allerliebst gewendet ist die Anklage der Aurora als des allgemeinen Störenfriedes (I 13). Den Landmann und die Stiere, Schulknaben, Schiffer, Reisende, Krieger, Richter und Parteien, Mägde reißt sie aus ihrer Ruhe. „Wie oft hab' ich gewünscht, daß dir der Wind eine Achse bräche oder ein Pferd stürzte! Man merkt, daß der alte Tithonus dein Mann ist; hieltest du deinen Liebling Cephalus in den Armen, so hättest du nicht solche Eile." Und nun der hübsche epische Schluß: „also schalt ich: sie mußte es gehört haben, denn sie errötete, aber der Tag ging darum nicht langsamer auf, als gewöhnlich." Eine vollkommene Anklagerede gegen sich selbst hält der zerknirschte vor der Geliebten, die er geschlagen hat: stumm, in Thränen, blaß wie Marmor, zitternd wie Pappellaub stand sie vor ihm (I 7). Einmal bedingt und bewirkt das Thema selbst, die Sehnsucht nach der Geliebten (II 16), einen wärmeren Lokalton. Ovid ist zur Sommerszeit in seiner Vaterstadt Sulmo, deren liebliche Umgebungen, die von klaren Wellen durchrieselten Fluren, die üppigen Kornfelder und Wiesen, die Weingärten und Oelpflanzungen er schildert, um den Gegensatz dieser gesättigten Landschaft zu dem Verlangen seines Herzens rhetorisch hervorzuheben. Denn selbst im Himmel möchte er nicht ohne seine „Flamme" sein. Verwünscht, die den Erdkreis in lange Wege zerschnitten haben: wenigstens hätten sie anordnen sollen, daß die Mädchen stete Begleiterinnen der Jünglinge wären. Er malt aus, mit welcher Wonne er mit der Geliebten Alpen übersteigen, Wüsten durchwandern, Seestürme ertragen würde, während ihm ohne sie das frische, grüne Sulmo wie Scythien vorkommt. Wenn sie ihn liebt, soll sie anspannen lassen und über die Berge hinüber zu ihm kutschieren.

Poetische Suasorien sind die leichtfertigen Ansprachen an die Ehemänner, an die Wächter. Die entrüstete Klage über das schnöde Zeitalter, in welchem den Armen alle Ehren versagt sind und selbst die Liebe erkauft wird (III 8), nähert sich der Satire. Leider artet die schalkhafte Anmut, welche den Dichter so gut kleidet und für den Mangel an Innerlichkeit entschädigen muß, bisweilen in lüsterne Spielerei aus: er beneidet den Ring, welchen er der Geliebten schenkt (II 15), stellt sich das Glück vor, sie als solcher auch ins Bad begleiten zu dürfen, und malt die Folgen davon geschmacklos ins Ungeheuerliche aus. Auch der Zorn wird durch seine Begehrlichkeit gebrochen: eben hat er die Sünderin auf frischer That ertappt. Aber ihre Schönheit entwaffnet seine Wut, und er bittet sie demütig um Küsse, wie sie eben dem Dritten vor seinen Augen geschenkt hat (II 5). Es ist ihm nie Ernst mit seiner moralischen Entrüstung. Wer kann noch an Götter glauben, ruft er schmerzlich aus, wenn die Meineide der Weiber ungestraft bleiben (III 3)! Aber sofort gesteht er, wäre er selbst ein Gott, so würde er es nicht besser machen, ja er würde die falschen Eide der Mädchen durch die seinigen bekräftigen. Kaum hat er (III 11), aller bitteren Enttäuschungen und Demütigungen scheinbar müde, der Ungetreuen ihr Sündenregister vorgehalten, kaum ist die Absage über seine Lippen: so erhebt sich von neuem der Kampf in seiner Brust, ihre Schönheit siegt, er hat nur die Wahl freiwillig oder wider Willen zu lieben, und ergibt sich in sein Schicksal.

Die ovidische Elegie ist ein lockeres Dämchen. Dem Verfasser selbst erscheint sie als reizende Gestalt mit verliebtem Ausdruck im

Gesicht, mit duftenden Haaren, in dünnstem Gewande, einen Myrten=
zweig in der Hand. Selbst der kleine Naturfehler, daß ihr einer
Fuß, der Hexameter, länger als der andere, der Pentameter, ist,
erhöht ihren Reiz (III 1, 7 ff.). Die Klarheit und Flüssigkeit der
Form, der bequeme Plauderton, die einschmeichelnde Süßigkeit der
Sprache an vielen Stellen mußte diese Canzonetten bei der frivolen
Jugend beliebt machen. Die Bitte an den Pförtner (I 6) nimmt
geradezu die Form des gesungenen Liedes an, der Situation ganz
entsprechend. Es ist lange nach Mitternacht; vom Zechen kommend
hat der schwärmende Gesell, die heißen Schläfen bekränzt, die Fackel
in der Hand vor der Schwelle des Mädchens Posto gefaßt. Er er=
schöpft sich in Vorstellungen, um den hartherzigen Sklaven zu er=
weichen, sucht ihn zu rühren, faßt ihn bei der Dankbarkeit, beruhigt
seine Furcht vor bewaffnetem Ueberfall. Je mehr die Zeit vorrückt,
desto größer wird das Verlangen des Sängers. So werden im
Hauptteil der Elegie fünf größere Abschnitte von je vier Distichen
durch einen Refrain (tempora noctis eunt: excute poste sera) ge=
schlossen, während den beiden ersten von gleichem Umfang dieser
Mahnruf der Ungeduld noch fehlt. Und auch zuletzt, als selbst An=
drohung von Gewalt nicht verfängt, der Morgenstern aufgeht und
der Hahn kräht, wird diese gleichmäßige Gliederung zugleich mit dem
Kehrvers aufgegeben. Wir finden diesen Strophenschluß, welchen
die bukolische Poesie als ein volksmäßiges Element liebt und Catull
nach dem Vorgang der Sappho wie auch hellenistischer Dichter in
seinen Hochzeitsliedern und im Parcenlied angewendet hat, hier zum
erstenmal in der Elegie.

Mit besonderem Interesse beobachtet man in diesen Jugend=
gedichten die Anfänge und Vorläufer späterer Werke oder Richtungen.
So enthält die entzückende Unterhaltung mit der schönen Nachbarin
im Circus (III 2) Reime der „Liebeskunst", und daß der Verfasser
mit diesem Stoff schon damals beschäftigt war, deutet er gelegentlich
(II 18, 19 f.) an. Jene kleinen Dienste und Galanterien, welche
dort empfohlen werden, kommen hier zur Anwendung (III 2, 19 ff.
63 ff.). Der glänzende Aufzug der Götter, womit das Schauspiel
eröffnet wird, das Rennen der Viergespanne, alles gibt dem be=
flissenen und gewandten Werber Gelegenheit, seinen eigenen Sieg in
Schmeichelreden zu verfolgen, bis ihm die verständnisinnigen Augen
lachend Gewährung zuwinken.

Zweimal übt der Dichter die Kunst des Erzählens durch Ein=
flechtung eines Mythus. Er ist auf dem Wege zur Geliebten (III 6),
aber ein vom Winterschnee angeschwollener Gebirgsstrom hemmt seine
Schritte: keine Brücke, keine Fähre bringt ihn hinüber. Er wünscht
sich die Flügel des Perseus, den Wagen des Triptolemus. Dann
redet er dem Fluß zu, gefällig zu sein. Gebe es doch genug Bei=
spiele von Flüssen, die selbst verliebt waren. Eine lange Reihe der=
selben wird in einzelnen Distichen aufgezählt, zuletzt die zierliche
Episode, wie der Anio die an seinem Ufer entlang irrende Ilia ge=
tröstet und schließlich in sein Bett aufgenommen habe. Unterdessen
aber ist der böse Strom nur noch mehr angeschwollen, und vergebens
überhäuft ihn der ungeduldige Wanderer mit drolligen Schmähungen.
Das anderemal (III 10) klagt der Dichter über die strenge Sitte
des sommerlichen Ceresfestes, welches den Frauen Enthaltsamkeit auf=
erlegt, und beweist aus der Geschichte der ernsten Göttin, daß doch
auch ihr Herz der Liebe nicht unzugänglich sei, indem er von den
Honigmonaten erzählt, welche sie einst auf Creta mit Jasius ver=
schwelgt habe.

Ein Vorläufer der Fasten ist die lebendige Beschreibung des
Junofestes in Falerii (III 13). Eine der beiden ersten Frauen
Ovids war dort zu Hause: bei einem Besuch mit derselben in ihrer
Heimat hat er die Gebräuche und besonders den Festzug beschrieben.
Der Hinweis am Schluß auf die Gründungssage verrät ätiologische
Studien.

In der That haben den talentvollen Anfänger gleichzeitig schon
mannigfache Pläne beschäftigt. Ein Epos vom Gigantenkampf hat
er abgebrochen, seit die Sprödigkeit seiner Freundin seine Gedanken
ganz für die Liebeselegien in Beschlag nahm (II 1). Ebensowenig
ist aus einer Schilderung der Thaten Octavians geworden (II 18,
11 Trist. II 335 ff. Pont. Br. III 3, 31). Eine Tragödie war schon
weit gediehen, aber Amor lachte und triumphierte über den Sänger
im Kothurn (II 18, 13 ff.). Einst, so erzählt derselbe (III 1), als
er in stimmungsvoller Waldeinsamkeit nachdenklich wandelte, be=
gegneten ihm beide Nebenbuhlerinnen, Elegie und Tragödie. Diese
macht ihm ernste Vorwürfe, daß er Zeit und Kräfte in spielenden
Liedern für Mädchen vergeude, daß man von seinem Leichtsinn beim
Wein und auf allen Gassen erzähle und mit dem Finger auf den
schamlosen Liebesdichter zeige: er sei für Größeres geschaffen, es sei

Zeit, daß die römische Tragödie durch ihn berühmt werde. Aber die Elegie macht ihre alten Rechte geltend. Sie sei es, welche zuerst die Reime seines dichterischen Geistes geweckt habe, ihr Verdienst sei es, daß jetzt die Tragödie Anspruch auf ihn erhebe. Von dieser erbittet und erhält der Dichter noch einige Zeit Urlaub, um sich einstweilen ungestört der elegischen Muse zu widmen, welche sich freilich nicht auf die Amores beschränkt.

Die erste Sammlung der Amores, welche nicht vor der Besiegung der Sigambrer (739/15 wegen I 14, 49) abgeschlossen sein kann, bestand aus fünf Büchern; in der zweiten auf drei zusammengedrängten Ausgabe ist eine Anzahl der verfänglichsten Gedichte ausgemerzt. Sie ist es, welche auf die Nachwelt gekommen ist. So beliebt waren diese leichtgeschürzten Gebilde, daß sie ähnlich wie die Eklogen Vergils auf dem Theater mit begleitendem Tanze gesungen wurden. Auch Augustus wohnte solchen Aufführungen bei (Trist. II 519 f.) und noch später wurde dem verbannten Dichter geschrieben, daß eine zahlreiche Menge denselben Beifall klatsche (Trist. V 7, 25 ff.).

Während Ovid noch in diesen Gedankenkreisen der erotischen Elegie befangen war, beschäftigte ihn unter anderem die verwandte Gattung des heroischen Liebesbriefes (Am. II 18, 20), die er, wenn auch nicht erfunden, doch sicher zuerst in weiterem Umfange ausgebildet hat. Das Motiv des Liebesbriefes hatte ja schon Euripides im Hippolytos verwendet, und daß es der hellenistischen Kunst nicht fremd war, zeigen Bildwerke wie vereinzelte Spuren in der Litteratur, wenn auch aus späterer Zeit. Unter den Römern war Properz vorangegangen mit der oben besprochenen schönen Epistel der Arethusa an Lycotas (IV 3): nur daß dieser Fall nicht dem Mythus, sondern der Gegenwart angehört, und demgemäß auch Gedankengang und Stil aus dem wirklichen Leben gegriffen sind. Noch unmittelbarer ist der Ton in dem Briefwechsel zwischen Sulpicia und Cerinthus bei Tibull. Neu von Ovid für die römische Litteratur geschaffen, wie er sich rühmt (Liebeskunst III 346), war die Wahl von Stoffen und Personen aus der mythischen Vergangenheit. In griechischen und römischen Rhetorschulen wurden (offenbar im Anschluß zunächst an die Tragödie) Reden im Charakter einer bestimmten

heroischen Person unter gegebener Voraussetzung (so zu sagen Seelen-
gemälbe, ἠθοποιΐαι) geübt, z. B. Rede der Andromache an der Leiche
des Hektor, der Hekabe nach dem Fall Troja's, der Niobe nach dem
Verlust ihrer Kinder, des Achill nach dem Fall des Patroklos, des
alten Peleus, nachdem er die Botschaft vom Tode Achills erhalten
hat, des Herakles, als er die Aufträge des Eurystheus empfängt u. s. w.
Ebenda wurde der Briefstil nach den Regeln der Kunst in den ver-
schiedensten Formen und Absichten durchgearbeitet: man verfaßte
Trost-, Ermahnungs-, Lob-, Tadel-, Droh- und Scheltbriefe, be-
ratende, bittende, fragende und antwortende, anklagende und ver-
teidigende, Glückwunsch- und Dankbriefe u. s. w. Man unterschied
natürlich männliche und weibliche Schreiber und Empfänger, mannigfache Berufsarten und Stände. Erotische Briefe schrieb z. B. der
Rhetor Lesbonax unter Augustus. Sehr möglich hiernach, daß Ovid
schon als Schüler sich in Aufgaben und Stoffen versucht hat, wie
sie in unserer Sammlung der Heroinenbriefe (heroides) behandelt
sind, daß er darauf zurückkam und frühere Entwürfe neben neueren
zur Veröffentlichung ausarbeitete. Der Einfluß und Standpunkt der
Schule macht sich in diesen Uebungsstücken mehrfach geltend, zunächst
in einer gewissen Einförmigkeit der Aufgaben. Die einsamen Gattinnen Penelope und Laodamia sehnen sich nach dem fernen Gatten;
Briseis möchte wieder zu ihrem Achill zurück; Hermiona will, daß
ihr älterer Gemahl Orestes sie von dem räuberischen Pyrrus zurück-
fordere. Am häufigsten machen verlassene oder sich verlassen glaubende
dem treulosen Geliebten verzweifelte Vorwürfe (Phyllis Oenone
Ariadne Hypsipyle Dido Deianira Medea). Besonderer Art sind
die Herzensergießungen der Canace an ihren Bruder Macareus,
der Hypermestra an ihren Bräutigam Lynceus, das Liebesgeständnis
der Phädra an Hippolytus. Wie die Briefe freilich an ihre Adresse
gelangen sollen, ist bisweilen schwer verständlich. Unglaublich ist es
gerade nicht, daß Penelope, wie sie selbst sagt (61 f.), jedem Fremden,
der nach Ithaka kommt und wieder abreist, aufs Geratewohl ein
Schreiben an den Gemahl mitgibt. Aber wer soll den Brief bestellen, welchen die verlassene Ariadne auf dem öden Eiland von
Naxos verfaßt hat? Sie vergißt ganz, daß Theseus weit fort ist,
wenn sie am Schluß nicht nur ihre Hände nach ihm ausstreckt,
sondern ihm ihre Haare, „die noch übrig sind" (die noch nicht aus-
gerauften!) zeigt. Sieht man über diesen Anstoß hinweg, und denkt

sich die Rede gesprochen, so wird die leidenschaftliche Empfindung, die malerische Schilderung und die Gewalt verzweifelter Beredsamkeit ihre ergreifende Wirkung auf den empfänglichen Leser nicht verfehlen. Hypsipyle dagegen, welche dem Jason Vorwürfe macht, daß er ihr nicht von seinen Erfolgen in Kolchis geschrieben habe, motiviert mit ungewöhnlicher Sorgfalt, wie sie zu der Kunde von seiner Untreue gelangt sei, um den Eindruck der Nachricht auf ihr Gemüt zu schildern. Ein Kaufmann aus Thessalien sei gekommen, dem sie die schlimme Wahrheit durch Fragen entlockt habe. Aber lächerlich klingt ihre Versicherung, beinahe hätte sie ihre kürzlich geborenen Zwillinge als Gesandte zu Jason geschickt, sie fürchte nur die Tücke der Stiefmutter Medea. Allzu pathetisch nimmt es sich aus, daß, während Dido schreibt, das Schwert des Aeneas auf ihrem Schoße liegt, und ihre Thränen über die Wangen auf das Schwert hinabfließen. Noch wunderlicher schildert Canace ihre Verfassung: ihre rechte Hand hält die Feder, die andere das Schwert, mit dem sie sich töten soll und will; auf ihrem Schoß liegt das Briefpapier.

Gemeinplätze der Schule wiederholen sich in verschiedenen dieser Gedichte. Nicht nur das Eingangsdistichon enthielt, wie natürlich, in ziemlich gleichmäßigen Wendungen die Namen der Schreiberin und des Empfängers. Mehr als einmal rinnt den betrübten die Thräne auf das Blatt und verursacht Flecken. Vorwürfe wegen Kaltsinn Härte Undankbarkeit Wortbruch wiederholen sich. Es wird früherer Zeiten gegenseitiger Liebe, erwiesener Wohlthaten gedacht; die Umstände des letzten Abschiedes oder der plötzlichen Trennung werden ausgemalt. Die verlassene schildert, wie sie dem scheidenden von hohem Felsen aus weit über das Meer nachgeblickt habe, bis die letzte Spur verschwunden sei, oder wie sie in täglich erneuter Spannung vergeblich nach der Wiederkehr des entfernten ausspähe; welche Qualen der Sehnsucht sie besonders nachts auf einsamem Lager erleide, welche Träume sie heimsuchen. Sie bereut die Stunde, da sie sich dem unwürdigen hingegeben habe, leiht ihrer Eifersucht gegen die wirkliche oder nur vermutete Nebenbuhlerin bitteren Ausdruck, vergleicht sich mit dieser, verwünscht sie und den ungetreuen, weist dem Geliebten ihre Ebenbürtigkeit nach, pocht auf ihre Mitgift, fragt, was sie gethan habe, um seine Liebe zu verscherzen, beschwört ihn um Erbarmen, droht mit Selbstmord oder wünscht oder ist doch bereit zu sterben, und bestellt ihre Grabschrift.

Mannigfache Töne, harte und weiche, zornige, ja verächtliche Vorwürfe und demütige Bitten sind bisweilen in schroffen Sprüngen durcheinandergemischt, wie sie dem leidenschaftlich bewegten weiblichen Herzen sich eben aufdrängen. Auch war ja, wie Seneca bezeugt, strenge Disposition nie die Sache Ovids. Daß übrigens Ansprüche und Begehren der verzweifelt kämpfenden sich nicht immer in den Schranken nüchterner Ueberlegung halten, wird man am wenigsten tadeln. Zugespitzte Antithesen, überraschende Lichter und dergleichen Reizmittel des klügelnden Verstandes sind echte Früchte der Rhetorschule. Daneben aber findet sich auch mancher naive Zug. Recht ovidisch ist die Besorgnis der Penelope (1, 77 ff.), der Gemahl sei am Ende in eine Fremde verliebt und erzähle dieser, wie ungebildet (rustica) seine Frau daheim sei, die nichts wie spinnen verstehe; und ebenso am Schluß die vorbereitende Mitteilung, der heimkehrende werde eine alte Frau in ihr finden, die er in der Jugendblüte verlassen habe. Briseis wünscht von den Griechen zu Achill abgesandt zu werden: ihre Küsse und Thränen werden ihn eher versöhnen als die langen Vorstellungen eines Phönix, Ulixes und Ajax.

Eine heiße Sinnlichkeit verbindet sich mit dem Streben nach Rührung, und die Farben gemütlicher Kleinmalerei werden zu diesem Zweck reichlich aufgetragen. Oenone führt dem Paris zu Gemüte, wie sie seit ihren Kinderjahren im Gebirge mit den Herden zusammengelebt haben: wie sie nebeneinander unter dem Laubdach eines Baumes auf dem Grase geruht und die Winternächte über in niedriger Hütte das Strohlager geteilt haben, wie sie, die Nymphe, dem jugendlichen Jäger den Versteck des Wildes gezeigt, die Netze gespannt, die Hunde geführt, und wie er ihren Namen in die Rinde der Buchen geritzt habe. Schön und nach dem Leben schildert Ariadne, wie sie am tauigen Morgen eben erwachend noch halb im Schlafe tastend ihre Hände nach Theseus, den sie an ihrer Seite glaubte, ausgestreckt, wie sie vergeblich wieder und wieder die Polster durchwühlt habe, bis der Schreck sie völlig weckte und vom verwaisten Lager aufscheuchte. Und so alles weitere. Kleinlich dagegen ist es, wenn Hypermestra erzählt, dreimal habe sie das Schwert gegen den Hals des Lynceus erhoben und dreimal sei ihr die Hand niedergesunken: während er im Schlaf mit den Armen nach ihr gegriffen habe, sei er beinahe mit der Hand in das scharfe Eisen gefahren. Und ins Komische fällt wider den Willen des Verfassers die Familienscene, welche Hermiona aus dunkler Erinnerung ihrem Orest schildert. Als ihre Mutter Helena entführt sei, habe der Großvater, Schwester, Brüder und Mutter geweint, sie selbst, damals ein kleines Mädchen, habe ihre noch kurzen Haare gerauft und gerufen: „Mutter, ohne mich, ohne mich gehst du fort?" Ergreifender sind die folgenden Klagen, wie sie noch bei Lebzeiten ihrer abwesenden Eltern sich als Kind verwaist gefühlt habe: keine liebkosenden Worte habe sie der Mutter in ihren ersten Jahren gelallt, nicht mit den kleinen Armen nach ihrem Halse gelangt, nicht auf ihrem Schoß gesessen; und wie Helena dann heimgekehrt sei, habe die eigene Mutter gefragt, wer ihre Tochter sei.

Noch lassen sich größtenteils die Vorlagen nachweisen, nach welchen der junge Dichter gearbeitet hat, und im Einzelnen kann man verfolgen, wie genau er sich daran hielt. Natürlich hat die Odyssee für den Brief der Penelope, die Ilias (erster und neunter Gesang) für den der Briseis alles Nötige geliefert: sogar das Beispiel Meleagers (3, 92 ff.) ist aus der Rede des Phönix vor Achill (IX 529 ff.) entlehnt. Nur ein paar kleine Züge sind hinzu erfunden: die Herolde, welche Briseis abholten, hätten einander verwunderte Blicke über Achills kalte Ruhe zugeworfen; Patroclus habe ihr ins Ohr geflüstert, sie werde bald wieder zurückkehren. Am durchsichtigsten ist in dem Brief der Dido das Verhältnis zum vierten Buch der Aeneis. Die von Vergil in die Erzählung verwebten kleineren und größeren Reden der Dido und des Aeneas sind von Ovid sorgfältig ineinander gearbeitet, der weitere thatsächliche Stoff ist aus dem ersten Buch hinzugenommen. An die schöne Episode in Catulls Gedicht von der Hochzeit des Peleus und der Thetis schließt sich ziemlich genau die Klage der Ariadne an: nur ist das schreckliche Erwachen der armen und ihr verzweifeltes Gebahren breiter ausgemalt.

Von dem sorgfältigen Studium der griechischen Tragödie, welches den Dichter damals beschäftigte, legt mehr als eine dieser Heroiden Zeugnis ab. Die Trachinierinnen des Sophokles haben dem Brief der Deianira zur Unterlage gedient, aber freilich hat der Verfasser die feinen Züge jenes bescheidenen Charakters gröblich entstellt, indem er sie allen Respektes vor dem gewaltigen Gemahl vergessen und eine förmliche Gardinenpredigt über seine ehelichen Fehltritte halten, besonders aber über seinen Dienst bei der Omphale eine

Fülle von ätzendem Hohn ergießen läßt. Diese lecke Stimmung schlägt zwar gegen den Schluß in ihr Gegenteil um. Denn wie sie recht im Zuge mit ihren Vorwürfen ist, kommt die Botschaft von der verderblichen Wirkung des Nessusgewandes. Jetzt wird die Strafrede zum Selbstgespräch und zur Selbstanklage, der Brief geht über in Ton und Stil der Trauerelegie in symmetrisch abgeteilten Strophen (4. 6. 6. 6. 4) mit Refrain (146. 152. 158. 164), welche mit dem freiwilligen Tode der reuevollen ausklingt, — das einzige und nicht eben geschmackvolle Beispiel solcher Vermischung des Lyrischen mit der Epistel. Mehr als sonst wird in demselben Brief auch die mythologische Rüstkammer geplündert. Hauptsächlich ist es ihre Eifersucht auf die neue Freundin Jole, welche sie veranlaßt, dem unbeständigen das ganze Sündenregister seiner Liebschaften vorzuführen; und als sie nun auf seinen unwürdigen Magddienst bei der Omphale, eines seiner letzten Abenteuer, kommt, da ist es der Gegensatz des in Weiberkleidern spinnenden Heros mit seiner Persönlichkeit, welcher sie reizt, die Großthaten seiner Vergangenheit mit schneidendem Hohn in immer neuen Antithesen, nicht ohne Wiederholungen aus dem ersten Teil, jenem Bilde entgegenzuhalten.

Der Brief der Hermione beruht auf den Voraussetzungen der gleichnamigen Tragödie des Pacuvius (Band I 171), welche vermutlich nach Sophokles gearbeitet war. Deutlich erinnert an einen Grundgedanken des griechischen Trauerspieles, wenn Hermiona fragt, ob es etwa ein Familienverhängnis sei, daß die Mütter aus Tantalus' Geschlecht eine Beute des Raubes werden müssen (V. 63 ff.).

Die unselige Liebe der Phädra zu ihrem Stiefsohn Hippolytus hat Euripides auf die Bühne gebracht. Seine erste Bearbeitung beleidigte das sittliche Gefühl der Zuhörer mehr noch durch die Schamlosigkeit der dargestellten Leidenschaft als durch diese selbst. Ganz gefangen von der Macht des Eros hatte die wahnsinnige alle Warnungen ihrer Amme, alle Bedenken des Zartgefühls und der Vorsicht in den Wind geschlagen und gewagt, dem Jüngling ins Angesicht ihre Schwäche zu gestehen, dieser aber hatte vor Scham sein Haupt verhüllt und die Versucherin abgewiesen, deren Rache er nachher fühlen mußte. Aus der Phädra des Seneca, welche zum Teil nach dem ersten Hippolytos des Euripides gearbeitet ist, ersieht man, daß Phädra dem Jüngling gegenüber in sophistischer Rede ihre Untreue gegen den abwesenden Gemahl durch Berufung auf dessen

frühere Sünden (Verrat an Ariadne u. f. w.) zu beschönigen gesucht
hatte. Gegen solche Wagnisse des realistischen Dichters muß die
Phädra des Sophokles gerichtet gewesen sein, wie das Mißfallen des
Publikums den Dichter selbst zu wesentlicher Umgestaltung seiner
Fabel im zweiten Hippolytos bewogen hat. Mit bewundernswerter
Feinheit ist hier der Kampf des unglücklichen Weibes gegen den
Dämon geschildert, der sie doch überwältigt. Die Amme beschwichtigt
die Stimme ihres besseren Selbst und vermittelt den verhängnis=
vollen Liebesantrag. Von beiden Vorlagen und vielleicht noch einer
alexandrinischen hat Ovid die einzelnen Züge und Gedanken seines
Gedichtes entlehnt. Schon das Grundmotiv, die Abfassung einer
schriftlichen Liebeserklärung, die Uebersendung eines Briefes stammt
aus jener späteren Quelle, welche durch bildliche Darstellungen er=
läutert wird. Sie erklärt, warum sie schreibe. Dreimal habe sie
versucht zu reden, aber die Zunge habe ihr gestockt: was sie zu sagen
sich schäme, habe Amor ihr zu schreiben befohlen (auch dies ein
alexandrinischer Zug). Zum erstenmal fühle sie sein Joch, je später,
desto schwerer. Ihm, dem Geliebten, bringe sie das erste Opfer
ihres noch unbefleckten Rufes, aber einem würdigen, den sie selbst
dem Juppiter vorziehen würde. Ihm in Gedanken hingegeben träume
sie (wie im zweiten Hippolytos) von Jagd und Wagenrennen, von
Wald und Natur, schwärme im Chor des Bacchus oder der Cybele,
mit Faunen und Dryaden: so berichtet man ihr, wenn der Anfall
des Wahnsinns vorüber ist, denn sonst verbirgt sie ihre Glut unter
Schweigen. Der Venus sei nun einmal ihr Haus verfallen: nach
Europa Pasiphae Ariadne sei sie das vierte Opfer. Nach der Weise
alexandrinischer Erotik gedenkt sie der ersten Begegnung in Eleusis
und zeichnet das Bild, wie der reine Jüngling mit der strengen
Miene und dem ungepflegten Haar vor ihr stand und ihr Herz ge=
fangen nahm. Alles an ihm gefällt ihr, nur die Härte soll er ab=
legen. Neben Diana soll er zur Abwechslung und Erholung auch
der Venus die gebührende Ehre geben wie Cephalus Adonis Hippo=
menes. Das Glück einer Aurora Venus Atalanta möchte sie ge=
nießen, ihm zur Seite sein in Felsenklüften auf der Eberjagd. Nach
Trözen mit ihr zu ziehen ladet sie ihn ein (denn zur Zeit sind sie
beide in Athen, wie der erste Hippolytos annahm). Die Abwesen=
heit des Theseus, der in der Unterwelt bei seinem Pirithous weilt,
wollen sie benutzen. Zieht er doch beiden den Freund vor, und hat

er doch auch sonst ihre wie des Sohnes Liebe verwirkt: ihren Bruder hat er erschlagen, die Schwester verlassen, die Mutter des Hippolytus getötet, die Rechte des Sohnes gekränkt durch Anerkennung ihrer eigenen Kinder, die sie nie geboren haben möchte. Liebe zwischen Stiefmutter und Stiefsohn war höchstens in den Zeiten des Saturnus anstößig. Längst hat Juppiter durch sein Beispiel jene alten Vorurteile der Pietät beseitigt, fest ist nur der Bund, den Venus schließt. Erleichtert doch gerade dieses verwandtschaftliche Verhältnis die Beschönigung ihrer Zärtlichkeit. Nur keine längere Zögerung! Und nun steigt sie brieflich zu dem Aeußersten herab, was die euripideische Phädra der ersten Bearbeitung wirklich ausführte, denn alle Scham hat sie abgelegt. Trotz Minos, dem Vater, trotz dem Großvater, dem strahlenden Sonnengott, liegt sie zu den Füßen des Geliebten und bittet um Erbarmen. Sie bietet ihm die heimische Insel Kreta als Mitgift an: er werde doch nicht grausamer sein als der Stier, der ihre Mutter erhörte. Bei Venus, der sie sich ergeben, beschwört sie ihn, bei der Gunst seiner Diana, bei den Satyrn und Panen im Gebirge, bei den Nymphen, die den Durstigen tränken; und endlich zu allem — ihre Thränen sollen ihn erweichen.

Es scheint in der That, daß der römische Nachdichter die ganze verworfene Beredsamkeit der ersten euripideischen Phädra erschöpft hat, und daß zur Wiederherstellung der verlorenen Scene keine Quelle ergiebiger fließt als dieser ovidische Brief. Freilich prägt derselbe zugleich die Sitten und Anschauungen und das rhetorische Raffinement der eigenen Zeit aus.

Während die ersten Briefe der Sammlung entschieden den Charakter der Suasorien tragen, sind andere teils Anklagen, teils Herzensergüsse, welche keinen anderen Zweck als den der Erleichterung und Mitteilung haben. An Stelle der überredenden Vorstellungen tritt dann überwiegend Schilderung und Erzählung, welche das Gewissen des Angeredeten schärfen oder auch nur sein Mitleiden erwecken, oder endlich wie im Selbstbesinnen das Erlebte vor die Seele rufen soll. Ein letzter hoffnungsloser Versuch, den schon verlorenen Gatten wieder zu gewinnen, ist der Brief der Medea, doppelt interessant für uns als Vorstudie für die Tragödie, welche der Verfasser bereits im Sinn hatte. Während die ganze Vorgeschichte von der ersten Begegnung mit Jason, welche die verhängnisvolle Flamme im Herzen der kolchischen Zauberin entzündete, bis zu der Flucht des Liebes=

paares aus dem Epos des Apollonius von Rhodus entlehnt ist, greift bei den Voraussetzungen der Gegenwart die Erfindung des Dramatikers ein. Während er noch in Liebeselegien und Heroidenbriefen vertieft war, beschäftigte ihn der Plan einer Tragödie. Das eingehende Studium der griechischen Tragiker, auf welchem jene Briefe beruhten, mußte dem formgewandten Dichter den Gedanken nahe legen, sich selbst in dieser Gattung zu versuchen. Aber trotz wiederholter Ansätze ließ er das angefangene Werk immer wieder fallen. Erst nachdem er die Sammlung der Amores abgeschlossen hatte, scheint er sich ernstlich der Vollendung desselben gewidmet zu haben; wann er aber damit fertig geworden, ob und wann es zur Aufführung gelangt ist, wissen wir nicht. Das Zerwürfnis der Medea mit Jason hatte ihm bereits den Stoff zur zwölften Heroide geliefert. Nichts ist wahrscheinlicher, als daß nicht nur die Charakterzeichnung der Heldin, sondern auch thatsächliche Voraussetzungen, Motive und Gedanken, wie sie ihm damals eben im Sinne lagen, dem Brief mit dem späteren Drama gemeinsam gewesen sind. Sich selbst zu wiederholen hat Ovid nie gescheut. Dazu kommt die Uebereinstimmung der Tragödie des Seneca mit wesentlichen Zügen der ovidischen Elegie, und gewiß ist es wahrscheinlich, daß jener sich vorzugsweise an das Drama seines Vorgängers anlehnte.

In seiner Tragödie hat Ovid die Leidenschaft der Medea noch über das euripideische Maß hinaus gesteigert. Wie eine Bacchantin rast sie nach eigenem Geständnis. „Hierhin und dorthin werde ich gerissen, wie eine gotterfüllte," bekennt sie in einer anapästischen Zeile; und ganz entsprechend schildert die Amme bei Seneca (382 ff.) ihr Gebahren: wie eine Mänade auf dem Gipfel des Pindus oder auf den Bergjochen von Nysa schwärmt, so läuft sie in wilder Bewegung hin und her, die Zeichen rasender Wut im Antlitz tragend. Die ovidische Epistel nimmt an (was zur Begründung der schriftlichen Ansprache dient), daß Jason die Kolchierin bereits aus seinem Hause verbannt habe, noch ehe diese von der beabsichtigten zweiten Ehe mußte. Sie hat aber ihre beiden Söhne mitnehmen dürfen und hängt noch mit Liebe an dem Gatten. Da plötzlich klingen die Töne des Hymenäus an ihr Ohr, sie hört Flötenmelodien, sieht Fackelschein, näher und näher kommen die Hymenrufe; die Diener sind verlegen, weinen verstohlen, keiner wagt der Herrin Bescheid zu

geben, bis endlich der jüngere ihrer Knaben, der draußen vor der
Thür gestanden, hereinkommt und der Mutter meldet, daß es Jason
ist, der den Hochzeitszug führt. Da zerreißt sie ihr Gewand, schlägt
ihre Brust, kaum hält sie sich, hinauszustürzen und ihre Hand auf
den Treulosen zu legen, der ihr gehöre. Dieser ganze Vorgang ist
hochdramatisch, und konnte sehr wohl die Tragödie eröffnen. Auch
Seneca hat ihn benutzt, aber verdorben. Denn bei ihm ist Medea
von Anfang an von der bevorstehenden Vermählung unterrichtet:
gleich im Prolog schwelgt sie in Racheplänen. Als dann der Chor
korinthischer Frauen mit seinem Hochzeitslied einzieht, macht der neue
Wutausbruch der Gekränkten keine Wirkung mehr. Gewiß erinnerte
auch in der unvermeidlichen Auseinandersetzung zwischen Jason und
Medea vieles an die Vorstellungen und Vorwürfe der Briefschreiberin.
Daß sie den Undankbaren an ihre Wohlthaten mahnte und mit ver-
nichtender Rache bedrohte, verrät der andere von den beiden erhaltenen Versen: „erretten konnt' ich: fragst du, ob ich vernichten
kann?" Die erste Hälfte dieser rhetorischen Gnome läßt erraten,
daß dieselbe durch eine vorausgegangene Darstellung der gelungenen
Rettung vorbereitet war. Mag diese Partie auch in der Epistel
breiter ausgeführt sein, so würde es doch der Eigenart Ovids nur
entsprechen, wenn Medea auch im Drama die einstigen Nöte des
Aesoniden, seine flehentlichen Bitten und Versprechungen, ihre eigenen
Seelenkämpfe und Opfer eindringlich geschildert hätte. Des Ein-
druckes bei der ersten Begegnung, der verhängnisvollen Liebe, die
sie damals ergriffen, konnte sie noch passender in einem Monolog
oder einem Gespräch mit der Amme gedenken. Gewiß fehlten im
Drama des Ovid auch die kniefälligen Bitten nicht, zu welchen sie
sich bei Seneca wie im Brief herabläßt. Wenn sie endlich hier am
Schluß andeutet, daß sie vielleicht die grause That bereuen werde,
zu welcher sie ihr Zorn hinreiße, so darf man fragen, ob sie vielleicht wirklich auf der Bühne nach vollzogener Rache solcher Stimmung verfallen sei, wodurch denn freilich der dämonischen Größe des
Charakters etwas genommen sein würde.

Diese einzige Tragödie Ovids hat die größte Anerkennung gefunden. Sie zeigt, sagt Quintilian, wieviel dieser Dichter hätte
leisten können, wenn er sich entschlossen hätte, seinem Genius zu ge-
bieten, statt ihm nachzugeben. Noch die Zeitgenossen des Tacitus
lasen das Stück ebenso wie den Thyestes des Varius mit Entzücken.

Apollonios wird auch die Anregung zu dem Brief der auf Medea eifersüchtigen Hypsipyle an Jason gegeben haben, da die Aufnahme und der Aufenthalt der Argonauten auf Lesbos, sowie insbesondere der Abschied der Thoastochter von Jason dort im ersten Buch (607 bis 914) ausführlich erzählt ist. Einem mythographischen Handbuch mögen einige besondere Züge entlehnt sein wie der zweijährige Aufenthalt auf Lemnos und die Nachgeburt von Zwillingen.

Für den zärtlichen Brief der Laodamia hat dagegen wiederum eine Tragödie des Euripides (Protesileos) die wesentlichsten Züge geliefert. Den erschütternden Abschied von dem Gatten, die Ohnmacht der jungen Frau, die Bemühungen ihrer Angehörigen, sie wieder ins Leben zu rufen, ihren erneuten und dauernden Schmerz über die Trennung wird Ovid nach dem Prolog des griechischen Originals geschildert haben. Deutlich erkennt man im Folgenden das erste Chorlied befreundeter Frauen, welche der betrübten zureden, sich ihrer Jugend und ihrem Stande gemäß zu schmücken, und sehr wohl können ihre Einwendungen dagegen sowie die echt tragischen Verwünschungen des „Dysparis", auch des Menelaus einem Kommos entlehnt sein. Der schreckhafte Traum, von dem Laodamia bei Ovid erzählt, der sie am Morgen veranlaßt, an den Altären zu opfern, zugleich die Erwähnung des drohenden Schicksalsspruches, die Sorge um den Uebereifer des geliebten Helden, die Erinnerung an das Vorzeichen bei seinem Abgang, der Gedanke an die glücklichen troischen Frauen, welche ihre Männer täglich aus dem Kampf heimkehren sehen, alles das wird Euripides Stoff zu einer oder mehreren Reden geboten haben, welche die Unglücksbotschaft vorbereiteten. Endlich fehlt auch das Wachsbild nicht, welches die zärtliche Frau statt des fernen Gemahls umfaßt und anredet.

Unverkennbar ist ferner die dramatische Quelle in dem Brief der Canace. Das unnatürliche Liebesverhältnis der Geschwister und sein tragischer Ausgang hatte in der berühmten euripideischen Tragödie „Aiolos" sein dichterisches Gepräge ein für allemal erhalten, und Ovid wird sich den aufregenden Genuß dieses unheimlichen Werkes nicht haben entgehen lassen. Das Schreiben, in welchem die dem Tode geweihte Schwester von dem Bruder Abschied nimmt, ist wesentlich Erzählung, aus welcher aber einzelne Scenen und Rollen, selbst der Chor sich mit plastischer Anschaulichkeit von selbst herauslösen. Sie durchläuft im Geiste noch einmal das Erlebte von den ersten, ihr selbst anfänglich rätselhaften Regungen ihres Herzens an bis zur Katastrophe. Das euripideische Nebenmotiv einer vom Vater gerade an diesem Tage beabsichtigten Verlobung des Macareus hatte mit der Liebesgeschichte selbst nichts zu thun und konnte ohne Schaden von dem Verfasser des Briefes beiseite gelassen werden. Dagegen ersähe man gern, wo und in welcher Lage man sich Macareus zu denken habe, da die an ihn gerichtete ausführliche Erzählung kaum ohne die Voraussetzung berechtigt ist, daß ihm die beschriebenen Vorgänge von der Entdeckung des Kindes an unbekannt geblieben waren.

Auch das Abschiedsschreiben der Hypermestra an ihren Bräutigam, dem sie wider den Willen des Vaters das Leben geschenkt hat, kann wenigstens zum Teil auf dramatischer Grundlage beruhen, da Aeschylus das Schicksal der Danaostöchter in einer Trilogie behandelt hat und nicht unmöglich ist, daß Ovid dieselbe gekannt habe. Die Aufstellung der Danaibengruppe mit ihrem Vater in der Säulenhalle des im J. 726 geweihten palatinischen Apollotempels läßt übrigens auf eine gewisse Volkstümlichkeit des Mythus schließen, und auch Horaz hat ihn ja zu einer Romanze verarbeitet. Einige bedeutende Wendungen sind derselben sogar mit dem ovidischen Gedicht gemeinsam, besonders daß die edle Jungfrau hier wie bei Horaz ihre rettende That als eine sittliche Pflicht (pietas) darstellt, daß sie zum Tode bereit ist und zum Schluß Lynceus ihre Grabschrift ans Herz legt. Das sieht wieder nach einer hellenistischen Vorlage aus. Dramatisch ist der Beginn der blutigen Hochzeitsnacht: so konnte ihn Aeschylus in dem Mittelstück seiner Trilogie (Θαλαμοποιοί) darstellen: der Einzug der Bräute in den Palast des Argiverkönigs Pelasgus unter Fackelglanz, Weihrauchduft und Hymenäusrufen, dann der Komos der bekränzten Aegyptussöhne, die weinselig, von Gefährten umtobt, ihre Brautgemächer betreten und sich zum Tode betten. In unheimlicher Stille der Nacht kann bei Aeschylus Hypermestra aus dem Hause getreten sein, schwankend, ob sie sich dem grausamen Gebote des Vaters fügen solle oder nicht. Dieser Seelenkampf, von Ovid in einem Selbstgespräch (V. 53—66) niedergelegt, in welchem die beiden Stimmen des Gehorsams und weiblicher Milde unmittelbar gegeneinander gehen, könnte unmittelbar aus der Tragödie übertragen sein. Den Anfang des Schlußstückes konnte die Entdeckung der Flucht des Lynceus durch Danaus und die Einkerkerung der ungehorsamen Tochter (V. 79—84) bilden. Wirklich äschyleisch aber ist ihre Betrachtung, daß all das Unheil von Juno's eifersüchtigem Zorn auf Jo herstamme, denn dieser Hinweis wird schon in dem Anfangsstück der Trilogie, den Schutzflehenden, zu wiederholten Malen laut, und Ovid wäre von selbst sicher nicht auf eine solche Begründung verfallen. Daß er sie in einer Weise, welche der übrigen Stimmung des Briefes und der Lage der Schreiberin ganz und gar nicht angemessen ist, breit ausführt und sich in spielender Beleuchtung der Verwandlungsgeschichte gefällt, ist eben seinem schon damals erwachten Interesse für Metamorphosen zuzuschreiben. Man sieht, wie der junge Dichter noch von seinem Stoff überwältigt wird.

Zu derselben Gattung gehört auch die rührende Geschichte von der thrakischen Königstochter Phyllis, die nach kurzen Liebesfreuden mit Demophon, dem Sohn des Theseus, im Gram über dessen verzögerte Wiederkehr sich selbst entleibt hat und dann in einen Baum verwandelt ist, der später, als der Geliebte doch noch gekommen ist, unter seiner Umarmung Blätter getrieben hat. Tuscus, ein Freund Ovids, hat in einem seiner Zeit namhaften Gedicht diese Sage behandelt, vielleicht in Anlehnung an Kallimachos, bei dem sie auch vorkam. Von beiden Vorgängern wird der sehnsüchtige Brief der Phyllis beeinflußt sein: wie stark Ovids Phantasie von dieser Figur in Anspruch genommen war, verrät die auffallend häufige Erwähnung derselben in den erotischen Lehrgedichten.

Es lag nahe, Antworten auf solche briefliche Ansprachen zu verfassen. Diesen Gedanken hat Sabinus, ein Freund Ovids, ausgeführt, vielleicht gleichen Schritt mit den einzelnen Briefen haltend, jedenfalls unmittelbar nach der Einsicht in eine erste Sammlung; denn Ovid selbst berichtet (Am. II 18, 27 ff.), „gar schnell" seien jene Antworten eingelaufen, und zwar von Ulixes an Penelope, von Hippolytus an Phädra, von Aeneas an Dido, von Demophon an Phyllis, von Jason an Hypsipyle, von Phaon an Sappho. In derselben Elegie (V. 20 ff.), wo er aufzählt, welche poetische Arbeiten ihn gerade beschäftigen oder eben fertig geworden sind, nennt Ovid außer der „Liebeskunst" und der Tragödie (beide im Entstehen begriffen) die Briefe der Penelope (1), der Phyllis (2), die an Paris (unzweifelhaft 5), Macareus (11), Jason (6 oder 12), Theseus (10), Hippolytus (4), von Dido (7) und Sappho. Es war gewiß nicht nötig, daß er an dieser Stelle gerade alle Gedichte derselben Gattung, die er überhaupt gemacht oder noch vor hatte, aufzählte, und ebensowenig, daß eine abgeschlossene Sammlung derselben dem Publikum bereits vorlag, als er sich (Liebeskunst III 345 f.) der neuen Erfindung rühmte und den Vortrag eines und des anderen dieser Briefe für gebildete Unterhaltung empfahl. Dennoch fehlt den nicht ausdrücklich genannten die volle Beglaubigung. Aber die Technik der Erfindung und des Stils ist doch im Ganzen eine so einheitliche auch in den übrigen bisher besprochenen Gedichten, daß einige kleine Ungleichheiten, namentlich ganz vereinzelte Unregelmäßigkeiten in der Bildung der Verse höchstens zu dem Schluß berechtigen, daß nicht alle zu derselben Zeit, gleichsam in einem Zuge verfaßt sein mögen. Vielleicht hielt Ovid selbst etwa die Briefe der Briseis Hermiona Deianira (3. 8. 9) für weniger gelungen, vielleicht sind die der Laodamia und der Hypermestra (13. 14) erst später hinzugekommen. So gefällt sich z. B. Briseis im Eingange ihres Briefes, die Worte des Hexameters im Pentameter zu wiederholen und zwar in drei aufeinanderfolgenden Distichen (5—10). Diese Figur der Epanalepsis, die, einmal angewendet, naiv klingt, wird durch solche Uebertreibung albern: aber eine gewisse Schwäche für diese Spielerei hat Ovid nie abgelegt.

Als er in den Liebesgedichten jenes kurze Verzeichnis seiner Heroinenbriefe gab, hatte er jedenfalls noch nicht jene Doppelbriefe geschrieben, welche den Schluß der überlieferten Sammlung bilden (Paris und Helena 16. 17, Leander und Hero 18. 19, Acontius und Cydippa 20. 21). Sonst hätte er nicht sofort die Antwortschreiben aufgezählt, welche sein Freund Sabinus auf mehrere der dort erwähnten Episteln (1. 4. 7. 2. 6. 15) verfaßt habe, ohne seiner eigenen Leistungen zu gedenken. Schon äußerlich unterscheiden sich dieselben von den bisher besprochenen durch den weit größeren Umfang.

Viel wichtiger natürlich ist die Verschiedenheit des Charakters. Aus den Selbstgesprächen und Ansprachen sind Zwiesprachen geworden, welche das Thema von beiden Seiten beleuchten. Paris, als Gast im Hause des Menelaus, richtet nach dessen Abreise einen stürmischen Werbebrief (es ist schon nicht mehr der erste) an Helena. Es ist die überlegene Frivolität des weltgewandten, siegesgewohnten Wollüstlings, eines echten Romulusenkels der Kaiserzeit, welche diese verführerische, zuversichtliche Sprache redet. Er geht gleich von der Annahme aus, daß es eigentlich keiner Worte mehr zwischen ihnen bedürfe. Die Liebesflamme, welche ihm aus den Augen leuchtet, hat er bereits mitgebracht, und den Erfolg seiner zielbewußten Fahrt hat ihm Venus verbürgt. Als bewährter Kenner stellt er ihrer Schönheit, die er in der Palästra belauscht hat, ein bewunderndes Zeugnis aus und erklärt sofort jeden Widerstand gegen seine entschlossene Ausdauer für vergeblich. Nicht umsonst will er das Angebot zweier Göttinnen ausgeschlagen haben. Mit Stolz verweist er auf seine Ahnen, aber mehr Nachdruck legt er auf die üppige Pracht Ilions: was wird die Tochter des kargen Sparta, die doch des reichsten Schmuckes wert ist, da für Augen machen! Mit Menelaus kann er es schon aufnehmen. Er schildert, welche Qualen er bei Tisch gelitten hat, wenn der bäuerische Gatte mit der schönen Frau zärtlich that, und erinnert sie, wie er beim Wein, einen leichten Rausch heuchelnd, ihr verblümte Liebesgeständnisse, nur ihr verständlich, ins Gesicht gesagt, mit welchem Entzücken er ihre weiße Brust gesehen, ihre Küsse sich von den Lippen der kleinen Hermiona geholt habe, und was der raffinierten Liebeszeichen mehr sind. Er wird immer bringender, schmeichelnder, bittet um eine Nacht. Eine Schönheit wie sie, eine Tochter des Juppiter und der Leda, werde doch nicht so naiv sein, Ehebruch zu scheuen? Spöttisch beruft er sich auf die Vollmacht, welche ihm Menelaus selbst durch seine Abreise gegeben. Habe doch der schlaue Mann ihr beim Abschied ausdrücklich den Gastfreund empfohlen (vgl. Liebesl. II 359 ff.). Ob sie glaube, daß der Tropf sie wirklich zu schätzen wisse? „Wollen wir nicht so dumm sein wie er, so sind wir geradezu gezwungen, die Gelegenheit zu benützen: er führt dich mir ja fast in die Arme. Warum sollen wir die Nacht getrennt auf einsamem Lager verbringen? vereinigen wir uns, dann ist die Nacht heller als Mittag." Er erklärt sich bereit, wenn sie wolle, sie, wie schon einmal Theseus, zu entführen: die Flotte ist zur Stelle, und mit Glanz soll sie ihren Einzug in Troja halten. Wegen etwaigen Krieges soll sie unbesorgt sein: er rühmt die Macht Asiens, seine in der Jugend schon bewiesene Bravour und seine Schützenkunst, besonders aber Hectors Wert, der zahllose Krieger aufwiege. Mit prahlerischer Zuversicht und einer gewissen herablassenden Gnade schließt der psychologisch vortrefflich durchdachte Brief.

Nicht minder ein psychologisches Meisterstück ist die Antwort der Helena. Ebenso hätte eine römische Coquette jener Zeit die An-

träge eines moechus erwidern können. Sie knüpft Punkt für Punkt
an das Schreiben des Paris an. Mit tugendhafter Entrüstung über
die frechen Zumutungen des undankbaren Fremden beginnt sie. Trotz
einer gewissen Freiheit ihres Benehmens halte sie auf ihren Ruf;
Theseus, der sie einmal entführt, habe ihr nur einige Küsse, nicht
ihre Ehre geraubt, und wenn er sich auf ihre Mutter Leda berufe,
so sei er doch noch lange kein Juppiter. Aber daß sie überhaupt
sich auf Verhandlungen einläßt, verrät schon ihre Neigung, sich zu
ergeben. Halb kommt sie ihm entgegen, halb zieht sie wieder zurück.
Wenn etwas sie verführen könne, gesteht sie, so sei es die Person
des Werbers, nicht seine Geschenke. Schon vor Empfang seines
Briefes ist sie für ihn gewonnen gewesen: seine verstohlenen Zeichen
bei Tisch hat sie wohl verstanden. Sie bezeugt ihm geradezu, daß
er schön und verführerisch sei, aber auf das Glück mit ihm verzichtet sie aus Pflichtgefühl: an ihr soll er sich ein Beispiel der Ent-
sagung nehmen. Schade, daß sie ihn nicht früher kennen gelernt
hat, als sie noch frei war; jetzt soll er sie verschonen. Sie stellt sich
ungläubig gegen seine Behauptung, Venus habe sie ihm versprochen,
erklärt sich aber doch durch die Wahl geschmeichelt: sie müßte ja von
Eisen sein, wenn sie ihn nicht liebte. Sie ist nur noch zu uner-
fahren und hat noch nicht gelernt ihren Mann zu betrügen; sie
fürchtet das Gerede der Leute und bittet, daß er sich nichts merken
lasse (abzustehen brauche er ja deshalb nicht). Selbst auf den Spott
über Menelaus geht sie ein: kaum habe sie bei seinen Abschieds-
worten das Lachen halten können. Sie schwankt nur noch zwischen
Furcht vor Entdeckung und Begierde; sie kann sich nicht entschließen:
wenn er sie doch zwingen könnte! der Gewalt würde sie nachgeben.
Aber sie zweifelt an seiner Treue und für den Fall des Krieges auch
an seinem Mut. Einstweilen beantragt sie Fortsetzung des Briefwechsels unter Vermittelung ihrer beiden Zofen.

Der Verfasser des Briefwechsels zwischen Acontius und Cydippe hat sich eng an die erzählende Elegie „Kydippe" des Kallimachos
angeschlossen, welche wahrscheinlich einen Teil des großen Werkes
der Αἴτια ausgemacht hat. Durch seine Combination der erhaltenen
Bruchstücke des griechischen Gedichtes mit der Zug für Zug hieraus
geschöpften prosaischen Epistel des Aristänetus ist es gelungen, den
Inhalt der anmutigen Liebesnovelle ziemlich vollständig wiederher-
zustellen. In ihr ist die Situation der römischen Briefe begründet.

Die Vorstellungen des jungen Acontius sind an das Krankenbett der Geliebten gerichtet, auf welches dieselbe wunderbarerweise geworfen wird, so oft sie im Begriff ist, die Hochzeit mit ihrem früheren Verlobten zu feiern. Diana, bei welcher sie ahnungslos geschworen hat, den Acontius zu heiraten, läßt eben eine Verletzung des Eides nicht zu. Als geriebener und selbstgewisser Werber stellt sich auch dieser Briefsteller dar: er weiß die Vorteile, welche ihm seine List verschafft hat, glücklich auszubeuten, ohne doch dem Zartgefühl des Mädchens allzu nahe zu treten. Er verschanzt sich fast wie Paris hinter Amors Schild, und ist wie dieser entschlossen, sich seiner Beute, mag es gehen wie es will, zu bemächtigen. Eingehend, nicht ohne Lüsternheit, schildert er ihre Schönheit. Er bittet zunächst nur um die Gunst, zur Bestrafung vorgeladen zu werden, will sich Schläge und Fesseln gefallen lassen, und hofft durch seine demütige Ergebung ihr Herz zu rühren. Aengstlich umschweift er ihr Haus und fragt die Dienerschaft, wie die Kranke geschlafen und ob sie Appetit habe. Den glücklichen Bräutigam, der an ihrem Bett sitzen und sich allerhand Vertraulichkeiten erlauben darf, beneidet er heftig. Er pocht auf sein Vorrecht, droht mit dem Zorn der Diana, welche sich bisher mit Warnungen begnügt habe, empfiehlt den Eltern alles zu erzählen, und vergißt auch nicht, sich als Sohn aus guter Familie, als vermögend und sittlich untadelig auszuweisen. Zum Andenken an die merkwürdige Fügung will er bei der Hochzeit im Tempel von Delos einen goldenen Apfel mit entsprechender Inschrift weihen.

Auch Cydippe kann, so unwillig sie scheint, nicht verbergen, daß sie die Neigung des beharrlichen Werbers erwidere; doch versteckt sie ihr Herz hinter der Furcht, durch heftigeren Widerstand den Zorn der strengen Göttin noch mehr zu reizen, die leider auf der Seite des Mannes stehe. Sie schreibt heimlich, während ihre treue Amme vor der Thür Wache hält, damit niemand sie überrasche: kommt jemand, so birgt sie das Blatt in den Busen, um später die Arbeit fortzusetzen. Sie beklagt, daß ihre Schönheit sie in Ungemach gebracht habe: wie ein Schiff, das vom Winde auf die hohe See getrieben und dann wieder ans Land zurückgeworfen werde, leide sie unschuldig unter dem Kampf der beiden Gegner. Wäre sie doch nie oder nicht zu jener Zeit nach Delos gekommen! Und nun ergeht sie sich nach Frauenart in der Erinnerung an jene Fahrt, an ihre Ungeduld, zum Ziele zu kommen, wie sie nach der Ankunft am anderen

Morgen sich gepuzt und, während die Mutter opferte, mit der Amme sich die Sehenswürdigkeiten von Delos betrachtet habe, und wie dann im Tempel der Apfel mit dem verhängnisvollen Eidschwur, durch dessen Lesung sie sich binden mußte, an sie heran gerollt sei, — alles unzweifelhaft aus dem bis ins Kleine schildernden Epyllion des Kallimachos entlehnt. Nur über den listigen Zwang, der ihr angethan ist, beklagt sie sich: gegen sanfte Ueberredung hätte sie weniger einzuwenden gehabt. Wenigstens soll er in seinem eigenen Interesse nun Diana bitten, daß sie das Leben der unschuldigen schone, sie wieder gesund werden lasse. Eingehend und mit Nachdruck versichert sie, daß sie dem Bräutigam an ihrem Krankenbette keine ungebührlichen Freiheiten gestatte, ihm sogar unzweideutig zu verstehen gebe, daß ihre Empfindungen gegen ihn andere geworden seien. Die Bitte des Acontius, sie besuchen zu dürfen, weist sie nur scheinbar ab. Schon aus der Ferne habe er, seinem Namen entsprechend, sie tief genug verwundet. Er werde sie nicht wiedererkennen (so sei sie durch die Krankheit verändert) und vielleicht selbst wünschen, daß Diana sie von ihrem Versprechen entbinde. Freilich habe auch das delphische Orakel auf Befragen über das Mittel ihrer Genesung auf den Wortbruch hingewiesen. So werde er von allen Göttern unterstützt, und darum gebe auch sie sich gefangen. Sie habe der Mutter alles gestanden: das übrige stehe bei ihm.

Der allergrößte Teil dieser Elegie (bis auf die dreizehn ersten Verse) findet sich nur in wenigen späten Handschriften des 15., die letzte Hälfte (V. 144—250) gar nur in einer einzigen florentinischen, und zwar nachträglich von einer Hand des 16. Jahrhunderts, wie es scheint, eingefügt. Auch Maximus Planudes, der nach einer wertvollen Handschrift (spätestens des 13. Jahrhunderts) eine griechische Metaphrase der Heroiden angefertigt hat, führt dieselbe nur bis V. 13 dieses Briefes. Dessen ungeachtet kann dem unbefangenen Betrachter des Inhaltes, des Zusammenhanges und des Stiles kein Zweifel sein, daß diese schlecht beglaubigten Teile in ihrem Hauptbestande (einzelne Interpolationen abgerechnet) zu jenem Anfange gehören und mit ihm ein wohlabgeschlossenes Ganzes ausmachen, und daß sie ebenso wie der vorhergehende Brief des Acontius aus guter Zeit des Altertums von einem Verfasser herrühren, welcher die Kydippe des Kallimachos noch gelesen hatte. Der Verlust ist offenbar dem Umstande zuzuschreiben, daß dieser letzte Brief in einer Urhandschrift den Beschluß eines Bandes machte, der seine letzten Blätter durch Verwahrlosung verloren hat.

Ein verlorenes hellenistisches Epyllion muß auch dem Briefwechsel zwischen Leander und Hero zu Grunde liegen, denn er enthält thatsächliche Züge, welche auch in dem viel späteren Gedichte des Musäus vorkommen und nur aus gemeinsamer griechischer Quelle entnommen sein können. An den „Turm der Hero" bei Sestos knüpfte sich eine Lokalsage, welche Stoff zu einer ätiologischen Erzählung bot: auch Vergil gedenkt einmal (Georg. IV 258 ff.) der rührenden Liebesgeschichte. Es sind zwei rein gestimmte Kinderseelen, welchen die durch den Seesturm ihnen auferlegte Trennung Anlaß zu sehnsüchtigen Briefen gibt: ein kühner Schiffer, der allein die Fahrt nach Sestos hinüber wagt, bestellt sie; gern wäre der Jüngling mit in das Boot gestiegen, wenn nicht ganz Abydos von der Küste zugesehen hätte. Es ist die siebente Nacht, daß das Meer so stürmt. Schlaflos ha! er auf einer Klippe gesessen und nach dem Licht hinüber geschaut, das er zu sehen glaubte. Dreimal hat er sich ausgezogen und zu schwimmen versucht, aber vergebens. Nun entschädigt er sich durch lebhafte Erinnerung an alle Umstände seines ersten wonnigen Besuches. Die Erzählung, welche er hier einflicht, ist von edelster Schönheit. Die Nacht begann, als er das Haus verließ. Mit dem Gewande legte er auch alle Furcht ab. Des Mondes zitterndes Licht gab dem schwimmenden das Geleit, Tageshelle verbreitete sein silberner Glanz über dem Wasser. Tiefe Stille überall, nur das Rauschen der Wellen hörte man und die klagenden Töne der Eisvögel. Das Licht, welches er von weitem erblickt, gibt ihm neue Kräfte: je näher er kommt, desto leichter wird ihm der Weg. Nun sieht er die Herrin als Zuschauerin: er sucht ihr im Schwimmen zu gefallen. Mit Mühe wird sie von der Amme verhindert ihm entgegen in die See zu steigen, dennoch netzt das Wasser ihren Fuß. Nun Umarmung, Küsse, sie reicht ihm von ihren Schultern das Gewand, trocknet sein Haar. Vom übrigen weiß die Nacht und der Turm und das wegweisende Licht. Am Morgen thränenreicher zärtlicher Abschied, die Amme drängt: so lange wie möglich blickt er sich um nach der Geliebten. Bei der Heimkehr kommt er sich wie ein Schiffbrüchiger vor. Nun kehren die Klagen über die Trennung wieder: so nahe und doch unerreichbar. Dauert es aber noch länger, so will er es doch versuchen mit Gefahr des Todes: möge dann seine Leiche drüben angespült werden und sie ihn beweinen. Aber lieber soll sie beten, daß der Sturm aufhöre, nur so lange bis er bei ihr ist. Nachher möge er ihn drüben fesseln, dann will er gern bleiben und vorsichtig die Rückkehr aufschieben. Sobald es geht, will er kommen: sie soll nur das Licht in Bereitschaft halten.

Die Antwort der Hero gibt ihrer holden Ungeduld einen Ausdruck, welcher zu dem letzten verhängnisvollen Wagnis fast herausfordert. Sie schildert lebendig ihren Seelenzustand und ihr ruheloses Gebahren. Kommt die Nacht, so stellt sie das Licht auf den Turm und täuscht die Stunden mit Spinnen. Nur Leanders Namen führt sie während der ganzen Zeit im Munde, frägt die Amme, ob sie wohl glaube, daß er jetzt das Haus verlassen habe, die Kleider ablege, sich salbe. Und jene nickt zu allem, weil sie schläft. Sie schauen aus nach ihm, beten mit zagender Stimme für ihn; bei jedem Geräusch glauben sie, daß er komme. Endlich befällt Schlaf ihre Augen: sie träumt von ihm, glaubt ihn schwimmen zu sehen, fühlt seine feuchten Arme auf ihren Schultern u. s. w. Aber die Freude ist kurz: mit dem Schlaf verschwindet auch er. Einen flüchtigen Vorwurf und Verdacht kann sie nicht unterdrücken: das Wetter sei schon schlimmer gewesen; er scheint ihr vorsichtiger als sonst; wenn seine Liebe nur nicht erkaltet ist, wenn nur nicht eine andere sie, das einfache thrakische Mädchen, verdrängt hat. Aber sie sagt sich selbst, daß sie keinen Grund zu solcher Besorgnis habe. Die Lampe, bei der sie schreibt, spritzt, ein gutes Vorzeichen; die Amme tropft Wein hinein, sagt: morgen werden wir unserer mehr sein, und trinkt. Er soll sich nur getrost aufmachen: Venus wird helfen. Sie möchte ihm halben Weges entgegenschwimmen. Zwischen versteckten Tadel seiner Aengstlichkeit und zärtlicher Besorgnis schwankt sie hin und her bis zum Schluß.

Es ist wahr: diese Briefe könnten knapper und bisweilen einfacher sein. Es fehlt nicht an Wiederholungen und gelehrt-mythologischen Episoden, welche die Wirkung stören. Leander erinnert den Boreas, Hero noch ausführlicher den Neptunus an ihre Liebschaften, um sie milder zu stimmen. Leander spricht etwas umständlich von den Sternen, die dem Schiffer den Weg weisen, während auf seiner Bahn sicherer ein anderes Licht glänze. Aber die Vergleichung mit Musäus lehrt, daß die Keime selbst dieser, eher störenden rhetorischen Ausführungen schon in dem Originalgedicht sich gefunden haben müssen, so daß der Gedanke an Einschaltungen von jüngerer Hand abgewiesen werden muß. Es kann auch nicht zufällig sein, daß Leander mit etwas gesuchtem Witz verspricht, er wolle zugleich sein Schiff, sein Schiffer und sein Fahrgast sein, und Musäus (V. 255) in eben dieselbe Spitze die Leistung des kühnen Schwimmers zusammenfaßt. Daß die schreibenden nicht müde werden, ihren auf- und abwogenden Stimmungen immer neue, bisweilen auch künstliche Wendungen zu geben, ist schon durch die Art dieser rhetorischen Dichtungen bedingt, deren Kunst zum guten Teil gerade in der reichen Erfindung solcher spielenden Lichter, deren Reiz zu nicht geringem Teil in dem Geflimmer und Geflunker besteht, welches zahlreiche Facetten des fein geschliffenen Krystalls ausstrahlen. Es war immer eine der Schwächen Ovids, daß er seinen geistreichen Einfällen nicht widerstehen, das üppige Spiel seiner tändelnden Muse nicht in Schranken halten mochte. Daß diese Doppelbriefe in ihrer Gesamtanlage wie in Einzelnheiten der Manier und des Stiles ovidisches Gepräge tragen, ist zur Genüge nachgewiesen. Aber gewisse Nachlässigkeiten der Versbildung finden nur in späten und spätesten Arbeiten des Dichters eine dürftige Beglaubigung.

Auch zu einem Brief der Sappho bekennt sich Ovid in jener Elegie der Amores, und bezeugt, daß Sabinus ein Antwortschreiben darauf verfaßt habe. Die Situation, der Adressat und der allgemeine Inhalt waren unzweifelhaft dieselben wie in der vorhandenen Elegie. Die lesbische Dichterin erklärt dem Phaon, der in Sicilien weilt, ihre Liebe, teilt ihm mit, daß ihr von einer Najade geraten sei, Heilung ihrer Schmerzen durch einen Sprung vom leucadischen Felsen zu suchen, welcher den Uebergang ihrer Leidenschaft in die Brust des spröden Geliebten zur Folge haben sollte; stellt ihm aber vor, daß es viel richtiger wäre, wenn er freiwillig nach Lesbos zurückkehrte und sie glücklich machte. Der Verfasser, welcher mit den persönlichen Verhältnissen der Sappho gut Bescheid weiß und in ihren Gedichten, wohl aber auch in den entstellenden Klatschgeschichten, welche der Komödie verdankt werden, bewandert war, hat sich eine scharfe, aber sehr unvorteilhafte, ja gemeine Charakteristik der Dichterin angelegen sein lassen. Eine männliche Grobheit, welche ohne Umschweife mit der Sprache herausgeht, mag ja dem Charakter der Sappho nachgesehen werden; die Schreiberin aber entschlägt sich nicht nur jeder weiblichen Zurückhaltung, sondern ist trocken zudringlich und rückt ihrem Opfer mit groben Schmeicheleien zu Leibe. Sie stellt ihn Apollo und Bacchus gleich und erinnert ihn in geradezu schamloser Weise an die Genüsse, welche sie ihm bereits gewährt habe. Um ihn zu rühren, erzählt sie von ihren unglücklichen Familienverhältnissen, von einem mißratenen Bruder, von ihrer Niedergeschlagenheit, von der Verwundbarkeit ihres Herzens, und beschwört den jungen Menschen, der nicht mehr Knabe und noch nicht Jüngling ist, in überschwänglicher Zärtlichkeit, an ihren Busen zurückzukehren, nicht um zu lieben, sondern um sich lieben zu lassen. Nach herkömmlichem Schema schildert sie, wie ihr bei der unerwarteten Nachricht von seiner Abreise (ohne richtigen Abschied) zu Mute gewesen sei, erzählt von wollüstigen Träumen, in welchen er ihr erscheine; wie sie dann am Morgen Grotten und Wald durchschweife, die Plätze aufsuche, wo sie mit ihm zusammen im Grase gelagert habe. Zuletzt ruft sie ihre ganze übel berüchtigte Musenschule, die Schar lesbischer Frauen und Jungfrauen, zu Hilfe: sie sollen machen, daß Phaon wiederkehre, nur dann wird auch ihre Sängerin sich wieder zu ihnen finden. Er aber soll kommen, von Venus und Cupido geführt, oder wenigstens schreiben, damit sie wisse, was sie zu thun habe, und im äußersten Fall sich zu den leucadischen Gewässern begeben könne.

Auch dieser Elegie scheint ein hellenistisches Gedicht zu Grunde zu liegen, welches die lesbische Volkssage mit einer Lokallegende von der Gründung eines Venustempels in Actium durch den Lesbier Phaon verarbeitet hatte. Der römische Verfasser ahmt gewisse Spielereien Ovids in übertriebener Weise nach, und verrät durch Entlehnung eines Ausdruckes von Lucan, daß er nicht Ovid sein kann. Zudem steht der Brief nicht in den guten maßgebenden, sondern in einigen der jüngsten Handschriften, bald am Schluß, bald am Anfang. Nur eine Pariser des 13. Jahrhunderts, in welcher einzelne Verse der Heroiden ausgezogen sind, gibt auch von dem Sapphobrief solche Auszüge, und zwar zwischen der 14. und 16. Epistel: diese Blumenlese scheint aber aus einem Urcodex des 9. oder 10. Jahrhunderts zu stammen. Darnach ist an dem Ursprung des Sapphobriefes aus dem Altertum nicht zu zweifeln, ebensowenig aber daran, daß er erst nach Verlust des echten ovidischen gemacht und in die Sammlung aufgenommen ist.

In der That hat es wenig Wahrscheinlichkeit, daß der alternde,

gebrochene Dichter, welcher die Jugendsünden seiner erotischen Muse
in der Verbannung reuevoll abbüßte und so gern vergessen gemacht
hätte, noch einmal gerade zu den Anfängen seiner Dichterlaufbahn
zurückgekehrt und abermals Liebesbriefe von keineswegs platonischer
Empfindung verfaßt haben sollte. Lag ihm doch die Vollendung
seiner angefangenen großen Werke am Herzen, und mit keinem Wort
gedenkt er überhaupt in den Briefen jener Zeit, auch wo er seine
übrigen Arbeiten erwähnt, der vergessenen Schulübungen. Auch der
ältere Titel heroides verrät, daß die echte Sammlung nur Briefe
von weiblicher Hand enthielt. Ein Grund aber, die Doppelbriefe
zwischen zwei Verfasser zu verteilen, liegt nicht vor. So bleibt nur
die Möglichkeit übrig, daß ein mit Ovids Manier, besonders der
späteren, vertrauter Nachahmer noch in guter Zeit sie verfaßt hat,
und daß sie nach Ovids Tode mit den Heroiden zu einer größeren
Masse unter dem allgemeinen Namen epistolae vereinigt sind.

Für den Zustand der damaligen weiblichen Gesellschaft Roms
ist es interessanter als für die Geschichte der Poesie, daß ein Dichter
wie Ovid sich in der Periode jugendlichen Aufstrebens dazu hergab,
ein Lehrgedicht in elegischen Distichen über weibliche Schönheits=
mittel zu verfassen, gewiß nach einer griechischen Vorlage: doch läßt
sich dieselbe nicht bezeichnen. Der Verfasser, welcher sich an einer
Stelle seiner Liebeskunst (III 205) darauf beruft, nennt es, wohl
scherzend, ein kleines Büchlein, welches ihm in Betracht der darauf
verwandten Sorgfalt als ein bedeutendes Werk gelte. Nur der
Anfang ist erhalten (100 Verse), und auch dieser durch Lücken unter=
brochen. Er gibt eine anmutige Einleitung, welche davon ausgeht,
daß veredelnde Pflege des Rohstoffes im Leben wie in der Natur
von Nöten sei, daß zumal in der verfeinerten Gegenwart, wo selbst
die Männer so viel auf ihr Aeußeres halten, die Weiber alles auf=
bieten müssen, um diesen zu gefallen. Magische Mittel und starke
Gifte werden abgelehnt und als allein dauerhafte Zierde wird die
Reinheit des Charakters gepriesen. Dann aber geht der kundige
Verfasser zu sehr sachlichen und sehr sorglich umschriebenen Recepten
über: wie die Glätte der Haut während des nächtlichen Schlafes zu
pflegen, wie Flecken zu vertreiben seien. Man staunt über den Ernst
und die Ausführlichkeit, womit dergleichen Vorschriften vorgetragen

werben, und wundert sich nicht, daß dem Abschreiber die Geduld ausgegangen ist.

Der Geschmack für das Lehrgedicht war mit der wachsenden Verfeinerung des Lebens, der Genüsse und Liebhabereien gestiegen. Die elegante Welt wollte nach der Kunst essen und trinken, reiten und jagen, Fische und Vögel fangen, Obst und Blumen züchten, spielen und lieben; und wollte auch diese Künste durch litterarische Darstellung anerkannt, gleichsam geadelt wissen. Statt trockener Handbücher, welche die Geheimnisse von Küche und Keller, des Sports und des Frauengemaches lehrten, las man weniger zur Belehrung, als zur Erinnerung und Unterhaltung nicht sowohl gründliche als elegante Schilderungen in Versen, welche sich dem Gedächtnis leicht einprägten und mit Beiwerk aus Sage und Dichtung anmutig verziert sein mußten. Dergleichen sogenannte Artes in Versen gab es u. a. über Würfel-, Brett-, Ball-, Reifenspiel, über Schwimmen und über Schminke, über Gastmähler, über Herstellung von Trinkgefäßen und die dazu erforderliche Erde (Trist. II 471 ff.).

Auch die Liebe ist nach der Auffassung der erotischen Dichter ein Spiel, und zwar das interessanteste. In ihm, wenigstens seiner Theorie, fühlte sich Ovid als Meister. Nachdem er sich durch seine Elegien als solcher ausgewiesen hatte, gab er der Versuchung nach, das Ganze dieser lebens- und seelenvollsten Kunst in einem Lehrvortrage zusammenzufassen, und zwar wie jene Gedichte selbst in elegischer, d. h. in der einmal für Darstellungen der Leidenschaft geschaffenen Form. Jenes Gedicht über weibliche Schönheitsmittel war eine Art Vorstudie dazu gewesen. Unmittelbar darauf entstanden die drei Bücher der „Liebeskunst".

Nicht weit vom Anfang (I 171 ff.) wird an die glänzende Naumachie erinnert, welche „so eben" (2 v. Chr.) Augustus bei der Weihung des Tempels des Mars Ultor veranstaltet hatte, und der Rüstungen zum Partherzuge gedacht, für welchen der jugendliche Caius Cäsar, der Sohn des Augustus, zum Feldherrn ausersehen sei: derselbe ist nach seinem zwanzigsten Geburtstag (1 v. Chr.) nach Syrien abgegangen. Zwischen diese beiden Zeitpunkte fällt also die Abfassung des ersten Buches.

Nicht Phöbus, nicht den Musen, so versichert der Verfasser, verdankt er seine Eingebungen, sondern der Erfahrung. Wirklich beruft er sich auch hier und dort ausdrücklich auf Selbsterlebtes: dennoch ist ein guter Teil seiner Weisheit aus Büchern zusammengetragen. Nicht selten hat er Gemeinplätze der Komödie geschickt verarbeitet, welche auch in der Elegie, dem Epigramm, der Satire, ja selbst bei Lucrez begegnen. So die weiblichen Künste, den Geliebten zu plündern, ihm Geschenke abzulocken, die Vertraulichkeiten und geheimen Liebeszeichen beim Wein, die Lehre von den Schmeicheleien, den beschönigenden Euphemismen, den Beteurungen und falschen Schwüren, von der Beharrlichkeit, der Nachgiebigkeit und Gebuld, von der Kunst sich vermissen zu lassen, von Zerwürfnis und Versöhnung, von der Behandlung der Dienerschaft und des Rivalen. Wer nur beispielsweise die Anweisungen der Kupplerin bei Properz (IV 5), welche ihrer Schülerin geradezu die menandrische Thais als Muster preist, oder die Vorschriften des Priapus bei Tibull (I 4) mit dem Lehrgedicht Ovids vergleicht, wird gewahr, daß alle drei aus gemeinsamer Quelle, nur mehr oder weniger ausgiebig, geschöpft haben müssen. An Schriften über Liebe und Liebesverkehr, mit Lesefrüchten aus der Komödie verbrämt, hat es in der frivolen Litteratur der Griechen so wenig wie in der populär-philosophischen gefehlt. Leitfäden solcher Art wird auch Ovid nicht nur das Gerippe seines Lehrgebäudes, sondern auch manchen Rohstoff (z. B. die aus Hetärenbüchern entnommenen Delicatessen am Schluß des zweiten und dritten Buches) verdanken, welchen er in die zierliche Form seines Werkes gegossen hat.

In der That ist es Thais, deren Geist in diesem Werke herrscht (Heilmittel 385 ff.). Mit jenen lockeren Damen will er es allein zu thun haben, welche als freigelassene ein ungebundenes Leben führen und aus einer Hand in die andere gehen. Mit Nachdruck verwahrt sich der Verfasser gleich im Anfang (I 31 ff.) und auch weiterhin (II 599 ff. III 611 ff.: vgl. Trist. II 245 ff.) dagegen, daß man seine Lehren auf Matronen in bürgerlicher Ehe beziehe: nur von erlaubten Ränken der freien Liebe soll die Rede sein, welcher keine gesetzlichen Schranken gezogen sind. Aber eben dieser Boden, auf welchen er sich stellt, gewährt den leichtfertigsten Grundsätzen offenen Spielraum. Nicht sowohl die Kunst zu lieben als zu verführen wird vorgetragen, und wenn es auch nicht der legitime Gatte ist, der betrogen wird, so gilt es doch den unbequemen „Mann", der im Besitz ist, zu hintergehen, und das Ziel ist nicht die Gründung eines dauernden sittlichen Lebensverhältnisses, sondern der sinnliche

Genuß auf unbestimmte Zeit, so lange es dem einen oder dem anderen Teile gefällt. Mit unverhülltem Realismus erklärt er die geschlechtliche Wollust für das beseligende Princip: seit Entstehung der Welt beherrscht sie alle Geschöpfe, sie heilt allen Schmerz und versöhnt allen Zorn (II 467 ff.). Die Ehe gilt ihm wie der menandrischen Komödie als ein Zustand philisterhafter Langweiligkeit (III 585 f.); die Mitgift der Gattin sind Zänkereien (II 153). Gunst und Hingebung in ehelicher Pflicht ist ihm ein schaler Genuß: der Becher soll überschäumen, Mann und Weib sollen in gleichem Grade aufgelöst sein in trunkener Wonne (II 683 ff.). Sein überreizter Geschmack zieht sogar überreife Altmeisterinnen der Venus unerfahrenen Neulingen vor, wie alten Wein jungem Most (II 693 ff.), während er aus anderem Grunde der Dame einen Veteranen zum Freunde empfiehlt, weil dieser ihr treu bleiben, gelassen und geduldig sein werde (III 565 ff.).

Von der Würde und Gesinnung des weiblichen Geschlechtes hat er natürlich eine niedrige Meinung. Er macht seinen Schülern Mut durch die Versicherung, alle Weiber seien zu haben (I 269 f.): kämen die Männer einmal überein, von jeder Werbung abzustehen, so würden die Weiber den ersten Schritt thun. Gefallen wollen sie alle; jede hält sich für liebenswert und glaubt daher gern den Schmeicheleien und Beteuerungen des Mannes (I 613 ff.). Die unnatürlichen Verirrungen weiblicher Leidenschaft, die dämonische Raserei ihrer Eifersucht wird an einer langen Reihe mythischer Beispiele erläutert (I 283 ff.). Da sie durchweg treulos und betrügerisch sind, so ist es erlaubt, sie in ihrem eigenen Netze zu fangen, Gleiches mit Gleichem zu vergelten. Es ist nur eine schwache Genugthuung, wenn im Eingang des dritten Buches auch eine Anzahl tugendhafter Gattinnen (Penelope Laodamia Alkestis Euadne) gerühmt und bemerkt wird, daß Virtus selbst ein Weib sei. Uebrigens steht es mit den Männern nicht besser (I 739 ff.). Die Freundschaft ist ein leerer Name, eine verschollene Sage. Jeder denkt an die Befriedigung seiner Begier: desto willkommener der Genuß, wenn er auf Kosten des anderen gewonnen wird. Nicht dem eigenen Bruder darf man seine Liebe anvertrauen. Von einer sittlichen Verpflichtung zur Treue ist aber in diesem „Spiel" der Liebe überhaupt nicht die Rede. Es kommt nur darauf an, Entdeckung zu vermeiden (II 389 ff.), schlimmsten Falles den Unschuldigen zu spielen, die Gekränkte am wirksamsten zu versöhnen. Selbst den Nebenbuhler zu entlarven ist geschmacklos; dergleichen bleibe dem Ehemann überlassen (II 595).

Um nicht ganz irre zu werden an jedem sittlichen Halt des Verfassers, muß man sich vergegenwärtigen, daß die Alten nun einmal Pflichten und Unterhaltungen des Lebens weit auseinander hielten, daß es zu den Gesetzen der Kunst gehörte, in der scherzenden Dichtung, zu welcher die erotische gerechnet wurde, dem Ton leichtfertiger Gesinnung und ungebundener Sinnlichkeit die Zügel schießen zu lassen, und die Voraussetzung galt, daß man aus dem prickelnden Uebermut lascicer Phantasiegebilde keine nachteiligen Schlüsse auf Charakter und Grundsätze ihres Schöpfers ziehen werde. Dichtung und Leben wurden als zwei streng geschiedene Gebiete betrachtet. Aber eine solche Trennung war am wenigsten durchführbar bei Lehren, welche mit der überzeugenden Miene der Erfahrung als unmittelbar aus der Beobachtung des täglichen Treibens geschöpfte zum Zweck praktischer Führung vorgetragen wurden. Ein Lehrbuch der Lüderlichkeit (nequitia) von packendem, rücksichtslosem Realismus, berückender Anmut, höchst unterhaltend und geistreich, mußte auf jugendliche Leser und Leserinnen die Wirkung eines süßen, tief eindringenden Giftes machen. Stellt man sich auf den Standpunkt kühler Kunstbetrachtung, so muß man freilich die Feinheit und Schärfe des psychologischen Blickes bewundern, welcher eine solche Summe treffender und wahrer Züge gesammelt, und die Meisterschaft des Pinsels, welcher ihnen diese sprechende Lebendigkeit gegeben hat. Ein echt römisches Colorit ist über das Ganze gegossen. In dem „goldenen" Rom seiner Tage bewegt sich die Darstellung des Dichters, die römische Jugend der Gegenwart steht ihm vor Augen, für sie schreibt er, ihre Sitten und Anschauungen setzt er voraus. Er wünscht sich Glück, gerade in seiner Zeit geboren zu sein: die verfeinerte Cultur der Weltstadt ist ganz nach seinem Geschmack. So verlangt er von seinen Jüngern auch im Aeußeren Sauberkeit und Eleganz, die nur nicht in unmännliche Ziererei ausarten darf (III 101 ff.). Die Frauen sollen zwar nicht mit kostbarem Schmuck überladen sein, aber doch alle Künste der Toilette aufbieten, um wenn nicht schön, so doch untadelig sauber und gepflegt zu erscheinen, Mängel der Natur möglichst zu verbessern oder zu verbergen. Selbst die Anmut des Lachens und Weinens, des Sprechens, des Ganges will gelernt sein (III 281 ff.).

Gleich die Schilderung der Orte und Gelegenheiten, wo sich reiche Auswahl von Schönen bietet, führt mitten in römisches Leben hinein. Man durchstreift die öffentlichen Spaziergänge, die Fora, findet besonders ergiebige Jagd in den Theatern, im Circus, in der Arena der Gladiatoren. Wie Ameisenzüge oder Bienenschwärme drängen sich die Mädchen zu den öffentlichen Spielen, und zwar in ihrem besten Staat: „sie kommen zu sehen, kommen sich sehen zu lassen" (I 99). Man nimmt Platz auf den Sitzreihen, dicht gedrängt an die Seite einer reizenden Nachbarin. Leicht knüpft sich eine Unterhaltung an. Man frägt nach dem Herrn der Pferde, die rennen sollen, nimmt dieselbe Partei, klatscht, wenn bei dem feierlichen Aufzug, der vorangeht, das Bild der Venus vorübergetragen wird. Man klopft die Staubkörnchen weg, die auf den Schoß der Dame gefallen oder auch nicht gefallen sind; man hebt ihr Gewand, wenn es auf dem Boden schleppt, beflissen und nicht ohne Absicht in die Höhe, weist den Hintermann zurecht, welcher ihrem zarten Rücken mit seinem Knie unbequem wird, legt das Sitzkissen zurecht, fächelt, schiebt das Bänkchen unter den kleinen Fuß. Ein Triumphzug gibt Gelegenheit zu gefälligen Erklärungen und Antworten auf wißbegierige Fragen, auch wenn man selber nicht recht Bescheid weiß (I 139 ff.: vgl. Am. III 2). Man sieht den beharrlichen Bewerber auf der Straße an der Sänfte der Erwählten vorüberstreifen, im Porticus ihren Schritten vorangehen, dann wieder folgen, halb eilig, halb langsam, im Theater von fern ihr mit Augen und Händen Zeichen geben (I 487 ff.). Wir blicken in das Toilettenzimmer der Dame, sehen die ungeduldige beim Frisieren ihren Unmut an der armen Kammerjungfer auslassen, überraschen die kahlköpfige, die sich in der Eile die blonde Perrücke von germanischem Haar verkehrt aufgesetzt hat (III 237 ff.). Ist sie aber zugänglicher Stimmung, so nimmt die bestochene Zofe die Gelegenheit wahr, das Feuer zu schüren. Sie läßt zu der Herrin, welche durch Untreue ihres Mannes gekränkt ist, ein Wort der Teilnahme fallen, spricht von verdienter Vergeltung und streicht dabei den neuen Verehrer heraus (I 351 ff.). Nicht an Festen, wo das Herz hoch schlägt, sondern an stillen beschaulichen Tagen, wo sich Langeweile oder ein unbestimmtes Verlangen nach Vergnügen oder Aufregung einstellt, soll er die erste Annäherung versuchen (I 437 ff.). Am rätlichsten ist schriftliche Werbung voller Schmeicheleien und Versprechungen: sie kosten nichts und halten länger vor als Geschenke. Hübsch, obwohl nach bekannten Mustern, weiß der Dichter zu erzählen von der weiblichen Kunst den Liebhaber zu plündern. Ein Kaufmann kommt und breitet seine Waren aus: sie bittet dich dieselben anzusehen, um deinen Geschmack zu prüfen, bringt dich durch Küsse und Bitten dahin etwas zu kaufen: sie brauche es gerade, es sei so preiswürdig, damit werde sie viele Jahre zufrieden sein. So oft es ihr paßt, feiert sie ihren Geburtstag, oder sie lügt dir unter Thränen vor, sie habe ihren Ohrring verloren. Geliehenes gibt sie nie wieder, und du hast nicht einmal Dank davon (I 421 ff.).

Es ist bezeichnend, daß Ovid von seinen Schülern beider Geschlechter feinere Geistesbildung verlangt (II 111 ff.). Der junge Mann soll beide Sprachen beherrschen, soll bedenken, daß Ulixes, ohne schön zu sein, durch den Zauber seiner Rede Kalypso gefesselt hat. Die Briefe, welche man wechselt, sollen gut stilisiert sein, ohne Declamation, einfach, geschmackvoll, im Plauderton. Gedichte verlangen guten Vortrag (II 283 f.), der verstoßte Poetaster wird wohl thun seine Schriften für sich zu behalten (II 508). Von den Weibern wird Musik, Belesenheit in griechischen und römischen Dichtern der Mode, wie Kallimachus Philetas Anakreon Sappho Menander Properz Gallus Tibull, erwartet (selbst Varro der Ataciner und Vergils Aeneis wird genannt, auch sich selbst vergißt Ovid nicht, aber von Horaz ist nicht die Rede); ferner Virtuosität in Tanz und Spiel mannigfacher Art (III 311 ff.).

Der Dichter selbst, da er für besonders fein gebildete Leser schreibt, gefällt sich in der „Liebeskunst" wie in dem Nachtrage zu ihr, in den „Mitteln gegen die Liebe", in nachlässig spielender Weise seinen Sätzen Beispiele und Belege aus den Schätzen der Poesie und Kunst wie leicht hingeworfene Vignetten beizufügen. Die Gestalten der Sage sind ihm lebendig von der Bühne her, aus den Werkstätten der Maler und Bildhauer, und er gibt auch der eigenen Phantasie Freiheit, die Linien der Dichtung weiter auszuführen, Götter und Helden in die profane Beleuchtung der Wirklichkeit zu rücken. Wenn er davor warnt, über weibliche Schönheit bei trügerischem Kerzenlicht zu urteilen, beruft er sich auf Paris, der am hellen Tage unter freiem Himmel die Göttinnen geprüft und der Venus den Apfel erteilt habe (I 247 f.). Von der Unterhaltung des Ulixes mit Kalypso weiß er mehr als Homer zu erzählen: wie jener der schönen

Nymphe am Meeresstrand, um ihr das Abenteuer mit Rhesus zu erläutern, einen Situationsplan in den Sand gezeichnet habe, bis eine Meereswelle alles wegspülte. Und diesen Wellen willst du dich anvertrauen, sagte sie, welche so gewaltige Namen, wie du siehst, so eben verschlungen haben? (II 123 ff.).

Ein willkommener Stoff für den mutwilligen Erzähler war die Buhlschaft des Mars mit Venus und die beschämende Schaustellung des Liebespaares durch Vulcanus (II 561 ff.). Der bekannten Erzählung der Odyssee (8, 266 ff.) fügt er den komödienhaften Zug hinzu, daß Venus sich mit ihrem Buhlen über Hände und Füße ihres Gatten, des Schmiedes, lustig gemacht und seinen hinkenden Gang anmutig nachgeahmt habe. Er nimmt Partei für die schöne Sünderin, stellt den Sonnengott, den Verräter, zur Rede, daß er sich nicht lieber von der Göttin habe bestechen lassen, und mißbilligt das Verfahren Vulcans: derselbe habe es später selbst bereut, denn das einmal ertappte Paar habe es seitdem nur schamloser getrieben. Ueberhaupt geht der leichtfertige mit Homer ziemlich frei um. Die Abschiedsrede der Circe (Heilm. 261 ff.) von Ulixes ist teils der Kalypso, teils der Dido entlehnt. Ebenso ist der Streit um Briseis (Heilm. 467 ff.) frei ausgeführt. Dem Schwur Agamemnons, diese nicht berührt zu haben (Heilm. 777 ff.), glaubt der Verfasser einfach nicht. Von Leander weiß er, daß derselbe oft, wenn er auch nicht gerade besondere Sehnsucht nach seiner Hero empfunden habe, nur um ihr seinen Mut zu beweisen, übers Meer geschwommen sei (II 249 ff.). Mit Humor wird der Mannhaftigkeit gedacht, welche der junge Achill in Mädchenkleidern auf Skyros bewiesen, und wie gern sich die Königstochter seine Huldigungen habe gefallen lassen (I 679 ff.).

In spöttisch lüsternem Tone führt der Dichter den widerwärtigen Mythus von der Pasiphae aus (I 289 ff.): Gallus scheint ihn in einer seiner Elegien nach hellenistischem Muster erzählt zu haben (vgl. Vergil Ecl. VI 47), und zu einem solchen stimmen die kleinlichen Züge, mit denen Ovid ihn ausstattet. Erotische Verwandlungssagen, auf die er bald zurückkommen sollte, lagen ihm neben homerischen und tragischen Stoffen von jeher nahe: während Byblis Myrrha Scylla hier nur angeführt werden, wird zur Warnung für eifersüchtige die rührende Geschichte der Procris bereits ausführlich erzählt (III 686 ff.: vgl. Metam. VII 795 ff.). Wie zur Ergänzung der Liebesklage, welche Phyllis in dem oben erwähnten Briefe an ihren Demophon richtet, schildert der Dichter später (Heilm. 591 ff.) ihren Kummer und ihr trauriges Ende. Ueberhaupt schweben ihm Figuren und Motive der Heroiden noch vor (II 353 ff.): Penelope Laodamia Oenone Ariadne Phädra, der einfältige Menelaus, welcher bei der Abreise den Verführer seiner Gattin als Gastfreund zurückläßt.

Als Urbilder langweiliger Traurigkeit galten dem lebensfrohen Dichter, gewiß von der Bühne her, Tecmessa und Andromache (III 517 ff.): er kann sich nicht vorstellen, daß jene zu ihrem gestrengen Herrn jemals „mein Schatz" gesagt oder dergleichen Liebkosungen gewagt habe. Bildlichen Typen folgt er, wenn er Andromache als Beispiel übermäßiger Größe anführt (II 643 ff.), wenn er weiß, daß der Briseis wegen ihrer weißen Hautfarbe ein schwarzes, der Afrikanerin Andromeda dagegen ein weißes Kleid am besten gestanden habe (III 189 ff.), wenn er auf Laodamia und Jole als Modelle für gewisse Frisuren hinweist (III 138. 155 f.). An die Venus des Apelles, an die Myronische, welche eben dem Bade entstiegen sich die Haare trocknet, wird erinnert (III 401 f. 219. 224). Höchst anschaulich ist die Episode von Bacchus, der mit seinem Gefolge nach Naxos kommt, um Ariadne heimzuführen (I 527 ff.). Man glaubt ein Gemälde zu sehen, ähnlich dem, welches Catull (64) mit so satten Farben ausgeführt hat, aber doch eigentümlich: unter dem Schwarm von Bacchen und Satyrn den trunkenen Silen auf seinem Esel, den er vorüberschwankend mit der Gerte antreibt, während die junge übermütige Schar den Alten verhöhnt; den goldenen, mit Tigern bespannten Wagen des Bacchus: der Gott ist herabgestiegen und hält die arg erschrockene Ariadne, die vergeblich zu fliehen suchte, in seinen Armen. Eine Art Gegenstück bietet der Raub der Sabinerinnen, der als weitleuchtendes Beispiel der Eroberungen, zu welchen die öffentlichen Spiele von jeher Anlaß gegeben haben, gleich an den Anfang gesetzt ist (I 101 ff.). Mit übermütigem Behagen wird die Verwirrung der geraubten Frauen geschildert, und den rauhen Kriegern, welche die sich sträubende Beute in ihren Armen tragen, ein frecher Trost in den Mund gelegt. Wer diese mutwillige Episode mit dem biederen Bericht des Ennius im ersten Buch seiner Annalen vergleichen konnte, wird gewiß einen ähnlichen Abstand zwischen beiden Dichtern empfunden haben, wie

Ovid zwischen den Zeiten des Romulus und der Gegenwart zeigen wollte, indem er den Circus von jetzt und von damals vor Augen führte.

Von den drei Aufgaben, welche dem Eingang zufolge (I 35 ff.) der junge Mann nacheinander zu lösen hat, bilden die beiden ersten, nämlich den Gegenstand seiner Liebe zu finden und die Erwählte zu gewinnen, den Inhalt des ersten Buches; die dritte, den Besitz zu behaupten, füllt das zweite Buch. Vielleicht war es zunächst nur auf diese beiden Bücher abgesehen: ja es heißt am Ende des zweiten (V. 733) geradezu: „das Werk ist beendigt." Der Verfasser fordert von der dankbaren Jugend seinen Lohn, Palme, Myrtenkränze, Ruhm, und so oft es einem gelinge, mit den verliehenen Waffen eine Amazone zu besiegen, soll er auf die Spolien schreiben: „Naso war mein Lehrer." Da geht es im letzten Distichon noch einmal an: „siehe da, die Mädchen bitten mich um Anweisungen: ihr sollt mich im nächsten Buch beschäftigen." Und so dreht das dritte den Spieß um und lehrt die Weiber, wie sie die Männer zu behandeln haben. Als eine Art Nachtrag kennzeichnet es schon am Schluß die dem zweiten entsprechende Aufforderung an die Mädchen, ihrem Lehrer die gleiche Inschrift zu widmen. In seinem ersten Teil ist es gleichsam eine Ergänzung des Gedichtes von den Schönheitsmitteln, worauf es sich auch geradezu bezieht (205 ff.); denn es gibt eingehende Vorschriften über alle Künste der Toilette, über Frisur, Körperpflege, Kleidung und die Mittel, gewisse Mängel der Erscheinung zu verbessern oder zu verbergen. Uebrigens sind die Lehren dieses Buches noch viel unverantwortlicher als die vorhergehenden, indem der Verfasser zum schnöden Kuppler wird und geradezu darauf ausgeht, noch unschuldige Seelen zu vergiften. Er bleibt nicht bei der harmlosen Kunst zu gefallen stehen, welche wohl wenigen ein Geheimnis war. Nachdem er sich hierüber ausführlich verbreitet hat, folgen die ruchlosen Vorschriften (467 ff.), welche unschwer auf eheliche Verhältnisse zu übertragen sind, wie die Werbung des neuen Liebhabers hinter dem Rücken des alten aufzunehmen und wie der neu geschlossene heimliche Bund zu unterhalten sei. Mit Entrüstung wird der Versuch, eine Freigelassene zu hüten, abgewiesen und der Betrug als berechtigte Notwehr empfohlen (615 ff.). Die Damen werden mit dem Feldherrn verglichen, welcher jedem Offizier nach seinen Fähigkeiten den richtigen Posten anzuweisen versteht: so sollen auch jene ihre Anbeter jeden nach seinen besonderen Gaben zu ihrem Nutzen zu verwenden wissen (525 ff.).

Manche Punkte, die bereits in den beiden ersten Büchern, besonders im zweiten, eingehend genug behandelt waren, kehren hier, von der anderen Seite angesehen, in veränderter Form wieder. Noch einmal werden den Schönen öffentliche Spaziergänge und Lokale (zum Teil freilich andere als im ersten Buch) zum Besuch empfohlen. Geschniegelte Zierbengel werden hier wie dort zurückgewiesen, zweimal wird über den Stil der Briefe gesprochen, zweimal über den Wert von Versen und Dichtern, beidemal wird empfohlen, die Glut des anderen bisweilen durch Kälte, Versagung, Zwist und darauf folgende Versöhnung zu schüren, beidemal werden die verschiedenen Altersstufen der oder des Geliebten nach den Annehmlichkeiten, welche jede bietet, abgewogen; der Liebhaber wird vor Freunden gewarnt als möglichen Nebenbuhlern, das Mädchen vor Freundinnen; beiden Teilen wird der Rausch beim Gelage widerraten, und das zweite wie das dritte Buch schließt mit den wollüstigen Geheimnissen der Kunst zu genießen.

Kein Wunder, daß diese pikanteste Frucht des ovidischen Geistes von allen gleichgestimmten Seelen mit Entzücken aufgenommen wurde. Die lieblich rollenden, glatten und geschmeidigen Verse, die silberklare, süß plaudernde Sprache mit den feinen Abstufungen des Tons, die übermütige Laune, welche mit dem schlüpferigen Stoff spielt wie ein Springbrunnen, der eine schillernde Glaskugel hebt und sinken läßt, — ein wahres Kleinod der Frivolität, in dessen Genuß sich die leichtsinnige Jugend berauschen mochte. Den Verfasser selbst berauschte der zweifelhafte Ruhm. Er verglich sich mit Vergil: ebensoviel als diesem das Epos, verdanke ihm die Elegie (Heilm. 395 f.). Ernstere freilich nahmen an dieser „scherzhaften" Muse Anstoß, und tadelten ihre Frechheit (361 f.). Er aber erklärte diese Kritik für schmähsüchtigen Neid eines Zoilus, und fühlte sich in seinem Selbstgefühl nur noch mehr gehoben (389 ff.). Eine Palinodie wenigstens war es nicht, welche er zunächst in den „Heilmitteln der Liebe" den Lesern vorlegte, wenn auch ein gewisses Gefühl des Unbehagens und des unsicheren Gewissens ihn zu dieser Arbeit getrieben haben mag. Sie ist ihm daher auch nur zum kleineren Teil gelungen. Es ist dieselbe Manier, aber schon ausgetreten, bisweilen geschwätzig mit einem Stich ins Alberne. Er will den Unglück-

lichen und den Betrogenen helfen, welche an verderblicher, hoffnungs=
loser Leidenschaft zu Grunde gehen, will vorbeugen, daß sie nicht in
der Verzweiflung sich erhängen oder erstechen, will ihnen die Mittel
angeben, sich von ihrer Krankheit zu befreien. Die Liebe soll ein
Spiel bleiben: wenn sie blutiger Ernst wird, hat Amor nichts mehr
mit ihr zu schaffen. Von diesem selbst hat er sich Vollmacht zu
seinem Werke geben lassen. Auch ist er dem schlafenden erschienen,
um ein besonders heilsames Mittel anzugeben (559 ff.). Ein an=
deresmal wird sogar Phöbus berufen, um die Ratschläge des Ver=
fassers zu bestätigen (704 ff.), wie er schon in der „Liebeskunst" zu
besonderer Offenbarung als Seher in vollem Ornat aufgetreten ist
(II 493 ff.). Der Gegensatz so feierlicher Einführung zu den pro=
fanen Lehren, welche hierdurch geheiligt werden sollen, erhöht die
scherzhafte Stimmung.

Auch die „Heilmittel" beruhen zum Teil auf gereifter Er=
fahrung und ererbter Weisheit. Ebenso treffend als vorzüglich durch=
geführt ist z. B. gleich zu Anfang (135 ff.) die Warnung vor dem
Müssiggang als der gefährlichsten Quelle der Liebeskrankheit. Das
gleichlautende Selbstbekenntnis Catulls am Schluß seiner berühmten
sapphischen Ode beweist, daß hier ein Gemeinplatz der Erotik zu
Grunde gelegt ist, welchen auch die Komödie längst verwendet hatte.
Hieran sind Ratschläge geknüpft, wie sich der Leidende beschäftigen
könne: als Anwalt vor Gericht, als Soldat im Partherkriege, der
gerade im Gange ist, als Landwirt (dessen Arbeiten und idyllische
Freuden mit vergilischen und tibullischen Farben anmutig geschildert
werden), durch Reisen. Mit guter Kenntnis des menschlichen Herzens
gedenkt der Dichter der Selbsttäuschungen und Vorwände, mit denen
solche Patienten ihre Zögerung oder ihre vorzeitige Rückkehr zu be=
schönigen lieben, und der Folgen, welche daraus entstehen. Wie
durch Ausdauer und Consequenz die Geliebte gewonnen wird, so
kann man sich durch dieselben Mittel auf kaltem Wege von ihr be=
freien (491 ff.). Man soll sich alles vorstellen, was einen drückt
und bekümmert, um die Gedanken abzulenken (559 ff.), und eben
das schreibt in jener feierlichen Weise Amor selbst vor. Man soll
die Einsamkeit meiden, geselligen Verkehr suchen, einen Busenfreund
an seiner Seite halten, aber nicht mit Verliebten umgehen, weil sie
anstecken. Jede auch zufällige Begegnung mit der ehemals Geliebten
ist natürlich zu meiden: sie reißt die Wunde von neuem auf. Auch

den Angehörigen, dem Gesinde geh' aus dem Wege: erkundige dich ja nicht nach dem Befinden der alten Freundin, laß dich auch in keine Erörterungen über die Ursachen des Bruches ein. Die eben geliebte zu hassen ist brutal, ihr als Feind gegenüberzutreten ist häßlich und zugleich gefährlich. Mancher Prozeß hat ein entzweites Paar wieder zusammengeführt. Eine Gerichtsscene aus dem Leben veranschaulicht die Gefahr (663 ff.). Der Mann steht als Kläger vor dem Richter, die Dame, die zum Termin geladen ist, tritt aus ihrer Sänfte hervor. Der Gatte verstummt, waffenlos sinkt er ihr in die Arme und erklärt sich für besiegt. Alle Tapferkeit muß man zusammennehmen, wenn man durch Zufall mit der alten Geliebten zusammengeführt wird. Man hüte sich, ihre Briefe wieder zu lesen, sondern werfe sie ins Feuer, man entferne ihre Bilder, meide alle Stätten der Erinnerung als wahre Klippen. Der Besuch des Theaters ist zu vermeiden: Musik und Tanz, Darstellung von Liebespaaren regt die Sinne auf. Vollendet ist die Heilung, wenn der Genesene es über sich vermag, an der Schwelle der Geliebten vorüberzugehen und den Nebenbuhler zu grüßen, ja zu küssen.

Fast lächerlich dagegen sind andere Ratschläge (299 ff.). Man soll sich nicht nur die Charakterfehler und Sünden der Geliebten lebhaft vor Augen stellen, sondern sich auch körperliche Fehler derselben vorlügen, und dieses Mittel will der Verfasser selber mit Erfolg angewendet haben. Wie fest die Topik auch auf diesem Gebiete ausgebildet war, zeigt sich an der Wiederholung mancher dieser Gemeinplätze. Im Eingang des dritten Buches der Liebeskunst (35 ff.) nennt der Dichter eine Anzahl Heroinen, welche von ihren Geliebten verlassen worden sind: Ursache ihres Unglückes sei eben ihre Unerfahrenheit in der Liebe gewesen. In den „Heilmitteln" (55 ff.) rühmt er sich wieder in einer Kette von Distichen, daß eine Reihe tragischer Liebesschicksale gar nicht passiert sein würde, wenn die Unglücklichen in der Lage gewesen wären, seiner Ratschläge sich zu bedienen. Die Lectüre derselben Dichter, welche in der „Liebeskunst" (III 329 ff.) von den Damen gefordert wurde, wird hier (759 ff.) dem liebeskranken Manne widerraten. Gewisse biätetische Vorschriften kommen hier (795 ff.) wie dort (II 415 ff.) vor. Ein Gegenstück zu den bekannten Euphemismen, welche im zweiten Buch der Liebeskunst empfohlen werden, bilden die boshaften Entstellungen, in welchen der Patient sich üben soll: die schlanke soll ihm für mager, die gewandte für frech gelten u. f. w. (323 ff.). Er soll veranlassen, daß sie ihre Mängel zeige: hat sie schlechte Zähne, so soll er sie zum Lachen reizen, hat sie keine Stimme, so soll er sie singen lassen. Er soll sie früh morgens unangemeldet bei der Toilette, bei ihren Büchsen überfallen (wieder ein Gegenstück zu der entgegengesetzten Warnung in der „Liebeskunst"). Immer tiefer steigt der Ratgeber. Es läuft darauf hinaus, daß der Liebhaber, der geheilt sein will, in jeder, auch der häßlichsten Weise bemüht sein soll, sich die Geliebte moralisch und physisch zu verleiden, ja zu verekeln (399 ff. 539 ff.).

Es war hohe Zeit, daß der begabte Dichter sich von diesen lüsternen Spielereien lossagte und ernsteren Arbeiten zuwandte. Properz hatte, wie wir sahen, nach dem Beispiel des Kallimachus einen Kranz ätiologischer Elegien begonnen, welche die an bestimmte Oertlichkeiten Roms gebundenen Legenden erzählten und die von Augustus so gern gepflegte Erinnerung an die heimische Vorzeit erneuern sollten. Nachdem die Verbesserung des Kalenders durch den Dictator Julius Cäsar (708) und die ergänzenden Anordnungen des Augustus (746) der römischen Jahresrechnung wieder festen Boden gegeben hatten, wurde auch die öffentliche Teilnahme an den Fragen über Bedeutung und Ursprung der verschiedenen Gebräuche und Feste, welche sich an bestimmte Gedenktage knüpften, neu belebt. Unmittelbar vorbereitend und grundlegend waren jener Reform die Forschungen Varro's vorausgegangen (707), welche in dessen umfassendem Werke über römische Altertümer niedergelegt waren und mit dem bestimmten Zweck, dem Verfall der Staatsreligion entgegenzuarbeiten, gerade den mannigfachen Formen und Anlässen des Gottesdienstes auf den Grund gingen. Dasselbe war daher auch Cäsar als Pontifex gewidmet worden. Dem öffentlichen Bedürfnis genügten steinerne Tafeln, in welche die einzelnen Tage des Jahres mit ihren Namen und Kalenderzeichen und den nötigsten orientierenden Zusätzen eingegraben waren. Dergleichen fasti waren in der Hauptstadt und in den latinischen Municipien, deren Einwohner in regem Verkehr mit Rom standen, öffentlich ausgestellt. Besonders sorgfältig gearbeitet und reich mit historischen Bemerkungen ausgestattet waren die noch in sehr stattlichen Resten (von den vier ersten

Monaten und dem Dezember) erhaltenen Fasten, welche der Leiter der kaiserlichen Prinzenschule, der ausgezeichnete Philolog Verrius Flaccus an einer Marmorwand in der Nähe des Forums seiner Geburtsstadt Präneste einmeißeln ließ. Es wird angenommen, daß dieses Werk in seinem Hauptbestande während des Jahrzehntes von 752—763 vollendet ist, während Zusätze von späterer Zeit noch in die Regierungszeit des Tiberius hineinragen, in welcher Verrius hochbetagt starb. Es war das Ergebnis selbständiger Forschung, welches vorher in grammatisch=antiquarischen Schriften des Verfassers im Einzelnen begründet, vielleicht auch in einem bequemen Handbuch zusammengefaßt worden war.

Eine Schrift solcher Art, mag sie nun Verrius oder der mit Ovid nahe befreundete Bibliothekar Hyginus oder ein anderer verfaßt haben, wird dem Dichter als Leitfaden gedient haben, als er etwa um das Jahr 755 unternahm, einen poetischen Commentar zum römischen Kalender zu schreiben, und zwar nach dem Muster des Kallimachus und Propertius in elegischen Distichen. Natürlich reizten ihn nicht die gelehrten Probleme, auch die Beförderung der Frömmigkeit lag ihm wenig am Herzen: aber die Fülle der Bilder aus dem gegenwärtigen Volksleben und der Legenden aus der nationalen Vorzeit bot dem Darsteller und Erzähler einen lockenden Stoff. Zwar mußte einem Werke dieser Art der Mittelpunkt fehlen, um welchen sich die Masse künstlerisch gruppierte. Statt einer abgerundeten einheitlichen Composition bot sich eine lange Reihe einzelner Stücke, die ohne inneren Zusammenhang nur äußerlich aneinanderzuknüpfen waren. Aber diese Form eines poetischen Lehrvortrages war nun einmal beliebt und durch berühmte griechische Muster bewährt. Die Abwechslung in Ton und Inhalt, welche der bunte Stoff froher und finsterer Tage, heiterer und ernster Erinnerungen mit sich brachte, und die Gelegenheit, die Kunst des Erzählens und Schilderns in einer bunten Reihe kleiner Muster bewährt zu sehen, entschädigte für jenen Mangel. Man wollte angenehm unterhalten sein und die verwöhnte Zunge an fein zubereiteten Delicatessen letzen, die in kleinen Bissen genossen werden konnten. Wie Vignetten einen Text begleiten, bald ausführend, bald andeutend, bald auch auf Naheliegendes anspielend oder abschweifend, so begleitet hier der poetische Text in einer Reihe wechselnder, in Ton und Stil verschiedener, bald flüchtig hingeworfener, bald breit angelegter Bilder die dürren Daten des

Kalenders. Der Verfasser bedenkt sich nicht, auch ganz bekannte Geschichten von neuem zu erzählen, besonders wenn sie entweder patriotischen oder erotischen Inhaltes sind.

Das Werk war seiner Natur nach auf einen großen Leserkreis berechnet, wie der Jahreskreis die Interessen aller umschließt: daher der volkstümliche, zum Teil naive Ton der Darstellung. Aber über allem schwebt die Majestät Roms und seines Herrscherhauses. Die hehre Maiestas, die Tochter des Honos und der Reverentia, hat, wie Polyhymnia bezeugt (V 11 ff.), Ordnung und Achtung vor dem höheren erst unter den Göttern, dann auch im Staate der Menschen eingeführt, und das gegenwärtige Regiment gilt dem ergebenen Bürger für das höchste Muster.

Die bedeutende Arbeit sollte dem Augustus gewidmet sein (Trist. II 551). In einer kurzen Ansprache (Fast. II 15—18) empfiehlt er dieselbe der gütigen Beachtung des Fürsten, dessen Ruhmestitel in ihr mitverzeichnet sind. Er hat denn auch die Anlässe zu Huldigungen, welche die Gedenktage seines Kalenders boten, reichlich ausgenutzt. Wie viel ihm an der Verherrlichung des Herrscherhauses lag, zeigt die nachdrückliche Anrede an den Abkömmling der Venus im Eingang des vierten Buches (19 ff.) und die sonst wenig anziehende Aufstellung des Stammbaumes von den troischen Urzeiten her durch die Reihe der latinischen und albanischen Könige hindurch. Hier wie im folgenden (63 ff.), wo er sich in gelehrter Aufzählung griechischer und trojanischer Einwanderer und Ankömmlinge in Italien verliert, werden ihm wohl die Aufzeichnungen seines Lehrers Hyginus, der von Alexander Polyhistor vielfach abhängig selbst „über trojanische Familien" geschrieben hat, gute Dienste geleistet haben. Er ergreift jede Gelegenheit, seiner Hingebung an das julische Haus den vollsten Ausdruck zu geben. Nicht nur die Kalenderreform des Julius Cäsar an sich wird gepriesen, sondern die Herablassung jenes Gottes zu solcher Aufgabe: „er wollte den ihm verheißenen Himmel vorher kennen lernen, nicht wie ein Fremder in ein unbekanntes Haus einkehren" (III 155 ff.). An seinem Todestage ergreift Vesta das Wort, um zu erklären, daß sie ihren Priester den Händen seiner Mörder entrissen und nur seinen Schatten zurückgelassen habe. Seine Apotheose und die Rache, welche sein Erbe an den Verschwörern vollzogen hat, wird gefeiert (III 697 ff.). Von den Ehrentagen des letzteren wird (vom Februar an) keiner vergessen, nicht einmal das glückliche Gefecht, welches der junge Octavian (711/43) in der Nähe von Mutina geliefert hat (IV 627 f.), und kurz darauf die Annahme des Imperatortitels (IV 673 ff.). Vor dem Glanz des götterwürdigen Beinamens Augustus erbleichen alle übrigen (I 588 ff.). Der „Vater des Vaterlandes" (seit dem 5. Februar 752) wird mit Romulus verglichen, und der siegreiche Beherrscher des Erdkreises, unter dessen milder Hand die Gesetze gedeihen und die Heiligkeit der Ehe wieder hergestellt ist, weit über den gewaltsamen Gründer der Stadt erhoben (II 119 ff.). Noch einmal, am Weihetage des Tempels für Mars Ultor (12. Mai 752), wird der Rächer Cäsars verherrlicht (V 547 ff.), und auch die Sühne der parthischen Niederlage des Crassus durch Auslieferung der Feldzeichen wird zweimal zum Ruhme des Herrschers verzeichnet (V 579 ff. VI 465 ff.). Zum Lohn für die Erhaltung der Gotteshäuser, welche sich Augustus angelegen sein läßt, mögen die Himmlischen ihm soviel Jahre schenken, als er ihnen durch seine fromme Fürsorge gesichert hat (II 59 ff.). Als pontifex maximus (seit 742.12) ist er der würdige Nachfolger des Aeneas und Nachkomme der Vesta, deren Feuer er hütet (III 419 ff.). Die Errichtung der porticus Livia (747) auf der Stelle eines ererbten colossalen Palastes gibt Gelegenheit, Augustus als Muster bürgerlicher Gesinnung hinzustellen (VI 639 ff.). Endlich wird auch seiner edlen Verwandten gedacht (VI 802 ff.).

Gerade mit diesem Werk glaubte der Dichter, nachdem er der leichtfertigen Erotik seiner Jugend entsagt hatte, seiner Pflicht gegen das Vaterland zu genügen, nicht weniger als wenn er Waffen trüge und in den Krieg zöge (II 3 ff.); und daß er der erste war, welcher sich an solche Aufgabe als „Ordner des römischen Jahres" wagte, läßt sich wohl aus der hochtönenden Anrede entnehmen, mit der ihn Juno beehrt (VI 21). In anderer Form als die nachgerade veralteten Annalen des Ennius, nach neuerem Geschmack zugerichtet sollten doch auch die Fasten der römischen Nation ein Gedenkbuch bieten, auf dessen losen Blättern sie lebendige Bilder aus ihrer Kindheit und Jugendzeit verzeichnet fände. Nicht mit dem breiten Nachdruck und der gewissenhaften Vollständigkeit des epischen Sängers, sondern im leichteren Ton des unterhaltenden Erzählers, der bekannteres nur skizziert, anderes dagegen nach Gefallen neu und farbiger ausmalt, werden jene alten ehrwürdigen Geschichten aus der Zeit des Euander Aeneas Romulus und der folgenden Könige,

manche auch noch aus späterer Zeit, vorgetragen, abgebrochen, bald
hier bald da ein Stück, zurück- oder vorgreifend, bisweilen auch
wiederholend. So wird z. B. die Sitte der Lupercuspriester, nackt
umherzulaufen, von einem Jugendabenteuer der Brüder Romulus
und Remus hergeleitet, die bei gymnastischen Spielen die Nachricht
erhielten, daß Räuber ihre Herden überfallen haben, und nackt, wie
sie waren, ihnen nacheilten (II 359 ff.). Gleich darauf, um den
Namen der Grotte Lupercal zu erklären, greift der Dichter zurück
zur Aussetzung der Zwillinge und ihrer Erhaltung durch die Wölfin
(383 ff.). Hier ist die mitleidige Rede der Diener, welche schweren
Herzens den grausamen Befehl ausführen, seine eigenste Zuthat.
Noch in demselben Buche (475 ff.) wird zum Fest der Quirinalia
von der Erhebung des Romulus-Quirinus zu den Göttern erzählt.
Gleich zum Beginn des Märzmonates (III 9 ff.) führt die Ueber-
raschung der Silvia durch Mars (eine idyllisch ausgeführte Scene)
nochmals auf die Geburt der Marssöhne, ihre Aussetzung, Rettung,
Jugendgeschichte und Erhebung bis zur Gründung Roms, während
die Verdienste der Pflegeeltern dem Dezember vorbehalten werden.
Die Gründungsgeschichte aber kehrt am Geburtstage der Stadt im
April wieder (IV 801 ff.), doch tritt hier ein sentimentales Element
mehr in den Vordergrund, der Tod des Remus, die Trauer des
Bruders und die Teilnahme der Pflegeeltern an der Bestattung;
und hieran knüpft später (V 451 ff.) die Klage des Schattens an,
welche die Stiftung des Remusfestes (Remuria — Lemuria) zur
Folge gehabt haben soll. Die Matronalien (III 205 ff.) erinnern
an die Versöhnung, welche die geraubten Sabinerinnen einst zwischen
ihren Gatten und Vätern zu bewirken wußten. Anschaulich, freilich
nicht ohne einige Tändelei wird geschildert, wie sie nach vorheriger
Beratung im Junotempel unter Hersilia's Vorsitz sich zwischen die
kämpfenden werfen, ihre Säuglinge am Busen, die den Großvätern
ihre Aermchen entgegenstrecken; wie dann den Feinden die Waffen
entsinken, wie sie einander die Hände reichen und die Alten ihre
Enkel auf den Schildern tragen. Die Erläuterung zum Tag der
Königsflucht (Regifugium) beginnt mit der durch List gelungenen
Einnahme von Gabii und erzählt ausführlich, in engem Anschluß
an Livius oder dessen Quelle, den Frevel des Tarquinius (II 685 ff.).
Selbständig herausgebildet ist die edle Figur der Lucretia, besonders
in der Abendscene, wo die junge Frau des fernen Gatten zärtlich

gedenkend mit den Mägden am Spinnrocken sitzt, dann später bei dem nächtlichen Ueberfall und endlich in der letzten Verhandlung mit den Verwandten. Wie ein Auszug aus Livius liest sich auch die Entthronung des Servius Tullius und der Frevel der Tullia (VI 585 ff.). Wie der Sturz des Königtums, so bildet auch der Bericht vom Ursprung der Salier (III 263 ff.) ein vollständiges Epyllion, stimmungsvoll anhebend mit dem geheimnisvollen Hain und See der Diana von Aricia, wo die Nymphe Egeria hauste, deren Einfluß die Sitten Numa's und seiner Zeit milderte, durch deren klugen Rat es gelang, Juppiter selbst vom Himmel herabzulocken und seinen Zorn zu versöhnen. Die Gewandtheit, mit welcher der wohl instruierte König der grausamen Forderung von Menschen= opfern auszuweichen und den Worten des Gottes die Spitze umzu= biegen weiß, wirkt geradezu drollig. Im Stil des Heldengedichtes, nur knapp zusammengedrängt, ist der Untergang der Fabier an der Cremera erzählt (II 195 ff.), wiederum in Uebereinstimmung auch kleiner Züge mit Livius. Dagegen erscheint wie eine Parodie jener Götterrat (VI 349 ff.), womit eine heitere Anekdote aus dem Gallier= krieg aufgebauscht ist. Jene List der Belagerten, welche Brote vom Capitol auf die Feinde herabwarfen und ihnen dadurch die Hoffnung auf Hungersnot benahmen, ist den Führern von Juppiter durch ein Traumorakel eingegeben.

Wie Nachträge und Variationen zu Ennius und Vergil lesen sich viele jener Geschichten und Schilderungen aus der römischen und vorrömischen Heldenzeit. Der Kampf des Hercules mit Cacus (I 543 ff.) ist kaum viel mehr als ein Auszug der prächtigen Episode in der Aeneis (VIII 185 ff.), denn auch die geringen Abweichungen haben keinen anderen ersichtlichen Zweck als den der Abkürzung. An die Katastrophe der Dido knüpft geradezu die Legende von den weiteren Schicksalen ihrer Schwester Anna an (III 545 ff.): nach mancherlei Fährnissen wird sie auf latinischem Boden von Aeneas entdeckt und freundlich aufgenommen; aber aus Angst vor der Eifer= sucht der Lavinia springt sie Nachts aus dem Fenster und vertraut sich den Fluten des Numicius an. Ja der Dichter erinnert an seine eigene Jugendarbeit, den Brief der Dido an Aeneas (Her. 7, 195 f.), indem er das letzte Distichon derselben, die Grabschrift der Königin, wiederholt, ohne daß es durch den Zweck seiner Erzählung irgendwie sonst begründet wäre.

Die Natur des Dichters kommt viel mehr zur Geltung, wenn er schalkhafte Legenden zu erzählen und heitere Volksbräuche zu schildern hat: z. B. die Geschichte von der anmutigen Plaubertasche Lara (II 583 ff.), welche die Liebesgeheimnisse Juppiters ausschwatzt und dafür ihre Zunge einbüßt, aber noch auf dem Wege zur Unterwelt das Herz Mercurs bezaubert, so daß er sie zur Larenmutter macht; oder das Unglück der flinken Jägerin Carna, die so geschickt ihren Nachstellern hinter deren Rücken zu entwischen wußte, bis sie bei Janus, der auch hinter sich sehen konnte, an den unrechten kam (VI 105 ff.); oder den derben Possenstreich der Anna Perenna (III 675 ff.), oder den Schwank von dem Ausstande der Pfeifer und der listigen Zurückführung der bezechten Bande von Tibur nach Rom (VI 657 ff.). Besonderes Gefallen hat er gefunden an der schlüpfrigen Geschichte von der Liebe des Priapus zur Nymphe Lotis, welche das Eselsopfer erklärt (I 391 ff.); denn er erzählt sie noch einmal mit anderen Worten (VI 319 ff.), um die Schmückung des Esels am Bäckerfest zu erklären, nur daß dort Bacchus, hier Kybele gefeiert, dort die Festlust farbiger ausgemalt, hier das Ganze mehr ausgeführt ist; ja er versagt sich trotz der Aehnlichkeit in der Katastrophe nicht, mit noch behaglicherer Kleinmalerei den verunglückten Ueberfall des Faunus auf den als Omphale verkleideten Hercules zu schildern (II 305 ff.).

In einer Reihe köstlicher Bilder zieht das römische Volksleben am Leser vorüber: gleich mit Beginn des Jahres der prächtige Festzug auf das Capitol unter Vortritt der neuen Consuln (I 75 ff.); im Februar das Allerseelenfest (Feralia), wo eine alte Hexe im Kreise von Mädchen der schweigsamen Göttin der Unterwelt (Tacita) ihren Hokuspokus darbringt, um böse Zungen zu binden, und sich in dem Rest des Opferweines betrinkt (II 571 ff.); der gemütliche Familientag (Caristia), wo die lieben Verwandten einmütig zusammenschmausen, einander zutrinken und auch den Kaiser leben lassen (II 617 ff.); im März das Fest zum Gedächtnis der Anna Perenna, wo das Volk im Grase, unter improvisierten Zelten und Laubhütten lagert und zecht. So viel Becher Weines man trinken kann, so viel Jahre erlebt man noch: „da hat sich mancher zum Nestor, manche zur Sibylle getrunken." Man singt Lieder vom Theater, führt mimische Tänze auf, und wenn die schwankende Schar abends heimzieht, dient sie den Leuten zum Schauspiel; wer ihnen begegnet, nennt sie selig (III 523 ff.). Ferner der satyrhafte Brauch der Lupercalien (II 267 ff.), der tosende Aufzug der Kybelepriester an den Megalesien (IV 179 ff.), die Ausgelassenheit der Floralien (V 331 ff.), das fröhliche Fest der Fors Fortuna mit der Fahrt und dem Gelage auf den bekränzten Gondeln (VI 773 ff.). Jeder Beruf findet an dem einen oder dem anderen Tage des Jahres seiner gedacht, sei es auch in satirischer Weise, wie am Weihetag des Mercurtempels (V 681 ff.) der Kaufmann, der zu dem Gott um Ablaß betet für alle vergangenen und künftigen Meineide und um fröhliches Gelingen aller Betrügereien.

Die Arbeiten des Landmannes, dessen Hoffnungen und Sorgen lenken die Gedanken des Dichters auf die Segnungen des Friedens (I 657 ff. IV 407 ff.): da werden Töne angeschlagen, die Vergil und Tibull eigen sind. Aber nicht wie dieser schwärmt Ovid für die Unschuld und Einfachheit der Vorfahren. Es macht dem eleganten Großstädter ein stolzes Vergnügen sich das alte bäurische Rom mit seinen Sümpfen und Strohdächern und Herden auszumalen (z. B. VI 401 ff.), die bescheidene Streu, auf welcher Romulus und sein Volk sanft, nur leider, ehe sie zu Weibern gekommen waren, einsam schliefen (III 183 ff.); die dürftige Pflanzenkost der Menschen, ehe Ceres sie lehrte den Pflug zu führen (IV 395 ff.), auch die spätere Zeit, wo das Schwein noch in Ehren war und die Tafel der Reichen weder Fische und Austern, noch Kraniche und Pfauen kannte (VI 173 ff.). Aber er hat durchaus keine Sehnsucht nach so unschuldsvollen Zuständen. Aus den Jahren seiner Kindheit und wiederholten Besuchen in seiner Heimat hat er indessen bleibende Eindrücke vom Landleben, von ländlicher Sitte und Anschauungsweise erhalten. Er weiß hübsch aus eigener Anschauung das fleißige Schaffen einer bäuerlichen Hausfrau zu beschreiben (IV 695 ff.), spricht dem abergläubischen Hirten ein langes Gebet vor, Bitte um Verzeihung für bewußte und unbewußte Schuld, um Segen für die Herde in allen möglichen Beziehungen (IV 747 ff.), gibt auch wie ein sachverständiger umständliche Vorschriften für Sühnceremonien (731 ff.); ja er rühmt sich sogar, die frommen Bräuche des Palilienfestes selber oft und gewissenhaft vollzogen zu haben (723 ff.).

Ueber die wissenschaftlichen Fragen seiner weitläufigen Aufgabe setzt er sich gelegentlich mit einem Scherz oder einem zierlichen Sprung hinweg. Wenn Romulus die Zahl der Monate auf zehn festsetzte, so hat er sich eben besser auf Waffen als auf die Sterne verstanden (I 27 ff.); und noch einmal über denselben Punkt: die Altvorderen behielten die Zeichen am Himmel nicht, aber desto fester hielten sie ihre Kriegszeichen, deren Strohbündel sie nicht weniger verehrten wie die gegenwärtigen ihre Adler (III 113 ff.). Ganz verzichten kann er selbst freilich nicht immer auf allerhand antiquarische und astronomische Erörterungen: durch eine Reihe von Thatsachen erhärtet er, daß das Jahr ursprünglich mit dem März begonnen habe (III 135 ff.); er weist nach, daß auch andere Stämme Latiums einen Monat nach Mars benannt haben (III 87 ff.).

Wie Kallimachus in seinen Aitia die Pieriden um Auskunft gebeten hatte, so gibt auch sein römischer Nachfolger seinen Mitteilungen gern höhere Weihe und Glaubwürdigkeit durch Berufung auf eine Gottheit, am liebsten diejenige, um deren Ehren sich's gerade handelt: so hat er an bester Quelle geschöpft. Gleich zu Anfang (I 89 ff.) gibt Janus in längerer Rede Auskunft. Er beschreibt seine eigene Umwandlung aus der Kugelgestalt des Chaos und gibt sich als Schwellenhüter des Himmels zu erkennen. Es folgt dann eine lange Reihe von Fragen und Antworten über den Grund, warum das Jahr im Winter, nicht im Frühling anfange, und über die Gebräuche des Neujahrstages. Die Frage, warum man sich nicht nur mit Süßigkeiten, sondern auch mit einem Geldstück beschenke, stimmt den gemütlichen alten Herrn zu einer satirischen Auslassung über das gegenwärtige Zeitalter, wo Geld süßer als alles sei, zu einer Vergleichung des alten genügsamen Rom mit der Gier und Genußsucht der Gegenwart, wo nur Geld Ehre und Gunst verschaffe. Gefällig erklärt er das Gepräge des As, welcher auf dem Avers den Januskopf, auf dem Revers einen Schiffschnabel trägt zum Andenken an die Landung des flüchtigen Saturnus auf latinischem Boden; und dabei taucht abermals das Bild der unschuldigen Zeit in seinem Gedächtnis auf, wo er noch auf dem Janiculus herrschte, und hierdurch angeregt erzählt er, wie er den Sabinerkönig Tatius dereinst durch eine plötzlich entgegengeworfene Schwefelquelle vom Capitol zurückgetrieben habe. Die Einleitung zum Monat März ist ein Anruf an Mars. Beredter als gewöhnlich weiß der Romulusvater von den Matronalien zu berichten (III 167 ff.). Zum Beginn des April läßt sich der Dichter in vertraulichem Gespräch mit seiner Schutzherrin Venus neuen Mut einsprechen zur Vollendung seines Werkes;

und von Kybele selbst wird die Muse Erato um ihres der Venus sympathischen Namens willen erwählt, um seine Fragen über die Bräuche der Megalesien teils kürzer, teils in eingehender Erzählung (von der Ueberlistung des Saturnus bei der Geburt Juppiters, von Attis, von der Einholung der großen Göttermutter) zu beantworten (IV 191 ff.). Sehr ausgiebigen Bescheid erteilt auch Flora (V 185 ff.). Während sie spricht, haucht sie Rosen aus, und wenn sie nickt, fallen Blüten aus ihren Haaren. Die reizende Nymphe plaudert ohne jede Rhetorik: kurze Glieder, ja Worte, nebeneinander gereiht, zum Teil dialogisch, mit dramatischer Lebendigkeit. Sie deutet mit schamhafter Kürze an, wie Zephyrus sie zu seiner Frau gemacht, erzählt aber dann desto beredter, wie gut sie es habe, wie schön ihr Garten sei, den sie zur Mitgift bekommen, rühmt sich, daß sie zuerst die Mannigfaltigkeit der Blumen geschaffen, daß sie durch eine derselben Juno ohne Gatten zur Mutter gemacht habe, und daß sie deren vaterlosem Sohne Mars ihren Platz in Rom verdanke. Von Mercur als dem Seelengeleiter, der die nächtliche Klage des Remusschattens vernommen haben muß, will der Dichter über die Stiftung der Lemuria belehrt sein (V 449 ff.), von Minerva über die Entstehung des kleineren Quinquatrusfestes (VI 649 ff.), von Carmenta über die Zeiten Euanders (I 467 ff. 620), von Egeria über die Gründung der salischen Brüderschaft (III 261 ff.). Der Thybris taucht aus seinem Flußbett auf, um zu bezeugen, daß Hercules die Sitte eingeführt habe, Binsenpuppen in den Fluß zu werfen (V 635 ff.). Für eine historische Thatsache verbürgt sich die Geschichtsmuse Clio (VI 801 ff.). Zweimal aber vermag nicht einmal die Weisheit der Himmlischen den zweifelnden aufzuklären, weil sie selbst unter sich uneinig sind. Es kommt zu einer Disputation, die aber unentschieden bleiben muß. Ueber den Ursprung des Monatsnamens Mai tragen drei Musen, Polyhymnia Urania Calliope, jede eine andere Ansicht vor, alle neun stimmen ab und es ergibt sich Stimmengleichheit über jede, Ovid aber enthält sich der Entscheidung (V 7 ff.). Ueber den Namen Junius sinnend wandelt er in stillem Hain, da hat er eine Vision: Juno sowohl als Hebe suchen ihren Anspruch auf den Monat zu beweisen, jene (wie in der Aeneis) in hochfahrendem, gereiztem Ton, diese schüchtern und bescheiden bittend (wie Venus); und einen dritten Vorschlag macht Concordia, ohne durchzubringen, denn wiederum verzichtet der gefällige Dichter, um keine der Göttinnen zu kränken, auf sein Urteil (VI 9 ff.).

Poetisch und menschlich ansprechender wirkt es, wenn er angibt, wie und bei welchem Anlaß er aus sterblichem Munde Belehrung erhalten habe. Bei den megalesischen Spielen sitzt er unter den Zuschauern, seiner Würde gemäß in der Orchestra, da macht ihn sein Nachbar, ein ehemaliger Militärtribun, aufmerksam, daß heute der Jahrestag der Schlacht bei Thapsus sei, wo er selbst unter Cäsar mitgefochten habe (IV 377 ff.). Am Tage der Robigalien (25. April) begegnete er zufällig auf dem Rückwege von Nomentum nach Rom einer weißgekleideten Schar mit dem Flamen an der Spitze, welche in den Hain der Rostgöttin zog, um ihr dort zu opfern. Er schließt sich an, hört dem Gebet des Priesters zu, welches er mitteilt, und läßt sich auch noch über den Grund des Hundeopfers belehren (IV 905 ff.). Am Vestafest geht er über die nova via nach Hause: da sieht er eine Matrone barfuß des Weges kommen. Eine alte Frau bemerkt seine Verwunderung, ladet ihn zum Sitzen ein und erklärt ihm mit wackelndem Kopfe den ehrwürdigen Brauch (VI 395 ff.). Auf dem Wege nach Sulmo hat er sich von einem Gastfreunde über den Ursprung der Fuchshetze an den Cerealien belehren lassen (IV 683 ff.). Als er seine geliebte Tochter verheiraten will, gibt ihm die Frau des Flamen Dialis den geeigneten Tag an (VI 219 ff.).

Wie vieles mag er in der That gelegentlich hier und da aufgelesen oder aus alter Erinnerung aufgefrischt haben, wobei denn auch manche Irrung und Ungenauigkeit mit unterlief (z. B. IV 871 ff. VI 568). Die Geschichte von der Rettung des Palladiums aus dem brennenden Vestatempel durch Metellus hat er nach seiner Angabe schon als Knabe gelernt (VI 417 ff.). Während er trockene Notizen, die für den Kalender einmal unentbehrlich sind, möglichst kurz abmacht, sucht er seinem Stoff von allen Seiten Fülle, Leben und Abwechslung zu geben, auch durch Excurse und Erzählungen, die nicht streng zur Sache gehören. So nimmt er das altertümliche Schlachtfest (Agonalia) zum Anlaß, eine Geschichte der Tieropfer einzuflechten, denen eine sanftere Periode unblutiger Gaben vorangegangen sei. Er weist nach, durch welcherlei Verschuldung Sau Bock Ziege dem Altar verfallen sind, wie der Leichnam des Ochsen dem Aristäus zur Erzeugung von Bienen bienen mußte u. s. w. (I

317 ff.). Der geographischen Phantasie schmeichelt er, indem er z. B. umständlich alle Stationen verzeichnet, welche das Kybelebild auf der Meeresfahrt von Pessinus nach Ostia zurückgelegt hat (IV 277 ff.). Aus reiner Freude am Erzählen fügt er dem Abschnitt über das Ceresfest ein vollkommenes Epyllion über den Raub der Proserpina (IV 417 ff.) an, noch dazu mit dem Geständnis, das Meiste sei bekannt, er habe wenig Neues zu sagen. Wirklich schließt er sich in den großen Zügen an den alten Demeterhymnus, aber es kommt ihm auf die Ausführung im Kleinen und Einzelnen an, das Blumenpflücken der Mädchen, das angstvolle und verzweifelte Rufen und Suchen der Mutter, ihre ziellosen Wanderungen, ihre gastfreundliche Aufnahme in Eleusis bei dem gemütlichen alten Celeus und die Heilung seines kranken Sohnes, endlich die letzte Klage vor Juppiter. Das alles hatte aber mit dem römischen Fest gar nichts zu thun. Bei den Liberalia versagt er sich ungern die wunderbare Geschichte des Gottes auszubeuten (III 713 ff.). Er beschränkt sich auf die Entdeckung des Honigs (725 ff.), um sich wenigstens den lustigen Schwank nicht entgehen zu lassen, wie dem alten Silen, während er den süßen Saft aus dem hohlen Baume nascht, ein Bienenschwarm den kahlen Schädel und das stumpfnasige Gesicht zersticht, so daß er unter den Huf seines Esels fällt und übel zugerichtet von den Satyrn und dem Gott selbst ausgelacht wird.

Nicht nur die Tage des bürgerlichen Jahres und ihre Bedeutung wollte Ovid besingen, sondern auch Auf- und Untergang der Gestirne am Himmel (I 2. 295 f. IV 12). Mit jener begeisterten Verehrung, welche die Alten dem astronomischen Studium als einem überirdischen Berufe zollen, preist er jene Geister selig, denen vergönnt war, sich in diese reinen Höhen der Betrachtung zu erheben (I 297 ff.). Daß er selbst an strengeren wissenschaftlichen Arbeiten auf diesem Gebiet auch nur von weitem Anteil genommen, daran ist nicht zu denken. Die Phantasie des Dichters beschäftigten die Sternbilder und deren mythische Geschichte. Für die Ansätze der Sterne stand ihm außer dem cäsarischen ein viel, z. B. auch von Columella gebrauchter Bauernkalender zu Gebote, welcher nach dem griechischen Kalender des Eudoxos zurecht gemacht und wohl auch dem Landwirtschaftskalender (ephemeris) des Reatiners Varro zu Grunde gelegt war. Die Mythen aber, welche die Entstehung der Sternbilder erklärten, waren in dem klassischen Werk (καταστερισμοί) des Eratosthenes zu finden, welches auch von römischen Mythensammlern viel gelesen und in lateinischer Bearbeitung dem allgemeinen Gebrauch zugänglich gemacht war. Uebrigens schöpfte Ovid aus der Quelle hellenistischer Dichtung und seiner lebendigen Fabelkenntnis. Im Ganzen sind es nicht viele und recht bekannte Geschichten, die er bei Gelegenheit von Sternbildern erzählt, meist in romanzenhafter Kürze, Distichon um Distichon vorschreitend: Arion (II 83 ff.), Kallisto (II 155 ff.), Phrixus und Helle (III 849 ff.); Kampf der Dioscuren mit den Nebenbuhlern um die Leucippustöchter (V 697 ff.). Auch die heitere Fabel vom Raben, der Wasser für Apollo holen soll und ihn belügt (II 247 ff.), hat schon Aristoteles erzählt. Daß der Liebesklage der Ariadne, die sich von Bacchus, also zum zweitenmal, verlassen glaubt (III 459 ff.), ein hellenistisches Vorbild zu Grunde liegt, in welchem das alte Motiv neu aufgelegt war, lehrt eine entsprechende Partie bei Nonnus (Dion. 48, 530 ff.). In der echt böotischen Bauernsage von der Geburt des Orion (V 495 ff.), welche in der Hauptsache nach Euphorion erzählt ist, erinnert die Schilderung ländlicher Gastfreundschaft an die Hekale des Kallimachus, während die Darstellung der Schuld, wodurch Orion sich den Zorn der Diana zugezogen habe, abweichend von beiden hellenistischen Dichtern sich an Hesiod anschließt. Rührend wird der Schmerz Achills um seinen verwundeten Lehrer Chiron geschildert (V 381 ff.), wie er ihm die Hände streichelt, ihn küßt und beschwört: "lebe, ich bitte dich, teurer Vater, verlasse mich nicht." Ein Bild scheint dem Dichter vorgeschwebt zu haben, wo er die Gestalt und Gebärde der Europa auf dem Stier beschreibt (V 605 ff.).

Sonst wird einfach Auf- und Niedergang des Gestirns verzeichnet, aber mit einer heiteren Mannigfaltigkeit, Anschaulichkeit und Zierlichkeit des Ausdruckes, der Umschreibung von Morgen oder Nacht oder der Zeiträume, welche selbst diese knappen Notizen weder trocken noch conventionell gedrechselt erscheinen läßt. "Wenn die Nacht vorüber ist und der Himmel zu erröten beginnt und die Vögel, vom Tau berührt, zwitschern, und der nächtliche Wanderer seine halbverbrannte Fackel niederlegt und der Bauer an die gewohnte Arbeit geht, dann beginnen die Plejaden die Schultern ihres Vaters (Atlas) zu erleichtern" (indem sie vom Himmel verschwinden: IV 165 ff.). Ein betrunkener stellt Himmelsbetrachtungen an, besinnt sich aber nicht, was sie bedeuten (VI 785 ff.).

In den Ansätzen selbst sind dem Dichter von kundigen Astronomen ziemlich viele und schwere Fehler nachgewiesen worden. Er hat den Unterschied der scheinbaren und wahren Auf- und Niedergänge nicht beachtet und ohne weiteres denselben Stern mehrmals sichtbar auf- und niedergehen lassen; hat verschiedenen Quellen folgend dieselbe Erscheinung mehr als einmal verzeichnet; er hat Auf- und Niedergänge, Morgen und Abend miteinander verwechselt; hat an Stelle eines einzelnen Sternes das ganze Sternbild gesetzt, um seinen Mythus daranzuknüpfen; hat sogar zu solchem Zweck ein Gestirn (die Wasserschlange) in einer einzigen Nacht aufgehen lassen, welches mehr als zwei Monate dazu braucht.

Ein Werk dieser Art und Zusammensetzung war nicht geeignet, in einem Gusse vollendet zu werden. Nach und nach, auch ohne festen Plan konnte bald dieses, bald jenes Stück für sich ausgearbeitet und an seiner Stelle angefügt werden (z. B. IV 348, nach Wiederherstellung des 3 n. Chr. verbrannten Kybeletempels): eine innerliche Verknüpfung der Glieder war ausgeschlossen, und auch die äußerliche ist nicht erstrebt. Die Natur des Kalenders brachte es sogar mit sich, daß Begebenheiten, die in sich zusammenhängen, bisweilen zerrissen werden mußten, wenn die Verteilung auf verschiedene Zeiten geboten war. Der Dichter mußte abbrechen und für das weitere auf ein späteres Datum verweisen (III 57. 199 V 147). Wiederholungen konnten nicht ausbleiben, da sich für gewisse Gemeinplätze, z. B. Beschreibung des Frühlings (I 149 ff. III 235 ff. IV 87 ff. 126 ff.) mehrfach Gelegenheit bot. Das Talent eines Dichters wie Ovid konnte von solcher Stückarbeit nicht ausgefüllt werden: sie mußte hinter dem großen Gedicht, welches seiner Natur viel mehr entsprach, allmälig zurücktreten. So ist er über die ersten sechs Monate des Jahres, deren jedem ein Buch gewidmet war, nie hinausgekommen, und auch diese Hälfte war keineswegs schon zum Abschluß gelangt, als die Katastrophe des Jahres 8 n. Chr. über ihn hereinbrach.

Als Ovid noch in dem Kreise seiner Liebeselegien befangen war, schwebten bereits die Gestalten solcher, von deren Verwandlung die Sage weiß, vor seiner Phantasie. Wo er die verführerische Wirkung seiner Verse auf Corinna beklagt und sich auf die Unglaubwürdigkeit

der Dichter beruft, führt er vorzugsweise Fabeln dieser Gattung als
Beispiele auf (III 12, 21 ff. 31 ff.). Nach dem Abschluß seiner
erotischen Periode hat er dann neben den Fasten während des letzten
Jahrzehntes seiner römischen Zeit sich der großen Aufgabe gewidmet,
die ganze, fast unerschöpfliche Fülle dieser Mythen in einem zusammenhängenden hexametrischen Gedichte, den 15 Büchern der
Metamorphosen, erzählend zusammenzufassen.

Für das innige Naturgefühl der Alten ist einer der schlagendsten
Belege die uralte und tief im Volksgeist wurzelnde Vorstellung, daß
menschliche Seele und Empfindung in der ganzen Natur und allen
Geschöpfen derselben lebt, daß ein gemeinsamer Hauch das All durch-
zieht und der Herr der Schöpfung rings umgeben ist von verwandten
Wesen. Tiere und Pflanzen aller Art, Quellen und Flüsse, Berge
und Steine, selbst der körperlose Wiederhall der Thäler — lauter
Menschen, deren angeborene Gestalt durch Schicksal oder Schuld zur
Sühne oder Erlösung in eine solche übergegangen ist, welche symbolisch mit sarkastischem oder wehmütigem Ausdruck ihre Vergangenheit, ihr Wesen, ihren letzten Affekt zurückruft. Denn darin besteht
der rührende Zauber dieser verwandelten Geschöpfe, daß ihr Inneres
unverändert bleibt, aber nur ein unvollkommener Ausdruck ihrer
Empfindungen ihnen gelingen kann. Bevorzugten ist die Versetzung
nach oben, unter die Sterne gegönnt. Vereinzelt ist der Uebergang
aus einem Geschlecht in das andere, das Hervorgehen von Menschen
aus Tieren oder Steinen, die Beseelung lebloser Körper wie der
Schiffe, die zu Meernymphen werden. Die Natur ist voll geheimnisvoll wirkender Zauberkräfte; auch giftige Kräuter und Säfte haben
ihre Geschichte, aber nur einzelnen dämonischen Wesen ist Kenntnis
davon und Macht über sie gegeben, wie auch nur einzelnen die Gabe
willkürlicher Verwandlung in mannigfache Gestalten verliehen ist.
Diese teilen sie mit den Göttern, welche zeitweise, wenn sie zu den
Sterblichen herniedersteigen, ihr Incognito durch Annahme von Tier-
oder Menschengestalt wahren. So dichtet die naive Phantasie des
Volkes aus sinniger oder witziger Betrachtung charakteristischer Naturerscheinungen oder in dem Streben, Thatsachen und Sitten oder
Zusammenhänge nationalen Lebens und Glaubens zu erklären, ein
buntes Maskenspiel, welches die Ironie der Götter ins Werk gesetzt
haben soll.

Seit Hesiod sind Verwandlungssagen den griechischen Dichtern geläufig: Epiker, Tragiker, spätere Elegiker haben manche der schönsten behandelt. Solchen, welche an eine bestimmte Oertlichkeit gebunden waren oder irgend einen Brauch erklärten, war ein Platz in den Aitia des Kallimachos gesichert. Das gelehrte Streben der Alexandriner, ganze Fächer überlieferten Wissens oder Glaubens auszukramen und die aus Büchern sowohl wie aus dem Munde des Volkes, der Priester oder anderweitig aufgelesene Masse in poetische Form zu gießen, hat auch zu Sammeldichtungen aus dem Schatz der Verwandlungssagen geführt. So war den Sternsagen (καταστερισμοί) ein besonderes Gedicht des Eratosthenes, den Vögeln die Ornithogonia eines gewissen Boios gewidmet, welche vielleicht dem Aemilius Macer für sein gleichnamiges Gedicht als Vorlage gedient hat. Alles früher geleistete hat wohl wenigstens durch Vollständigkeit im 2. Jahrhundert v. Chr. der pergamenische Gelehrte Nikander von Kolophon übertroffen. Von seinem hexametrischen Gedicht in fünf Büchern, den Ἑτεροιούμενα, sind wenigstens prosaische Auszüge einzelner Erzählungen aus dem zweiten nachchristlichen Jahrhundert erhalten. Auch Parthenios von Nicäa, der schon erwähnte poetische Berater von Gallus und Vergil, wohlbelesen in den älteren Quellen, hat Μεταμορφώσεις, vermutlich auch in Hexametern, geschrieben, welche dem Römer nicht unbekannt geblieben sein können. Manchmal verrät eine vereinzelte Notiz einen ungeahnten Zusammenhang, wie z. B. die Entstehung der Wolfswurz (aconitum) aus dem Speichel des Cerberus (Metam. VII 406 ff.) ebenso von Euphorion (Fr. 28) erzählt war. Ovid, der sich in der tragischen Poesie der Griechen wie in der hellenistischen fleißig umgesehen hat und durch ein treffliches Gedächtnis unterstützt wurde, benutzte neben jenen Quellenwerken unzweifelhaft auch bequeme Abrisse und Handbücher, welche nicht mehr als den nackten Stoff boten. In freier Ausführung von Einzelheiten und Combination verschiedener Versionen folgte er, ohne tiefere sagengeschichtliche Studien, seiner angeborenen Gabe des Fabulierens. Auch römische Dichter boten ihm manches, was er nach seiner Weise bald im Auszuge, bald ausführend oder umgestaltend verwertete.

Ovids eigenes Werk ist ohne Zweifel die Anlage und der planvolle Aufbau des Ganzen. Ihm ist sozusagen die gesamte Welt und deren geschichtliche Entwickelung ein Werk der Metamorphose: er nimmt daher in den Hauptzügen seiner Darstellung einen gewissermaßen historischen Gang. Mit der Schöpfung aus dem Chaos beginnt und mit der Apotheose Cäsars schließt er. In weitem Rahmen scheint sich ein Bild des Weltlaufes, wenigstens in mythischer Zeit, zu entrollen, im Großen und Ganzen nach einer gewissen Zeitfolge, in lockerem Zusammenhange, aber doch in mannigfachster Gruppierung, ohne jede Spur eines steifen Schematismus. Nachdem die Welt geschaffen ist, entsteht das Menschengeschlecht, welches zunächst vom goldenen Zeitalter zum silbernen, ehernen, eisernen herabsinkt, bis der Krieg aller gegen alle, auch der Giganten gegen Juppiter entbrennt. Nachdem die verheerende Flut alles Sterbliche bis auf ein Menschenpaar, Deukalion und Pyrrha, verschlungen hat, ersteht aus den „Knochen der Erde" ein neues Menschengeschlecht, aus dem von der Sonne erwärmten Schlamm entwickeln sich Tiere aller Art, auch Ungetüme wie der Drache Python, welchen Apollo erlegt. So weit stimmt der Gang der Entwickelung vollkommen überein mit dem Vortrage, welchen Vergils sechste Ekloge dem Silen in den Mund legt.

Die Liebe von Göttern zu Sterblichen verursacht unter diesen die ersten Verwandlungen: Daphne Jo Callisto Europa u. a. sind die Opfer (Buch I und II). Kadmus, der die geraubte Schwester auffinden soll, gründet Theben, und hieran knüpfen sich thebanische Geschichten von Bacchus Tiresias Pentheus (III). Diese Reihe wird fortgesetzt und mit Perseus, dem Enkel des Kadmus beschlossen (IV). Nach glücklicher Beendigung seines Kampfes mit Phineus trennt sich Minerva von ihm, um sich zu den Musen zu begeben, welche sie mit mannigfachen Erzählungen unterhalten (V). Eines der ihnen zu Grunde liegenden Motive, Strafe für menschliche Ueberhebung, wird durch weitere Beispiele belegt (VI). Die Boreassöhne als Argonauten vermitteln den Uebergang zu den Künsten und Unthaten der Medea. Mit ihr kommen wir nach Athen zu Aegeus, hören von den Heldenkämpfen des Theseus und dem Kriege mit Minos auf Kreta (VII); begleiten diesen zur Belagerung von Megara, kehren mit ihm wieder nach Kreta und zu Theseus zurück. Letzterer führt uns weiter nach Kalydon und zum Acheloue (VIII), dem unglücklichen Bewerber um Deianira. So sind wir bei Hercules (IX). Hier schließt sich Orpheus mit seinem eigenen Geschick und einem Kranz von Liedern an (X). Sein Tod durch die Mänaden leitet zu Bacchus und König Midas über, der von Apollo Eselsohren empfing. Letzterer kommt nach Troja. Trojanische Geschichten, in großen Sprüngen und durch Episoden unterbrochen, reichen bis in das dreizehnte Buch, dann schließen sich die Fahrten und Kämpfe des Aeneas an, seine Erhebung zum Indiges, die Gründung und Geschichte von Alba, Romulus, Numa, und endlich nach Cäsars Tod die Begründung der Weltherrschaft durch seinen großen Sohn.

Wie mächtige Pfeiler, welche das leichte Gewölbe tragen, heben sich jene leuchtenden Gestalten, Kadmus Perseus Medea Theseus Hercules Orpheus u. s. w. von der Masse ab. Sie vertreten zum Teil große Sagenstätten wie Theben Athen Kreta, und verbinden durch ihre Wanderungen verschiedene Oertlichkeiten. Auch Götter wie Juppiter Apollo Minerva Bacchus Ceres stehen im Mittelpunkt größerer Partien, treten aber auch außerhalb derselben gelegentlich auf. Die einzelnen Bücher sind nicht durch scharfe Abschnitte voneinander geschieden, sondern gehen ineinander über, so daß Schauplatz, Held, Hauptmotiv des folgenden öfters schon gegen Ende des vorhergehenden eingeführt ist. Gleichsam in ununterbrochenem Strome fließt dem Dichter sein überreicher Gesang dahin.

Besondere Kunst erforderte die Aufgabe, in diesen weiten Rahmen die Fülle der Geschichten durch ungezwungene Uebergänge und Anknüpfungen geschickt einzufügen, für all die großen und kleinen Bilder in dem ungeheuren Gewebe den passenden Raum auszusparen. Hierbei hat der Dichter Beweglichkeit der Gedankenverbindungen und Erfindsamkeit in Motiven bewiesen, wenn ihm auch nicht überall den Faden mit gleicher Leichtigkeit fortzuspinnen geglückt ist. Freilich nimmt er es dabei mit der Zeitfolge der mythischen Ereignisse und anderen Voraussetzungen nicht immer gar zu genau: er verschiebt und ändert sie gelegentlich nach Willkür, wenn es ihm für seine Anordnung paßt (z. B. in der Geschichte des Peleus XI 221 ff.), aber ohne doch dem Stoff selbst Gewalt anzuthun.

Die bequemste Brücke boten zunächst Verwandtschaft, Freundschaft, gleiches Alter der Personen. Von Jo gelangen wir zu Phaethon, indem ihr Sohn Epaphus zum Jugendgenossen desselben gemacht wird, und in gelegentlichem Wortwechsel die Abstammung seines Kameraden vom Sonnengott anzweifelt (I 750 ff.). Ein Verwandter Phaethons ist Cycnus: über seinen teilnehmenden Klagen um den unglücklichen Jüngling wird er zum Schwan (II 367 ff.). Der erste Kummer des Kadmus in Theben ist der über das Schicksal feines Enkels Aktäon (III 138 ff.); dagegen gereicht den Großeltern, nachdem sie in Schlangen verwandelt sind, der Ruhm ihres Enkels Perseus zum Troste (IV 604 ff.). Von Tereus, dem Schwiegersohn des Pandion, kommt der Dichter auf dessen Nachfolger Erechtheus und seine Tochter Orithyia, von deren Entführung durch die Boreaden weiter zu den Argonauten und zu Medea (VI 675 ff.). Auch sonst treten bisweilen chronologische Motive vermittelnd ein. Nach der Vernichtung des Python legt Apollo zum Zeichen des Sieges einen Eichenkranz an, weil es noch keinen Lorbeer gab: dieser ist erst durch die Verwandlung der Daphne, seiner ersten Geliebten, in die Welt gekommen (I 452 ff.). Dieses Motiv der Anknüpfung ist hellenistisch, wie sich durch ein Bruchstück des Euphorion (Fr. 47) erweisen läßt. Als gleichzeitig wird zusammengestellt die Versetzung der Augen des getöteten Argus in den Schweif des Pfauen und die Verwandlung des weißen Raben in den schwarzen (II 533 ff.). Ziemlich gezwungen wird Tiresias eingeführt. Jupiter und Juno streiten sich im Scherz, ob der Liebesgenuß für den Mann oder für das Weib größer sei (III 316 ff.): zum Schiedsrichter wählen sie den Tiresias, der selbst einmal für die Dauer von sieben Jahren Weib geworden ist. Als erste Probe seiner Weisheit erzählt der Dichter die Geschichte von Narcissus, den der Seher einst gewarnt hat (339 ff.), dann kommt er auf Pentheus, den einzigen, der ihn nicht anerkannte, und auf Bacchus.

Größere Versammlungen bieten Gelegenheit zur Anknüpfung. Unter den Bäumen, welche kommen, um Orpheus ihren Schatten zu bieten, befindet sich auch die Cypresse, vordem ein schöner Knabe (X 106 ff.). Öfters wird einer vermißt, und seine Abwesenheit erklärt. So kommen die thessalischen Flüsse als Landsleute zum Peneios, um ihm ihre Teilnahme über das Schicksal seiner Tochter Daphne zu bezeugen (I 568 ff.); nur Inachus fehlt, weil er um seine Tochter Jo trauert (583 ff.), und nun folgt deren Geschichte bis zu ihrer Erlösung in Aegypten. Unter den Königen der Nachbarstaaten, welche teilnehmend Amphion, den betrübten Gatten der Niobe besuchen, fehlt allein Pandion von Athen, weil er gerade jenen Krieg führte, in welchem Tereus ihm beistand, der künftige Gemahl der Procne (VI 412 ff.). Bei der Trauerfeier des Priamus um Aesacus fehlt Paris, der später den großen Krieg verursachte (XII 4), zu welchem der Dichter alsbald übergeht.

Auf Reisen, unterwegs sieht und erfährt einer mancherlei. Juppiter macht nach dem Brande des Sonnenwagens einen Rundgang um das Weltgebäude, um zu sehen, ob es irgendwo Schaden genommen habe. Da sieht er in Arkadien Kallisto (II 401 ff.). Mercur hat in Pylos dem Apollo seine Rinder entführt, er fliegt davon und während er über Athen schwebt, sieht er bei dem Fest der Minerva die schöne Herse, läßt sich zum Palast der drei Schwestern nieder, versteinert Aglauros, welche ihm den Eintritt wehrt, und wird dann von Juppiter beauftragt, die gestohlenen Stiere von den Bergen an die Küste zu treiben, wo Europa spielt, die von Juppiter in Stiergestalt geraubt wird (II 685 ff. 708 ff. 834 ff.). Von Seriphos, wo sie dem Perseus beigestanden hat, begibt sich Minerva zum Helikon, um dort die neugeschaffene Hippokrene zu besichtigen und die Ursache ihrer Entstehung bestätigt zu hören (V 250 ff.). Bei diesen Reisen kommt es übrigens dem Dichter auf geographische Richtigkeit wenig an. Theseus will sich von Kalydon in Aetolien ostwärts nach Athen begeben, wird aber unterwegs von dem im Westen befindlichen Flußgott Achelous aufgehalten und zur Rast eingeladen (VIII 547 ff.). Von ihrem Drachenwagen aus bekommt Medea auf der Flucht viele Wunder zu schauen (VII 350 ff.): da wird in kurzen Andeutungen eine Menge von Sagen zusammengebrängt, wie in epischen Schlachtbildern neben ausgeführten Episoden lange Namenreihen den Eindruck des Massenhaften erhöhen. Auch Aeneas mit seinen Begleitern verweilt an vielen Orten, und der Dichter in seinem Eifer, von Ilias, Odyssee und Aeneis soviel Stoff wie möglich auf sein Schiff zu verladen, macht gelegentlich recht umständliche Veranstaltung, um sich den Weg zu bahnen. So trifft Aeneas auf Euböa einen alten Gefährten des Ulixes, dieser (Macareus) erkennt unter den Begleitern des Trojaners seinen alten Kameraden Achämenides, welcher einst allein von Polyphem zurückgelassen war und dankbar von seiner glücklichen Befreiung durch Aeneas berichtet (wie schon im dritten Buch der Aeneis zu lesen war). Dafür erzählt Macareus wieder (am Faden der Odyssee), was er ferner mit Ulixes erlebt hat. Auf solchem Umwege kommt der Dichter allmälig zu den Zauberkünsten der Circe (XIV 247 ff.), deren Darstellung ja in den Rahmen seiner Aufgabe fällt.

Von den Geschichten, welche gelegentlich eine und die andere Person zum besten gibt, sind manche ätiologischen Charakters. Mer-

curius, der von Juppiter den Auftrag erhalten hat, Argus, den
hundertäugigen Hüter der Jo, aus dem Wege zu räumen, gesellt
sich als Ziegenhirt zu ihm, macht ihn mit Flötenspiel müde, und erzählt ihm auf seine Frage nach der Herkunft der kürzlich erst erfundenen Syrinx die Sage von der gleichnamigen Nymphe und ihrem
Verehrer Pan (I 698 ff.). Darüber schläft Argus ein, und so ist
der Dichter veranlaßt, die in der Mitte unterbrochene Erzählung des
Gottes von sich aus zu ergänzen. Nach Befreiung der Andromeda
erklärt Perseus beim Mahle dem Cepheus, wie er zu dem Gorgonen-
haupt gekommen sei (IV 770 ff.). Ein schöner Jagdspeer des Cephalus erregt die Aufmerksamkeit des Phocus. Auf Befragen erzählt der Besitzer, daß er ihn von seiner Frau hat und wie seine
sonst glückliche Ehe mit Prokris durch unglücklichen Argwohn einmal
getrübt, das anderemal zerrissen ist (VII 675 ff.). Numa erfährt
bei einem Besuch Crotons aus dem Munde eines älteren Bürgers
die Gründungsgeschichte der Stadt (XV 9 ff.). Ebenso wird Cephalus als Gast von seinem Freunde Aeacus belehrt, wie die Myr-
midonen entstanden sind (VII 490 ff.).

Anderes wird gelegentlich zum Beweise oder zur Warnung oder
als Beispiel und Seitenstück beigebracht. Juppiter selbst erzählt im
Götterrat, um seinen Zorn über das Menschengeschlecht zu begründen,
von dem Anschlag des wilden Lycus auf seine Person und von der
Verwandlung des Frevlers in einen Wolf (I 196 ff.). Acötes im
Verhör vor Pentheus, um die Göttlichkeit seines Herrn zu erhärten,
erzählt von dem Abenteuer des Bacchus mit den tyrrhenischen Schiffern
und deren Verwandlung in Delphine (III 582 ff.). Man erkennt
die hellenistische Methode, da bei Nonnus (Dion. 45, 105 ff.) dieselbe Einkleidung wiederkehrt, nur daß Tiresias das Wort führt.
Zur Warnung erzählt auch Vertumnus der spröden Pomona die Geschichte von Jphis und Anaxarete (XIV 698 ff.). Zum Trost und
um zu zeigen, daß das Schicksal auch anderer nicht schone, teilt
Virbius der jammernden Witwe Egeria mit, wie es ihm dereinst
als Hippolytus ergangen ist (XV 492 ff.). Der Scylla, welche, um
ihren vielen Freiern aus dem Wege zu gehen, einen gemütlichen Besuch bei den Meernymphen macht, erzählt Galatea während des Fri-
sierens ihre Erlebnisse mit Polyphem (XIII 740 ff.).

Wie es zu gehen pflegt, regt ein trauriges Schicksal im Kreise
der Teilnehmenden auch wohl die Erinnerung an eine ganze Reihe

ähnlicher Fälle auf, wenn sie auch nicht immer gleichwertig sind noch der Stimmung entsprechen. Die Strafe der Niobe für ihre Hybris (VI 146 ff.) hat alle Gemüter erschüttert und die Ehrfurcht vor Latona erhöht. Da gedenkt einer der lykischen Bauern, welche um ihres groben Uebermutes willen in Frösche verwandelt sind (313 ff.), ein anderer des Marsyas (382 ff.). Uebrigens haben die Beispiele bestrafter Ueberhebung schon im fünften Buch (296 ff.) begonnen und sind nur zur Abwechslung durch andere Geschichten unterbrochen.

Zur Unterhaltung und Kurzweil bei längerem Besuch wie an der Festtafel wird lieben Gästen viel erzählt, wie gerade die Rede darauf kommt. Minerva ist bei den Musen am Helikon und preist sie glücklich. Da erwidert eine dieser ehrbaren und wohlthätigen Jungfrauen, Urania: „ja, wenn wir Mädchen uns nur vor Ueberfällen sicher fühlten!" und erzählt von der Tücke des Pyreneus (V 274 ff.). Unterdessen lassen sich Vögelstimmen, menschlichen ähnlich, vernehmen: es sind die neun Pierostöchter, die in Elstern verwandelt sind, weil sie die Musen zum Wettkampf herausgefordert haben. Urania begnügt sich aber nicht mit dieser Erklärung, sondern trägt der Göttin den ganzen Wettgesang vor, das Lied einer Pieride von Typhoeus und den Giganten (319 ff.), und, obwohl diese Sage auch in den Fasten (IV 417 ff.) eingeflochten ist, ein langes Gedicht der Kalliope vom Raub der Proserpina, noch erweitert durch eine Reihe eingeflochtener Verwandlungssagen (341 ff.): unter anderem erzählt in demselben Arethusa der Ceres auf Verlangen ihre Leidensgeschichte (573 ff.). Minerva aber ist höflich genug, der mitteilsamen Muse geduldiges Gehör zu schenken (333 ff.). Die Gäste des Aeacus, durch widrige Winde aufgehalten, vertreiben sich die Zeit durch allerhand Geschichten, die sie untereinander austauschen (VII 661 ff.). Sehr viel weiß Achelous zu erzählen, bei dem Theseus auf der Heimkehr von Kalydon aufgehalten wird (VIII 547 ff.). Zuletzt bringt ihn dieser noch auf seinen Kampf mit Hercules um Deianira (IX 1 ff.): dann setzt der Dichter ein, um von Nessus und den Leiden des Helden bis zu seiner Apotheose zu berichten (98 ff.). Die gebeugte Mutter Alkmene aber schüttet der Schwiegertochter Jole ihr Herz aus und erzählt ihr von der schweren Geburt des Sohnes (273 ff.), diese wiederum von ihrer Schwester Dryope (326 ff.). Achill hat den Cycnus erlegt: beim Siegesmahl erzählt der redselige Nestor, der schon bei Homer so gern seinen Schatz von Erinnerungen ausschüttet, eine Flut von Geschichten (XII 169 ff.), eine in die andere schiebend, darunter in höchster Ausführlichkeit den Kampf der Lapithen und Centauren, ja er wird noch erinnert, daß er den Hercules vergessen hat, und gedenkt dann mit Bitterkeit des Vertilgers seiner Brüder, insbesondere des Periclymenus. Auch die drei Minyastöchter, welche dem Bacchusfest fern bleiben, vertreiben sich bei weiblicher Arbeit die Zeit mit Märchen (IV 36 ff.). Um recht viele anzubringen, läßt der Dichter zwei der Schwestern aus einer größeren Anzahl, deren Inhalt nur flüchtig angegeben wird, je eine Geschichte auswählen, die von Pyramus und Thisbe, weil sie wenig bekannt sei (und sie kommt wirklich nur hier vor), und von der Nymphe Salmacis; die mittlere aber weiß allerlei Liebesabenteuer des Sonnengottes zu berichten.

Bei Festen wird das Lob des Gefeierten in Hymnen besungen, z. B. des Bacchus, nachdem er in Theben anerkannt ist (IV 11 ff.), des Theseus, dessen glückliche Errettung vor dem Gift der Medea Aegeus preist (VII 433 ff.). In voller Einsamkeit dagegen, nur von lauschenden Bäumen und Tieren umgeben, stimmt Orpheus ein langes Lied an (X 148 ff.), lauter Liebesgeschichten, und in die von Adonis ist noch eine Erzählung der Venus eingelegt, welche ihren Liebling vor wilden Tieren warnt und ihm bei dieser Gelegenheit von Atalante und Hippomenes erzählt, die in ein Löwenpaar verwandelt sind (560 ff.).

Auch bei der Beschreibung von Kunstwerken werden Sagen untergebracht. Der Wettkampf in der Webekunst, zu welchem Arachne die Minerva herausfordert, gibt Gelegenheit, die von beiden gefertigten Teppiche mit einer Auswahl von Verwandlungsgeschichten (VI 70 ff.) auszustatten. Minerva ordnet um das Mittelbild, den Götterstreit um den Besitz von Attica, in den vier Ecken (zur Warnung) Beispiele bestrafter Ueberhebung Sterblicher gegen eine Gottheit. Arachne häuft in höhnender Absicht eine Menge vorübergehender Verwandlungen von Göttern zu Liebeszwecken. Ein schöner Krater, welchen Aeneas vom König Anius als Gastgeschenk empfängt, zeigt im Relief die Stadt Theben mit ihren sieben Thoren, den freiwilligen Tod und die Verwandlung der Töchter des Orion (XIII 681 ff.). Zur Erklärung eines Marmorbildes hat eine der Dienerinnen der Circe dem Macareus ein Märchen erzählt, welches dieser dem Achämenides mitteilt (XIV 310 ff.).

Endlich werden gewisse Ueberbleibsel beiläufig untergebracht, wo sich gerade ein Plätzchen bietet, wenn es auch nur in einer Vergleichung wäre, z. B. Virbius wunderte sich über die Verwandlung der Egeria in eine Quelle, sowie der tyrrhenische Bauer, als Tages aus der Scholle hervorging, oder wie Romulus, als er seinen Speer zum Baum werden sah, oder wie Cipus, als er im Wasser die Hörner an seinem Kopf erblickte (XV 552 ff.).

Das Kunstmittel der Episode, welches bereits in der überlieferten Redaktion der homerischen Gedichte eine ziemlich ausgiebige Verwendung gefunden hat, wirkt dort wesentlich wie ein Bild im Bilde: der Haupterzählung wird ein Hintergrund, der Gegenwart eine Ferne gegeben, und dem Hörer eine Abwechslung geboten, damit sein Geist sich an anderen Vorstellungen eine Zeit lang erholen kann. Im hellenistischen Epyllion diente, wie wir sahen, die Einschaltung gewisser Partien dem Gesetz der künstlerischen Perspektive. Wo aber kein einheitlicher Mythus darzustellen, sondern eine lange Reihe einzelner Geschichten zu berichten war, sah sich der Dichter, wenn er sie nicht einfach wie Perlen an einem Faden aufzihen, oder schulmeisterlich und gewaltsam nur in gleichartige Rubriken einordnen wollte, aus Gründen der Oekonomie dazu gedrängt, mannigfache Einkleidungen und Gruppierungen zu suchen, um die Fülle des Stoffes unterzubringen und jedes einzelne Stück in angemessenes Licht zu stellen. Schon die hesiodeischen Sammelgedichte erzählenden Inhaltes konnten diese Compositionsweise schwerlich entbehren, und an hellenistischen Werken ähnlicher Art hatte Ovid eine reiche Auswahl von Vorbildern. Wenn manche solcher Episoden durch übermäßige Ausdehnung oder gezwungene Einführung die Not des Verfassers verrieten, so wirkten besto erfrischender Erzählungen von Selbsterlebtem aus dem Munde der Beteiligten, weil hier Töne unmittelbarer Empfindung angeschlagen werden konnten.

Nicht alle Geschichten des Werkes, aber doch die meisten laufen in eine gleichmäßige Spitze aus, die Verwandlung. Auf zweierlei kam es dabei an: erstens Eintönigkeit möglichst zu vermeiden, zweitens den Vorgang anschaulich und somit glaubhaft darzustellen. Dies wird erreicht, indem die Verwandlungen im Moment des Werdens beschrieben sind, so daß man sieht, wie die betroffenen davon überrascht werden. Ich erhob die Arme, erzählt die Krähe, die Tochter des Koroneus (II 580 ff.), da wurden sie schwarz von leichten Federn;

ich wollte das Gewand von den Schultern zurückwerfen, aber da saß ein Flügel und hatte schon tiefe Wurzeln in die Haut geschlagen; ich versuchte meine nackte Brust mit den Händen zu schlagen (aus Schmerz), aber ich hatte weder Hände noch nackte Brust; ich wollte laufen, und nicht mehr wie sonst hielt der Sand meine Füße, sondern ich erhob mich hoch in die Luft. Okyrrhoe, welche zur Stute verwandelt wird, stockt mitten in ihrer Weissagung, sie bekommt Appetit nach Gras, fühlt den Trieb, sich auf dem Felde zu tummeln, ihre Stimme geht in Wiehern über, Finger und Zehen wachsen zusammen, Gesicht und Hals verlängert sich, die Schleppe des Kleides wird zum Schweif, die fliegenden Haare zu Mähnen (II 657 ff.).

Während Vergil (Aen. IX 120 f.) die Verwandlung der Schiffe des Aeneas in Nymphen mit vier Zeilen abmacht, führt Ovid aus (XIV 546 ff.), wie die Spiegel zu Köpfen und Gesichtern, die Ruder zu Fingern und Beinen, der Kielbalken zum Rückgrat, die Segel zu Haaren, die Raen zu Armen werden. Die Nymphe Cyane sieht man in Wasser zerfließen (V 425 ff.), Niobe in sprachlosem Schmerz erstarren (VI 303 ff.): kein Lüftchen bewegt ihre Haare, das Blut weicht aus dem Antlitz, die Augen stehen unbeweglich, die Zunge mit dem trockenen Gaumen wird eisig, die Adern rinnen nicht mehr, Nacken Arme Füße rühren sich nicht, auch im Inneren ist sie Stein, aber sie weint. Im weiten Saale sieht man die Feinde des Perseus (zweihundert an der Zahl) versteinert und festgebannt mit der Geberde des Augenblickes mitten in der Wut des Kampfes (V 177 ff.). Noch während seiner Verwandlung in eine Schlange spricht Kadmus zu seiner Gattin (IV 582 ff.), aber die Stimme geht in Zischen über. Er leckt noch das Gesicht der gleichfalls verwandelten Harmonia, ineinander verschlungen entschlüpfen sie. Schon als Lotosstaube (nur ihr Gesicht ist noch erhalten) hält Dryope eine Abschiedsrede (IX 371 ff.).

Bisweilen gefällt sich des Dichters Witz darin, den Gegensatz der verwandelten Gestalt gegen die frühere recht drastisch hervorzuheben. Jo als Kuh möchte so gern bittend die Arme zu ihrem Hüter Argus erheben, sie will Klagetöne von sich geben und erschrickt über ihr eigenes Gebrüll. Sie flieht vor ihren Hörnern, die sie im Wasser erblickt; die Nymphen, ihre Gespielinnen, und der Vater Inachus selbst erkennen sie nicht wieder. Sie läuft ihnen nach, läßt sich streicheln, leckt die Hand des Vaters, der ihr Gras reicht, weint, und schreibt endlich die traurige Kunde ihrer Verwandlung mit dem Huf in den Sand (I 634 ff.).

Wo die Verwandlung dem früheren Wesen einigermaßen entspricht, wird dies natürlich gern hervorgehoben. So macht sich der Uebergang der groben Bauern, welche schimpfend am Rande des See's stehen und plump hineinstapfend den Schlamm aufwühlen, zu den Fröschen ganz natürlich (VI 313 ff.). Die plauderhafte Echo hatte die kindische Gewohnheit, die letzten Worte des anderen im Gespräch zu wiederholen. Schon ehe sie sich in ihre Grotte zurückzieht und den Körper verliert, schon während sie aus dem Versteck des Waldes den Narcissus anruft, ist sie der Widerhall (III 379 ff.). Rührend und anmutig ist es, wie die verschmähte auch nach der Katastrophe noch die letzten Seufzer und Abschiedsgrüße des hinsterbenden Jünglings an sich selbst wie aus eigener Seele heraus ihm zurückruft (499 ff.).

Nur zu bunt war die Mannigfaltigkeit der Geschichten, der Wechsel von Charakteren und Situationen, von Motiven und Stimmungen, von Landschaftsbildern und Oertlichkeiten, denn die ganze Welt, auch die Tiefen des Wassers und die Höhen des Aethers liefern Schauplätze. So groß ist die Fülle, daß der Dichter einzelne Gruppen mit gemeinsamem Bande zusammenfaßt, dann aber auch wieder an Gegensätzen seine Freude hat. So folgt auf das blutige Ende des Pyramus und der Thisbe die aus der Odyssee allbekannte Liebeshaft von Mars und Venus (IV 167 ff.), wodurch erotische Abenteuer des Sonnengottes vorbereitet werden. Nach dem furchtbaren Tode des Orpheus (XI 1 ff.) lesen wir von den Thorheiten des Midas (85 ff.).

In der Behandlung der erotischen Sagen erkennt man den Meister der Liebeskunst wieder, und bisweilen macht es ihm Spaß, die seligen Herren des Olymp wie Söhne der Gegenwart vorzuführen. Apollo, der um Daphne wirbt (I 452 ff.), sieht einem jungen Römer der augusteischen Zeit nicht unähnlich, welcher in einem Porticus ein hübsches Mädchen entdeckt hat und ihre Seite zu gewinnen sucht. Es ist der geriebene Großstädter, der beim Anblick der ungeordnet über den Nacken fallenden Haare bewundernd ausruft: „wenn sie nun gar frisiert würden!" Wie Properz in einer seiner Elegien schließt er von der Schönheit der sichtbaren Teile auf die verhüllten. Während sie leichter als Luft vor ihm flieht, hat er sie verfolgend Atem genug, ihr seine Liebeserklärung zu machen und wie in einem Brief oder einem Ständchen ihr seine vornehme Stellung und seine Verdienste einbringlich auseinander zu setzen. In grellem Gegensatz zu dieser modernen Figur steht die Unschuld der scheuen Waldestochter, die in dem traulichen Gespräch mit ihrem Vater (wohl nach hellenistischem Vorbild), an seinem Halse hängend mit lieblichem Erröten sich von ihm versprechen läßt, sie nie zu verheiraten. Wie sie dann im Lauf beschrieben wird (527 ff.), dem Wind entgegen, der die Glieder entblößt und das flatternde Gewand wie die Haare nach rückwärts treibt, ihr auf den Fersen wie ein Jagdhund hinter dem Hasen der Gott, dessen Hauch bereits ihren Nacken anweht, so daß sie erschöpft und erbleichend den Vater um die letzte Hilfe anfleht, — glaubt man ein Bild zu sehen, von einem Künstler der Zeit geschaffen.

Ein reizendes Gegenstück zur Daphnefabel ist die Geschichte der Arethusa (V 572 ff.): sie wirkt viel unmittelbarer, weil die Nymphe selbst mit weiblicher Anmut und Unschuld erzählt, wie sie in der Mittagshitze, ermüdet vom Jagen, in den stillen klaren Bach zu erquickendem Bade steigt, aber während des Schwimmens, aus der Tiefe der Wellen angerufen, erschreckt ans Ufer eilt und nackt wie sie ist über Felder und Gebirge vor dem Verfolger flieht, dessen langen Schatten sie bereits am Abend vor ihren Füßen erblickt, bis sie Diana in eine schützende Wolke hüllt, und endlich dem zitternden Kinde einen Weg unter der Erde eröffnet.

Sehr erfrischend wirken im vierzehnten Buch, wo teils die Aeneis, teils die Odyssee zu dünnen Faden geschlagen wird, einige volkstümliche Sagen, die auf italischem Boden gewachsen sind. An das Lied von der Hexe Lorelei erinnert das romantische Märchen vom schönen ritterlichen König Picus, den Circe auf der Jagd im Walde erblickt (XIV 320 ff.). Sie verliebt sich in ihn, lockt ihn von seinen Gefährten ab in das Dickicht, hüllt alles umher in dichten Nebel und macht ihm Anträge, wird aber zurückgewiesen, weil er seine Nymphe Canens treu liebt, die nach seiner Verwandlung in den Specht vor Leid körperlos wird, so daß sie nur noch als melodische Stimme weiterlebt. Einen Anflug von Humor hat dagegen die Werbung des vielgestaltigen Vertumnus um die schöne spröde Gärtnerin Pomona (XIV 609 ff.). Gar anmutig wird erzählt, wie dieselbe ganz in der Pflege ihrer Obstbäume aufgehend, ohne Liebesverlangen, ihren Garten vor allen männlichen Besuchern und Bewerbern, Satyrn und Panen, Silvan und Priapus verschlossen gehalten habe, wie Vertumnus, der mehr als alle anderen um sie schmachtete, als Schnitter Mäher Hirt Winzer, als Soldat oder Fischer, immer vergeblich Eintritt zu ihr gesucht habe, bis es ihm in der Gestalt einer alten Frau gelungen sei. Da habe er eine weinumrankte Ulme zum Anlaß genommen, dem spröden Mädchen die Vorteile einer ehelichen Verbindung anschaulich nahe zu legen und ihr mit verdeckten, aber warmen Worten sich selbst, den Vertumnus, zu empfehlen. Aber weder diese Rede noch das warnende Beispiel von Anaxarete und Iphis macht der Jungfrau Eindruck, bis der Gott in eigener Gestalt, strahlend wie die aus Wolken hervorbrechende Sonne ihr erscheint und sie bezwingt.

Die Neigung der Alexandriner zur zierlichen, witzigen oder gemütlichen Kleinmalerei war ganz nach dem Sinn unseres Dichters. Eine Perle dieser Gattung ist das Idyll von Philemon und Baucis (VIII 610 ff.). Die anschauliche, mit holländischer Manier ausgeführte Schilderung des bescheidenen Hauswesens (mit dem wackeligen dreibeinigen Tisch, dem durch eine untergeschobene Scherbe nachgeholfen wird) und der gastlichen Aufnahme, welche die guten Alten den unerkannten Göttern bereiten, verliert nichts von ihrer Wirkung, wenn man auch erkennt, daß dem Dichter ein alexandrinisches Vorbild (die Hekale des Kallimachos) gedient hat. Und es ist wohl beabsichtigt, daß die Geschichte gerade dem Theseus besonders gefällt (717), der ja ähnliches bei jener gastfreundlichen Alten erlebt hatte. Man denkt an die Bedienung einer vornehmen Römerin, wenn man liest, wie Diana sich zum Bade bereitet (III 165 ff.): einer ihrer Nymphen übergibt sie das Jagdgeschirr, eine andere breitet die Arme über den Ueberwurf, den die Göttin ablegt; zwei nehmen ihr die Schuhe von den Füßen, eine besonders geschickte schlingt die aufgelösten Haare in einen Knoten; fünf andere schöpfen Wasser und schütten es aus geräumigen Urnen über die Herrin. Ein Gegenstück, ganz nach dem Leben, ist der badende und schwimmende Hermaphroditus (IV 340 ff.). Fast wie in einer Komödienscene geberden sich die eifersüchtige Juno und ihr mit der Io ertappter Gemahl (I 600 ff.). Der argwöhnischen Frau ist der über die Gegend verbreitete Nebel verdächtig; sie schöpft Verdacht, daß der alte Sünder wieder einmal auf heimlichen Wegen gehe, sucht ihn vergeblich im Himmel und steigt zur Erde nieder. Der Gatte hat ihre Ankunft gemerkt und noch schnell sein neues Liebchen in eine Kuh verwandelt, aber er wird in ein scharfes Verhör genommen, aus dem er sich nur durch Lügen notdürftig herauswickelt. In neue Verlegenheit bringt ihn das Verlangen der Gestrengen, die schöne Kuh als Geschenk zu erhalten: mit schwerem Herzen muß er es bewilligen, um seine Schuld nicht geradezu einzugestehen. Und noch später, als er die schöne Kallisto in tiefer Waldesstille überrascht (II 422 ff.), hat er jene Ehestandsscene nicht vergessen, aber der lockende Genuß wiegt dem losen Vogel etwaigen neuen Verdruß auf.

Ovids Götter und Heroen sind eben Kinder seiner Zeit. Mercurius, als er sich in die schöne Herse von oben herab verliebt hat und im Begriff ist, sich vom Aether zu ihr niederzulassen, macht erst sorgfältig Toilette: er streicht Haare und Chlamys zurecht, putzt Stab und Sohlen (II 732 ff.). Kommt er doch nach Athen und zum Fest der Pallas. Die eitle und weichliche Nymphe Salmacis, die nur in ihrer Schönheit schwelgt, scheint nach dem Modell einer römischen puella gebildet: wie eine richtige Hetäre stellt sie dem unschuldigen Hermaphrobitus nach (IV 310 ff.).

Dem in der Lust des Erzählens schwelgenden Dichter genügte aber der Stoff der Verwandlungssagen an sich keineswegs. Er hatte das Bedürfnis weiter auszugreifen und soviel von Mythen aller Art in sein Werk hineinzupacken, als er irgend vermochte. So gestaltet sich dasselbe im Ganzen zu einer Art von universalem Sagenbuch, einzelne Partien aber durch Erweiterung des Rahmens zu umfassenden, inhaltsreichen Compositionen. Von seinen Studien der griechischen Tragödie her lebten gewaltige Eindrücke in seinem Gemüt, welche zur Aussprache drängten. Seine dramatische Ader hatte sich mit der Medea, wie es scheint, erschöpft, aber seine wunderbare Gabe menschliche Seelenzustände in dramatisch belebter Erzählung und dialektischer Rede darzustellen, verlangte Befriedigung. Selbst die Figur der Medea ließ ihn noch nicht zur Ruhe kommen: noch einmal mußte sie in den Metamorphosen (VII 1 ff.) auftreten. Es ist hier vorzugsweise die Zauberin, welche ihre Künste und ihre Tücke in Kolchis Jolkos Athen spielen läßt. Indem Ovid alles äußerliche, selbst die erste Begegnung mit Jason als bekannt voraussetzt und kurz abmacht, läßt er seine Heldin sogleich in sehr dramatischem Monolog ihren streitenden Gefühlen gegen den Fremden Ausdruck geben. Die Rede ist mit gewohnter Meisterschaft in Entfaltung psychologischer Motive durchgearbeitet: vorangegangen ist Apollonius von Rhodus (III 771 ff.), aber die Durchführung im einzelnen ist ganz selbständig. Von diesem stammt der charakteristische Zug (86 ff.), daß sie im Anblick des schönen Fremden verloren ihre Augen nicht von ihm lassen kann und lange sprachlos vor ihm steht. Auch die lateinische Bearbeitung des Atainers Varro wird Ovid hier und da verwendet haben. Die schöne Schilderung der nächtlichen Stille, während Medea zur Hecate betet (VII 180 ff.), wetteifert vielleicht mit einer berühmten Partie der Argonautica (Fr. 7: vgl. Apollon. III 744 ff.), wenn auch die Situation eine andere ist. Die Schlachtung des Pelias (VII 294 ff.), sowie der Mordanschlag auf Theseus (404 ff.) waren Stoffe des Euripides (Peliastöchter, Aegeus). Nach demselben sind erzählt die letzten Schicksale der Hekuba mit der Rache an Polymestor (XIII 398 ff.), die Befreiung der Andromeda (IV 752 ff.), Auflehnung und Bestrafung des Pentheus (III 511 ff.), zum Teil auch die Geschichte des Phaethon (I 747 f. II 1 ff.). Sophokles lieferte die wesentlichen Züge für Tereus (VI 412 ff.), desselben Trachinierinnen für den Tod des Hercules (IX 134 ff.), für Niobe (VI 146 ff.) sowohl Aeschylus als Sophokles. Einige dieser Stoffe waren aber auch von hellenistischen Erzählern behandelt worden, so Niobe's Unglück von Euphorion, auch der durch Phaethon angerichtete Weltbrand, wie charakteristische Einzelheiten bei Nonnos und anderen aus gleicher Quelle stammenden Darstellungen beweisen. Als eigene Zuthaten Ovids erkennt man in der Geschichte des Tereus die tückische Einladung der Schwester, den rührenden Abschied des Vaters. Höchst dramatisch wirkt die unselige Verirrung der Myrrha (X 298 ff.): der Atem steht einem beim Lesen still. Nachdem Cinna in seiner Smyrna den unheimlichen Stoff in eine Wolke dunkler Gelehrsamkeit gehüllt, hat der Herzenskenner Ovid die schwüle Glut weiblicher Leidenschaft zum Ausdruck gebracht.

Wie er überhaupt seine Personen lieber selbst entweder mit sich allein sprechen oder untereinander streiten beraten plaudern läßt, statt von ihnen zu berichten, so läßt er vollends, wo das Schwergewicht der Sage auf dem psychologischen Moment beruht, die widerstreitenden oder bestimmenden Gefühle und Gedanken sich in ausführlichen Reden aussprechen. Der rhetorische Zug, welcher von jeher dem Epos eigen war, ist in der Erzählungsweise Ovids sehr stark ausgeprägt. In der Geschichte der Scylla (VIII 44 ff.), welche Parthenios und der unbekannte Verfasser der Ciris, vielleicht auch Gallus behandelt hat, ist der Bericht des Thatsächlichen auf das nötigste beschränkt und der unglücklichen Verräterin fast ganz das Wort gelassen. So sind dem Dichter auch in der Sage der Byblis, welche griechische Dichter wie Apollonius Nicander Parthenius in verschiedenen Versionen erzählt hatten, die Einzelnheiten gleichgültig: der Seelenzustand des Mädchens, welche von krankhafter Liebe zu ihrem Bruder ergriffen ist, interessiert ihn allein. Nachdem er das allmälige Wachsen ihrer Leidenschaft verfolgt (IX 454 ff.), läßt er sie in einem Monolog gegen dieselbe kämpfen; da die Liebe gesiegt hat, vertraut sie das Geständnis derselben einem Briefe an (521 ff.), der im Stil der Heroiden gehalten ist, und nach erhaltener Abweisung erwägt sie in abermaliger Rede (585 ff.) ihre Lage. Dramatischer Natur sind auch die Monologe der Myrrha (X 320 ff.), des Mädchens Iphis über die bevorstehende Hochzeit mit Ianthe (IX 726 ff.), der Atalanta vor dem Wettlauf mit Hippomenes, den sie liebt, ohne sich's zu gestehen (X 611 ff.), der Althaea, in deren Herzen die Liebe für den Sohn mit der zu den Brüdern streitet (VIII 481 ff.: vorher ist dieser auf- und abwogende Kampf schon vom Dichter geschildert, 462 ff.); ferner die Klage der Hecuba an der Leiche der Polyxena (XIII 493 ff.), die ahnungsvolle Abschiedsrede der Alcyone an ihren Gatten (XI 421 ff.), lauter fein durchgearbeitete Muster einer nach Euripides geschulten Rhetorik.

In anderen Reden erklingt der Ton des Idylls und der Liebeselegie. Das Lied, welches Polyphemus der Galatea singt (diese recitiert es der Scylla aus dem Gedächtnis: XIII 788 ff.), eine erweiterte freie Nachbildung des theokritischen (11), ist eine groteske Parodie der παρακλαυσίθυρα, in der Composition, im Gedankengang und im Ausdruck. Mit einer Rede voll bitteren Witzes nimmt Iphis, ehe er sich an der Schwelle der Anaxarete erhenkt, von der hartherzigen Geliebten Abschied (XIV 718 ff.). Daß hier gleichfalls nicht nur das Grundmotiv, sondern auch gewisse typische Gedanken der hellenistischen Poesie entlehnt sind, lehrt das Gedicht von dem unglücklichen Liebhaber in der theokritischen Sammlung (23). Originell ist die Liebesklage des Narcissus an seine eigene unnahbare Person (III 441 ff.), welche in dem Gegensatz des immer entgegenkommenden und des immer wieder fliehenden Schattens schwelgt.

Verwandlungen. 305

Als rednerisches Parabestück, welches sich geradezu an die Uebungen des Dichters in der Rhetorschule anschließt, stellt sich der große Streit zwischen Ajax und Ulixes über die Waffen Achills dar (XIII 1 ff.). In den epischen Gedichten des Arktinos und Lesches, in Tragödien des Aeschylus und des Theodektes, des Pacuvius und Accius, in sophistischen Schulreden eines Antisthenes, in Deklamationen eines Porcius Latro u. a. war dieses höchst beliebte Thema einer „Streitfrage" gründlich durchgearbeitet worden, und ist dem eifrigen Rhetorschüler Ovid unzweifelhaft schon früh nahegetreten. Bezeugt ist, daß er Gedanken seines Latro gerade aus einer bezüglichen Rede des Ajax verwendet hat. Anklänge an die römischen Tragödien ergeben sich aus der Vergleichung der Bruchstücke mit Sicherheit. Durchgehend, namentlich auch bei Antisthenes, war die Auffassung, daß Ajax den Ulixes als Intriguanten und Verführer darstellte, dessen Stärke in Reden und feigen Schlichen bestehe, nicht in ehrlichem Kampf, während Ulixes über die Schwerfälligkeit und plumpe Einfalt des Ajax spottet. Denselben Gegensatz prägte Ovid mit aller Schärfe seines Witzes aus, wie er auch in der Rede des einen ungestümes, trotziges Selbstbewußtsein, in der des anderen die Geschmeidigkeit berechneter Kunst und die siegreiche Schärfe der Dialektik zum Ausdruck bringt. In beiden Reden ist das Material der Thatsachen, der Vorwürfe und Verdienste sorgfältig aus der Ilias und dem hieran anknüpfenden Sagenschatz zusammengetragen, so daß der große Sprung der Erzählung am Schluß des zwölften Buches nachträglich einigermaßen ausgeglichen wird. Ulixes beginnt mit erheuchelter Rührung (er thut, als wische er sich Thränen aus dem Auge) und ironischer Bescheidenheit, weiß aber meisterhaft seine Thaten in hellstes Licht zu setzen: damit allein, daß er dem jungen Achill auf Skyros die Waffen in die Hand gedrückt habe, sei er der Urheber aller Heldenthaten desselben geworden. Ovidisch ist jedenfalls der höhnische Ausfall auf die Unbildung des Ajax: er verstehe ja gar nicht die kunstvollen Bildwerke auf dem Schilde (288 ff.). Geschickt weiß er die Verdienste des Gegners bei scheinbarer Anerkennung auf ein geringes Maß zurückzuführen, und die Anklagen gegen sich zu entkräften. So verheißt er den Philoktet noch zu versöhnen, wenn man nicht etwa den dummen Ajax damit beauftragen wolle. Aber ehe der einen gescheiten Einfall zum Frommen der Danaer habe, eher werde der Simois rückwärts fließen, der Ida entlaubt stehen und Achaja Troja Hilfe versprechen (320 ff.). Die Entstehung der Blume aus dem Blute des Ajax (der sich wie bei Arktinus und Aeschylus gleich nach dem Urteilsspruch in sein Schwert stürzt) ist in wenigen Zeilen (393 ff.) angehängt.

Oft tritt die Verwandlung selbst wie ein leises Ausklingen zurück gegen die weit ausholende, in großem Stil farbenreich ausgeführte Erzählung. Hier führt der Dichter einen breiten Pinsel, er sucht seine Vorgänger nicht nur bestens auszunutzen, sondern zu überbieten. Solche Glanzpartien sind die wilde Fahrt des Phaethon und sein Sturz (II 340 ff.), die Kampfscenen des Kadmus mit dem Drachen (III 28 ff.), des Perseus gegen Phineus und seine Anhänger (V 1 ff.), die kalydonische Jagd (VIII 271 ff.), Atalanta's Wettlauf (X 575 ff.), die Pest, welche Aegina entvölkerte (VII 523 ff.), der Schiffbruch des Ceyx (XI 474 ff.).

Für das große Schlachtgemälde der Centauren und Lapithen (XII 210 ff.) kam der Phantasie des Dichters außer so vielen Kampfscenen bei Dichtern von Homer bis Vergil, welche auch einzelne Motive an die Hand gaben, besonders die Anschauung bildlicher Darstellungen zu Hilfe. Von einer ausführlichen poetischen Behandlung des Stoffes, wie sie schon die kurze Beschreibung auf dem Schilde des Herakles (178 ff.) voraussetzt, ist nicht einmal eine Nachricht erhalten. Um so wertvoller ist die ovidische Episode. Der Anfang des wilden Kampfes ist, man möchte sagen, nach dem Leben geschildert. Ein trunkener Centaur vergreift sich frech an der Lapithenbraut, andere Gesellen thun ihm ähnliches nach. Das strafende Wort eines nüchternen, des Theseus, bringt diesem einen Faustschlag ins Gesicht ein, der mit dem Wurf eines Kraters erwidert wird, und nun entbrennt die allgemeine Rauferei. Man ruft nach Waffen und ergreift, was zur Hand ist: Becher und Kessel fliegen, der schleudert einen Kandelaber, jener einen brennenden Altar, einen Feuerbrand, einen Pfahl, eine steinerne Schwelle, Hirschgeweihe, endlich greift man zu Bäumen und lichtet die Wälder des Othrys und Pelios. In der reichen Auswahl von Gruppen Stellungen Verwundungen ist das Grelle und Gräßliche bevorzugt, wie es sich bei diesen wilden Natursöhnen gehörte. Am scheuslichsten ist das Ende jenes Centauren mit den beiden blutigen Ochsenhörnern, die er als Waffe schwingt. Ein Schwerthieb schlitzt ihm den Bauch auf: er stürzt nach vorn, tritt auf die eigenen Gedärme und verwickelt sich in sie (380 ff.).

Ein anderer flieht den Bergabhang hinunter, fällt auf eine Esche, zerbricht sie durch seine Wucht und jagt sich den Stamm in den Leib (337 ff.). Ein dritter, dem die feindliche Lanzenspitze in der Lunge steckt, erhebt sich noch einmal und stampft den Gegner, der die schallenden Schläge mit Helm und Schild abzuwehren sucht, mit seinen Pferdefüßen zu Boden (373 ff.). Dort springt ein Lapithe einem Centauren auf den Rücken, stemmt ihm das Knie in die Rippen, reißt ihm das Gesicht am Schopf nach hinten und bearbeitet es mit seiner knotigen Keule (345 ff.). An dem unverwundbaren Lapithen Cäneus prallen alle Würfe und Streiche wirkungslos ab: es ist ihm nicht anders beizukommen, als daß sie ihn unter einem Wald von Baumstämmen begraben, aus dem er als leichtbeschwingter Vogel sich in die Lüfte erhebt (475 ff.). Ein gewisser Humor liegt auch in dem Bilde jenes Centauren, der auf seinem Bärenfell ausgestreckt, noch den Becher in der Hand haltend, seinen Rausch ausschläft und durch einen Speer zum Styx geschickt wird, um dort weiter zu zechen (316 ff.). Aber echt ovidisch ist der schöne Cyllarus mit dem eben keimenden goldenen Bart und der goldenen Mähne, mit Gliedern, soweit die Mannesgestalt reicht, so schön, wie sie an gerühmten Kunstwerken zu sehen sind, und nicht minder die Teile des Pferdes, der zum Sitzen einladende Rücken, die hohe Brust, am ganzen Leibe pechschwarz, nur Schwanz und Unterschenkel weiß. Und dieser anmutsvolle, vielumworbene Jüngling hat eine Genossin erkoren, die seiner würdig ist und auf Eleganz hält. Immer ist ihr Haar glatt gekämmt und mit Blumen geschmückt, mit Rosmarin, Veilchen, Rosen oder Lilien. Zweimal am Tage badet sie, nur mit erlesenen Tierfellen und solchen, die ihr gut stehen, deckt sie Schultern und Seite. Und diese beiden halten auch im Kampfe zusammen. Aber ein Speer fliegt dem Cyllarus ins Herz, die Geliebte fängt die sterbenden Glieder auf, legt ihren Kopf an den seinigen und sucht den fliehenden Atem zu halten. Nachdem er geendet hat, zieht sie die Waffe aus der Wunde des Mannes, stürzt sich selbst hinein und umarmt den geliebten Gatten noch im Tode (393 ff.).

Mit edler Empfindung ist geschildert, wie Orpheus den Tod unter den Händen der rasenden Mänaden erleidet (XI 1 ff.). Phanokles hat ihn in einer noch erhaltenen Elegie besungen, aber Ovids Darstellung ist tiefer beseelt von dem schaudernden Mitgefühl des Dichters über den unnatürlichen Frevel, der an dem geweihten

Sänger, dem Hochmeister der eigenen Kunst, verübt ist. Anfangs sind die gegen ihn gerichteten Geschosse machtlos: besiegt von dem Wohllaut seines Gesanges und Saitenspieles fällt der geschleuderte Stein wie bittend zu seinen Füßen nieder. Erst das Getöse der Pfeifen und Pauken und das Geschrei der wilden Schar macht jenen Zauber unwirksam. Die ganze Natur, Tiere Steine Wälder Flüsse klagen um ihn. Aber der Schatten des Gemordeten findet in der Unterwelt seine Eurydice wieder, und nun dürfen sie vereint dort wandeln, unbesorgt darf Orpheus nunmehr sich nach seiner Eurydice umschauen.

Wie der epische Dichter hohen Stiles führt auch Ovid allegorische Figuren ein, in deren vollsaftiger Gestaltung sich seine Phantasie gefällt. Der Widerstand, welchen Aglauros dem Mercur bei seiner Bewerbung um Herse leistet, wird auf das Motiv der Mißgunst gegen die Schwester zurückgeführt, und dieser häßliche Charakterzug ist ihr auf Anstiften der rachsüchtigen Minerva durch den Dämon der Invidia eingeflößt. Mit einer Ausführlichkeit, welche auf besondere Erfahrung schließen läßt, malt der Dichter aus freier Erfindung Wohnung, Lebensweise, Aussehen und Wirken dieses widerlichen Wesens aus (II 760 ff.). Der Hunger, welcher den Erysichthon überfällt, ist ein weibliches Scheusal, welches in Scythien am Caucasus haust (VIII 790 ff.). Juno schickt Iris zum Schlaf, daß er der Alcyone im Traum von dem Tode ihres Gatten Nachricht bringe (XI 592 ff.). Auch hier wird zuerst seine Wohnung beschrieben, fern bei den Kimmeriern eine tief im Berge versteckte Grotte, allen Strahlen der Sonne entzogen, von Nebelduft umgeben. Tiefe Stille: kein Hahn kräht, kein Laut von Hunden oder Gänsen, kein Zweig rührt sich. Mit leisem Murmeln fließt der Lethequell unten aus den Felsen. Mohn und andere Pflanzen mit einschläferndem Saft wachsen am Eingang der Grotte. Keine Thür, damit keine Angel knarrt, und kein Thürhüter im Hause. Mitten in der schwarzen Grotte ist ein hohes Lager gerüstet, flaumig, einfarbig, mit dunkler Decke. Da liegt der Schlaf lässig hingestreckt, unzählige Träume um ihn herum. Wie Iris zu ihm eintritt, vermag er kaum die Augen aufzuschlagen: immer und immer wieder sinkt ihm das Kinn auf die Brust. Endlich ermuntert er sich, stützt sich auf den Ellenbogen und fragt nach ihrem Begehr. Unter seinen tausend Söhnen ist Morpheus vor allen geschickt, Gestalt, Geberde und

Stimme der Menschen nachzuahmen, ein anderer weiß allerhand
Tiere darzustellen, ein dritter (Phantasus) kann die Gestalt lebloser
Wesen annehmen. Morpheus erscheint der Alcyone in der Gestalt
ihres schiffbrüchigen Gatten. Ganz anders als Vergil (Aen. IV
173 ff.) faßt Ovid die Gestalt der Fama auf (XII 39 ff.), weniger
großartig, subtiler. Ihre Wohnung auf hoher Burg hat unzählige
Zugänge und Oeffnungen, ist weder bei Tage noch bei Nacht ver=
schlossen. Sie selbst ist von klingendem Erz, alles was sie hört, tönt
sie wieder. Sie kennt keine Ruhe, kein Schweigen; aber es ist kein
Schreien, sondern ein leises Murmeln, fernes Rauschen des Meeres
oder verhallender Donner.

Mehrfach schon hatten wir darauf hinzuweisen, daß dem Dichter
bildliche Kunstwerke vor Augen schwebten: er liebt es sogar, aus=
drücklich daran zu erinnern. Die gefesselte Andromeda am Felsen,
heißt es (IV 674), würde man für ein Marmorwerk gehalten haben,
wenn nicht ein leises Lüftchen die Haare bewegte und warme Thränen
aus den Augen flößen. Adonis war anzuschauen, wie nackte Liebes=
götter gemalt werden (X 516). Narcissus staunt unverwandten
Blickes sein Spiegelbild im Wasser an wie eine Statue aus pari=
schem Marmor (III 419). Jeder kennt Niobe, welche ihr letztes
Kind mit dem Gewande zu schützen sucht (VI 298 f.), oder Europa
auf dem göttlichen Stier, ängstlich zur verlassenen Küste zurückblickend,
mit der rechten das Horn haltend, mit der anderen auf den Rücken
des Tieres gestützt, die Gewänder vom Luftzug aufgebauscht (II 873 ff.:
vgl. VI 103 ff.), oder Apollo als Citharöde (XI 166 ff.). Einem
Gemälde scheint die Gruppe der mit ihren Nymphen im Bade über=
raschten Diana (III 177 ff.) entnommen zu sein; die Göttin, von
ihren Mädchen umgeben, die sie mit ihren Leibern decken, sie selbst
alle um Haupteslänge überragend, von Purpur übergossen, zur Seite
geneigt und abgewendeten Antlitzes.

Ueberhaupt hat der Leser, wenn er diese 15 Bücher mit beinahe
13 000 Versen ohne Unterbrechung gelesen, diesen überreichen Märchen=
schatz ausgeschöpft hat, das Gefühl, als hätte er eine labyrinthische
Bildergallerie durchwandert. Die Augen sind geblendet von dem
Farbenmeer, welches ihn überflutet hat, die ungeheure Menge der
Gestalten ist zu einem Chaos verschwommen, ein Werk tötet das
andere, das Gedächtnis vermag nur einzelne der hervorragendsten
festzuhalten: mit einem Gefühl tiefer Abspannung endet der über=

schwängliche Genuß. Auch der Dichter ist in den letzten Büchern etwas erlahmt. Er begnügt sich vielfach mit bloßer Andeutung der von Homer Ennius Vergil schon ausgeführten Sagen: es ist als ob sein Schiff im seichten Wasser am flachen Ufer entlang führe, nur ab und zu taucht wieder ein liebliches Plätzchen auf. Im letzten Buch vollends geht die Erzählung in einen Lehrvortrag über (XV 75 ff.), welcher gewissermaßen den wissenschaftlichen Schlüssel zu allen bisher berichteten Wundern bietet.

Es ist Pythagoras, der nach seiner Lehre von der Seelenwanderung selbst ein redendes Beispiel der Metamorphose, einen Beweis von der Wandlungsfähigkeit alles Irdischen darstellt. Der König Numa hat ihn in Croton besucht und ist sein Schüler geworden; von seiner Weisheit erfüllt hat er dann Rom regiert. Ovid läßt den Philosophen selbst reden: es sind, in noch nicht völlig abgeschlossener Anordnung, die Lehren der neupythagoreischen Schule. In Rom kann der Dichter die Vorträge des Alexandriners Sotion gehört haben, welcher ein Schüler des Sextius (geb. 684/70) und Lehrer des jüngeren Seneca (18—20 n. Chr.) gewesen ist. Für die Naturwunder, welche er beispielsweise und nicht immer recht zweckdienlich beibringt, scheint er teils naturbeschreibende Werke seines einstigen Mitschülers in der Rhetorschule, des Pythagoreers Papirius Fabianus, teils die Schrift seines Freundes Hyginus über Bienenzucht benutzt zu haben. Auch bei Varro fand er manches brauchbare. In der Form der Auseinandersetzung schwebt ihm Lucrez als Muster vor. Unbedenklich legt er dem samischen Weltweisen Gedanken des Empedokles und namentlich des Heraklit in den Mund, um für den umfassenden Vortrag über die Formen des Entstehens und Vergehens auf Erden, worauf alle Entwickelung beruht, einen Anhalt zu gewinnen, der ihn zu passendem Schluß führe. Denn von den einst blühenden, jetzt zerstörten oder herabgekommenen Städten ist der Uebergang zu Rom und dessen glänzender, durch Schicksalssprüche verbürgten Weltherrschaft und deren Begründer, dem großen Nachkommen des Julius (447), leicht. Der besondere Nachdruck, mit welchem das pythagoreische Verbot des Fleischgenusses begründet und eingeschärft wird, rechtfertigt sich vielleicht schon hinreichend durch die Naturauffassung, welche eigentlich allen Verwandlungssagen zu Grunde liegt: sind doch die Tiere unsere unglücklichen Brüder. Aber gerade Sextius und Sotion hatten jenes Verbot vor ihren römischen Zuhörern eifrig und mit denselben Gründen, welche wir bei Ovid lesen, vertreten, und haben Anhänger gefunden, welche mit besonderer Genugthuung ihr Glaubensbekenntnis in dem Gedicht ihres Zeitgenossen wiedergefunden haben werden.

Je näher nun dasselbe der Gegenwart kommt, desto feierlicher, ja offizieller wird der Ton. Zum ersten und einzigen Male werden die Musen angerufen (XV 622 ff.), als es sich um den wunderbaren Einzug des Gottes Aesculapius in Schlangengestalt auf die Tiberinsel in Rom (291 v. Chr.) handelt. Hier fehlt jeder Uebergang und jede Anknüpfung, der Ton der Erzählung ist würdevoll: imponieren soll namentlich in der Beschreibung der Seefahrt, welche die römischen Gesandten mit dem Schlangengott heimwärts machten, die Aufzählung der Orte, an welchen sie vorübergefahren sind (ganz wie in den Fasten IV 277 ff. die Stationen, welche das Kybelebild zurücklegt); denn solche geographischen Listen gehören dem hohen Stil an. Der Leser macht den Weg mit und gewinnt eine Vorstellung von der Menge der Zeugen, welche das Wunder gesehen haben, und der Spuren, welche es zurückgelassen haben mag. Und endlich mündet der langgestreckte Strom der Erzählung, welcher aus dem Chaos entsprang, in die Weltregierung des Augustus, unter welchem der Erbkreis sich glücklich fühlt. Die letzte Verwandlung ist die Apotheose seines Adoptivvaters Julius Cäsar, dessen Seele zu den Sternen emporgeflogen ist, eine schmetternde Fanfare, wie sie wirkungsvoller und großartiger den langen Zug wunderbarer Schicksale nicht beschließen konnte. Wäre nur die Huldigung für den Herrscher nicht gar so dick aufgetragen mit dem Pinsel jener lügenhaften Rhetorik, welche in das Aberwitzige umschlägt! Größer als alle Kriegs- und Friedensthaten des Julius Cäsar soll das Verdienst sein, daß er einen solchen Sohn — gezeugt habe! und dieser Sohn, wenn er es auch nicht zugeben will, ist größer als der Vater, er übertrifft ihn wie Agamemnon den Atreus, Theseus den Aegeus, Achill den Peleus, Juppiter den Saturnus. Um seinetwillen mußte Cäsar zum Gott erhoben werden. Daher macht der höfische Dichter aus diesem Vorgange, der schon einmal in den Fasten behandelt war, eine große olympische Staatsaction nach bekanntem Muster. Venus, die vor und nach der Ermordung ihres Urenkels alle Götter mit kindischen Klagen behelligt, wird von Juppiter auf das himmlische Archiv verwiesen, wo auf unverwüstlichen Erztafeln, die er selbst gelesen habe, die Geschicke auch ihres Geschlechtes verzeichnet seien. Cäsars Tage seien eben erfüllt, aber dem Sohn, seinem Rächer, sei beschieden jene stolze Siegesreihe von Mutina bis Actium, und weiter die Unterwerfung von Land und Meer weit und breit, und, nachdem er der Welt Frieden gegeben, die Herstellung von Recht und Sitte durch Gesetze und Beispiel, die Heiligung der Familie und die Gründung seiner Dynastie. Es ist eine in Form der Weissagung gefaßte, gedrängte Lobrede des Herrschers, zu dessen Schutz die heiligsten Stammgötter Roms und der capitolinische Juppiter aufgerufen werden.

In Uebereinstimmung mit dem hohen Ton dieser letzten Partie verspricht der Dichter zum Schluß (XV 871 ff.) auch sich selbst unvergänglichen Ruhm. Ueber die Sterne wird sein Name fliegen, soweit die römische Macht reicht, wird er vom Volk gelesen werden, und durch alle Zeiten wird er leben. Das ist die stolze Sprache eines Dichters, der eine gewaltige Nation hinter sich fühlt und sich bewußt ist, den unvergänglichen Schatz ihrer geistigen Güter durch ein kostbares Stück bereichert zu haben. Aber dieser Schluß, namentlich das starke Wort, daß nicht einmal Juppiters Zorn im stande sei diesen Ruhm zu vernichten, scheint erst später, in der Verbannung geschrieben und unter Juppiter der irdische Donnerer Augustus verstanden zu sein.

Schon befanden sich Abschriften des großen Werkes in den Händen der Freunde, aber es war noch nicht der Oeffentlichkeit übergeben, weil ihm noch die letzte Hand und der Schluß fehlte (Trist. II 63. 555 III 14, 19), als den gerade auf der Höhe seines Schaffens stehenden Dichter der vernichtende Schlag traf, welcher seine Kraft brach. Er will in der ersten Verzweiflung das eigene Exemplar ins Feuer geworfen haben (Trist. I 1, 118. 7, 15 f.) und schiebt die Verantwortung für die Herausgabe jenen Freunden zu. Wiederholt betont er, daß er nicht in der Lage gewesen sei, das Gedicht, wie er gewollt, durchzufeilen; er bittet ausdrücklich den Leser, das verwaiste Werk, welches er doch als das wahre Abbild seines Geistes anerkennt, nachsichtig aufzunehmen und etwaige Fehler in der Form zu entschuldigen, da er sie, wenn es ihm möglich gewesen wäre, verbessert haben würde.

Fünfzig Jahre hatte Ovid in Ehren zurückgelegt. Beide Eltern waren erst kürzlich hochbetagt gestorben, zuerst der neunzigjährige Vater, heißbeweint vom Sohn, bald auch die Mutter. In behaglichen Verhältnissen, in einem glücklichen Familienleben und von einem großen Kreise angesehener Freunde umgeben, durfte sich der gefeierte Dichter seines steigenden Ruhmes erfreuen. Da zertrümmerte ein jäher Blitz sein Lebensglück und die beste Kraft seiner Muse. Schon vor längerer Zeit hatte die „Liebeskunst" das Mißfallen des Augustus erregt (Trist. II 1, 7 f. 77 f.): einzelne Stellen waren ihm vorgelesen worden, und er hatte sich über den Verfasser und seine Sitten tadelnd ausgesprochen. Die ganze erotische Poesie des Ovid wie seiner Genossen und Vorgänger mußte dem Urheber der Gesetze, welche die strengen „Sitten der Vorfahren zurückführen" sollten, höchst verwerflich, ja gefährlich erscheinen. Das julische Gesetz über Buhlereien (de adulteriis) vom Jahr 737/17 verbot Ehen zwischen Freigeborenen und Kupplerinnen oder Buhlerinnen; es verhängte gegen Ehebruch und Unzucht strenge Strafen, welche Augustus in einzelnen Fällen, die in seiner eigenen Familie vorkamen, noch verschärfte, indem er geschlechtliche Vergehen zwischen Männern und Frauen als Religionsfrevel und Majestätsbeleidigung ahndete. Die schamlosen Ausschweifungen seiner Tochter Julia, der dritten, aufgezwungenen Frau des Tiberius, welche dem Vater erst im J. 752 (zwischen dem ersten Juli und ersten Oktober) in vollem Umfange bekannt wurden, erregten seinen Zorn in solchem Grade, daß er dem Senate davon Anzeige machte, eine Anzahl ihrer vornehmen Liebhaber auf verschiedene Inseln, und die Missethäterin selbst nach der Insel Pandateria im Golf von Neapel verwies. Die Bitten und Demonstrationen des Volkes zu ihren Gunsten vermochten auch nach fünf Jahren nur durchzusetzen, daß ihr ein Aufenthalt auf dem Festlande, in Rhegium, angewiesen wurde, wo sie 16 Jahre bis zu ihrem Tode (14 n. Chr.) geblieben ist.

In demselben Jahre, in welchem Augustus diese Schmach seines Hauses erleben sollte, hatte er jene glänzende Naumachie veranstaltet, deren Ovid in seiner „Liebeskunst" noch gedenkt. Also wird die Herausgabe dieses Gedichtes mit jenem Familienskandal ziemlich zusammengefallen sein. Neun Jahre später (8 n. Chr.) wurde die Enkelin des Kaisers, Julia, Gemahlin des L. Aemilius Paulus (Consul 1 n. Chr.), des Ehebruchs mit D. Silanus überführt und gleichfalls auf eine Insel in der Nähe der apulischen Küste verwiesen, wo sie zwanzig Jahre bis zu ihrem Tode verblieb, während ihr Buhle sich der Ungnade des früher befreundeten Herrschers durch freiwillige Entfernung entzog: erst unter Tiberius (20 n. Chr.) wagte er, unterstützt durch das hohe Ansehen seines Bruders, zurückzukehren, blieb aber auch dann vom Hof und allen Ehrenstellen ausgeschlossen.

Gerade in jenem verhängnisvollen Jahre nun (761), im Spätherbst, wurde Ovid durch ein in strengen Worten abgefaßtes kaiserliches Edikt nach Tomi verwiesen. Ein klarer Bericht über Grund und Veranlassung dieser harten Strafe liegt nicht vor. Alle übrigen Quellen schweigen vollständig. Nur der betroffene kommt bis zur Ermüdung häufig auf die Ursache seines Unglücks zu sprechen, aber stets in geheimnisvoll andeutenden, dunklen Ausdrücken. Ueber den Vorfall, welcher ihm schuld gegeben wird, muß er schweigen, um nicht die Schmerzen Cäsars zu erneuen (Trist. II 208 ff. Pont. Briefe I 16, 21 ff.); er darf sich nicht verteidigen, um sich nicht noch mehr zu schaden (Trist. I 1, 25 ff.). Der „Zorn des beleibigten Fürsten" hat ihn getroffen (Trist. IV 10, 98). Es ist keine geringe Beschuldigung (Trist. II 122), dennoch hat er nichts gethan, was ein Gesetz verböte (Pont. Br. II 9, 71). Es war kein absichtliches Vergehen (kein scelus: Trist. IV 10, 90), sondern ein Irrtum (error: Trist. I 2, 98 ff. 3, 37 II 109 III 3, 75), der ihn hingerissen hat, eine Dummheit (simplicitas: Trist. I 5, 42; stultitia: III 6, 35): nur unklug und zaghaft (non sapiens... timidusque: Pont. Br. II 2, 17: vgl. Trist. IV 4, 39) darf er mit Recht gescholten werden. Er hat gefehlt, aber keinen Lohn damit erstrebt (Trist. III 6, 34). Hätte er einem alten Freunde, dem er sonst alles mitteilte, sein Geheimnis anvertraut, so würde er durch dessen Rat gerettet sein (Trist. III 6, 11 ff.). Ohne es zu wissen haben seine Augen ein Verbrechen gesehen (Trist. III 5, 49 f.: vgl. II 103 ff.), durch Zufall sind sie Mitwisser eines tötlichen Unheils geworden (Trist. III 6, 28). Der Verkehr mit hohen Herrschaften ist ihm verhängnisvoll geworden (Trist. III 4). Offen bekennt er den andern Teil seiner Schuld, das Gedicht von der Liebeskunst, welches er verdammt. Hierdurch hat er sich schon lange das Mißfallen Cäsars zugezogen (Trist. II 7 f.); diese drei Bücher haben ihren eigenen Vater umgebracht (Trist. I 1, 111 ff.). Er wird beschuldigt, hiermit Lehrer der Buhlerei geworden zu sein

(Trift. II 211 f. 345 f.) und damit das julische Gesetz verhöhnt
zu haben (Pont. Br. III 3, 57).

Es ist im Grunde nicht schwer, aus diesen verschleierten Be-
kenntnissen den thatsächlichen Kern, welcher den Zeitgenossen nur zu
bekannt war (Trift. IV 10, 99 f.), herauszuschälen. Ovid muß
Augenzeuge einer verbrecherischen Zusammenkunft der Julia mit
Silanus, er muß mit letzterem befreundet gewesen sein, und ohne
zu ahnen, um was es sich handelte, die Gelegenheit dazu geschaffen
haben. Als man die Schuldigen auf frischer That ertappte, fand
man (vielleicht war es in der Wohnung des Dichters) ein Exemplar
der „Liebeskunst" in ihrer Nähe. Diese Umstände genügten, den
höchsten Unwillen des Kaisers zu erregen. Er sah in Ovid den
Verführer, gab ihm die moralische Mitschuld nicht nur für diesen
einzelnen Fall, sondern für die allgemeine Sittenlosigkeit der römischen Gesellschaft, und ließ ihn deshalb die ganze Schwere seines längst
glimmenden Zornes fühlen, indem er dem Uebertreter seines Gesetzes
dieselbe Strafe zuerkannte wie der Enkelin. Es war kein Spruch
des Senats oder der Richter, sondern ein unmittelbarer Cabinets-
befehl (Trift. II 131 ff.), welcher dem Betroffenen den einzigen
Trost ließ, daß es bei der Verweisung (relegatio) sein Bewenden
hatte und ihm die Verbannung (exilium) erspart wurde, welche
seinen bürgerlichen Tod zur Folge gehabt hätte. So blieb er im
Besitz seines Bürgerrechtes und seines Vermögens (Trift. IV 9, 11
V 2, 56). Aber seine Gedichte wurden aus den kaiserlichen Biblio-
theken entfernt (Trift. III 1, 65 ff. Pont. Br. I 1, 5 ff.), selbst
der Privatbesitz der „Liebeskunst" scheint verboten zu sein (Trift. III
14, 5 f. Pont. Br. I 1, 12). Er war von Rom abwesend, als
der Schlag fiel, und niemand wagte ein gutes Wort für ihn einzu-
legen (Pont. Br. II 7, 52 ff.). Die erste Kunde von dem drohenden
Ungewitter hatte er auf der Insel Elba erhalten, seinem Freunde
Maximus Cotta hatte er auf dessen Befragen zögernd von dem
argen Vorfall gebeichtet und auch von ihm scharfen Tadel zu hören
bekommen (Pont. Br. II 3, 83 ff. 61 ff.). In Rom fand er die
Schar der guten Freunde, die ihn bisher umgeben hatte, ausein-
andergestoben (Trift. I 9, 17 ff.). Nur „zwei oder drei" blieben
dem zerschmetterten treu, unter ihnen Atticus (Pont. Br. II 4. 7,
vielleicht Trift. V 4) und Celsus (wahrscheinlich der aus den horazischen Episteln bekannte Albinovanus Celsus). Dieser hielt den ver-

zweifelnden ab, Hand an sich zu legen, und verwies ihn auf die
Fürbitte einflußreicher Gönner wie des Maximus Cotta. Den Dank
für die bewiesene Treue hat Ovid zeitlebens im Herzen bewahrt
und noch zuletzt durch eine warm empfundene Trauerelegie (Pont.
Briefe I 9) auf den Tod des geliebten Freundes bekundet.

Es war im Beginn des Winters, als sich der Unglückliche
nicht nur von der Heimat, sondern auch von seiner Familie trennen
mußte, denn seine Gattin blieb in Rom. Die Tochter weilte, ohne
von dem Geschick des Vaters zu wissen, in Libyen (Trist. I 3, 19).
Eine ergreifende Elegie, welche einige Wochen später auf der Reise
gedichtet ist (Trist. I 3), schildert jene traurige Nacht, in welcher er
Abschied nehmen mußte. Er hatte weder Zeit noch Besinnung ge=
habt, sich auf die weite Reise gehörig vorzubereiten. Ein und der
andere Freund war zugegen, die Gattin hielt den weinenden schluch=
zend in den Armen, wie bei einer Bestattung war jeder Winkel im
Hause mit Thränen erfüllt. Immer und immer wieder gab er die
letzten Küsse, bis der Morgenstern glänzend aufging. Ein Weh=
geschrei erhob sich, die Frau verlangt von neuem, wie schon bisher,
den Mann in die Verbannung zu begleiten, und als er die Schwelle
überschritten hat, stürzt sie ohnmächtig zusammen.

Das erste Buch seiner „kummervollen Elegien" (Tristia) gibt
uns von seinen Erlebnissen und von seiner Stimmung während der
Reisemonate anschaulichen Bericht. Im December befand er sich
auf dem adriatischen Meer (11, 3). Stürme bedrohten ihn mit
Schiffbruch (2), verschlugen ihn in das ionische Meer und von der
illyrischen nach der italischen Küste zurück (4). Zu Wagen fuhr
er über den korinthischen Isthmus. Im Hafen von Kenchreä erwarb
er ein gutes, schnellsegelndes und mit Ruderern versehenes Schiff,
welches ihn über das ägäische Meer nach Ilium, dann in den
Hafen von Imbros und nach Samothrake brachte. Von hier ließ
er das Fahrzeug (wahrscheinlich mit dem größeren Gepäck) seinen
Weg durch Hellespont, Propontis, Bosporus an der westlichen Küste
des Pontus hinauf bis Tomi ziehen, während er selbst mit einem
anderen nach Tempyra an der thrakischen Küste übersetzte (11), um
von da (doch wohl erst in besserer Jahreszeit) den langen Marsch
(368 Milien) zu Fuß anzutreten (10). Die Unbilden des Wetters,
die unwirtliche Straße, drohende Ueberfälle von Räubern (1, 44
III 2, 25 IV 1, 21 f.) machten die Reise beschwerlich und lebens=

gefährlich. Seine Leiden, sagt er (5, 45 ff.), seien unendlich und
überstiegen allen Glauben. Dennoch ertrug sein Körper die Stra=
pazen über Erwarten gut (III 2, 13 f. IV 10, 103 ff.). Sein
Gönner Sex. Pompeius (Consul 14 n. Chr.), der vielleicht damals
in Mösien als Legat ein Commando hatte, sorgte für seine Sicher=
heit, verschaffte ihm manche Erleichterung und versah ihn mit Geld=
mitteln (Pont. Briefe IV 5, 33 ff.).

Durch alle Nöte und Fährnisse hindurch blieb die Muse seine
treue Begleiterin. Teils auf dem Schiffe (2. 4. 11), teils an
Orten etwas längeren Aufenthaltes, z. B. auf Samothrake (10),
sind die Elegien des ersten Buches der Tristien entstanden, welche
den Verkehr mit der Gattin und den Freunden daheim wenig=
stens brieflich pflegen, Teilnahme und Fürsprache gewinnen und
den Boden für spätere Begnadigung oder doch Milderung der
Strafe bereiten sollten. So dankt er einem, der ihn zuerst durch
warmen Zuspruch aus der Verzweiflung gerissen hat, und bittet die
zwei oder drei, die ihm treu geblieben sind, sich nicht durch Furcht
vor Cäsars Zorn abschrecken zu lassen (5, vgl. 9). Einem kalt=
herzigen Jugendfreunde, der ihm nicht einmal Lebewohl gesagt hat,
macht er bittere Vorwürfe (8). Die Gattin lobt er (6), daß sie
einem raubgierigen Menschen, der es auf sein Vermögen abgesehen
hat, wacker entgegengetreten sei und ihn mit Hilfe tapferer Freunde
beseitigt habe. Um keinen seiner Bekannten bloßzustellen, mußte der
Verstoßene darauf verzichten, den einzelnen Empfänger öffentlich mit
Namen anzureden (III 4 b, 65 ff.), und diese Anonymität ist auch
in den folgenden vier Büchern dieser Sammlung festgehalten; indessen
lassen die Andeutungen, verglichen mit den benannten Briefen der
zweiten Sammlung, manche Persönlichkeit sicher erkennen.

Kurz vor dem Antritt der thrakischen Reise, von Samothrake
oder von Tempyra aus, hat Ovid das erste Buch nach Rom geschickt
mit einer einleitenden Elegie (1) in Form eines an das Buch selbst
gerichteten Geleitbriefes. Schmucklos, wie es dem Verbannten ge=
ziemt, soll es seines Weges ziehen und die Heimat grüßen. Vorsichtig
und bescheiden soll es auftreten. Findet es einen, der den Verfasser
bedauert und im stillen ihm eine mildere Strafe wünscht, der soll ge=
segnet sein. Tadelt man die Gedichte und findet, daß sie ihres Ver=
fassers nicht würdig seien, so bedenke man die Umstände, unter denen
sie geschrieben sind: selbst einem Homer würde in solcher Lage sein

Genie verfagen. „Will dich" (das Buch) „jemand wegwerfen, weil es von mir komme, fo verweife ihn auf den Titel und fage ihm: ich bin kein Lehrer der Liebe. In Cäfars Haus, von wo der Blitz auf mein Haupt kam, geh' lieber nicht: ich fürchte die Götter; genug, wenn dich der Mittelftand lieft. Uebrigens richte dich nach den Um=ftänden: wenn er in guter Stimmung ift und dich jemand bei ihm mit einem guten Wort einführt, fo tritt näher, nur reize ihn nicht von neuem. Kommft du in das Innere meines Haufes, fo wirft du dort nach der Reihe aufgeftellt deine Brüder finden" (die drei Bücher von der Liebeskunft) „beifeits, im Dunkeln. Den Metamor= phofen fage, daß auch mein Geficht verwandelt fei, durch Weinen."

Endlich, vielleicht im Frühling, war das traurige Ziel erreicht. Tomi (heute Köftendfche), einft eine Colonie der handelsbefliffenen Milefier, war damals ein römifches Caftell im äußerften Often der Provinz Möfia an der Weftküfte des Pontus Euxinus (in der heutigen Dobrudfcha) mit halb griechifcher, halb getifcher Bevölkerung, in welcher das griechifche Element von dem barbarifchen beherrfcht wurde (III 9, 1 V 7, 11 f.). Das erfte, was der unglückliche Dichter von hier ausgehen ließ, war ein Gnadengefuch an Auguftus, in Form einer faft 600 Verfe umfaffenden, forgfältig ausgeführten Elegie, welche für fich allein das zweite Buch der Triftien füllt. Er wendet fich an die oft bewährte Milde des Kaifers, fchwört, daß er ihm ftets treu ergeben gewefen fei, und beruft fich auf die zahlreichen Stellen feiner Gedichte, auch des unvollendeten Werkes der Meta=morphofen (63), welche ihm huldigen, auf feinen bisher untadel=haften Lebenswandel. Mit beweglicher Rhetorik bittet er, da ihm doch das Leben gefchenkt fei, wenigftens um Anweifung eines mil-deren und näher gelegenen Ortes zum Aufenthalt, wo er ficherer und ruhiger leben könne. Hier fei er an die äußerfte Grenze des Reiches verbannt, mitten unter Feinden, in deren Hände er zu fallen fürchtet. Da er von den beiden Urfachen feiner Verbannung (carmen et error) die eine, den thatfächlichen Vorfall, mit Schweigen übergehen muß, fo verbreitet er fich defto ausführlicher über die Verteidigung feines berüchtigten Gedichtes. Er habe ausdrücklich gefagt, daß er nicht für ehrbare Frauen fchreibe. Eine lüfterne Phantafie könne felbft von den Annalen des Ennius oder von der Aeneis, ja fchon von dem Gedanken an die Götter gereizt werden. In geradem Gegenfatz zu früheren Flunkereien erklärt der reuige

Sünder, daß er unmöglich ein Lehrmeister von Dingen habe sein können, die er selbst nicht verstehe; ein großer Teil seiner erotischen Scherze sei reine Erfindung; aus einem Buche dürfe man nicht auf die Sitten des Verfassers schließen. Er führt in höchst interessanter Weise eine lange Reihe von Mitschuldigen vor, von Anakreon bis auf Vergil, und nennt seine späteren Arbeiten, die Tragödie, die Fasten und Metamorphosen, zum Beweise, daß er nach jenen Jugendspielereien sich ernsteren Aufgaben gewidmet habe.

Auf sofortige Erhörung seiner Bitte wird der Verfasser wohl schwerlich gerechnet haben. Ohne den Erfolg abzuwarten, fuhr er fort, seine beweglichen Klagen in die Heimat zu senden, deren fassungslose Eintönigkeit zu tadeln leicht ist. Man versteht sie, wenn man sich in die Lage des Einsamen versetzt, sich den Gegensatz derselben gegen seine Vergangenheit vergegenwärtigt und erwägt, daß doch im Grunde die Schilderung seines gegenwärtigen Lebens und die Sehnsucht nach dem Vaterlande, nach einer Luft, in welcher er wenigstens geistig zu atmen vermöchte, das einzige Thema war, von dem er die Seinigen daheim zu unterhalten in der Lage war. Ein Weltkind, geboren für ein behaglich sorgloses Leben (III 2, 9 f.), verwöhnt durch den milden Himmel Italiens und eine herrliche Natur, welche seiner Phantasie unerschöpfliche Bilder gab, durch alle Bequemlichkeiten eines gesicherten Wohlstandes, durch den reichsten, anregendsten Verkehr mit allen Fasern am schönen Rom hängend, sah er sich in eine öde Steppe versetzt ohne Felder und Bäume, die keine Traube, keinen Apfel trug, dafür kümmerlich oder gar nicht angebaute Felder, auf denen nichts als bitteres Wermutkraut wuchs, denn beständig waren räuberische Ueberfälle barbarischer Horden zu befürchten, die über den Istros hinüberschwärmten (III 10, 4 f. 66 ff. V 2 b, 7 f. 10, 23 f. Pont. Br. I 3, 49 ff. 7, 9 ff. III 1, 11 ff. 8, 15). Er dachte an sein pelignisches Gut und die reizenden Gärten, die er mit eigener Hand so liebevoll gepflegt hatte. Auch in dieser Oede würde er gern den Pflug führen, Schafe und Ziegen weiden, aber zwischen der Stadtmauer und dem Feinde war ja kein Raum dafür (Pont. Briefe I 8, 39 ff.). Statt lieblicher Landausflüge ein langweiliges Leben hinter dem verschlossenen Stadttor und mit Wachen besetzten Mauern (III 14, 41 f. V 7, 13 ff.). Auf den Straßen überwogen Sarmaten und Geten zu Roß, mit Köcher, Bogen und Pfeilen bewaffnet, an der Seite den drohenden Dolch, grimmige Gesichter,

Haare und Bart ungekürzt. Kaum wie Menschen erschienen ihm diese Gestalten, eher wie Wölfe: sie achten keine Gesetze, das Recht erliegt unter dem Schwerte. Oft kam es mitten auf dem Markt zu blutigen Kämpfen (V 7, 45 ff. 10, 31 ff. Pont. Br. I 2, 15 ff.). Bald lernte er die Schrecken des Winters kennen, Eis und Schnee, den weder Sonne noch Regen schmilzt, Nordstürme, welche Türme niederreißen, Dächer abdecken. Er sah die hosentragenden Einwohner in Pelze und Kapuzen gehüllt, Haar und Bart bereift, den Wein in den Fässern zu Stücken gefroren, den breiten Donaustrom mit harter Kruste überzogen, welche Pferde und die ochsenbespannten Wagen der Sarmaten trug. Und über diese Eisbrücke kommt der Feind auf schnellem Roß verwüstend und plündernd, ein Schrecken der Einwohner, die ihre Habe zurücklassend entfliehen. Vieh und Wagen und von dem, was der arme Bauer sonst besitzt, schleppen die Räuber fort so viel sie können, die Hütten verbrennen sie; Gefangene, die Arme auf den Rücken gebunden, werden fortgeführt, andere erliegen den vergifteten Pfeilen (III 10). Unversehens kommt die feindliche Rotte wie ein Vogel geflogen, oft sammelt man in den Straßen der Stadt hinter verschlossenen Thoren ihre tödlichen Pfeile auf (V 10, 19 ff.). Er selbst sah sich gezwungen, Helm, Schwert und Schild anzulegen, wenn der Wächter vom Wartturm das Zeichen gab. Wehe dem, der sich dann draußen auf dem Felde vom Feinde überraschen ließ (IV 1, 73 ff.).

Den ersten Eindruck bei der Ankunft an seinem Bestimmungsorte gibt eine Selbstbetrachtung des Unglücklichen (III 2) wieder. Nun er die Mühseligkeiten und Gefahren der Reise hinter sich hatte und zur Ruhe kam, wurde ihm die grausame Veränderung seines Schicksals erst ganz klar: Rom und sein Haus und alles, was er verloren hatte, trat lebendig vor seine Augen. Er konnte nichts als weinen und wünschte nichts sehnlicher als baldigen Tod. Er wurde krank (wohl am Wechselfieber), weil er das rauhe Klima, die sumpfige Luft nicht vertrug und sich an das schlechte Wasser (Sumpf mit Meersalz gemischt!) nicht gewöhnen konnte. Wie vermißte er da seine behagliche Häuslichkeit! Kein Arzt, kein Freund stand tröstend an seinem Bett, nicht einmal bekömmliche Kost für seinen kranken Magen konnte er haben (III 3 Pont. Br. II 7, 74 III 1 17 f). Seit seiner Ankunft litt er an Schlaflosigkeit, er magerte ab, fühlte sich matt und welk an Körper und Geist (III 8, 23 ff.). Vom Krankenlager aus schreibt er durch fremde Hand an seine Frau (III 3). Alle seine Gedanken sind in der Heimat, vor allem bei der Gattin: von ihr spricht er Tag und Nacht, auch in Fieberphantasien. „Wenn mein Ende so nahe war, warum ließt ihr mich nicht im Vaterlande sterben, ihr Götter! Nun soll ich in der Fremde sterben unbeweint, ohne Abschied von meinen Lieben, ohne die letzten Ehren." Aber die Frau soll nicht zu sehr um ihn klagen, sie soll sich über seine Erlösung freuen. Möge nur die Seele mit dem Leibe zu Grunde gehen, damit sie nicht etwa ewig unter sarmatischen Schatten weile. Er wünscht, daß wenigstens seine Asche in kleiner Urne heimgebracht und vor dem Thor an der Landstraße beigesetzt werde. Er bestellt seine Grabschrift, aber mit stolzer Zuversicht weist er auf seine Werke, die ihrem Verfasser, obwohl sie ihm geschadet haben, Namen und lange Dauer sichern.

Nach langem Winter wird es (um die Zeit der Tag- und Nachtgleiche) Frühling (III 12). Jetzt pflücken Knaben und Mädchen Veilchen auf den Wiesen, die Schwalbe singt und die Saaten keimen. Wo Reben und Bäume wachsen, da schwillt der Saft, aber an der Getenküste gibt es ja keine Rebe, keinen Baum. In Rom gibt es fröhliche Feste und Spiele: ach viermal, ja unzählbar glücklich, wem vergönnt ist, die Stadt zu genießen! Der arme Verbannte merkt den Frühling am Schmelzen von Schnee und Eis. Wenn die Schiffahrt wieder beginnt, will er die ankommenden Schiffer fleißig ausfragen: freilich kommt selten einer aus Italien an dieses hafenarme Gestade. Wer ihm vom Triumphe Cäsars über das rebellische Germanien erzählen kann, den will er gastlich bewirten. „Ach wäre doch auch mir auf skythischem Boden nur ein Gastaufenthalt beschieden!" Zu gleicher Zeit, am 20. März, erlebt er seinen ersten Geburtstag in der Fremde (III 13). Von Feier kann keine Rede sein. Sein einziger Wunsch ist, daß der Genius seiner Geburt an diesen Ort nicht wiederkehren möge. Am Fest des Bacchus, den Liberalia (17. März), erinnert er den Gott, wie manchesmal er mit seinen Dichtergenossen diesen Tag fröhlich beim Wein gefeiert habe. Möchten sie ihn doch in ihrer Mitte vermissen und es laut aussprechen (V 3)! Der Frau sendet er zu ihrem Geburtstag die gewohnten Glückwünsche (V 5): dies einzige Mal im Jahr will er ein weißes Kleid anlegen, einen Rasenaltar errichten, den Herd mit Kränzen schmücken. Der Rauch vom Opfer zieht verständigerweise westwärts nach Italien. Sie ist seine Penelope: mögen die Götter ihr zu Liebe bereinst ihren Ulixes heimkehren lassen.

Die Zeit brachte ihm keinen Trost. Zweimal bereits war der Herbst wiedergekehrt, also das dritte Jahr nach seiner Entfernung, und noch fühlte er sich so unglücklich wie zu Anfang, sogar in noch höherem Grade, da er nun sein Schicksal genau kannte und nicht mehr die Widerstandskraft wie damals besaß (IV 6). Er bekommt weiße Haare, fühlt die Zeit nahen, wo er liebevoller häuslicher Pflege bedürfte, wo er sich behaglich im Kreise der Seinigen am häuslichen Herde oder auf seinem väterlichen Landgut in seine poetischen Arbeiten einspinnen möchte: aber ihm ist der Hafen, die Ruhe des Alters versagt (IV 8). Er wünscht sich den Wagen des Triptolemus, das Drachengespann der Medea, die Flügel des Perseus, um das Vaterland und das liebe Antlitz der treuen Freunde und der Gattin wiederzusehen (III 8). Wenn er in der Nacht das Bärengestirn am Himmel erblickt, welches auch über seinem Hause in Rom strahlte, dann kehren seine Gedanken bei der Gattin ein, an deren Treue er nicht zweifelt (IV 3). Wie mag ihr zu Mute sein? „Dir wäre besser, du hättest meinen Tod zu betrauern. Weh mir, wenn du als des Verbannten Weib dich meiner schämen mußt! Wo ist die Zeit hin, wo du stolz auf mich warst?" Aber gerade sein Unglück gibt ihr Gelegenheit ihre Trefflichkeit zu zeigen und ein leuchtendes Beispiel zu geben (verdeckte Aufforderung, seine Begnadigung zu betreiben). Auch in dem schönen Schlußgedicht dieser Sammlung (V 14) stellt er ihr mit wehmütiger Ironie vor, daß sie bei allem Unglück doch durch ihren Mann berühmt und deshalb von manchen beneidet werde, ohne sich aufopfern zu müssen: nur Liebe und Treue werde von ihr verlangt. Er möchte, daß sie den Kaiser selbst mit Bitten anginge, aber sie wagt es nicht und er beschwert sich darüber (V 2 a), und setzt nun selbst abermals eine flehentliche Bittschrift an ihn auf, daß ihm erlaubt werde, an einem andern Orte in größerer Sicherheit — elend zu sein (V 2 b).

Innig dankt er für die Liebe und Teilnahme, die er von einem und dem andern der alten Freunde in der letzten schweren Zeit zu Rom erfahren hat, für Hilfe und Verteidigung, die ihm nach seiner Entfernung zu Teil wird (III 4. 5 IV 5 V 4. 9). Es liegt ihm alles daran, die Verbindung mit der Heimat festzuhalten. Freilich findet er auch Anlaß zu Klagen, daß einer, auf den er bisher besonderes Vertrauen gesetzt hat, ihn aufgeben will (V 6). Einen säumigen Freund, der seit der Trennung nicht geschrieben hat, mahnt er im dritten Jahr (IV 4). Seiner schönen Schülerin Perilla sendet er einen traulichen Gruß (III 7): sie soll nicht nachlassen in ihrem Streben, denn geistige Schätze seien die einzigen, welche bleiben. Auch ihm sei nichts geblieben als sein Geist und sein Ruhm; darüber habe Cäsar keine Macht: „so lange die siegreiche Roma von ihren sieben Hügeln den Erdkreis überschaut, wird man mich lesen." Noch also verließ den Dichter sein stolzes Selbstgefühl nicht. In der letzten Elegie des vierten Buches (10) tritt er als sein eigener Biograph auf. Er dankt der Muse, daß sie ihm schon bei Lebzeiten einen großen Namen gegeben habe, daß er den größten Dichtern an die Seite gestellt werde und die mißgünstige Kritik sich an seine Werke nicht wage. Auch die Gattin tröstet er, die sich beklagt hat, daß einer sie Frau des Verbannten gescholten habe (V 11): noch sei sein Schiff nicht untergegangen.

Soviel er konnte, verfolgte er aus der Verbannung die öffentlichen Ereignisse, griff auch, um seine patriotische Gesinnung zu bezeugen, den Erfolgen vor und feierte sie in froher Erwartung. Als nach der Niederlage des Varus Tiberius mit Germanicus aufs neue in Germanien vordrang (Sommer 10 n. Chr.), widmete er dem Triumph, den er im Geiste voraussah, ein für Augustus' Ohren bestimmtes Gedicht (IV 2). In malerischer Schilderung läßt er im Geist den stolzen Zug an sich vorübergehen, als stünde er unter den Zuschauern und hörte ihre Bemerkungen über das Einzelne. Freilich läuft auch diese Huldigung auf die Klage hinaus, daß er alles das nur aus der Ferne und spät werde hören, nicht mit eigenen Augen sehen können.

Manchmal noch versuchte er die alte Kunst des Fabulierens. Der griechische Name seines neuen Wohnortes Tomi regt ihn an, zur Erklärung desselben die Sage von der Zerstückelung des kleinen Absyrtus durch Medea zu erzählen (III 9). Die Nähe des taurischen Chersonnes, wo am Altar der Diana Menschenblut fließt, bringt ihn auf Orestes und Pylades und ihre glückliche Rettung. Möchten doch auch ihn günstige Winde, nachdem die Gottheit versöhnt wäre, heimtragen (IV 4)! Und noch einmal läßt er (Pont. Briefe III 2) dieselbe Geschichte einen alten Skythen aus Tauri in einer geselligen Vereinigung zu Tomi ausführlich (nach Euripides) mit bezaubernder Treuherzigkeit erzählen, um den Freunden daheim ein Beispiel selbstloser Hingebung zu Gemüte zu führen.

Solche Blüten sind freilich selten. Im ganzen fand man seine Klagelieder etwas eintönig und langweilig. Er selbst entwaffnet die Kritik (IV 1) durch das entgegenkommende Geständnis, daß er nicht Ruhm, sondern Erholung in diesen Elegien suche. Singe doch der Sträfling bei seiner harten Arbeit, der Knecht, der das Schiff stromauf zieht, der Ruderer, der müde Hirt und die Spinnmagd. Freilich wünscht er sich nie mit den Musen eingelassen zu haben, aber jetzt könne er sie nicht mehr entbehren. Wer unterhaltende und mutwillige Gedichte verlange, der solle die Tristien nicht lesen. Warum er soviel klage? Er leide eben viel, und die einzige Erquickung biete ihm die Muse. „Gebe mir einer Frau und Heimat wieder, so will ich wieder heiter sein, aber nur singen, was Er billigt. Aber, sagt man, du könntest doch dein Unglück schweigend ertragen. Hat doch selbst Phalaris seinen Opfern im Stier zu jammern erlaubt. Die Gedichte sind schlecht, das gestehe ich, aber wer zwingt dich sie zu lesen? Für die Sauromaten sind sie noch gut genug: ich schicke sie zu euch, um irgendwie im Verkehr mit euch zu bleiben" (V 1).

Am traurigsten war immerhin seine eigene Wahrnehmung, daß er geistig zurückgehe. Keine Bücher waren zu haben, thrakische und skythische Laute umtönten sein Ohr, die wenigen Reste von Griechisch waren durch getische Klänge verdorben, und niemand war da, der des Dichters Verse, wenn er sie ihm hätte vorlesen wollen, verstanden hätte, der auch nur über die gewöhnlichsten Dinge sich lateinisch hätte ausdrücken können. So war er selbst gezwungen, Sarmatisch und Getisch zu lernen, und mit Schrecken gewahrte er, daß ihm mehr und mehr die sichere Herrschaft über seine Muttersprache abhanden kam (III 14, 37 ff. IV 1, 89 ff. V 7, 51 ff. 12, 53 ff., vgl. Pont. Briefe I 5 IV 2). Er war ganz allein auf sich selbst angewiesen. Manchmal fehlen ihm schon die Worte. Oft übermannt ihn die Verzweiflung und er wirft seine Verse ins Feuer. Ein Freund hat ihm geraten, sich in poetische Arbeiten zu stürzen. Aber wo soll er die Stimmung hernehmen? Auch fühlt er ja, daß sein Talent allmälig versiegt. Wenn er das Geschriebene nachliest, schämt er sich selbst, und doch mag er nichts bessern, weil er die Mühe scheut. Wozu auch? Hat ihm doch bisher noch keines seiner Werke genützt. Er schreibt nur weiter, weil er es einmal so gewohnt ist, weil er

an Trinken und Würfelspielen keinen Geschmack findet. In bitterer
Ironie erklärt er sich mit dem Ruhm des besten Dichters unter den
Geten begnügen zu wollen; hier sei für ihn Rom; mit dem Schau=
platz, welchen große Götter ihr angewiesen haben, sei seine Muse
zufrieden. Was würde ihm auch Beifall aus weiter Ferne helfen?
Dennoch hat die persönliche Erbitterung in dieser Zeit eine
dichterische Entladung eigentümlicher Art hervorgerufen, welche wenig=
stens beweist, daß dem unglücklichen Verfasser noch nicht seine staunens=
werte Beherrschung des mythologischen und rhetorischen Rüstzeuges,
der Sprache und des Verses abhanden gekommen war. Ein un=
barmherziger Verfolger, vielleicht derselbe, welcher den Zorn des
Augustus zuerst durch Vorlesen verfänglicher Stellen der „Liebes=
kunst" angefacht hatte (Trist. II 77) und weiter schürte, begann gleich
nach der Abreise Ovids ein schändliches Intriguenspiel, darauf be=
rechnet, zu eigenem Vorteil den Abwesenden vollends und für immer
zu Grunde zu richten. Schon als die Katastrophe ausbrach, hätte
er Rettung bringen sollen. Statt dessen sucht er Beute aus dem
Brande davon zu tragen. Er behelligt die verlassene Gattin, legt
es darauf an, den Verbannten um sein Vermögen zu bringen und
ihm den Unterhalt für sein Alter zu entziehen. Als öffentlicher
Redner beclamiert er auf dem Markt mit giftiger Zunge gegen die
Sitten des Dichters (Trist. I 6). Er scheint es also nachträglich
auf eine förmliche Anklage und eine Verschärfung der Strafe, Ver=
wandlung der Verweisung in wirkliche Verbannung abgesehen zu
haben, wobei dann von dem confiscierten Vermögen ein Anteil dem
Angeber als Belohnung zugefallen wäre. Gegen diesen hämischen
Widersacher sind mehrere Elegien der Tristien gerichtet. Ovid wünscht
dem boshaften, welcher den leeren Schatten mit Füßen tritt, das
Schicksal des Perillus, welcher die von ihm erfundene Marter zuerst
selbst habe erproben müssen (III 11). Er bedroht ihn (IV 9), falls
er sein gehässiges Treiben fortsetze, mit Vergeltung. Noch verfüge er
über die Waffen der Musen, und seine Stimme erschalle soweit der
Erdkreis reiche, über Land und Meer: wen sie verklage, der sei ge=
zeichnet für alle Ewigkeit. Er mahnt ihn (V 8) an das rollende Rad
der Fortuna und an Nemesis, welche den Hochmut strafe: das Blatt
könne sich wenden, der Verbannte zurückkehren, der Widersacher in
die Verbannung wandern.

Seine Drohung hat Ovid in der berühmten Elegie Ibis wahr

gemacht, welche derselbe vor vollendetem 55. Lebensjahr geschrieben haben muß, da er im Eingang erklärt, daß in den zehn Lustren, welche hinter ihm liegen, seine Muse nie eine Waffe geführt habe. Ein ebenso benanntes Gedicht geringeren Umfanges, wahrscheinlich auch in Distichen, hatte einst Kallimachos gegen seinen Schüler Apollonios gerichtet, mit dem er sich über Grundsätze der Dichtkunst tötlich verfeindet hatte. Letzterer war Verfasser eines Gedichtes über die Gründung der griechischen Colonie Naukratis in Unterägypten, und mag zum Dank dafür von den Bewohnern derselben geehrt, vielleicht mit dem Bürgerrecht beschenkt worden sein: denn so erklärt sich am einfachsten seine gelegentliche Bezeichnung als Naukratit. Da nun ebendort der unsaubere Vogel Ibis dem Gotte Theuth geheiligt war und mit ihm Verehrung genoß, so hatte Kallimachus in jenem Schmähgedicht seinen Gegner, den neugebackenen „Neukratiten", vermutlich mit Ibis gleichgestellt. Leider ist nichts von demselben erhalten. Wir wissen nur, daß der Verfasser die Verwünschungen seines Feindes in „dunkle Geschichten", d. h. in eine Wolke von Beispielen eingehüllt, alle möglichen Unglücksfälle, die jemals Sterblichen, sei es im Mythus, sei es in Wirklichkeit begegnet sind, auf das Haupt seines Opfers herabgerufen hat. Es war dies eine erweiterte, künstlerisch durchgearbeitete Umbildung jener volkstümlichen Fluchformeln, welche auf Bleitafeln verzeichnet uns noch vorliegen als Ausbrüche finsterer Rache gegen verhaßte Persönlichkeiten.

Nach dem Muster jenes kallimacheischen Gedichtes, welches, wie wir früher sahen (Band I 310), keineswegs vereinzelt in der griechischen Litteratur stand, hat Ovid seinen Widersacher allem Unheil, welches menschliche Phantasie und Erinnerung sich vorstellen kann, überantwortet. Eine Uebersetzung ist es keineswegs: sonst hätte der Verfasser nicht mitten im Strom seiner Rede seinem Feinde unter anderem auch den Inhalt jenes „kleinen Büchleins" anwünschen können (V. 447 f.). Die Aehnlichkeit liegt in der eigentümlich dunklen Färbung, wie sie Zaubersprüchen eigen ist, in der erdrückenden Masse von Hyperbeln in der Form gelehrter Anspielungen, worunter der unselige gleichsam begraben wird. Am Geburtstag und zu Neujahr soll ihm einer diese grause Litanei vorlesen. Der Hergang ist wie ein Opfer gedacht: der Dichter fungiert als Priester, eine trauernde Menge ist zugegen, schweigend, in dunkle Gewänder gehüllt; am Altar steht das Opfer, mit Binden umwickelt. In gewaltiger Periode

werden die Götter, alle Mächte der Natur und der Unterwelt als
Zeugen angerufen und um Erfüllung gebeten, und mit echt priesterlicher Vorsicht wird gleich zu Anfang festgestellt, auch die Strafen,
welche nicht ausdrücklich bezeichnet werden, solle das Opfer leiden
und nichts solle es ihm helfen, daß sein Name nicht offen ausdrücklich genannt werde: der soll büßen, den der betende im Sinne hat.
Zunächst wird er in Acht und Bann gethan: von allen, auch von
der gesamten Natur verstoßen soll er elend, hilf- und rastlos umher-
irren, und lange vergeblich sich den Tod wünschen. Günstige Vorzeichen verheißen Erfüllung der Flüche. Unvergänglichen Haß gelobt,
unaufhörliche Qualen im Leben und im Tode wünscht der Rächer
seinem Opfer, welches seit seiner unheimlichen Geburt schon verdammt ist. Die Parcen haben damals geweissagt, ein Sänger werde
kommen, der ihm sein Schicksal künden werde. Nun ist er zur Stelle,
und nun erst (250) beginnt die schier endlose Reihe der „Geschichten",
deren jede in der Regel in je ein Distichon knapp eingeschlossen ist.
Es ist ein betäubendes Hagelwetter von Schrecknissen und Greueln,
Leiden des Körpers und der Seele, welches wie vom Wirbelwind
durcheinander getrieben sich auf den Verhaßten herabgießt, ohne feste
Ordnung. Bisweilen zwar werden ähnliche Fälle gleichsam zu Bündeln
gesammelt, aber willkürlich wird dann wieder verschiedenes durcheinander geworfen; frühere Bilder kehren wieder: ohne Abschnitt und
Pause tost der wütende Bergstrom zu Thale. Der letzte Wunsch ist:
unter sarmatischen und getischen Pfeilen sollst du in dieser Gegend
leben und sterben. Dies alles aber soll nur eine kleine Abschlag-
zahlung sein, damit sich der gute Freund nicht beklagen könne, als
ob man nicht an ihn denke. Künftig soll er mehr zu lesen bekommen mit seinem wahren Namen und in dem richtigen Kriegs-
rhythmus, dem Jambus.

Vergeblich sucht man die Persönlichkeit dieses Ibis zu erforschen:
dazu fehlen die nötigen Anhaltspunkte. Es hilft uns wenig, daß
ihm nachgesagt wird, seine unsaubere Mutter habe ihn an der westlichen Syrtenküste Africa's am unseligen Tage der Schlacht an der
Allia (18. Juli) geboren (219 ff.). Nicht einmal läßt sich sagen,
ob das Gedicht noch bei Lebzeiten des Verfassers in Rom erschienen
sei. Er gedenkt desselben nicht weiter, und daß er damit seine Aussichten auf Erlösung verbessern, seine Gegner entwaffnen und an
höchster Stelle Sympathie finden werde, konnte er nicht erwarten.

Hätte er vollends seine Drohung mit Nennung des Namens wahr machen wollen, so würde er mit dem Gesetz in Conflict geraten sein. Die Fülle erlesener Gelehrsamkeit, welche in den Beispielen niedergelegt ist, beweist, was sich ohnehin von selber versteht, daß der Dichter auch in seiner Verbannung von Büchern nicht verlassen war. Außer seinem Kallimachus wird er unter anderem ein und das andere Handbuch bei sich gehabt haben, in welchem nach gleichartigen Gruppen Beispiele, wie sie im poetischen Haushalt unentbehrlich waren, sich zusammengestellt fanden.

Die fünf Bücher der Tristien reichen bis in den Frühling des Jahres 12 n. Chr., und jedes derselben ist vom Verfasser einzeln nach Rom gesandt, jedes (außer dem zweiten, welches nur das eine Gedicht an Augustus enthält) mit einer einleitenden Elegie versehen, in welcher der Verfasser dem abgehenden Buche Weisungen für sein Auftreten in Rom erteilt (I), oder das Buch sprechen und sich dem Leser empfehlen läßt (III), oder in eigener Person um Nachsicht bittet (IV. V). Auch die Schlußgedichte sind mit Absicht an ihren Ort gestellt, der Rückblick auf den Inhalt des ersten Buches, die Empfehlung seiner hinterlassenen Werke an den litterarischen Gönner (III 14), die große Selbstbiographie (IV 10) und die Vertröstung der Frau auf Ruhm (V 14). Den Zweck, eine Milderung der Strafe zu erlangen, haben sie nicht erfüllt. War doch der Zorn des Kaisers selbst gegen seine eigenen Verwandten, die sich an den Sittengesetzen vergangen hatten, unerbittlich. Und wer mochte wagen an die alten Wunden zu rühren? Dennoch scheint die Stimmung mit der Zeit sich ein wenig gemildert zu haben, so daß es unbedenklich schien, sich wenigstens zu einem Verkehr mit dem Verbannten zu bekennen und poetische Ansprachen von ihm zu empfangen.

So sind in der zweiten Sammlung, den Briefen vom Pontus, die Namen der Empfänger fast durchweg angegeben. Der Verfasser selbst will seine Sendungen als Beweise persönlicher Verehrung und Liebe angesehen wissen und entschuldigt sich ausdrücklich, wenn einer erst spät an die Reihe kommt. Nur wenige sind ungenannt. Ein überängstlicher hat es nicht anders gewollt (III 6); ein undankbarer, einer der ältesten Jugendfreunde und einstiger Verehrer des Dichters, will ihn nicht mehr kennen, verhöhnt ihn sogar (IV 3). Keine Zeile hat er dem Verbannten geschrieben, vielleicht ist es derselbe, über dessen Kälte und Zurückhaltung sich Ovid schon in den Tristien (I 8

IV 7) beklagte. Die Briefe der drei ersten Bücher vom Pontus sind zunächst einzeln ihren Empfängern zugekommen, und dann in willkürlicher, jedenfalls nicht zeitlicher Folge zu einer Sammlung vereinigt durch die Fürsorge des Gerichtsanwaltes Brutus der Oeffentlichkeit übergeben. An ihn sind daher die Ansprachen zum Beginn (I 1) und zum Schluß (III 9) gerichtet, welche den Gedichten eine gute Aufnahme beim Leser, auch bei Augustus bereiten sollen. Sie reichen bis in den Winter des Jahres 13 n. Chr., die des vierten Buches bis in den Sommer 16.

In erster Linie stehen dem Dichter vornehme einflußreiche Persönlichkeiten, zum Teil weit jüngere Männer, zu deren Familien er in seiner guten Zeit Beziehungen gehabt hatte. Von der Wiege auf kannte er die beiden Söhne des großen Messalla, seines verstorbenen Gönners, beide dem Tiberius sehr ergeben (I 7 II 2, vielleicht Trist. IV 5): Messalinus, den Erben der väterlichen Beredsamkeit, den Tibull gefeiert hat, und M. Aurellus Cotta Maximus (Consul 20 n. Chr., I 5. 9 II 3. 8 III 2. 5. 8, wahrscheinlich auch Trist. IV 4). Dieser war ein üppiger, frivoler Lebemann, der sich durch Erfindsamkeit in Genüssen der Tafel und boshafte Witze einen Namen gemacht hat. Da er sich selbst in Versen versuchte, die er auch vor Freunden vorlas, so fühlte er sich wohl mehr als sein älterer Bruder zu Ovid hingezogen. Er hat ihm einen teilnehmenden Brief geschrieben, auch eine vor dem Centumviralgericht in Rom gehaltene Rede geschickt. Ovid schmeichelt seiner Autoreneitelkeit, beklagt lebhaft, daß er das Meisterwerk nicht aus seinem Munde habe hören können (III 5). Er nennt ihn den einzigen Anker seines Schiffes, der ihm geblieben sei: fast in jedem Augenblick sehe er ihn vor sich, spreche mit ihm; desto schrecklicher der Abfall, wenn er aus dem Himmel zum Styx, zur Wirklichkeit zurückkehre. Wenn wirklich keine Erlösung für ihn zu hoffen sei, solle er es ihm wenigstens aufrichtig sagen (III 2). Ein anderesmal hat ihm Maximus Cotta eine Silbermünze geschickt mit den Köpfen des Augustus, des Tiberius und der Livia. Der sehnsüchtige Dichter vertieft sich in den Anblick der Bilder: es ist ihm, als wäre er wieder in Rom. Aber sie scheinen ihn streng, drohend anzublicken: unter heißen Gegenswünschen für das kaiserliche Haus bittet er um Gnade. Er will die Münze stets an seinem Halse tragen wie das Bild von Schutzgöttern. Und schon erscheinen ihm die Züge milder, Gewährung verheißend (II 8). Es war ein vielsagendes melancholisches Gegengeschenk, welches er dem

Gönner in Ermangelung anderer anmutiger Erzeugnisse der tomitanischen Gegend sandte: ein skythischer Bogen mit den berüchtigten giftigen Pfeilen (III 8).

Beträchtlich jünger als Ovid waren auch die Brüder C. Pomponius Gräcinus (I 6 II 6 IV 9) und L. Pomponius Flaccus. Beide hatten litterarisches Interesse. Ersterer war noch ein unschuldiger Jüngling, als er leugnete, daß man zwei Mädchen zu gleicher Zeit lieben könne und der Verfasser der Amores (II 10) ihn eines anderen zu belehren suchte. Als diesen das Unglück traf, war Gräcinus von Rom abwesend. Dem jüngeren Bruder, Flaccus, hat Tiberius, nachdem er eine Nacht und zwei Tage hintereinander mit ihm geschmaust und gezecht hat, in vertraulichem Handschreiben das Lob eines angenehmen, stets gut gelaunten Gesellschafters erteilt, und als solchen hatte gewiß auch Ovid den jungen Mann kennen gelernt. Am meisten vielleicht hoffte der Dichter von der wirksamen Verwendung des Paulus Fabius Maximus: er soll den Kaiser aufklären über die Lage von Tomi. Unmöglich könne der milde Augustus den, welchem er das Leben geschenkt, solchem Elend haben preisgeben wollen (I 2). Der lange angekündigte Triumph des Tiberius über Pannonien, der endlich am 16. Januar 13 n. Chr. gefeiert wurde, schien günstigen Anlaß zu einer nachdrücklichen Fürsprache zu bieten. Im Traum läßt sich Ovid von Amor offenbaren, daß die allgemeine Freude des Ehrentages Cäsar zur Milde stimmen und ihm Begnadigung bringen werde (III 3). Es ist eine poetisch eingekleidete Aufforderung an Fabius Maximus, sich bei dieser Gelegenheit ordentlich ins Zeug zu legen. Aber jene Weissagung ging nicht in Erfüllung. So mußte der Dichter selbst das Wort nehmen. Er richtete einen Glückwunsch zu der Feier zunächst an den jungen Cäsar Germanicus (II 1), welcher sich bei der Einnahme einiger dalmatinischer Bergvesten im Sommer 9 n. Chr. die ersten Sporen verdient hatte. Indem er den glänzenden Triumph, wie ihm die gefällige Fama berichtet hat, in großen Zügen bewundernd schaut, weissagt er dem Sohn des Drusus ein gleiches Ehrenfest, welches er seiner Zeit ebenfalls besingen wolle, wenn nicht vorher ein skythischer Pfeil oder ein getisches Schwert seinem Leben ein Ende mache. Für Tiberius lieferte er auf besonderen Wunsch oder Rat von Freunden ein ausführliches, offizielles Gedicht (liber) auf den pannonischen Triumph, welches nicht erhalten ist. Aber es war ihm nicht wohl dabei: das kleinlaute Begleitschreiben (III 4), mit welchem er es dem Besteller Rufinus übersendet, betont mit Recht, wie undankbar die Aufgabe sei, ein Fest zu beschreiben, von dem er nur durch Hörensagen vernommen hatte. Dazu seine gedrückte Stimmung, die unvermeidliche Verzögerung, nachdem andere die frische Blüte gepflückt haben, der gewaltige Stoff, dem die Elegie nicht gewachsen ist. Er war selbst nicht sonderlich zufrieden mit seiner Arbeit (II 5, 27 ff.); gleichsam um die gefühlten Mängel auszugleichen, weissagt er für die nächste Zukunft einen neuen Triumph, nämlich über die „wortbrüchige" Germania. Der erwartete Lohn blieb auch diesmal aus. Trostbriefe, wie ihm jener Rufinus einmal einen geschrieben hat, mit erbaulichen Beispielen der Standhaftigkeit, welche andere Verbannte bewiesen hätten, regelrecht verziert, konnten dem Armen wenig helfen. In ihm war nun einmal die Liebe zur Heimat, ein unwiderstehlicher Naturtrieb, stärker als alle Vernunft (I 3). Freilich wäre ihm mehr Stolz und Würde zu wünschen gewesen. Seine reuige Zerknirschung ist unmännlich, seine unterwürfigen Huldigungen und flehentlichen Bitten verfallen in den Ton des bettelhaften Clienten, seine Uebertreibungen erwecken Mißtrauen gegen die Aufrichtigkeit seiner Gesinnung. Sein ruheloses Verlangen nach Befreiung macht ihn bitter. Der Frau macht er Vorwürfe, daß sie keine Linderung seines Geschickes durchsetzt (III 1). Ein Mittel müsse sie finden, wenn sie es nicht nur wolle, sondern leidenschaftlich wünsche. Sie sei es ihrer Stellung als Gattin des berühmten Dichters und dem Lobe, welches er von ihr gesungen, schuldig, auch dem Hause, aus welchem sie stamme, und der edlen Marcia. Er verlange keine Heldenthat von ihr, nur die Gemahlin Cäsars solle sie durch Thränen, durch einen Fußfall rühren. Er unterweist sie genau, wie sie sprechen und wie sie sich benehmen, wie sie die gute Stunde wählen und was sie bitten soll. Ohne gerade krank zu sein, altert er zusehends: Runzeln durchfurchen sein wachsbleiches Antlitz, Schlaf und Appetit sind schlecht, und die jugendliche Kraft schwindet unter der dauernden Last des Kummers (I 4. 10). Nur für trübe Gedanken ist sein Gemüt zugänglich: Fortuna, die wankelmütige, ist standhaft allein in dem Beschluß, ihn zu verderben (II 7, 15 ff.). Er wünscht sich den Tod, aber erschrickt vor dem Gedanken, daß der Huf eines bistonischen Rosses sein Grab zerstampfen werde (I 2, 107 ff.). Wieder und wieder bringen auch die Pontusbriefe jene düsteren Schilberungen von Land und Leuten, von der Unsicherheit des Lebens mitten unter Feinden. Träume ängstigen ihn, daß er vor sarmatischen Pfeilen fliehe oder in Gefangenschaft geschleppt werde. In solcher Stimmung fühlte er sich gedrungen, sich in einer schmeichelhaften Epistel (II 9, etwa im J. 12 n. Chr.) unter den Schutz des jungen Königs Cotys zu stellen, welchem nach dem Tode seines Vaters der südöstliche Teil Thraciens von Augustus zur Herrschaft angewiesen war. Es war ein begabter, liebenswürdiger Fürst, Freund der Dichtkunst, versuchte sich auch selbst in griechischen Versen, die zu Ovids Kunde gekommen sind, so daß dieser ihn als Collegen anrufen durfte. Nachgerade begann er zu verzagen. Nun will er den Seinen daheim nicht mehr lästig fallen mit seinen eintönigen, doch vergeblichen Bitten. Besser auf einmal unter die Wellen zu tauchen, als in ohnmächtigem Kampf gegen die Fluten sich abzumühen (III 7: vgl. 9).

Auch Fabius Maximus starb (14 n. Chr.), ehe er sein Versprechen hatte erfüllen können, und noch in demselben Jahr, am 19. August, folgte ihm Augustus, der schon angefangen hatte milder gestimmt zu sein: wenigstens glaubte es der sehnsüchtige (IV 6, 15 f.). Jetzt galt es den Nachfolger und den dem Thron zunächst stehenden Prinzen Germanicus zu gewinnen. Ovid dichtete eine Apotheose des „neuen Himmelsbewohners", welche in Rom vorgetragen werden sollte (IV 6, 17 f.). Sogar in getischer Sprache verfertigte er (im sechsten Winter seines Aufenthaltes, 14 n. Chr.) ein Lobgedicht auf Tiberius und sein Haus; er las es einer Versammlung von Eingeborenen vor und sorgte auch dafür, daß Germanicus erfuhr, wie diese darüber geurteilt hatten: ein so guter Unterthan müsse dem Vaterlande wiedergegeben werden (IV 13). Vielleicht war es in Anerkennung dieser Leistung, daß ihm von den Tomitanern ein Kranz verehrt wurde. Ueberhaupt waren weder diese Halbbarbaren so rauh und ungebildet noch er so stolz und unzugänglich, daß er nicht mit der Zeit einen gewissen gemütlichen Verkehr mit ihnen angeknüpft und die seinem Geist und liebenswürdigen Charakter gebührende Zuneigung und Achtung gefunden hätte. Wenn sie auch die ewigen Schmähungen ihrer Heimat nicht gern hörten, so widmeten sie ihm doch Ehrendecrete, bewilligten ihm Steuerfreiheit, und auch die Nachbarstädte erwiesen dem berühmten Fremden Auszeichnungen (IV 9, 97 ff. 14, 15 f.).

Bei Tiberius und noch mehr bei Germanicus stand Sex. Pompeius in Gunst, welchem Ovid nicht nur für die schon erwähnten

Erleichterungen seiner Landreise, sondern auch für weitere Geld=
unterstützungen, die er noch in Tomi erhalten zu haben scheint,
wiederholt zu innigstem Dank sich verpflichtet erklärt (IV 1. 4. 5.
15, auch Trist. V 9). Die Liebenswürdigkeit dieses letzten Sprossen
der Pompejer rühmt in schwärmerischen Ausdrücken auch der Anek=
dotensammler Valerius Maximus, der den Proconsul (vielleicht im
J. 27) nach Asien begleiten durfte. Erst unter den Briefen des
vierten Buches tritt sein Name auf, weil die Zeit gekommen war,
wo seine guten Dienste besonders ins Gewicht fielen. Ovid wünscht
ihm Glück zu dem für das nächste Jahr (14 n. Chr.) bevorstehenden
Consulat, wovon ihm Fama Kunde gebracht habe, und sieht im Geiste
voraus, wie glanzvoll der Tag des Amtsantrittes verlaufen werde.
Er schildert die bevorstehende Festlichkeit im Einzelnen und bedauert
zuletzt, daß er nicht dabei sein könne. Er wird sich schon erleichtert
fühlen, wenn er eines Tages hören sollte, daß Pompeius sich nach
seinem Befinden erkundigt habe (IV 4). Und abermals im Winter
sendet er seine Verse auf die weite Reise, um den bereits fungieren=
den Consul zu begrüßen und der unauslöschlichen Dankbarkeit ihres
Verfassers zu versichern (IV 5). Es war eine salutatio aus der
Ferne, wie sie der ergebene Verehrer im Atrium des großen Herren
abgestattet haben würde, wenn er in Rom gewesen wäre. Denn er
erklärt sich geradezu als ein Stück seines Besitzes (IV 15).

In ähnlicher Weise, nur wärmer noch und bringlicher beglück=
wünscht er den oben genannten Gräcinus, der für die zweite Hälfte
des Jahres 16 n. Chr. zum consul suffectus ernannt war. Die
Festelegie (IV 9) ist bestimmt, am Morgen des Amtsantrittes in
seine Hände zu gelangen. Der Verfasser schwelgt in dem Wunsche
unter der Volksmenge zu sein, welche dem neuen Consul auf der
Straße das Geleit geben werde: gern möchte er sich von ihr er=
drücken lassen. Er bittet ihn geradezu, daß er in seine Dankrede an
den Kaiser ein gutes Wort für ihn möge einfließen lassen. Dann
aber feiert er als Nachfolger den jüngeren Bruder, den designierten
consul ordinarius des J. 17. Da derselbe nach seiner Prätur (wie
später nochmals nach seinem Consulat) als Legat in Mösien ge=
standen hat, so beruft er sich auf dessen Zeugnis, daß alles wahr
sei, was er über Tomi gesagt habe, und daß seine Führung daselbst
eine untadelige sei. Ja er versichert, in seinem Hause ein Heiligtum
des Augustus eingerichtet zu haben. Neben dem Bilde desselben

stehen zu beiden Seiten Tiberius und als Priesterin des vergötterten
Livia, auch beide Enkel. An jedem Morgen bringe er ihm Weih=
rauch und Gebet dar, den Geburtstag desselben feiere er mit Spielen,
so weit es seine bescheidenen Mittel gestatten. Da man die Wahr=
heit seiner Schilderungen anzweifelte (IV 10, 35), so ergriff er jede
Gelegenheit, einen neuen Zeugen dafür zu gewinnen. Als daher
nach dem Tode des Augustus Tiberius einen jungen Mann aus
fürstlichem Geblüt, Vestalis, zur Schlichtung von Streitigkeiten zwi=
schen den beiden Vasallenfürsten Cotys und dessen ränkevollem Oheim
an den Pontus entsendete, unterließ Ovid nicht, ihn zu begrüßen,
die militärischen Verdienste des tapferen Alpensohnes herauszustreichen
und ihn zu bitten, daß er bei etwaigem Bericht in Rom die Treue
seiner Schilderungen bestätigen möge (IV 7).

Neben so hohen Würdenträgern sind zum Teil schon in den
vorhergehenden Jahren auch andere nicht vergessen, denen sich der
Dichter verpflichtet oder zugethan fühlte, oder auf deren fortdauern=
des Wohlwollen er Wert legte. Zu danken hatte er dem mütter=
lichen Oheim seiner Frau, Rufus (II 11), einem hochgeachteten Guts=
besitzer in Fundi, welcher sich der Nichte mit Rat und That annahm.
Herzliche Teilnahme hatte auch der Dichter Carus, Erzieher der
Söhne des Germanicus, an den Tag gelegt, und schon eine frühere
Elegie (Trist. III 5), in welcher sehr durchsichtig auf den Namen
angespielt wird, hatte herzlichen Dank und die Bitte um Hilfe aus=
gesprochen, die nun wiederholt wurde (IV 13). Cassius Salanus
(II 5), Redner und Lehrer des Germanicus in der Redekunst, hatte
die Tristien gelobt und sich teilnamvoll über den Verfasser geäußert.
Von der Rhetorschule her war dem Dichter befreundet der zu seiner
Zeit berühmte Declamator Junius Gallio, den wir aus den Schilde=
rungen seines Freundes, des älteren Seneca, kennen. Er hat Ovid
den Tod seiner Frau angezeigt und es ist für seine Gemütsart be=
zeichnend, daß dieser erwidert, ehe sein Condolenzschreiben eintreffen
könne, werde die Zeit den Witwer bereits getröstet haben, ja viel=
leicht beglücke ihn dann bereits eine neue Ehe (IV 11). In den
letzten Zeiten des Tiberius (32 n. Chr.) hat sich Gallio durch einen
ungeschickten Antrag mißliebig gemacht und seinen Sitz im Senat
verloren. Noch andere Jugend= und Studiengenossen, zum Teil her=
vorragende Dichter, sind mit Schreiben bedacht: Macer, der alte
Reisegefährte, auch mit Ovids Frau weitläufig verwandt (II 10),

Cornelius Severus, ein ständiger Correspondent (IV 2), Albinovanus Pedo, der ermahnt wird sich in der Treue seinen Helden Theseus zum Muster zu nehmen (IV 10), Tuticanus, ein trefflicher, von der Knabenzeit an brüderlich geliebter Kamerad, dessen einsichtigen Bemerkungen die ovidischen Verse manche Verbesserungen verdankten (IV 12. 14). Ein Funke heiterer Anmut von früheren Zeiten bricht in den spielenden Versuchen hervor, den ungefügen Namen des Freundes in den Vers zu bringen, und in der hiermit begründeten Entschuldigung, daß derselbe so lange auf ein Liebeszeichen habe warten müssen (IV 12). Nicht ohne einen Anflug melancholischen Humors ist auch in der Elegie an Albinovanus die Durchführung des Vergleichs zwischen seinem Schicksal und den Irrfahrten des Ulixes. Er findet, daß es ihm in allen Stücken viel schlimmer gehe. Sechs Jahre lang die schöne Kalypso zu besitzen war doch nicht so übel, auch den Gesang der Sirenen anzuhören war keine Mühsal. Einen Teil seines Lebens würde er darum geben, wenn er Lotos essen und infolge davon sein Vaterland vergessen könnte.

Wie das Leuchten der untergehenden Sonne bricht noch einmal wehmütig das gerechte Selbstgefühl des großen Dichters hervor in der letzten Elegie (IV 16), der stolzen Erwiderung an jenen bösen Neidhart, mit dem er es schon in den Tristien und im Ibis zu thun gehabt hat. Derselbe hat auch seine Gedichte heruntergerissen. Ovid beruft sich auf die Meinung seiner Kunstgenossen und seine Stellung in ihrem Kreise: aus der kunstvoll zusammengefügten langen Reihe verklungener Dichternamen erhebt sich der seinige als glanzvolles Gestirn. Freilich seinem Freunde Cornelius Severus gesteht er traurig (IV 2), daß seine dichterische Ader versiege, daß jener heilige Schwung, der ihn früher beseelt habe, ihm fehle, weil er keinen Hörer habe. So schreibe er nur in Ermangelung eines anderen Zeitvertreibes.

Nach dem Tode des Augustus nahm er den Torso seiner Fasten wieder zur Hand, nicht um das Ganze zu vollenden: vielleicht hatte das der Freund Sabinus übernommen, aber auch dessen Arbeit blieb unvollendet, da ihn ein vorzeitiger Tod (vor 15 n. Chr.: Pont. Br. IV 16, 15 f.) ereilte. Wenigstens jene erste Hälfte des Werkes sollte unter neuer Adresse ihr Glück in Rom versuchen. Vergeblich hatte er gleich nach der Ankunft in Tomi in jener beweglichen Bittschrift an den Kaiser (Trist. II 547 ff.) hervorgehoben, daß ihm jenes Gedicht gewidmet gewesen sei. Als nun das Gestirn des jungen Cäsar Ger-

manicus (geb. 15 v. Chr.) höher stieg, richteten sich die Hoffnungen des
unglücklichen auf diesen Adoptivsohn des künftigen Herrschers, der
ja selbst poetischen Bestrebungen auf verwandtem Gebiete nicht fremd
war und also den Vorstellungen eines Dichtergenossen eher zugänglich sein mochte. Die Bearbeitung der Aratea, welche Germanicus
dem Tiberius gewidmet hat, erschien kurz nach dessen Regierungs-
antritt (14 n. Chr.). P. Suillius Rufus, welcher die Stieftochter
Ovids geheiratet hatte, war Quästor des Germanicus, und hatte nach
dem Tode des Augustus dem unglücklichen Gatten seiner Schwieger-
mutter in einem Briefe versprochen, sich für ihn zu verwenden. Wir
besitzen die Antwort des Dichters (Pont. Br. IV 8), die zugleich für
den jungen Cäsar geschrieben ist, ihn sogar geradezu anredet (V. 31.
63). Sie ruft seine mächtige Hilfe an, und verspricht, sich in Versen
zu seinem Ruhme dankbar zu erweisen: der Dichter werde des Dichters
Gabe nicht verschmähen (V. 67 f.: vgl. Fast. I 25). Um diese Zeit
etwa (15 n. Chr.?) oder wenig später wird Ovid den Gedanken gefaßt haben, dem Germanicus seine Fasten darzubringen. Nachdem
dieser (im Herbst 16) aus Germanien abberufen war und seinen
Triumph in Rom gefeiert hatte (26. Mai 17), konnte die Nachricht von
seiner Sendung nach dem Orient in Ovid sogar die Hoffnung auf eine
persönliche Begegnung erwecken, als deren Ergebnis er sich eine Erleichterung seines Loses versprach. Und wirklich führte den wißbegierigen
Reisenden seine Fahrt bis in die Propontis, nach Byzantium, ja an
die Mündung des Pontus, fast in die Nähe jenes unwirtlichen Gestades.

An Stelle der früheren Einleitung, welche an Augustus gerichtet
war, trat in der Ueberarbeitung der Fasten die Widmung an Germanicus, welche wir jetzt an der Spitze des ersten Buches lesen.
Nur die beiden Anfangsverse, eine kurze Inhaltsangabe, können noch
vom ursprünglichen Entwurf herrühren, dessen größerer Teil bei der
Herausgabe nach dem Tode des Dichters nicht sehr geschickt dem
zweiten Buch (3—18) vorgesetzt ist. Hier spricht der Dichter mit
Selbstbewußtsein von seiner hohen Aufgabe. Die huldigende Anrede
an Germanicus dagegen ist in gedrücktem, bemütigem Tone gehalten:
die wiederholte Betonung der Furcht und die schüchterne Bitte um
gnädige Aufnahme der unbedeutenden Ehrenerweisung, die einem an-
gehenden Sechziger gegenüber einem so jungen Manne wenig geziemen
will, zeigt die veränderten Umstände. Er führt dann gleich den
Januar mit einem Glückwunsch an Germanicus zum neuen Jahre

ein (I 63 f.), gedenkt (II 283 ff.) des Triumphes über Germanien, welcher schon im J. 15 n. Chr. bewilligt, Ende Mai des J. 17 von dem Feldherrn gefeiert ist, und des durch Unterwerfung des Rheins gesicherten Weltfriedens, dessen Erhaltung er am Schluß des Buches (711 ff.) ersleht, wie auch die Wohlfahrt des Hauses, welches ihn verbürge. Auch für Tiberius und die kaiserliche Familie sind hier und da Huldigungen eingestreut, bei Erwähnung des von jenem geweihten Concordiatempels (I 637 ff.) und in der Episode von Euanders Ankunft in Rom (I 533 ff.). Einmal erwähnt der Dichter eines Opferbrauches, den er selbst in Thracien mit angesehen habe (I 389 f.): sein Weg ins Skythenland hatte ihn da vorübergeführt. Jene Erzählung von Euander (I 461 ff.) trägt überhaupt deutliche Spuren späterer Bearbeitung. Denn die schönen Worte, mit welchen Carmenta den Sohn tröstet, da er als Verbannter seine Heimat Arkabien verlassen muß (I 497 ff.), sind bis ins Einzelne dem Verfasser selbst aus der Seele gesprochen und seinem Schicksal angepaßt: die männliche und stolze Fassung der Seele, welche aus ihnen atmet, scheint er sich in der letzten Zeit wirklich errungen zu haben. Ergreifend bricht noch einmal in demselben Abschnitt der Kummer des Unglücklichen hervor. Nachdem Carmenta ihre glänzende Verheißung von Roms zukünftiger Größe geendigt hat und der Dichter nun berichtet, daß der Verbannte in Latium aus Land gestiegen sei, beneidet er den „Glücklichen, dem jene Stätte Verbannung war" (540). Und wiederum, im vierten Buch, wo er in der Reihe griechischer Einwanderer zuletzt Aeneas nennt, schiebt er eine persönlich an Germanicus gerichtete Klage ein, daß seine Heimat Sulmo so weit vom skythischen Boden entfernt sei (79—84). Uebrigens finden sich außer dem ersten Buch (von einer nicht ganz sicheren — VI 666 — abgesehen) keine nachweisbaren Spuren der Ueberarbeitung. Da vielmehr in den folgenden Büchern Augustus noch mehrfach als lebender vorausgesetzt, Germanicus aber nicht weiter angeredet wird, ergibt sich der sichere Schluß, daß Ovid an der Durchführung seiner Absicht durch den Tod verhindert ist.

Er starb in Tomi im 60. Jahre seines Lebens (17 n. Chr.), im zehnten seiner Verbannung, und ist in unmittelbarer Nähe des Ortes begraben worden. Sein inniger Wunsch, daß wenigstens seine Gebeine in heimischer Erde ruhen möchten, sollte nicht in Erfüllung gehen. Wer sein hartes Geschick erwägt, welches sicher nicht im

richtigen Verhältnis zu seiner Schuld gestanden hat, muß mit Weh=
mut auf dieses schöne Talent zurückblicken, dessen reiche Kraft vor
der Zeit gebrochen ist. Wer mag ermessen, um welche köstlichen
Früchte uns jener vorzeitige Wintersturm gebracht hat! Seine Zeit=
und Studiengenossen haben ihn richtig beurteilt, wenn sie seine An=
mut, seinen liebenswürdigen Geist, die Leichtigkeit seines Schaffens,
die Glätte seiner Form bewunderten, zugleich aber fanden, daß es
ihm eben deshalb schwer werde, in der Ausführung knappes Maß
zu halten, daß er zu oft dem Spiel seiner Phantasie und seines
Witzes nachgebe und gerade an solchen Tändeleien trotz aller Ein=
wendungen der Kritik seine besondere Freude habe, daß er seine
Schwächen wohl kannte, aber in sie verliebt war. Er berief sich
darauf, daß ein hübsches Gesicht durch einen Flecken in der Haut
noch anziehender werde. Ein bezeichnendes Beispiel erzählte Albino=
vanus. Ovid gestattete eines Tages seinen Freunden drei beliebige
Verse aus seinen Gedichten zu streichen, nur drei wolle er unter
keinen Umständen preisgeben. Jede der beiden Parteien schrieb die
von ihr gemeinten Verse nieder und siehe da, als man die Auf=
zeichnungen verglich, ergab sich, daß auf beiden Täfelchen dieselben
drei Verse standen: semibovemque virum semivirumque bovem
(Liebeskunst II 24 vom Minotaurus), et gelidum Borean egelidumque
Notum (Am. II 11, 10). Der dritte ist verloren gegangen. Es
gibt aber in den Werken Ovids, selbst in den Metamorphosen, nicht
wenige Beispiele, welche verdienen jenen Tändeleien an die Seite
gesetzt zu werden. Noch weiter geht das Wohlgefallen an wörtlicher
oder wenig veränderter Wiederholung zweier halber oder auch ganzer
Verse unmittelbar hintereinander, welche den Eindruck der Einfachheit,
des natürlichen Plaudertones, der Märchenweise, bisweilen auch eines
neckischen Scherzes, eines Wortspieles machen soll. Ueberhaupt ge=
fällt sich Ovid in einem gewissen Wechsel zwischen volkstümlicher,
fast kindlicher Naivetät und scharf gespitzter Rhetorik. So kann er
auch der Versuchung nicht widerstehen, Kleinliches mit Großartigem
zu vermengen. Mit Recht bedauert der Philosoph Seneca, daß in
der Schilderung der deukalionischen Flut die gewaltige Vorstellung
„alles war Meer, es fehlten sogar dem Meere die Küsten" (Metam.
I 292) durch die nachfolgende Kleinmalerei („unter Schafen schwimmt
der Wolf" u. s. w.) verdorben sei. Die Uebung der Rhetorschule,
welche darauf ausging, den aufgegebenen Stoff ganz zu erschöpfen,

Zur Charakteristik.

alle Seiten zur Geltung zu bringen, und jene verführerischen Gaben des Dichters überwucherten bisweilen den künstlerischen Geschmack: es wurde ihm schwer einen Zug oder Einfall zu unterdrücken, zumal da was ihm einfiel an sich in der Regel durch Anmut oder schalkhafte Laune oder treffende Wahrheit oder einen Blitz des Geistes bestach. Aber es kam ihm nicht immer viel darauf an, ob solche geile Sprößlinge des Augenblickes in den Ton des Ganzen harmonisch hineinpaßten. Um die kindliche Unschuld der Proserpina recht charakteristisch auszumalen, erzählt er z. B., daß sie über den Verlust der Blumen geklagt habe, welche ihr bei der Entführung aus dem zerrissenen Gewande entfielen (Metam. V 400 f.). Byblis benetzt die Gemme, womit sie ihren Brief siegelt, mit Thränen, da ihre Zunge trocken ist (IX 567). Er kann sich nicht genug thun in der Schilderung, wie Narcissus über sein anderes Ich im Wasser staunt und mit ihm Zwiesprachen hält (III 418 ff.), in der Ausführung, wie dem Midas alles, was er anfaßt, zu Golde wird (XI 106 ff.). Auch die Gelegenheit rhetorische Prachtstücke einzuflechten, selbst wo sie in die Situation nicht recht passen, läßt er sich nicht entgehen. Hercules in den Qualen des Nessusgewandes ergeht sich weit vollständiger als sein Vorbild, der sophokleische in den Trachinierinnen, in der Erinnerung an seine bisher überstandenen Kämpfe (IX 176 ff.). Wirksamer ist es, wenn von den fünfzig Hunden, welche den Aktäon zerreißen, nicht weniger als sieben und dreißig mit Namen und Beschreibung ihrer Rasse eingeführt werden (III 206 ff.) oder wenn dem Leser die ganze Schar der kalydonischen Jäger (noch vollzähliger als bei Apollodor) vorgestellt wird (VIII 201 ff.).

Aus dem gemeinsamen Schatz griechischer Quellen haben die Elegiker geschöpft: daher die Uebereinstimmung sowohl in den poetischen Motiven wie in Gedanken. Dazu die in der römischen Dichterschule seit Ennius allmälig erwachsene, durch Lucrez, Catull, vor allen Vergil mächtig bereicherte Phraseologie und die fleißig geübte Technik der Composition in Hexametern und elegischen Distichen, wodurch auch gewisse Anfänge und Ausgänge der Verse, die Wahl und Stellung gewisser Wörter, gewisse Gleichnisse und Redefiguren für bestimmte Fälle von einem auf den anderen vererbt und zu fester Gewohnheit wurden. Desgleichen dienten berühmte Schilderungen der Natur oder des Lebens ein für allemal als Muster und galten als Gemeingut. 'Wenn bei Ovid besonders viel Reminiscenzen an die Vorgänger auffallen, so ist zunächst zu erwägen, daß er eben der jüngste und zugleich der fruchtbarste Dichter ist, so daß seine Werke naturgemäß eine weit größere Menge von Anklängen bieten müssen. Ferner aber nahm er das Gute, wo er es haben konnte, ebenso unbedenklich von anderen auf, wie er keinen Anstand nahm, sich selbst zu plündern und einmal Gelungenes gelegentlich noch einmal aufzutischen. Im Fluß des Schaffens verwendete er, was ihm sein glückliches Gedächtnis brauchbares eingab oder auch seine Handbücher lieferten. Und auch die Anspielung an bekanntes und beliebtes in ähnlichem oder verschiedenem Zusammenhang konnte ja die Wirkung mannigfach erhöhen und verfeinern. Manche Wiederholung würde er vielleicht bei genauerer Durchsicht getilgt haben.

Seine farbenfrische und geschmeidige Ausdrucksweise verfügt über mannigfache Tonarten. Aus der Rhetorschule stammt die Neigung zu Antithesen und Wortspielen, aber nie wird sie auf Kosten der Klarheit und Natürlichkeit befriedigt. Hier und da ist nach alexandrinischer Manier die Wortstellung nicht sowohl gekünstelt, als locker, auch andere Bequemlichkeiten, wie Härten in der Wort- und Satzfügung kommen vor. Besonders unbedenklich ist der Dichter in der Zulassung von Wörtern, namentlich Zeitwörtern, welche mit einer oder gar mehreren Präpositionen zusammengesetzt sind, wenn sie sich dem Verse leicht einfügen. Im Bau des Hexameters und Pentameters ist Ovid anerkannter Meister. Seine Verse sind freilich nicht so markig und volltönend wie die Vergils, aber desto flüssiger: sie perlen und gleiten wie sanft rieselnde Wellen eines durchsichtigen Baches dahin. Mehr als die übrigen römischen Dichter bevorzugt Ovid das daktylische Element; auf die Ausgänge des Hexameters wie des Pentameters hat er am meisten Sorgfalt verwendet. Freilich in der Verbannung verlor er die Lust am Feilen, vielleicht auch das feinere Gefühl für den rhythmischen Wohllaut. Pentameter, deren erste Hälfte durch ein einziges Wort gebildet werden, und prosaische Klänge beleidigen bisweilen das Ohr. Dessenungeachtet ist er für viele seiner Nachfolger der mustergültige Verskünstler, und neben Vergil und Horaz ist Ovid der gelesenste aller römischen Dichter auch im Mittelalter geblieben. Keiner von allen aber hat seit der Renaissance den Malern so herrliche Anregung, so brauchbare Stoffe und Vorlagen gegeben.

Fünftes Kapitel.
Die Kleinen und die Namenlosen.

Eine große Welle hat die Schar der Poeten niederen Ranges aus dieser Zeit der Blüte begraben. Von manchem derselben würden wir nicht einmal den Namen kennen, wenn ihn nicht einer der Großen durch beiläufige Erwähnung von gänzlicher Vergessenheit gerettet hätte. Keiner ist darunter, dessen Untergang zu beklagen wäre; kaum in einem und dem anderen glomm wohl ein Funke von eigenem Geist, so großmütig sie auch von ihren genialeren Freunden, unter denen Ovid der freigebigste ist, mit Ehrentiteln bedacht werden. Da ist zunächst ein ansehnlicher Haufe von Epikern, welche teils griechisch-heroische, teils national-historische Stoffe behandelten. Macer, der Jugendfreund und Verwandte Ovids, ergänzte nach dem Vorgang griechischer Homeriker die Ilias vorn (der Raub Helena's, Laodomia's Witwentrauer kam vor), und Camerinus ergänzte sie hinten. Einen Schüler des Rhetors Latro, Arbronius Silo hörte der ältere Seneca Herameter auf den Tod Hektors vortragen, in denen er sofort eine Wendung des Lehrers wiedererkannte: so gab man aufeinander acht. Eine Phäacis, in engem Anschluß an die Odyssee, vermutlich eine Uebersetzung der Nausikaaepisode, schrieb Tuticanus; die abenteuerreiche Rückkehr des Menelaus mit Helena erzählte Lupus, die Ansiedelung Antenors in Venetien Largus. Aus anderen Sagenkreisen waren geschöpft die Diomedea in 12 Büchern des C. Jullus Antonius, Sohnes des Triumvirn und der Fulvia († 752), die Thebais (Krieg der Sieben) des Ponticus, die Heracleis des Carus, die Perseis (Thaten des Perseus) eines Siculers (Trinacrius), dessen Nennung Ovid umgeht, die Theseis des Pedo, die Amazonis des Marsus.

Im nationalen Epos ließ Vergil alle Mitbewerber und Nachfolger weit hinter sich zurück. Diese Arbeiten eines mühsamen Schulfleißes sind nie in weitere Kreise des Volkes gedrungen. Und doch waren es zum Teil Abschnitte der jüngsten Zeitgeschichte, welche zur Darstellung in hexametrischen Gedichten erkoren wurden. Cornelius Severus, der Freund Ovids, hat die Schreckenszeit der Proscriptionen unter dem zweiten Triumvirat besungen, und noch sind aus seiner Schilderung 25 Verse über Cicero's Tod erhalten, welche dem älteren Seneca als das beste erschienen, was über denselben gesagt sei. Es sind gute Verse, aber doch nur Declamation, und nicht einmal im Ausdruck von Plattheiten frei. Dabei hat er noch wenigstens in einer Zeile eine Anleihe bei einem älteren Gedichte eines Dichters von spanischer Herkunft, des Sextilius Ena aus Corduba, gemacht, der seinen Vortrag im Hause des Messalla Corvinus gleich mit dem Posaunenstoß begonnen hatte: „klagen um Cicero und lateinischer Zunge Verstummen will ich." Asinius Pollio, der anwesend war, hatte diese Maßlosigkeit übel genommen und sich mit der Erklärung entfernt, er wolle einen Menschen nicht weiter anhören, dem er selbst für stumm gelte. Severus nun hat dafür nicht viel verbindlicher geschrieben: „traurig verstummt nun ist lateinischer Zunge Beredtheit." Jener Weheruf über die Frevelthat des Antonius kann zu dem größeren Gedicht über den sicilischen Krieg (716/8 = 38/6), der mit dem Sieg Octavians über Sex. Pompeius endete, gehört haben, worin der Ausbruch des Aetna aus eben dieser Zeit beschrieben war. Der Dichter scheint es, vermutlich durch frühen Tod verhindert, nicht vollendet zu haben. Nur das erste Buch, in welchem die Verse über Cicero gestanden haben werden, lag abgeschlossen vor: hätte der Verfasser, so urteilt Quintilian, das übrige nach diesem Muster durchgeführt, so würde er mit Recht den zweiten Platz nach Vergil beanspruchen können. Uebrigens erklärt er ihn für einen besseren Versmacher als Dichter. Ovid hat, soviel wir sehen können, den „sicilischen Krieg" nicht gekannt. Er nennt nur ein „königliches Gedicht", welches der Freund Latium geschenkt habe, und redet ihn als „großer Könige größten Sänger" an. Vielleicht hat derselbe den einstigen Jugendplan Vergils und Ovids, die albanischen Könige zu besingen, ausgeführt, um damit die Lücke zwischen der Aeneis und den Annalen des Ennius zu füllen. Ganz unmöglich ist es den Inhalt des historischen Epos von „römischen Begebenheiten" (res Romanae) zu bestimmen, aus dessen erstem Buch ein halber Hexameter erhalten ist. Die geringe Zahl titelloser Bruchstücke zeigt Spuren farbiger Schilderung und gemütlicher Stimmungsbilder. Am Tage vor einer Schlacht sind römische Soldaten behaglich schmausend im Grase gelagert: „dieser Tag ist noch mein, so sagten sie." Wir werden schwerlich so streng urteilen, wie jener Stoiker, welcher es der Seelengröße eines römischen Kriegers nicht würdig fand, am Glück des morgigen Tages zu verzweifeln.

Von Albinovanus Pedo besitzen wir einige 20 Hexameter aus einem größeren Gedicht, dessen Held vielleicht Cäsar Germanicus gewesen ist. Im Sommer des Jahres 16 n. Chr. fuhr derselbe mit einer Flotte die Ems hinunter in die Nordsee. Nach anfangs ruhiger Fahrt überfiel sie ein arges Unwetter, wobei ein Teil der Schiffe unterging, andere an entlegene Inseln verschlagen wurden und strandeten: nur der Dreiruberer des Germanicus erreichte sicher die Küste, und mit Mühe gelang es, die schiffbrüchige Mannschaft, die zum Teil bis nach Britannien entführt war, allmälig wieder zu sammeln. Die geretteten konnten nicht genug erzählen von der Gewalt der Stürme und von den wunderbaren Meergeschöpfen, die sie gesehen haben wollten. Diese Episode hat Pedo geschildert, und was davon erhalten ist, stimmt im Einzelnen so mit dem Bericht bei Tacitus, als ob derselbe dabei jenes Gedicht vor Augen gehabt hätte. Der ältere Seneca, welcher das Bruchstück mitteilt, rühmt die innere Bewegung (spiritus), womit die Wirkung des Oceans und seiner Schrecken auf Gemüt und Phantasie hier geschildert wird. Den Tag und die Sonne haben sie im Rücken gelassen, durch bange Finsternis hindurch ziehen sie einer unbekannten Ferne zu. Die Wellen des endlosen Oceans, in denen Halfische und Seehunde lauern, wälzen sich tosend heran und packen die Fahrzeuge. Jetzt liegen sie auf der Sandbank, der Gier wilder Ungetüme preisgegeben. Vergeblich sucht der Blick vom Verdeck aus die dunkle Ferne zu durchdringen. Da verzagt mancher und bereut den Frevel, die heiligen Gewässer und der Götter ruhige Wohnungen gestört zu haben. Es ist nicht unwahrscheinlich, daß der Verfasser dieser lebendigen Verse wenn nicht als Augenzeuge, doch aus unmittelbaren Berichten seine Eindrücke geschöpft hat, denn Pedo hieß der Reiteroberst im Heer des Germanicus, und im vorhergehenden Jahr hat er bei den Friesen gestanden. Ovid natürlich kannte dieses Gedicht noch nicht. Als dieser seinen Pontusbrief (IV 10) an ihn richtete, war Pedo mit seiner Theseis beschäftigt. Gewiß war er damals noch sehr jung: daher wußte Ovid, wo er die Schar gleichzeitiger Dichter mustert (Pont. Briefe IV 16), noch nichts bestimmteres von ihm zu sagen: er nennt ihn aber klar und strahlend wie einen Stern (sidereus), sei es, daß er sein Antlitz oder sein Gemüt oder seine poetische Begabung oder alles zusammen mit dem schönen Beiwort, welches von anderer Seite auch dem Vergil einmal gegeben wird, bezeichnen wollte. Pedo war ein launiger Gesellschafter, ein vorzüglicher Erzähler: kein Wunder, daß er auch Epigramme gemacht hat, welche Martial neben die eines Catull und Marsus stellt.

Ihn und Rabirius hebt Quintilian mit mäßiger Auszeichnung als Dichter hervor, die, wenn man gerade Zeit habe, immerhin verdienen, daß man von ihnen Kenntnis nehme. Hochtönenden Stil (magnum os) rühmt an letzterem doch auch Ovid, ja Velleius stellt ihn aus unerklärter Laune bei der Aufzählung schriftstellerischer Größen seiner Zeit unmittelbar neben Vergil, während er Horaz und Properz ganz übergeht. Rabirius hat die Katastrophe des Antonius besungen und ihm ein vornehmes Wort in den Mund gelegt. Als sich das Glück gegen denselben gewendet hatte und ihm nichts mehr übrig blieb als die freie Wahl des Todes, und auch das nur, wenn er sich beeilte, ließ er ihn ausrufen: „besessen habe ich alles, was ich verschenkt habe." Bekannt ist, wie Antonius unmittelbar vor der Einnahme Alexandria's durch Octavian seinen Gegner wie ein homerischer Held zum Zweikampf herausfordern ließ und die verächtliche Antwort erhielt, es stünden ihm ja genug Wege zum Tode offen, und wie er in denselben Tagen bei Tafel unter seinen Freunden von seinem nahen Ende sprach. Bei solcher Gelegenheit mag der bis zur Verschwendung freigebige Feldherr auch in dem Gedichte des Rabirius auf glücklichere Zeiten zurückgeblickt und erklärt haben, daß ihm der wahre Genuß alles Besitzes aus der Lust des Schenkens erwachsen sei.

Eine Papyrusrolle aus Herculanum enthält auf 8 leider arg zugerichteten, unter sich nicht zusammenhängenden Seiten im Ganzen 67 freilich zum Teil sehr verstümmelte Hexameter, Reste eines historischen Epos, in welchen die letzten Kämpfe Cäsars gegen Antonius und Kleopatra's Vorbereitungen zum Tode erzählt sind. Was liegt näher als die Vermutung, daß es Ueberbleibsel von eben jenem Gedicht des Rabirius sind? Wenn auch ein zwingender Beweis nicht erbracht werden kann, so läßt sich doch weder eine andere glaubwürdigere Vermutung noch überhaupt ein haltbarer Grund dagegen aufstellen. Die vorhandenen Fetzen, soweit sie lesbar sind, lassen erkennen, daß die Erzählung langsam, mit der Genauigkeit eines Geschichtschreibers in den Zeitangaben fortschritt. Reden, Schilderungen, Betrachtungen des Dichters wechseln ab. Die Uebergabe von Pelusium, die vorläufigen Versuche und Ueberlegungen der Kleopatra über die leichteste Todesart werden berichtet, von Unterredungen und Beratungen wird erzählt. Der Stil ist, soweit man ihn beurteilen kann, klar, aber glanzlos, ohne erheblichen Aufwand von Rhetorik. Wie in jenem Wort des Antonius eine gewisse Anerkennung seiner liberalen Denkweise ausgedrückt ist, so hat der Verfasser dieser Bruchstücke seine Bewunderung der geistigen Bedeutung der Königin nicht verhehlt. Der Sieg Cäsars erschien durch die Größe seiner Gegner desto glänzender.

Schon wurden die Recitationen zur Plage. Selbstgefällige Vielschreiber dritten Ranges mißbrauchten Geduld und Höflichkeit ihrer Zuhörer. Gewisse Paradepferde wurden zu Tode geritten. Da war Julius Montanus, einer aus dem Gefolge des Tiberius, von dem Ovid beim besten Willen nicht mehr zu sagen weiß, als daß er in elegischem wie in hexametrischem Maß „genüge" und in beiden Gattungen einen Namen habe. Er hat noch den herrlichen Vortrag Vergils bewundert und den naiven Ausspruch gethan, gern würde er ihm manchen Vers stehlen, wenn er zugleich die Stimme und die ganze Persönlichkeit des großen Dichters sich aneignen könnte, denn manches klinge in Vergils Munde schön, was sonst leer und nichtssagend erscheine. Zu seinen besonderen Liebhabereien gehörte die Schilderung von Sonnenaufgang und Untergang, deren Farben, wie eine erhaltene Probe zeigt, aus älteren Mustern zusammengelesen waren. Man war entrüstet über die endlose Länge seiner frostigen Vorlesungen, einer erklärte, man solle sie gar nicht mehr besuchen, da rühmte sich ein Witzbold seiner Ausdauer: er höre ihm zu vom Aufgang der Sonne bis zum Untergang.

Von der Gattung der Epyllien muß die Phyllis des Tuscus besonderen Erfolg gehabt haben, denn er verdankt diesem Werk den Dichternamen Demophoon, wenn die Vermutung das Richtige trifft, wonach er es ist, welchen Properz in einer seiner Elegien (II 22) so anredet. Erhalten sind zwei hexametrische Gedichte unbekannter Verfasser, welche schon im ersten Jahrhundert fälschlich dem Vergil zugeschrieben sind. Schon ziemlich bald nach dem Tode des großen Mantuaners ist man nämlich geschäftig gewesen, seinen poetischen Nachlaß auszubeuten und durch allerhand herrenloses Gut zu bereichern. Unter dem Titel von „Vorspielen" (prolusiones) gab es in der neronischen Zeit eine apokryphe Sammlung vermeintlich vergilischer Jugendgedichte, welche fernerhin mehr und mehr erweitert zu einem bunt gemischten Buch von „Schülerarbeiten" (iuvenalis ludi libellus) anwuchs. Die früheste derselben, ein Werk des sechzehnjährigen Jünglings, sollte das hexametrische Gedicht „Die Mücke" (Culex) sein. Die Fabel ist an sich kindisch, im Geschmack spielender Sophistik. Ein Ziegenhirt, der in der Frühe seine Heerde auf den Berg getrieben hat, schläft in der Mittagsstunde im schattigen Hain. Da kommt eine Schlange auf ihn zu und bedroht sein Leben. Aber eine Mücke weckt ihn durch einen Stich am Auge. Wütend springt er auf und zerdrückt seinen Retter, dann erst erblickt er die Schlange. Erst flieht er entsetzt, dann ermannt er sich und tötet mit einem schnell ergriffenen Stock den grimmen Feind. In der Nacht aber erscheint dem träumenden der Schatten der erschlagenen Mücke und beklagt sich über den ungerecht erlittenen Tod. Ihre Rede rührt ihn so, daß er der edlen Seele an jenem beschatteten Quell ein reich mit Blumen geschmücktes Grab bereitet und eine Denkschrift widmet. Daß Märchen ähnlicher Art auch den Griechen nicht fremd waren, zeigt ein Beispiel, welches sprichwörtlich geworden ist. Ein gewisser Kissamis von Kos hat eine Schlange getötet, weil sie ihm jährlich das schönste seiner Schafe raubte. Auch sie erscheint ihm im Traum und fordert ein Begräbnis. Da er sich nicht daran kehrt, kommt er samt seinem ganzen Geschlecht um. Hier ist der Vorgang ins Dämonische gewendet. Dagegen ist die Geschichte von der Mücke so durchaus harmlos, daß ihr nur durch Parodie und Humor einiger Reiz hätte abgewonnen werden können. Hiervon aber zeigt das vorliegende Gedicht nicht die leiseste Spur, obwohl man es nach der scherzhaft gehaltenen Vorrede erwarten sollte. Mit Unrecht hat

Statius dasselbe mit der Batrachomyomachie zusammengestellt. Indessen muß es doch wohl ein hellenistisches Vorbild gegeben haben, welchem sich der Römer anschloß. Wenigstens ist die Compositionsweise durchaus der kleinmalenden und episodenlustigen Manier jener Epyllien entlehnt, wie sie in dem Kreise Catulls gepflegt wurden. Mit großer Naturwahrheit wird beschrieben, wie die Ziegen auf hohem Bergesrücken weiden, während der Hirt sein kunstloses Lied auf der Rohrpfeife anstimmt (V. 48 ff.). Dieses idyllische Bild wird gleichsam festgehalten durch eine längere Betrachtung über das Glück des genügsamen Hirtenlebens. Als dann die Heerden sich zu dem schattigen Quell und der Hirt in den Hain zur Mittagsruhe begeben haben, wird dieser Hain echt schülerhaft mit allem Aufwand mythologischer Gelehrsamkeit und forstmäßiger Grünblichkeit beschrieben (V. 110 ff.). Wie alle Wälder gehört er der Diana, und nun versetzt die Phantasie des Dichters die schwärmende Kadmustochter, Pane, Satyrn und Dryaden hinein, welche die Göttin umtanzen. Die Bäume aber werden unter Erinnerung an die Verwandlungssagen, welche ihre Entstehung erklären, beschrieben: die Heliaden, welche aus Trauer um Phaethon zu Pappeln wurden, Phyllis, der Mandelbaum, die Geliebte des Demophon, Eichen, Fichten, Cypressen, Epheu und Myrte. Auch der Gesang der Vögel, das Lied der Frösche und Cicaden wird nicht vergessen. Zu dem Frieden dieser gottbeseelten Natur und der Ruhe des sorglosen Schläfers im Grase am Quell soll in grellem Contrast der tückische Angriff der Schlange empfunden werden, deren grausiges Gebahren in geschwätziger Uebertreibung gemalt wird.

Als Blumenkenner zeigt sich der Verfasser noch am Schluß durch ein ausführliches Verzeichnis aller, zum Teil seltener, erst kürzlich eingeführter Blumen, mit denen der Hirt das Grab der Mücke schmückt. Unter ihnen ist der Oleander, dessen Vorkommen in Italien sonst nicht vor der zweiten Hälfte des ersten Jahrhunderts nachgewiesen werden kann.

Geradezu lächerlich und doch in trockenem Pathos gehalten ist die lange Rede, welche der Schatten der erschlagenen Mücke dem träumenden Hirten hält (210—384). Ihr Umfang beträgt fast die Hälfte des Ganzen, sie ist das eigentliche Glanzstück, die Kraftprobe des Dichters, der noch ganz in den Kinderschuhen der Schule steckt. Nach wenigen Worten des Vorwurfs ergeht sich das kleine Gespenst

in sorgsam ausgeführter Schilderung der Unterwelt, die es noch nicht
einmal betreten hat (denn die Leiche ist ja noch unbestattet). Aber
vorausgreifend gefällt es sich in schaubernder Ausmalung des Schatten=
reiches, welches es einstweilen nur vom Hörensagen kennt. Sie sieht
am Eingang Tisiphone mit drohender Schlangengeißel und den
gähnenden Rachen des Cerberus. Weiter glaubt sie sich zu den Büßern
getragen, zu den Titanen (sie, die arme Mücke), zu Tantalus, Si=
syphus, den Danaiden, ferner zu anderen Heldinnen und Helden der
Tragödie, wie Medea, Procne, die beiden feindlichen Brüder Thebens.
Sie kommt zu den elysischen Feldern: der Persephone Fackeln voran=
tragend begegnen ihr die edlen Gattinnen Alcestis Penelope Eury=
dice, und nun verliert sich die Rede episodisch (269—295) in das
vergebliche Wagnis des Orpheus und seinen verhängnisvollen Fehler.
Dann erscheinen die Heroen des trojanischen Krieges, die beiden
Aeaciden Ajax und Achilles, deren Ruhm und Todesgeschick das
belesene kleine Geschöpf wieder in besonderer Einlage vorführt
(296—326); auch Odysseus wird mit einem Auszug seiner Thaten
und Leiden aus Ilias und Odyssee bedacht (327—334), Agamemnon
tritt auf als Eroberer Troja's, um den Uebergang zu bilden zu
jenem beliebten Gemeinplatz vom Schiffbruch der heimkehrenden
Griechen, von dem eingehend berichtet wird (337—357). Hierauf
wendet sich die Vision zu den römischen Helden, den Fabiern, De=
ciern u. s. w. bis zu Scipio, dem Zerstörer Karthago's, um end=
lich mit der Klage über das eigene Geschick abzubrechen. Sie (jene
Helden) mögen ihren Ruhm genießen, sagt sie, ich muß in den
dunklen Tartarus hinab und dem Minos über die Ursache meines
Todes Rede stehen. Als ob es nicht jenen Helden ebenso gegangen
wäre. Und warum fürchtet sie sich vor Strafe, da sie ein reines
Gewissen hat?

Unverkennbar ist die Aehnlichkeit, im Kleinen wie im Großen,
mit Partien der vergilischen Gedichte. Das Motiv zu der ganzen
Geschichte hat man in der Stelle der Georgica gesucht, wo die gleiche
Gefahr beschrieben wird, welche den im Grase ruhenden Hirten
durch den Angriff einer Schlange bedroht (III 425 ff.). Auch die
Laocoonepisode der Aeneis enthält eine ähnliche Schilderung. Die
Lobrede auf das Glück des Hirten (58 ff.) deckt sich in der Anlage,
selbst im Periodenbau und in einzelnen Wendungen, mit der über
das Glück der Landleute in den Georgica (II 458 ff.): nur ist diese

knapper und prägnanter, jene unreif und schwülstig. Der Digression von Orpheus und Eurydice entspricht die ausführliche schöne Erzählung, welche die Georgica beschließt. Die ganze Schilderung der Unterwelt und ihrer Schatten erinnert an das sechste Buch der Aeneis. Auch sonst lassen sich nicht wenige Anklänge an vergilische Diction nachweisen, obwohl der Stil des Verfassers weit entfernt ist von der harmonischen Vollendung, welche bereits in den Eklogen hervortritt. Vielmehr beherrscht derselbe die Sprache nur sehr mangelhaft. Die Armut seines Sprachschatzes führt unangenehme Wiederholungen derselben Wörter herbei, die Anwendung ungewöhnlicher Bildungen, Verbindungen, Bedeutungen von Wörtern zeigt seine Ungelenkigkeit, der Satzbau ist schwerfällig und verwickelt, die Wortstellung verworren; auch Uebermaß und Eintönigkeit in der Anwendung gewisser rhetorischer Mittel wie der Anaphora verrät den Anfänger. Dabei sind die Verse, obwohl eintönig und matt, doch mit ängstlicher Sorgfalt gebaut, namentlich beweist die Vermeidung harter Verschleifungen langer Vokale oder Diphthonge eine strenge Schule: Freiheiten, wie sie Vergil sich erlaubt hat, sind vermieden.

Der Culex wurde arglos in Separatausgaben als Jugendwerk Vergils gelesen und verkauft, als Martial das vierzehnte Buch seiner Epigramme zur Saturnalienfeier der Jahre 90—92 schrieb. Auch Lucan und Statius kannten ihn. Will man nicht, was ganz unwahrscheinlich ist, argwöhnen, daß damals unter gleichem Titel und Namen ein anderes Gedicht, obwohl desselben Inhaltes, in den Händen der Leute war, als das überlieferte, so bleiben nur zweierlei Annahmen möglich: das erhaltene rührt entweder wirklich von Vergil her, oder es ist ihm vor der neronischen Zeit untergeschoben. Aus Bosheit schwerlich, denn der Wunsch, den Dichter lächerlich zu machen, tritt nirgends hervor. Denkbar dagegen ist, daß in gewinnsüchtiger Absicht oder zum Spiel ein Jünger der vergilischen Schule nach dem Tode des Dichters mit kindischem Fleiß die Arbeit verfaßt und für ein Jugendwerk Vergils ausgegeben hat, sei es, daß wirklich Kunde von einem solchen erhalten war, sei es, daß die Sage erst durch die Fälschung entstanden ist. Gegen vergilischen Ursprung sprechen, abgesehen von der Geistlosigkeit des Machwerkes, gewichtige Gründe. Jene Feinheiten des Versbaues, welche erst Tibull und Ovid zur Geltung gebracht haben, kann der Knabe Vergil nicht schon um das Jahr 700 in seiner Mailänder Schule gelernt haben. Dagegen zeigen die hübschen Jugendgedichte, welche ihm mit Zuversicht zugeschrieben werden dürfen, eine ganz andere Anmut des Geistes, Freiheit des Tons und Beherrschung der Sprache, wogegen jene anspruchsvolle Stümperei sehr unvorteilhaft absticht. Dazu kommt die wunderliche Widmung des Gedichtes. Es beginnt eigentlich mit der hochtönenden Anrufung des Apollo, der Musen und der ländlichen Pales, welche an die Georgica erinnert. Dann wird die Gunst eines jungen Octavius erbeten, an welchen sich auch die scherzhaft gemeinte Vorrede, die von dem Uebrigen abzutrennen ist, richtet. In ehrfurchtsvollem Ton redet der Verfasser ihn an (Octavi venerande und zweimal sancte puer), verheißt ihm wachsenden, beständig leuchtenden und ewig bleibenden Ruhm, wünscht seinem Leben, welches „den Guten leuchte", lange Dauer. Man denkt sofort an Octavianus, welcher bis zum Jahre 710 Octavius hieß, aber im Jahre 691 geboren, als neun- oder zehnjähriger Knabe noch ohne alle Bedeutung war und erst viel später als Herrscher zu den älteren Dichtern in näheres Verhältnis getreten ist. Auch den Ritter Octavius Musa hat Vergil doch frühestens in der römischen Rhetorschule kennen gelernt. Kurz Alles drängt zu dem Ergebnis, daß jenes mühselige trockene Epyllion eine untergeschobene Nachgeburt etwa der dreißiger Jahre n. Chr. ist. Auf der unklaren Nachricht, daß Vergil Mitschüler des Octavian bei dem Rhetor Epidius gewesen sei, wurde jene Widmung aufgebaut, und dem Zögling der catullischen Dichterschule zur Vervollständigung eine Jugendsünde im Stil des gelehrten Miniaturepos aufgebürdet, wobei der Verfasser sich Mühe gab, aus sämtlichen Werken Vergils gewisse Parabestellen auszulesen, an welche sich der Culex anlehnt, als ob in ihm bereits die Keime zu allen späteren Schöpfungen und Stilarten des großen Dichters niedergelegt wären. Die Leichtgläubigkeit selbst der poetischen Zunftgenossen hat dem in der That knabenhaften Machwerk Boden geschafft, so daß es als litterarische Curiosität Leser und dauernde Verbreitung fand.

In derselben Sammlung vermeintlicher Jugendgedichte Vergils las Sueton auch das Epyllion Ciris von unbekanntem Verfasser, keinenfalls, wie längst erkannt worden, von Vergil. Die Fabel, wie sie hier erzählt wird und mit denselben wesentlichen Zügen in den

Metamorphosen des Parthenios wie später in denen Ovids (VIII 1 ff.) vorgetragen war, gehört in die Zahl jener schwülen Liebesgeschichten, welche seit Euripides im Drama und weiterhin in der hellenistischen Novelle beliebt gewesen sind. Megara ist belagert von dem Kreterkönig Minos, weil es einem Flüchtling Gastrecht gewährt, doch ein Orakel verspricht dem Reiche Sicherheit, solange das purpurne Haar auf dem königlichen Scheitel des Nisus unversehrt bleibe. Aber seine Tochter Scylla, von den Pfeilen Amors getroffen, weil sie durch unseligen Zufall das Heiligtum der strengen Juno entweiht hatte, entbrennt in Liebe zu Minos. Die rasende kommt zu dem ruchlosen Entschluß, das Haar des Vaters heimlich abzuschneiden und dem Feinde zu schicken: denn diese einzige Bedingung ist ihr gestellt. In nächtlicher Stille schleicht sie zu dem Schlafgelaß des Vaters, aber unterwegs verlassen sie die Kräfte: an der Schwelle, noch unter freiem Himmel macht sie Halt. Hier wird sie von der alten Carme eingeholt, welche ihr nachgeeilt ist und sie zur Rede stellt. Die kluge Amme hat längst aus ihrem Gebahren geschlossen, daß sie verliebt sei; nun gesteht ihr das unglückliche Mädchen zögernd die Verirrung ihres Herzens und ihr frevelhaftes Vorhaben. Zu Tode erschrocken führt die getreue Dienerin sie zurück und erreicht wenigstens Aufschub. Nach ihrem Rat versucht Scylla zunächst den Vater durch Vorstellungen, die Bürger durch schreckende Vorzeichen, welche bestochene Seher zu ihren Gunsten deuten müssen, zum Nachgeben zu bewegen und auf die Verbindung mit dem fremden Eidam hinzuführen. Carme inzwischen stellt magische Opfer an, um den feindlichen König mit Liebeszauber zu bannen. Aber alles ist vergeblich, und so geschieht dennoch die verräterische That. Der Raub des Haares, die Einnahme von Megara, die schreckliche Vergeltung an Scylla (sie wird an das heimkehrende Schiff des Minos gebunden und durch die Meeresfluten nachgeschleift), — diese eigentliche Katastrophe wird in wenigen Versen, in drei kurzen Sätzen abgemacht. Der wehklagenden erbarmt sich endlich Neptuns Gemahlin Amphitrite und verwandelt sie in einen Meervogel, aber heimat- und ruhelos wird sie vom grimmen Vater, dem Seeadler, unabläßig verfolgt:

> wo sie den leichten Aether mit flüchtigem Fittig durchschneidet,
> siehe mit großem Gezisch verfolgt ihr grimmiger Feind sie,

Nisus, weit durch die Luft: wo Nisus sich hebt in die Lüfte,
schneidet den leichten Aether mit flüchtigem Fittig die Tochter.

Die Erzählung ist ganz im Stile hellenistischer Kunst angelegt. Den eigentlichen Mittelpunkt bildet die Ausmalung des Liebeswahnsinns, welchem Scylla verfallen ist. Er wird in dramatisch wirkenden Scenen vorgeführt, welche zum Teil an den Hippolytos des Euripides, zum Teil an die Medea der Argonautika des Apollonios und die Diboepisode der Aeneis erinnern. Daß aber auch eben diese Fabel von der megarischen Königstochter in einer Tragödie behandelt worden ist, beweist das Zeugnis Ovids (Trist. II 393 f.). Es ist also nicht unmöglich, daß der Verfasser der Ciris in dieser Partie aus solcher Quelle geschöpft hat. Nachdem der Seelenzustand des Mädchens, ihre Unruhe und Versunkenheit ausgiebig geschildert ist, wird der Kampf zwischen Vernunft und Leidenschaft in drei längeren Reden, zwischen Scylla und Carme, zum Ausdruck gebracht. Die typische Figur der teilnehmenden, ermahnenden und schließlich mithelfenden Amme ist aus der euripideischen Tragödie in die alexandrinische Novelle übergegangen. Außer jener Beichte erhält Scylla noch einmal das Wort zu einer rührenden Klagerede, während sie mit gebundenen Händen vom Schiff durch die Wellen gezogen wird. Die Winde und Lüfte ruft sie zu Zeugen an, was aus der vielumfreiten Königstochter geworden sei. Verdient habe sie so harte Strafe, aber nicht von Minos, sondern von ihren Mitbürgern, den schmählich verratenen (vgl. Ovid Metam. VIII 125 ff.). Noch jetzt schwelgt sie in Liebesgedanken an ihn: seine und seiner Gemahlin Magd zu sein, wäre Glück für sie gewesen; hätte er sie wenigstens als Kriegsgefangene getötet! Sie ermattet: rings bedroht von Meerestieren fleht sie den grausamen an, ihren Leiden ein Ende zu machen.

Die Erzählung läuft nicht an gleichmäßig gesponnenem Faden fort, sondern sie springt von Scene zu Scene, dazwischen liegendes voraussetzend oder kurz andeutend. Man erfährt weder, wo und wann Scylla dem Minos zuerst begegnet sei („ich sah dich und war verloren," sagt sie später V. 430), noch wird von den heimlichen Verhandlungen mit Minos vor der That berichtet, auf die nur aus der gestellten Bedingung (187) und der beiläufigen Erwähnung eines Bundes (422) zu schließen ist. Lang genug, aber nichtsdestoweniger dunkel, ja fast unverständlich (woran freilich auch die arg verdorbene Ueberlieferung des Textes schuld sein mag) ist der Bericht über die Beleidigung der Juno gehalten (138 ff.). Es ist von einem Meineid des Mädchens im Tempel der Göttin die Rede, aber man liest nicht, was und zu welchem Zwecke sie geschworen habe. Dafür ergeht sich der Verfasser in anschaulicher Ausmalung der Hauptscene. Lebendig steht die unselige Verräterin vor dem Leser, wie sie in nächtlicher Stille, ängstlich die Ohren gespannt, den Atem anhaltend, auf den Zehen leise mit vorgestreckten Fingern schwebend von ihrem Lager ins Freie schlüpft; wie nachher Carme die fröstelnde, im dünnen Nachtgewande stehende in ihr weiches Tuch einhüllt, sie sorglich wieder hineinführt, dann aber nach beendigter Beichte zu Bette bringt, das arme Kind mütterlich zudeckt, die Lampe löscht, damit es Ruhe finde, seine pochende Brust mit sanften Händen unermüdlich streichelt, und so die ganze Nacht auf den Arm gestützt über den Augen der hinsterbenden traurig verwacht (209 ff.). Mit ovidischer Anschaulichkeit, offenbar nach gemeinsamem griechischem Muster, wird später (490 ff.) der Vorgang der Verwandlung beschrieben: wie sich im flüssigen Ei allmählich das Junge bildet, so verwandelt sich der vom Meer umspülte Leib der Jungfrau nach und nach Glied für Glied, so daß man die neue Gestalt entstehen sieht. Mit einer gewissen geographischen Beflissenheit, welche auch Ovid gelegentlich zeigt, werden die Stationen aufgezählt, welche die feindliche Flotte bei ihrer Heimkehr zurückzulegen hat, aber die Lage der einzelnen Inseln der Cycladengruppe ist dem Verfasser nicht klar gewesen, denn er wirft sie willkürlich, wie er sie für den Vers brauchen konnte, durcheinander (459 ff.).

Die Gelegenheit zu Episoden läßt er sich nicht entgehen. Die gute Carme in ihrem Schmerz über die verderbliche Verirrung ihres geliebten Pflegekindes gedenkt des alten Leides, das ihr schon einmal Minos angethan, als er ihre einzige Tochter Britomartis verfolgte und zu dem jähen Sprung vom Felsen ins Meer trieb (286 ff). Dabei kann sie nicht unterlassen, verschiedener Versionen über den Namen, welcher der verschwundenen erteilt worden sei, Erwähnung zu thun. Ebenso ergeht sich der Verfasser in der Einleitung, ehe er zur Sache kommt, in langatmig verworrener und doch ergebnisloser Untersuchung über verschiedene Formen und Deutungen der Verwandlungssage seit Homer: man sieht die Notizen eines mythologischen Handbuches, dessen er sich bedient haben wird, durchschimmern. Auch antiquarische Gelehrsamkeit, wie sie die Alexandriner lieben, bringt er an, sowohl wiederum in der Einleitung, wo er sich beiläufig in eine Beschreibung des Panathenäenfestes und der Bilder, womit der Peplos durchwirkt ist, einläßt, als auch zu Anfang der eigentlichen Erzählung, wo er von der Gründung Megara's durch Alcathous und dem tönenden Stein Apollo's spricht, dann wo er die Haarspange des Königs Nisus beschreibt.

Die lebhaft erregte, Anteil nehmende, halb lyrische Stimmung des Erzählers spricht sich aus in häufigen Anreden an die beteiligten Personen, in Ausrufungen des Bedauerns, Entsetzens. Die Erzählung wird gekleidet in den Wunsch, daß eins oder das andere vermieden oder nicht unterlassen sein möchte. Amors verhängnisvolle, dämonische Macht wird verwünscht. Vorgreifend wird gleich beim Ausbruch der unseligen Leidenschaft auf die Katastrophe hingewiesen, die Verwandlung des Vaters und der Tochter, und die Schar der Vögel, die ähnliches Schicksal früher erfahren haben, aufgefordert, den Empfang der neuen Genossen vorzubereiten.

Der Stil ist, nicht bloß in den Reden, lebhaft rhetorisch gefärbt. Häufige Parenthesen unterbrechen die oft künstlichen Perioden. Von der Anastrophe wird vielfach Gebrauch gemacht; ein Wort oder ein Satzglied des vorhergehenden Verses klingt im folgenden noch einmal nach; mit dem gleichen Wort beginnen nachdrucksvoll aneinandergereihte Sätze und Verse oder parallele Satzglieder. Spondeen im fünften Fuß, wo dann ein viersilbiges Wort den Vers schließt, erhöhen die Feierlichkeit, während spielende Deminutiva eintreten, wo der Ton zärtlich und naiv wird. An malenden, zum Teil wiederkehrenden Beiwörtern fehlt es nicht. Marmorn z. B. heißt nicht nur die Schwelle und die Insel Paros, sondern auch Fuß, Arme, Leib des Mädchens. Wer ohne Kenntnis anderer Gedichte dieses durchaus nicht wirkungslose Epyllion läse, würde den Glanz und die Fülle der Sprache, manche kunstvolle und zierliche Stelle bewundern müssen. Leider ist ein großer Teil dieses Reichtums, dieser Zierraten und Figuren, ja ganze Verse, Versgruppen und Versteile, auch Schilderungen und Bilder, zusammengeborgt aus Catull Lucrez Vergil; die letzten vier Verse des Ganzen sind einfach aus den Georgica (I 406 ff.) wiederholt. Dennoch ist die Geschicklichkeit anzuerkennen, womit dieser emsige Nachahmer und Freibeuter aus so zusammengelesenen Blumen ein Werk hergestellt hat, welches den Anschein des einheitlichen Gusses erweckt.

Aber in der hochtrabenden Einleitung verwickelt er sich in labyrinthische Perioden, und auch sonst hier und da verrät er durch dunkle, harte Ausdrucksweise, daß er auf eigenen Füßen nicht wohl zu stehen vermag. Er deutet an, daß er schon in vorgerücktem Alter stehe und eine Laufbahn als Staatsmann hinter sich habe. Der öffentlichen Geschäfte überdrüssig hat er sich nach Athen zurückgezogen, wo er dem Studium der epikureischen Philosophie obliegt. Als dereinstige Frucht dieser Studien plant er ein großes Lehrgedicht über die Schöpfung (in lucrezischem Sinne), welches er großartig mit dem panathenäischen Peplos vergleicht. Vielleicht hat er auch diesen Plan nur seinem Meister Vergil nachgesprochen, weil er fand, daß sich eine solche Aussicht in der Vorhalle eines Gedichtes gut ausnehme. Einstweilen aber bietet er eine vor langer Zeit begonnene, mühsam ausgeführte, längst versprochene Jugendarbeit. Er widmet sie einem Messalla, den er als hochgebildeten jungen Mann feiert, vermutlich dem Messallinus genannten Sohn des berühmten Messalla Corvinus und Freundes Ovids, der ungefähr 711 oder 712 geboren sein muß. Etwa dreißig Jahre später, einige Zeit nach Vergils Tode, wird das Gedicht geschrieben sein, denn auch die letzten Bücher der Aeneis sind benutzt: eine vollständige Ausgabe derselben muß also dem Verfasser vorgelegen haben. Der augusteischen Zeit entspricht im Ganzen die Technik der Verse, obwohl, durch den Charakter des Epyllions bewogen, der ängstliche Nachahmer sich in allem noch enger an die gelehrte Manier Catulls und seiner Genossen angeschlossen hat.

Die Anregung zur Wahl des Stoffs verdankt er zunächst wohl jener Stelle der Georgica, in der wiederum eine Anspielung an die poetische Erzählung des Parthenios nicht zu verkennen ist, wie die andere Erwähnung in der sechsten Ekloge (74) an Cornelius Gallus denken ließ. Die Werke des gelehrten Dichters und Grammatikers von Nicäa, der seit 681 bis in die Regierungszeit des Tiberius hinein in Rom gelebt und mit hervorragenden Geistern verkehrt hat, sind daselbst fleißig studiert und benutzt worden. Der Abschnitt der ovidischen Metamorphosen, welcher die Sage nach gleicher Fassung erzählt, läßt eine Beziehung des einen Dichters auf den anderen nicht erkennen.

Auf benselben Parthenios führt eine freilich nicht sicher beglaubigte Notiz aus unbekannter Quelle das Original des hexametrischen Gedichtes Moretum zurück, welches man früher allein auf Grund jener Angabe und weil es in jener Apokryphensammlung steht, dem Vergil zuschrieb. Unter gleichem Titel haben wir oben (Band I 306) eine Arbeit des Sueius kennen gelernt. Das jüngere, vollständig erhaltene Werkchen ist ein ländliches Genrebild so zu sagen in niederländischem Stil. In der Winternacht vor Tagesanbruch steht der Bauer Simylus auf und bereitet sich sein Frühstück. Wie er dies unter dem Beistande seiner Magd Scybale zustande gebracht hat, wird bis ins kleinste geschildert, und das ist der Inhalt des Gedichtes. Griechischen Ursprung verraten schon die beiden echt bukolischen Namen. Mit greifbarer Anschaulichkeit und Naturtreue wird Schauplatz und Vorgang Zug für Zug beschrieben, behaglich und heiter, wenn auch ohne besonders lebhaften Humor, in eng umschlossenem Rahmen, ohne Abschweifung von der Aufgabe. Wir sehen, wie der Landmann, der seinen Namen von der Stülpnase trägt, sich beim Hahnenkrähen vom ärmlichen Lager erhebt, sich durch die Finsternis hintappt, bis er an den Herd anstößt, wie er kopfüber geneigt an dem unter der Asche glimmenden Feuer die Lampe entzündet, nachdem er den trockenen Docht mit der Nadel vorgestoßen und die Glut angeblasen hat, wie er dann mit der Hand die Zugluft vom Licht abwehrend zur Thür der Vorratskammer geht, den Schlüssel in die durchscheinende Oeffnung steckt, aufschließt und drinnen vom aufgeschichteten Kornhaufen sein Maß entnimmt. Er geht zur Handmühle, stellt das Licht sorgsam auf ein Brett, das an der Wand angebracht ist, streift die Aermel auf, gürtet sich mit einem Ziegenfell, fegt den Staub von den Mühlsteinen und geht an die Arbeit des Mahlens. Die Rechte, wenn sie ermüdet ist, löst er mit der Linken ab, er singt ländliche Lieder zum Zeitvertreib und ruft nach der einzigen Magd mit dem kräftigen Namen Scybale (vom Mist), einer Vollblutsafrikanerin mit krausem Wollenhaar, dicker Lippe, dünnen Beinen, gewaltigen Füßen u. s. w. Sie muß Feuer auf dem Herd anzünden und heißes Wasser machen. Dann wird das Mehl gesiebt, zu Teig geknetet und zum Backen in den Ofen geschoben. Unterdessen geht der Bauer in seinen rohrumhegten Gemüsegarten, dem er bei Regenwetter und an Festtagen, wenn der Pflug feiert, seine Zeit widmet. Wir erfahren, wie geschickt er zu

pflanzen und zu bewässern versteht, durchmustern die mannigfaltigen
wohlbestellten Beete, erfahren, daß der sparsame Besitzer an den
Nonen mit dem Ertrage des Gartens in die Stadt zu Markte zieht
und mit gefülltem Beutel heimkehrt, denn Einkäufe gönnt sich der
genügsame, der nach alter Sitte mit Zwiebeln und Schnittlauch
seinen Hunger stillt, nur selten. Wir sehen, wie er sich die spär-
liche Würze für sein Frühmahl aus dem Boden rupft, sich dann am
Herdfeuer niederläßt, das bischen Grünzeug sorgfältig putzt und den
Mörser, welchen die Magd gebracht hat, zwischen den Knieen, die
Kräuter mit altem Käse verrührt. Allmälig gestaltet sich der berbe
Brei, dessen scharfer Duft dem Bauer kitzelnd in die Nase steigt,
während er oft unter Schelten auf den unschuldigen Rauch die thrä-
nenden Augen mit der Hand wischen muß. Nach und nach verdickt
sich die klebrige Masse, Oel und Essig kommt hinzu, nochmals wird
gerührt: endlich streicht er mit zwei Fingern das Ganze vom Innen-
rande rings herum zu einem Kloß zusammen. Das Moretum ist
fertig. Nun holt auch Scybale mit sauberen Händen das Brot
heraus. Wie aber dem wackeren Simplus sein Frühstück geschmeckt
habe, erfahren wir nicht, nur daß er vor Hunger für diesen Tag
gesichert die Gamaschen über die Beine gezogen, die Mütze aufgesetzt,
die Rinder angeschirrt, auf die Felder getrieben und den Pflug in
den Boden gesenkt habe.

Mit ähnlicher Kleinmalerei hatte einst Kallimachos den gastlichen
Empfang des jungen Theseus bei der guten alten Hekale geschildert.
Geschmack für diese gemütliche Manier zeigt unter den Römern besonders Ovid, während sie dem großen Stil Vergils nicht gemäß ist.
Einzelne Entlehnungen aus dessen Bucolica und Georgica, auch gewisse Eigenheiten des Stils und der prosodisch-metrischen Technik
weisen ohnehin auf eine spätere Zeit. Dieselbe muß aber wenigstens
zwei Generationen vor Martial angesetzt werden, denn dieser bezeugt,
daß Lattich, welches gegenwärtig (im December des J. 84 oder 85)
die Mahlzeit eröffne, zur Zeit der Großväter sie beschlossen habe,
und eben dies wird im Moretum (76) als allgemeine Sitte vorausgesetzt. So fällt die späteste Zeitgrenze für dieses Gedicht in das
Jahrzehnt nach dem Tode Ovids; es kann aber sehr wohl auch früher
angesetzt werden.

Als Vorgänger Vergils im Lehrgedicht wird von Quintilian neben Lucrez ausdrücklich **Aemilius Macer aus Verona** genannt. Dem mächtig erwachten Interesse für Naturkunde und Medizin sind seine gewiß recht mühseligen Versmachereien zu Gute zu halten. Er hatte für die schwer genießbaren Werke des Nikander eine Neigung gefaßt, und übertrug schon ehe Vergil den Landbau darzustellen unternahm, in zwei hexametrischen Gesängen die Theriaca. Ein paar Brocken über Schlangen sind daraus erhalten. In gleicher Form beschrieb er nach unbekanntem Vorbild die heilkräftigen Kräuter. Dankbarer war die „Geburt der Vögel" (ornithogonia), ebenfalls in Hexametern und in mehreren Büchern, wobei Gelegenheit zu schönen Verwandlungsgeschichten gegeben war. Auch von der Natur und der Bedeutung, welche einzelne Vögel für mannigfache Lebenskreise haben, war da gehandelt. Der junge Ovid hat den bedeutend älteren Mann alle drei Gedichte, wenigstens Teile daraus, vorlesen hören. Derselbe hat in Asien im Jahre 738/16 seinen Tod gefunden, vielleicht in militärischer Stellung; mit Bedauern sah ihn Tibull (II 6) in den Krieg ziehen.

Ueber Jagdliebhaberei hatte, wie wir sahen, Varro in einer seiner Satiren (Meleagri) gespottet. Zu einem wohlversehenen Gute gehörte schon damals ein Wildpark, in welchem vorzugsweise Hasen gehalten wurden. In größeren fanden sich auch Eber und Hirsche. Es gab Sonntagsjäger, wie jener Gargilius bei Horaz (Briefe I 6, 58 ff.), welcher morgens mit großem Gefolge und prangendem Gerät auszog und sich von der Volksmenge auf dem Forum bewundern ließ, um abends mit einem gekauften Eber heimzukehren. Ein anderer Nimrod vergißt über der Hirschkuh, welcher seine Hunde nachjagen, oder dem Eber, welcher sein Netz durchbrochen hat, die junge Frau daheim und übernachtet unter friem Himmel (Oden I 1, 25). Selbst der trockene Geldmann (Epoden 2, 29 ff.) träumt von den Freuden der Jagd als einer Lichtseite des Landlebens. Da waren praktische Anweisungen erwünscht, und hohe Herren, welche in der Lage waren, dem Sport Zeit und Geld zu opfern, werden auch eine poetische Darstellung gern gesehen haben. Es gibt eine prosaische Schrift Xenophons über die Jagd, welche nach dem Ton naiver Begeisterung, welcher sie durchweht, als eine Jugendarbeit des Verfassers zu betrachten ist. Sie gibt Anweisung über die Anfertigung der Netze, handelt mit großer Vorliebe von den

Hunden, von ihrer Dressur zur Hasenjagd, von ihrer Züchtung, kürzer von der Hirsch- und Saujagd, und schließt mit einer allgemeinen Lobrede auf das edle Waidwerk. Es wäre zu verwundern, wenn keiner der alexandrinischen Dichter sich zu einem Gedicht über dasselbe aufgeschwungen haben sollte, da der Stoff wie wenige zu poetischer Behandlung geeignet ist. Bietet doch Sage und Cultus, die Natur des Waldes und seiner Bewohner, Kampf und Gefahr, eine Art Krieg im kleinen, eine Fülle von Bildern für lebhafte und farbenreiche Schilderung. Dennoch ist keine Kunde erhalten, daß ben Römern der augusteischen Zeit in der poetischen Behandlung dieser dankbaren Aufgabe vorgearbeitet war. Für uns ist der Zeitgenosse Ovids, Grattius aus dem Faliskerlande, der erste, welcher eine Darstellung der Jägerei in Hexametern unternommen hat. Aber schon der Titel Cynegetica, auch mancher Brocken von Gelehrsamkeit weist auf ein griechisches Vorbild, und die Anlage des leider schlecht erhaltenen Teiles (über 500 Verse) verrät sofort Verwandtschaft mit dem Plan der xenophontischen Schrift. Auch hier wird nach kurzer Einleitung ausführlich von den Netzen gehandelt (25—107), bann von den Speeren, besonders eingehend und nachdrücklich aber (150—496) von den Hunden, zuletzt von den Pferden: hier ist die einzige Handschrift in Fetzen zerrissen und der Rest verloren. Der künstlerische Wert dieses schwer lesbaren Bruchstückes ist ein sehr bedingter. Der trockene, mühsame Vortrag läßt deutlich erkennen, wie hoch die Kunst eines Ovid über dem Mittelstande der Zeitgenossen sich erhob. Mit gründlicher Sachkenntnis scheint der Abschnitt von ben Hunderassen und der Hundswut gearbeitet zu sein. Komisch wirkt die ethische Weihe, wenn für die jungen Hunde frugale Kost empfohlen und dabei zur Warnung darauf hingewiesen wird, welch verhängnisvolle Folgen die Ueppigkeit für die Könige Aegyptens und Persiens sowie für Griechenland gehabt habe, und wie Rom groß geworden sei durch die Sitteneinfalt eines Camillus und Serranus. Ein abgenutzter Gemeinplatz an unglücklichster Stelle! Aus eigener Anschauung berichtet Grattius (435), wie in einer Grotte Siziliens krankes Vieh durch Vulkan geheilt werde, und von der Feier der Diana nemoralis (483 ff.).

Unter den Pflegern der Elegie ist nach Gallus zu nennen
C. Balgius Rufus, ein regsamer und vielseitiger Kopf. Im öffent=
lichen Leben hat er es bis zum Consul (742/12) gebracht. In seinen
Jugendjahren (um 719 herum) gehörte er zum engeren Freundes=
kreise des Horaz, der auf sein Urteil Wert legte (Sat. I 10, 82).
Den Tod eines jungen Lieblings, Mystes, hat er in einer Reihe
von Trauerelegien beklagt, so daß Horaz es für angemessen hielt,
ihn in einer aufrichtenden Ode (II 9: zwischen 727 und 731) aus
diesen eintönigen Gefühlen aufzurütteln und seine Kunst auf die
großen Begebenheiten des Weltthcaters, die neuesten Erfolge der
römischen Waffen gegen die Barbaren des Ostens als würdigere
Stoffe hinzuweisen. In persönlichem Verhältnis muß er zu Messalla
gestanden haben, denn der unfähige Verfasser des Lobgedichtes auf
denselben verweist (bald nach 723) auf die hohe Begabung des Val=
gius, der wie kein anderer das Zeug dazu habe, der Homer des
großen Mannes zu werden (180). Er mag sich also wirklich etwa
in den zwanziger Jahren seines Lebens mit Plänen getragen haben,
Großthaten der Gegenwart episch zu besingen. Selbst die dürftigen
Reste seiner poetischen Arbeiten lassen erkennen, daß sie frisch in das
Leben hineingriffen. In den Elegien kamen Beurteilungen gleich=
zeitiger Dichtergenossen (in der Art des Kallimachus oder Catull) vor,
z. B. des Codrus, der den Cinna nachahmte; eine Reise in Ober=
italien mit einer Fahrt auf dem Po wurde beschrieben. Ein hexa=
metrisches Gedicht führte den Leser aufs Land in behagliche Gesell=
schaft, wo man vor dem Hause sitzend sich an frischgemolkener Milch
und einem Humpen zweijährigen Weines gütlich that. Aus Epi=
grammen ist ein Elfsilbler erhalten, Anrede an eine Perle. Von
ernsten Studien zeugte die lateinische Uebersetzung der Rhetorik des
Pergameners Apollodorus, seines Lehrers, dessen Unterricht auch
Octavian in Apollonia genossen hatte. Aber nach einem Lehrgedicht
sehen die erhaltenen Proben dürrer Definitionen nicht aus, wenn sie
sich auch unschwer in iambischen Rhythmus bringen lassen. Ueber
grammatische Fragen, Formenlehre und Etymologie betreffend, gab
der angesehene Mann auf briefliches Ersuchen Auskunft, und seine
Bescheide (de rebus per epistulas quaesitis) sind in mehreren Büchern
gesammelt und noch von Forschern wie Plinius zu Rate gezogen
worden. Besonders ausgiebig aber muß ein Werk über den medi=
cinischen Nutzen von Kräutern und anderen Pflanzen gewesen sein,

welches der Verfasser unvollendet hinterlassen hat. Es war Augustus
gewidmet, dessen Majestät die Vorrede, gleichfalls nur im Entwurf
begonnen, in höfischer Andacht huldigte. Er ist also vor dem Kaiser
gestorben. Wunderlich ist, daß der ältere Plinius behauptet, Balgius
sei der einzige von bedeutendem Namen, welcher seit dem alten Cato
diesen Stoff behandelt habe, während er doch an anderer Stelle den
Aemilius Macer unter seinen Quellschriftstellern nennt.

Ganz eigenartig unter den Erzeugnissen elegischer Poesie ist das
lebensprühende kleine Gedicht „die Schänkin" (Copa), welches in
jener Sammlung sogenannter Jugendgedichte Vergils auf uns ge=
kommen ist. Es gleicht dem Aushängeschild einer süditalischen Ta=
berne: die syrische Schänkin |in griechischer Haube, bezecht, bewegt
vor dem Eingang zu ihrer rauchigen Kneipe die geschmeidigen Glieder
in üppigem Tanze, Castagnetten schlagend. Dazu singt sie die ver=
lockende Einladung an alle des Weges Ziehende, hier Rast zu halten
und sich von Hitze und Staub bei den Herrlichkeiten zu erholen,
welche die Wirtin zu bieten hat. Sie zählt dieselben geschäftig auf.
Da sind Trinkgefäße aller Art, Rosen, Flöten= und Saitenspiel,
eine schattige Laube und Wein, freilich kein vornehmer, sondern ein
ehrlicher Krätzer, „neulich" erst aus verpichtem Krug abgezogen.
Dabei ein murmelnder Bach und die Rohrpfeife des Hirten, die aus
benachbarter Grotte ertönt. Weiter die Fülle der Blumen und
Kränze: Veilchen und Rosen, Lilien, aus jungfräulichem Fluß in
schneeweißen Körben von der Nymphe gebracht, und Käse und aller
Art Früchte:

Ceres' saubere Gabe und Amor und Bromius' Segen.

Insbesondere der vagabondierende Bettelpfaffe der Kybele mit seinem
schwitzenden Grautier soll sich nicht abschrecken lassen durch das Bild
des Gartengottes Priapus, welcher den Eseln von Alters her abge=
neigt ist. Er soll die schwüle Mittagshitze beim Glase vorübergehen
lassen. Und der schöne Jüngling soll in der Weinlaube mit Rosen
bekränzt ein hübsches Mädchen küssen. Ein Pereat den gestrengen
Sittenrichtern! Warum nicht das Leben genießen, so lange es Zeit
ist? Wein und Würfel her! Weg mit den Sorgen um den kommen=

den Tag. „Zupft doch am Ohr uns der Tod und flüstert: lebet, ich
komme!" Immer wärmer scheint während Tanz und Gesang das
Blut der lustigen Wirtin durch ihre Adern zu kreisen, immer kecker
und mutwilliger wird ihr Ton. Die Sprache ist frisch und klar.
Der Grammatiker Julius Romanus zu Anfang des 3. Jahrhunderts
scheint nicht gezweifelt zu haben, daß Vergil der Verfasser war, und
warum könnte dieser während seines Aufenthaltes in und bei Neapel
nicht auch diese Spielart einmal versucht haben? Freilich ist die
Lebensanschauung der Syrerin nicht die seinige, und überhaupt würde
man das derb realistische Werkchen eher einem Geistesverwandten
des Properz zutrauen, worauf auch die Technik der Verse führt.
Kenntnis der vergilischen Gedichte verraten einige deutliche An=
klänge.

Eine hübsche Studie ist die in ovidischen Handschriften als Lücken=
büßer eingeschobene Elegie vom Nußbaum, nach Stil und Versbau
der augusteischen Zeit nicht unwürdig. Auch die übrigen Voraus=
setzungen passen in dieselbe. Ein griechisches Epigramm (Anthol. Pal.
IX 3) läßt den am Wege stehenden fruchtreichen Baum klagen, daß
er den vorübergehenden Knaben zum Spielwerk preisgegeben sei,
welche mit Steinen nach ihm werfen und ihm alle Aeste zerschlagen:
das sei der schnöde Lohn für seine Fruchtbarkeit. Als Verfasser ist
Antipater genannt, gewiß der Zeitgenosse des Augustus aus Thessa=
lonika in Makedonien, von dem ganz ähnliche Verse, Bitte eines
Lorbeerbaumes an den Wanderer um Schonung, erhalten sind (IX 282).
Jenen kurzen Stoßseufzer des Nußbaumes, welcher gleichermaßen eine
Mahnung an die Bessergesinnten darstellt, hat der römische Schüler
seiner Arbeit als Thema zu Grunde gelegt und daraus eine kunst=
gerecht durchgeführte Klagerede vor dem Publikum gemacht. Der
biedere Dulder, der ebenfalls am Wege gepflanzt ist, beginnt sofort
mit der bitteren Beschwerde, daß er, obwohl sein Leben makellos
sei, die Strafe verworfenster Missethäter, Steinigung, dulden müsse.
In der guten alten Zeit wußte man noch Fruchtbäume zu schätzen,
und die Weiber nahmen sich ein Beispiel an ihnen: jetzt, wo die
unfruchtbare Platane mit ihrem weiten Schattendach zu Ehren ge=
kommen ist, fängt auch unsereins an, mehr auf Ueppigkeit der Haare
zu geben, wie die Frauen dieser Zeit nicht Mütter sein wollen, um
nicht ihre Schönheit zu verlieren. Die Klägerin vergleicht pathetisch
ihr Schicksal mit dem der Klytämnestra — „hätte ich nicht geboren,

Nußbaum. 363

so wäre ich sicherer": eine bedenkliche Lehre für die übrigen Fruchtbäume. Sie weist auf ihre verstümmelten Zweige, auf das von der Rinde entblößte Holz hin, die Folgen der Raublust, weil man weiß, daß von ihr etwas zu holen ist: den Armen läßt der Räuber sicher seines Weges ziehen. Zu allem Schaden kommt noch der Haß der Nachbarn, welche durch abprallende Steine getroffen werden und deshalb die Nähe der unglücklichen verwünschen. Nicht einmal der Besitzer wendet ihr eine liebevolle Pflege zu: sie muß mit dem äußersten Rande des Feldes vorlieb nehmen, weil sie im Verdacht steht, den Saaten zu schaden; wenn die Nüsse reif sind, kommt die grausame Stange, um die belabenen Äste zu schlagen. Ein sachlich interessanter Excurs, der aber aus dem Ton des Ganzen etwas herausfällt (V. 73—86), beschreibt die mannigfaltigen Spiele, welche mit Nüssen angestellt werden. Dann geht die Klage weiter. Glücklich der Baum, der fern vom Lärm der Menschen und der Räder, fern von der staubigen Landstraße steht und dem gegönnt ist, seinem Herrn die Vollzahl seiner Früchte zu liefern. Aber diesem braven wird nicht einmal gegönnt, sie gehörig zu zeitigen: noch unreif werden sie ihm abgeschlagen. Man sollte glauben, Boreas, Hitze oder Frost oder gar Hagel haben ihn so seiner Blätter beraubt. Die Beute ist es, welche ihm wie Polydor und anderen zum Unheil gereicht, und er wird noch vom Herrn dafür verantwortlich gemacht, daß sein Acker voller Steine liegt. Der Winter, wenn er nackt dasteht, ist seine beste Zeit. Wenn man sagt, was an der Straße stehe, dürfe jeder pflücken, so mag man doch auch die Oelbäume abstreifen, die Saaten schneiden oder in der Stadt die Schauläden plündern. Aber dagegen schützt die Regierung Cäsars, der seine Hilfe über den ganzen Erdkreis verbreitet. Nur der Nußbaum wird öffentlich am hellen Tage gemißhandelt: darum nistet auch kein Vogel in seinen Zweigen, nur der Stein, der in einer Gabelung liegen geblieben ist, sitzt wie ein Sieger auf der eroberten Burg. Wer ihn beraubt hat, kann sein Verbrechen nicht einmal leugnen, seine Finger verraten ihn, an denen unauslöschlich die Spuren, das Blut der Nußrinde, haften. „Wie oft habe ich gewünscht zu verdorren, vom Sturmwind umgestürzt, vom Blitz getroffen zu werden! Könnte ich wenigstens selbst meine Früchte abschütteln und mich so nach Art des Bibers schützen. Welche Angst, wenn ich sehen muß, wie der Wanderer die Wurfgeschosse erhebt und nach mir zielt! ich kann mich nicht rühren, muß still halten wie das

Opfertier. Oft zittern meine Blätter, nicht vom Winde, sondern aus Furcht. Hab' ichs verdient und bin ich schuldig, so verbrennt mich oder haut mich um, dann haben meine Schmerzen auf einmal ein Ende. Sonst schont meiner und geht ruhig eures Weges." Das Gedicht ist nicht ohne Längen und Wiederholungen, das Thema ist ziemlich breit getreten, und das schülerhafte Bestreben, es nach allen Seiten zu erschöpfen, macht sich allzusehr geltend. Daß der klagende Nußbaum in dem Sagenstoff der Tragödie Bescheid weiß, kann in der Zeit der ovidischen Metamorphosen nicht sonderlich Wunder nehmen: es stimmt zu dem tragischen Pathos, welches der Verfasser nicht ohne Laune seinem Helden eingehaucht hat. Dieser Anflug von Humor ist in der That das Beste an dem ganzen Gedicht. Der Leser wird von einem heiteren Mitleben mit dem geplagten Geschöpf ergriffen, welches doch so redlich und harmlos seinen Beruf erfüllt. Der Ton wehmütiger Klage wächst zur Leidenschaft an und ist zum Teil mit der Bitterkeit der Satire gegen die Sitten der Gegenwart gewürzt. Die Segnungen der kaiserlichen Regierung, welche überall Sicherheit und Ordnung wahrt, werden anerkannt: um so trauriger, daß sie diesem wehrlosen Wohlthäter seiner Mitbürger, welcher sogar für das Vergnügen der spielenden Jugend an den Saturnalien sorgt, keinen Schutz gewährt. Die Verse sind mit musterhafter Sorgfalt gebaut, Anklänge an Vergil wie an Ovid finden sich, aber in mäßiger Anzahl.

An Catulls Richtung hat sich in dieser Periode noch am meisten Domitius Marsus angeschlossen. In Hendekasyllaben und elegischen Distichen hat er scherzende und boshafte Epigramme, auch längeren Umfangs (nach Martials Versicherung zwei Seiten lange), gemacht, litterarische und persönliche Neckereien in ausgelassenem Ton, wie ihn diese Gattung mit sich bringt, so daß sich Martial wiederholt auf ihn als eins seiner berühmten Vorbilder beruft. Der Titel, welchen die Sammlung dieser Gedichte oder ein Teil derselben trug, „Rohrpfeife" (Cicuta), läßt auf Beziehungen zur bukolischen Poesie, vielleicht insbesondere auf die vergilischen Eklogen schließen. Ergießt doch gerade das einzige unter diesem Titel erhaltene Epigramm des Marsus auf jenes brüderliche Poetenpaar Bavius und Mävius, dem auch Vergil seine Abneigung zu erkennen gibt, den schnödesten Hohn.

Auch andere Bruchstücke berühren die litterarischen Bestrebungen der Gegenwart: ein Elfsilbler auf die Schüler des strengen Orbilius, ein Hexameter auf Cäcilius Epirota, der in seiner Schule angehende Dichterlein wie eine Amme auffäugt. In diese Gruppe gehört ein namenloses Distichon auf den altertümelnden Geschichtschreiber Sallustius, welcher den Sprachschatz des alten Cato reichlich bestohlen habe. Es könnte dem Asinius Pollio gehören. Dem Tibull hat Marsus nach dessen Tode ein warm empfundenes Distichenpaar gewidmet, welcher zugleich den Verlust Vergils beklagt. Auch einem Mädchen hat er gehuldigt, der „braunen Melaenis", und Martial behauptet, Mäcenas habe auch von ihr Kenntnis gewonnen, während gleichzeitig Maro seinen Alexis besang. Auch jene Verse müssen, da jener sie mit den seinigen vergleicht, in dem leichten Stil der catullischen abgefaßt gewesen sein. Aber auf ernsteren und bedeutenden Gehalt anderer Dichtungen läßt ein weiterer Hinweis jenes Bettelpoeten schließen, der verspricht, wenn er einen Mäcenas finde wie Vergil Varius Marsus, so wolle er auch, wenn gleich kein Vergil, so doch ein Marsus werden. Sehr unterhaltend und reichhaltig können die „kleinen Geschichten" (fabellae) gewesen sein, aus denen nichts als ein halber Hexameter des neunten Buches erhalten ist. Hat er doch das Wesen des echt römischen Witzes (der urbanitas) zum Gegenstand einer besonderen Schrift gemacht, und durch interessante Beispiele aus der Litteratur wie aus mündlicher Ueberlieferung belegt.

Sehr auffallend ist nun, daß derselbe boshafte Epigrammendichter auch ein langes heroisches Epos von den Amazonen (Amazonis) in mehreren Büchern geschrieben haben soll, über welches sein Bewunderer, welcher an dieser Gattung überhaupt keinen Geschmack fand, recht geringschätzig urteilt: wegen seines einen Satirenbuches werde Persius öfter genannt als der leichtfertige Marsus mit seiner ganzen Amazonis (IV 29). Wir sind kaum berechtigt anzunehmen, daß der Verfasser dieses Gedichtes von dem der Epigramme zu unterscheiden sei: paßt doch schon das Beiwort (levis) ganz gut auf den letzteren. Einen neckischen Seitenblick auf dasselbe haben neuere Erklärer in der horazischen Ode (IV 4) zu finden gemeint, wo der Verfasser gleichsam parenthetisch, ohne ersichtlichen Zusammenhang mit dem Uebrigen, den Strom der schwellenden Periode seltsam unterbrechend, die Frage nach dem Ursprung des Amazonenbeiles in der Hand der Vindelicier ablehnt. Man nimmt an, daß hiermit eine antiquarische Episode in dem Werk des Dichtergenossen als müßiges Beiwerk bezeichnet werden solle.

Es kann hier nicht die Absicht sein, allen fast erloschenen Spuren dichterischer Arbeiten nachzugehen oder gar alle verstreuten Versschnitzel zusammenzustellen. Manche Bosheit und Neckerei politischer oder litterarischer Absicht, mancher Ausdruck wehmütiger Trauer wie derber Lebenslust, allerhand Ausflüsse wechselnder Laune haben sich erhalten, die auf künstlerischen Wert keinen Anspruch erheben können. Nur in eine Sammlung ungezogener Kleinigkeiten wie in ein gabinetto secreto gewisser Museen muß noch einen Blick werfen, wer auch vor ausgelassenen Bocksprüngen nicht zurückschreckt, wenn sie zur Vervollständigung des Culturbildes gehören.

In den Gärten und Vignen stand ein aus Holz roh zurecht gehauenes Bild des geilen Naturdämons Priapus, der, nachdem Asien römische Provinz geworden, von seiner Heimat Lampsalos auch nach Rom gekommen war. Grell rot angestrichen, eine Sichel von Weidenruten in der Hand, das Symbol seiner Kraft in derber Nacktheit zur Schau tragend, sollte er Diebe und Vögel verscheuchen. Die ländliche Kapelle in unmittelbarer Nähe, zur Aufnahme von allerhand Weihgeschenken (Blumen Kränzen Früchten Aehren) bestimmt, lud mit ihren Wänden zu frechen Improvisationen ein. Auch die Griechen der Diadochenzeit haben die drohende Geberde des grotesken Gartenhüters als Motiv zu Epigrammen benutzt, in welchen der kleine Krieg, welchen derselbe mit lüsternen Besuchern zu führen hatte, einen witzigen Ausdruck fand. Eine Sammlung priapeischer Gedichte hatte Euphorion herausgegeben. Die Römer fanden besonderes Behagen an solchen prickelnden Scherzen: wer auch sonst zum Dichten nicht geschaffen war, besonders vornehme Herren, gefielen sich in einer Art Wettspiel auf diesem unsauberen Felde. Es war die Zote in eleganten Versen, vielleicht zuerst, aber jedenfalls mit überlegener Virtuosität im Kreise Catulls und seiner Freunde gepflegt, deren besondere Spielart unter der groben Maske des Lampsaceners, von Poeten und Dilettanten der augusteischen Zeit in regem Eifer ausgebildet wurde. Catullische und ovidische Tonarten überwiegen, so daß manches dieser Gedichte fast eine Variation oder Parodie bekannter Wendungen und Motive namentlich des ersteren dieser beiden

Dichter genannt werden darf (2. 44. 52. 12. 32. 46. 57. 61). In origineller Weise hat Horaz mit seiner Satire auf Canidia dieser Gattung von Gartenpoesie Tribut gezollt. Das elegische Distichon, Choliamben, die bequemen Elfsilbler, das priapeische Versmaß selber, das waren die rhythmischen Formen dieser Spielereien, und ihre fehlerlose Technik zeigt, wie geläufig sie den Gebildeten der Zeit waren. In der Erfindung mannigfaltiger Motive und immer neuen Einfällen zeigt sich Laune, Witz und Bosheit. Die grobe Bedrohung genäschiger oder diebischer Gartenbesucher kommt natürlich am häufigsten vor: je hyperbolischer und massiver, desto besser erfüllt sie ihren Zweck. In Wortspiele, in Charaden, ja in Bilderrätsel kleidet der Gott seine begehrlichen Wünsche und Gelüste (5. 7. 54. 67); er zeigt sich als gelehrten Homeriker und trägt zur natürlichen Erklärung von Ilias und Odyssee nach seiner Lebensanschauung bei (68). Er ladet zu unbedenklichem Eintritt in seine unheilige Kapelle (14), fordert unter verächtlichen Verwünschungen als Tribut der Besucher, ja auch der Tischgäste lascive Verse (41, 47). Und deren gibt es die Fülle. Hätte der Gartengott soviel Obst als Verse, so wäre er reicher als Alcinous (60). Auch Gaben und Opfer für erfüllte und noch unerfüllte Wünsche, zur Sühne von Freveln werden ihm gebracht. Ein Nachbar schlachtet ihm ein Ferkel, weil es die Lilien im Garten angefressen hat, bittet aber, künftig die Gartenthür geschlossen zu halten, damit nicht der ganze Stall nach und nach entvölkert werde (65). Ein Dieb, der auf der heiligen Straße einem Verkäufer Aepfel gestohlen hat, widmet ihm einen Teil derselben, um sich der Ueberlast zu entledigen, und seiner Verschwiegenheit zu versichern (21). Ein Besitzer legt auf den Tisch des Gottes das schönste Obst seines Gartens nieder (16); ein anderer, erfreut über das Gedeihen seiner Trauben, bringt Früchte von Wachs mit dem Wunsch, Priapus möge wirkliche daraus machen (42); ein dritter ermahnt den niederen Gott, nach dem Beispiel der höheren mit wenig vorlieb zu nehmen (53; vgl. 70). Eine verführerische Circustänzerin legt ihre Cymbeln, Castagnetten und Handpauken vor ihm nieder und bittet, ihr die entsprechende Wirkung auf das Publikum auch ferner zu sichern (27). Anderer Gaben verbietet der Anstand zu gedenken (34. 37. 40. 50).

Der dämonische Lümmel rühmt sich seiner Waffe, die ihn eben so gefürchtet mache und die er mit demselben Recht offen trage, wie andere Götter die ihrige (20. 9); schön wie andere Götter sei er nicht, dennoch mache er Eroberungen bei dem schönen Geschlecht (39). Auch darin nehme er es mit anderen Göttern auf, daß ihm die Natur in einem Teile seiner körperlichen Bildung einen Vorzug vor allen verliehen habe (36), daß ihm auch wie anderen eine besondere heilige Residenz beschieden sei (75). Gelegentlich klagt er, daß die bösen Diebe ihm auch die Sichel aus der Hand gestohlen haben: sie werden am Ende den Lampsacener noch um sein Vaterland bringen und zum Gallus machen (55). Die unverschämten, welche sich durch keine Drohung schrecken lassen, hat er im Verdacht, daß sie die Strafe suchen (51. 64). Die Farbe ist ihm abgegangen: nun glaubt er schwindsüchtig zu sein, was kein Wunder wäre bei seinem anstrengenden Beruf (26). Ein anderer beklagt sich, daß er außer Dienst gesetzt sei, da man eine Hecke um seinen Garten gezogen habe (77). Ein nagelneuer sehnt sich nach dem Besuch von Nymphen und Dryaden (33). Von Damenbesuch, auch von Liebespaaren, weiß er viel zu erzählen, ja ein guter Teil dieser frechen Verse ergeht sich in Bosheiten auf die Weiber, junge und alte, die bisweilen eine ganz persönliche Spitze annehmen (63. 4. 19. 78). Vergebens werden ehrbare Matronen aufgefordert sich fern zu halten: sie scheinen an der grotesken Figur Gefallen zu finden (8). Eine Alte hat bei nächtlichem Gebet vor dem Bilde einen ihrer drei Zähne verloren (12). Die Magerkeit einer nächtlichen Besucherin (32), die Häßlichkeit, das hohe Alter anderer Bewerberinnen (46. 57) wird mit catullischer Laune hyperbolisch geschildert. Auch Männer bekommen hier und da einen Hieb (78. 56. 45. 25). Ein Apfelbaum, der nicht trägt, entschuldigt seine Unfruchtbarkeit mit der Belastung seiner Zweige durch Gedichte eines elenden Poeten (61: vgl. 79).

Alle diese Verse wollen für den Garten geschrieben sein, nicht für ein Buch, flüchtig hingeworfen, nicht unter Beistand der Musen, der keuschen Jungfrauen (2). Aber die Verfasser (wenn sie auch die Kunstpoeten zu verachten scheinen: 41) sind in griechischem Mythus und griechischer Litteratur, der erotischen zumal und gewissen technischen Handbüchern der Erotik (4. 63) belesen. Bisweilen glaubt man geradezu ein griechisches Original herauszuhören (42. 60. 62. 68).

Die überlieferte Sammlung erschöpft keineswegs den erhaltenen Vorrat an diesen ausgelassenen Augenblicksschöpfungen. Catull hat in vier zierlichen priapeischen Versen dem Priapus nach allen ritualen Regeln einen Hain geweiht und dabei der austernreichen Küste des Hellespontus in der Heimat des Gottes kenntnisreiche Erwähnung gethan. Unter Vergils Namen, aber ohne sichere Gewähr las man ein längeres Gedicht in gleichem Metrum, worin der biedere Garten=hüter die Ehre rühmt, welche ihm von der Familie der bescheidenen Villa erwiesen werde, und begehrliche Burschen an den reichen Nachbar verweist, wo ein nachlässiger College die Aufsicht führe (catal. III). In schlanken iambischen Trimetern stellt sich derselbe als wohlbe=stallten Aufseher vor und bedroht ungebetene Gäste (catal. II). Auch in elegischen, nicht untadeligen Distichen rühmt er sich der ihm ge=brachten Gaben, während er dem Winter mit einigem Bangen, er möge dann als Brennholz Verwendung finden, entgegensieht (catal. I). Weniger unschuldig ist was dem Tibull, freilich mit schwacher Be=glaubigung, aufgebürdet wird: jenes höchst vertrauliche Tagebuch=bekenntnis in reinen iambischen Trimetern, und ein elegisches Di=stichon, in welchem ein ehemaliger Schatz, jetzt Gutsverwalter dem Priapus ein Heiligtum weiht. Manches fliegende Blatt solcher Art ging vereinzelt oder hier und da untergebracht durch die Hände der Leser. Das pikante Büchlein, welches dem Priapus ausschließlich gewidmet war, mag aus den Gärten des Mäcenas, Messalla und anderer Römer der augusteischen Zeit stammen und von einem zünf=tigen Poeten in kunstmäßige Form gebracht sein. Schon in den ersten Jahrzehnten unserer Zeitrechnung befand es sich in den Händen des Publicums, Martial wie Ausonius haben nach ihm Studien gemacht.

Es ist ein Zeitraum von 60 Jahren, der von Julius Cäsars bis zu Ovids Tode verstrichen ist. Was von dichterischer Kraft und Schönheitssinn der italischen Nation gegeben war, gelangte während dieser Periode, von günstigen Umständen gepflegt und getrieben, zu seiner höchsten Entwickelung. Die griechische Muse ist ganz heimisch in Rom geworden, von ihrem Geist ist alles geschaffene getränkt und führt doch ein selbständiges Leben. Das klangvolle Organ der Welt=beherrscherin tönt über den Erdkreis; gedankenreiche Dichter sind von der weltgeschichtlichen Aufgabe ihrer Nation erfüllt und prägen einen unvergänglichen Schatz echter Lebensweisheit aus. Während jener glücklichen Zeit bürgerlichen Friedens und Behagens, als politische Leidenschaft und Zwietracht schlief, erblühte auch die Anmut urbaner und geistreicher Unterhaltung in künstlerischer Form, der Sinn für gemütvolles Kleinleben und dessen Darstellung, der Zauber des geselligen wie des feierlichen Liebes in bisher noch nicht vernommenen Weisen, und Amor feierte seine Triumphe. Leider verdrängte derselbe ernstere Richtungen, als die Frivolität des großstädtischen Lebens die unbeschäftigte, daher genußsüchtige Jugend vergiftete, so daß ein hoffnungsvoller Nachwuchs eigenartig schöpferischer Dichter in Rom fehlte, als Ovid die Augen schloß.

Alphabetisches Verzeichnis.

Albinovanus Pedo 229. 335. 338. 341. 343.
Anser 4. 22.
Arellius Fuscus 225.
Asconius Pedianus 16. 103.
Asinius Gallus 23.
Asinius Pollio 4. 11 f. 16. 20. 23. 25. 132. 172. 364.
Atticus 228. 315.
Augustus 9 f. 133 ff. 167 f. 276 ff. 311 f.

Bassus 204. 229.
Bavius 31. 364.
Brutus 329.

Q. Cäcilius Epirota 102.
Camerinus 341.
Carus 229. 334. 341.
Carvilius Pictor 103.
Cassius Parmensis 4.
Cato Censorius 35. 54.
Catullus 368.
Celsus 315.
Cerinthus 193.
Annius Cimber 14.
Cobrus 31. 360.
Corinna 229.
Cornificius 34.
Cotta Maximus 315 f. 329.
Cotys 332.
Cytheris 185.

Q. Dellius 191.

Sertilius Ena 342.
Euphorion 23. 184.

Paullus Fabius Maximus 228. 330.
L. Pomponius Flaccus 228. 330.

Fontanus 179.
Fundanius 154. 172.

Junius Gallio 334.
Cornelius Gallus 20. 27 ff. 51. 183 ff.
Cäsar Germanicus 330. 336.
Glycera 191.
Ti. Sempronius Gracchus 171.
C. Pomponius Gräcinus 228. 330. 333.
Gratidia 115 f.
Grattius 359.

Q. Horatius Flaccus 107 ff.
Hostia 205 ff.
C. Julius Hyginus 36. 103.

Jccius 131. 161 f.
C. Jullus Antonius 341.

Krinagoras 9 f. 131.

Aelius Lamia 132.
Largus 341.
Porcius Latro 226.
Licinius Murena 130.
M. Lollius 132.
Lupus 341.
Lycinna 205.
Lygdamus 200 ff.
Lynceus 172. 205.

Aemilius Macer 226. 335. 280. 341. 357 f.
Mäcenas 10 f. 109. 128. 162. 175.
Mävius 31. 364.
Marathus 192.
Claudius Marcellus 137.
Domitius Marsus 341. 364 f.
C. Melissus 172.
Menalcas 18. 22.
Messalla 11. 186. 198. 227.

Messalinus 197. 329. 355.
Julius Montanus 345.
Spurius Mummius 160.

Neära 200 ff.
Remesis 190 f.
Noctuinus 117.

C. Octavius Avitus 58.
Octavius Musa 15.
Orbilius 107.
P. Ovidius Naso 225 ff.

Parthenios 184. 355.
Passennus Paulus 224.
Perellius Faustus 58.
Perilla 229. 323.
L. Piso 170.
Munatius Plancus 145.
Plania 189.
Sex. Pompeius 228. 317. 338.
Ponticus 204. 229. 341.
M. Valerius Probus 108. 176.
Sex. Propertius 204 ff.
Pupius 172.

Rabirius 344.
Rufus 220. 334.

Sabinus, früher Quinctio 14 f.
Sabinus 229. 251 f. 335.
Cassius Salanus 334.
C. Sallustius Crispus 131.
Cornelius Severus 229. 335. 342.
Arbronius Silo 341.
Siron 15. 22.
P. Suillius Rufus 229. 336.
Sulpicia 193 ff.

Tiberius 330. 332.
Albius Tibullus 161. 185 ff. 368.
Titius Rufus 144. 172.
Plotius Tucca 100.
Tullus 205. 217 f.
Turranius 172.
Tuscus 251. 345.
Tuticanus 229. 335. 341.

C. Valgius Rufus 359 f.
L. Varius Rufus 100 f. 103. 105. 139.
Varro vom Atax 39. 47.
Varro von Reate 35 f. 55. 90.
Alfenus Varus 21. 25 f. 29. 53.
P. Vergilius Maro 13 ff. 141 f. 346.
    368.
Vestalis 334.

www.ingramcontent.com/pod-product-compliance
Lightning Source LLC
Chambersburg PA
CBHW020307240426
43673CB00039B/735